글로벌경영

반병길 · 강호상 · 최순권 · 김정포

傳 英 社

GLOBAL BUSINESS

Byung Gil Van
Ho -Sang Kang
Soon Gwon Choi
Jung Po Kim

Pakyoungsa Publishing Co.
Seoul, Korea

머리말

(1) 지금은 글로벌시대이다. 따라서 오늘날의 기업경영은 바로 글로벌경영이다. 그렇기 때문에 기업활동과 그 주체인 기업의 글로벌화는 점점 더 많은 우리나라 기업들에게도 더 이상 선택이 아닌 필수조건이다.

그런 상황하에서 이 「글로벌경영」에서는 현재 지구촌 전체로 급속히 확산중인 글로벌경영(학)(Global Business)을 독자들이 기초부터 체계적으로 공부하고 또한 실무적으로 활용하는 데 출발점이 되는 글로벌경영의 본질부터 설명을 한다.

즉, 독자들이 왜 글로벌경영(학)을 공부해야 하는가를 이해시키기 위하여 글로벌경영의 ① 컨셉트, ② 목적, ③ 범주, ④ 환경, ⑤ 독특성, ⑥ 전략 등부터 독자들에게 명확히 이해시키는 데 중점을 두고 설명을 한다.

(2) 이 「글로벌경영」에서는 글로벌경영에 참여하는 우리나라 기업들과 그 글로벌경영자들이, 환경적으로 이질성이 많은 글로벌시장 · 지역시장 · FTA시장 · 국가시장 등 4개 차원 해외시장들에서 발생하는 급속한 경영 환경변화를 정확히 분석 · 파악 · 이해하고서 능동적인 적응 · 대응 전략을 활용하도록 강조하는 데도 중점을 두고 설명을 한다.

그럼으로써 우리나라 기업들과 그 글로벌경영자들이 4개 차원 해외시장들을 상대로 하는 글로벌경영 활동에서 내실(substance) 있는 실제성과(actual performance)인 ① 시장 리더십과 점유율, ② 현금유입, ③ 이익성, ④ 재무유동성, ⑤ 총자산이익률, ⑥ 자기자본이익률 등을 최대화할 수 있도록 지원하는 데도 중점을 두고 설명을 한다.

우리나라 기업들과 그 글로벌경영자들이 그런 기업목적들을 최대화하려면, 그들의 안목 · 정신성 · 사고방식 · 의사결정 · 전략 · 전술 등을 동시에 글로벌화(globalization) · 지역화(regionalization) · 현지화(localization)하면서 그 세 가지를 밸런싱(balancing)해야 한다는 데도 중점을 두고 설명을 한다.

(3) 현재 글로벌경영에 참여하고 있는 우리나라 기업들의 대부분은 글로벌경쟁력 향상에 나쁜 영향을 미칠 만큼 글로벌경영인력 부족문제에 당면하고 있다. 그래서 이 「글로벌경영」에서는, 어떤 자질을 갖춘 글로벌경영자들을 어떤 방법으로 선발하여 교육시키고 또한 그들을 어떤 방법으로 효과적으로 활용해야 하는지를 설명하는 데도 중점을 둔다.

이 「글로벌경영」을 내면서, 성심성의껏 편집을 해 주신 박영사의 마찬옥 이사님과 많은 격려를 해 주신 이구만 이사님에게 감사드린다.

이 「글로벌경영」의 표지그림은 글로벌경영활동에 몰입하는 우리나라 기업들과 그 글로벌경영자들이 "우리의 시장은 바로 글로벌시장이다"(Our market is the global market.)라는 글로벌 안목으로 무장하고서 글로벌 시장니즈를 충족시키는 데 있어서도 여타 국가들의 글로벌기업들과 그 글로벌경영자들을 능가(outperform)해야 함을 상징적으로 표현한 것이다.

반병길, 강호상, 최순권, 김정포

목 차

제1부 글로벌경영 개관

제 1 장 지금은 글로벌시대이면서 글로벌경영/비즈니스시대

제 1 절 글로벌경영의 컨셉트 ············ 3

1. 글로벌경영학의 뜻 5
2. 글로벌경영은, 경영활동의 뜻 7
3. 글로벌기업의 뜻 8
4. 글로벌사업/프로젝트의 뜻 9
5. 글로벌경영관리의 뜻 9
6. 글로벌기업인 · 글로벌경영자의 뜻 9

제 2 절 글로벌경영의 목적과 범주 ············ 10

1. 글로벌경영에 몰입하는 목적 10
2. 글로벌경영의 범주 11

제 3 절 글로벌경영에 영향을 미치는 해외시장별 경영 환경 ············ 13

1. 환경적 이질성은 글로벌경영활동에 기회 · 위협/리스크 · 어려움을 동시에 제공 14
2. 글로벌경영에 반영 15
3. 글로벌경영전략과 4개 지리적 시장별 경영전략 결정에 반영 15

제 4 절 기업이 글로벌화하는 이유와 글로벌경영전략 ············ 16

1. 기업이 글로벌화하는 이유 16

2. 해외시장진입 · 침투전략 24
3. 글로벌운영전략들 24

제 2 장 왜 글로벌경영을 공부해야 하나

제 1 절 글로벌경영은 국내경영과 다른 독특성이 있기 때문 ··· 27
1. 글로벌경영은 글로벌세분시장 · 지역시장 · FTA시장 · 국가시장의 경계선을 초월하면서 이루어짐 28
2. 동시에 4개 차원 이질적 해외경영환경하에서도 이루어짐 33
3. 글로벌경영자는 4개 차원 해외시장별 경영환경의 이질성부터 분석 · 파악 · 예측하고서 각기 다른 최적의 침투전략과 운영전략을 결정 · 집행해야 하기 때문 34
4. 글로벌경영자는 4개 차원 해외시장별 이질적 경영환경에 대해 조심 · 유념 · 적응해야 할 사항들이 있기 때문 35

제 2 절 글로벌화된 글로벌경영자를 교육 · 양성 · 배출해야 하기 때문 ··· 38
1. 앞으로의 글로벌경영자는 뛰어난 글로벌 안목 · 사고 · 전략 등을 보유 · 활용해야 하기 때문 38
2. 앞으로의 글로벌경영에 적합한 글로벌경영자를 교육 · 양성 · 배출시켜야 할 필요성 때문 41

제 3 장 글로벌경영의 주역(主役)은 글로벌기업

제 1 절 글로벌경영에서 타고난 글로벌기업의 비교우위 ··· 44
1. 고유한 강점에 비추어 본 글로벌기업의 타고난 글로벌 경쟁우위 44
2. 독특한 운영특성에 비추어 본 글로벌기업의 타고난 글로벌 경쟁우위 48

제 2 절 공통적 특징에 비추어 본 글로벌기업의 타고난 글로벌 경쟁우위 ··· 51
1. 글로벌기업들 중에는 대규모/초대규모가 많음 52
2. 글로벌기업들은 글로벌경영활동 전반을, 특히 해외직접투자를, 지배 55
3. 글로벌기업들은 특정 업종들에 집중적으로 종사하고 틈새시장을 집중적으로 공략 55
4. 글로벌기업들은 글로벌네트워킹으로 글로벌 시너지효과를 최대화 56

5. 글로벌기업들은 장래를 내다본 연구 · 개발을 선도함 56
6. 글로벌기업들은 막강한 글로벌파워를 행사 58
7. 글로벌기업별로 글로벌화의 정도는 각기 다름 58
8. 글로벌기업들은 글로벌금융중계자의 역할을 뛰어나게 수행 59
9. 글로벌기업들은 경영활동의 지리적 다변화와 리스크 분산의 주체 59
10. 글로벌기업들은 과점자 기능을 뛰어나게 수행 60
11. 글로벌기업들은 소싱과 시장의 내부화기능을 뛰어나게 수행 60
12. 선진국 글로벌기업들은 강력한 본사국정부의 지원과 보호를 받음 60

제 3 절 글로벌기업들의 미래 열망과 글로벌기업시민으로서의 책임 ……………… 62
1. 글로벌기업들의 미래 열망은 참뜻의 글로벌기업들로 발전하는 것 62
2. 글로벌기업들의 글로벌기업시민으로서의 책임 63

제 2 부 WTO체제 · 지역시장블럭 · FTA와 글로벌경영

제 4 장 WTO체제 등 글로벌경영 환경변화와 글로벌경영

제 1 절 2010년대까지의 주요 글로벌경영 환경변화 ……………………………… 71
1. 냉전 종식 후 미국만이 초강대국으로 부상 71
2. 독일의 재통일에 따른 EU의 확대와 중앙유럽국가들과의 경제협력 증대 72
3. 중국 · 러시아 · 기타 과거 공산국들의 민주화와 시장체제화의 급진전에 따른 글로벌시장과 신흥시장의 확대 73
4. 원유 등 글로벌 원자재 가격의 급등 경향 73
5. 정보혁명 및 지식혁명의 글로벌확산 가속화에 따른 단일 지구촌시장 형성 74
6. 민주주의 정치체제의 글로벌확산 가속화에 따른 시장경제체제 확산 74
7. 국제관계에서 경제파워 · 비즈니스파워 · 머니파워 · 소프트파워의 중요성 증가 75
8. 자본주의 체제, 경제통합과 기업활동의 글로벌확산 76
9. EU · NAFTA 등 지역시장블럭의 증가 및 FTA의 급속한 확산 77
10. 동아시아 시장의 급성장에 따른 글로벌 3大경제권의 급속한 재편성 78
11. 문화, 의식, 소비자 니즈, 라이프 스타일의 글로벌 공통성과 유사성 가속화 78

12. "생존을 위한 공격적인 경쟁"을 심화시키고 있는 글로벌경쟁규칙의 강화 79
13. WTO체제 출범 이후 글로벌 경제적 상호의존성, 시장개방, 국경 없는 무한경쟁, 기업의 글로벌화 등 가속화 80
14. OECD · IMF의 증가하는 글로벌경영 작용 80

제 2 절 WTO체제가 글로벌경영에 미치는 영향 ······ 83
1. WTO체제는 미국이 조성하려는 "신세계질서"의 테두리 속에서 추진 83
2. 도하(Doha)에서 큰 테두리만 타결된 뉴라운드 협상의 내용 86

제 5 장 지역시장블럭 · FTA가 글로벌경영에 미치는 영향

제 1 절 지역시장블럭이 글로벌경영에 미치는 영향 ······ 92
1. 지역시장블럭의 성격 92
2. 지역시장블럭의 추구목적 93
3. 지역시장블럭의 유형 94
4. 아시아 지역경제블럭의 현황 96
5. 여타 지역시장블럭의 현황 100
6. 지역간 경제협력을 추진하는 국가들 101

제 2 절 자유무역협정이 글로벌경영에 미치는 영향 ······ 103
1. WTO 위주에서 "FTA 위주"로 바뀌고 있는 미국의 통상정책 103
2. 국가별 FTA체결 현황 104
3. FTA와 "준 FTA" 106
4. 한국의 FTA 체결부족이 우리나라기업에 미치는 부정적 효과 107

제 3 부 국가시장별 경영환경과 글로벌경영

제 6 장 국가시장별 국민경제, 기업시스템, 경쟁환경이 글로벌경영에 미치는 영향

제 1 절 해외시장들의 규모와 활동성이 글로벌경영에 미치는 영향 ······ 111
1. 현재 및 미래의 시장 규모와 활동성을 가리키는 주요 요소들 112

2. 인구, GDP, 지하경제 규모를 기준으로 하는 해외시장들의 규모와 활동성 분석 · 파악 115
3. 보유자원, 기술, 정치-경제체제, 지역시장블럭 · FTA 가입 여부를 기준으로 하는 시장의 규모와 활동성 분석 · 파악 121

제 2 절 국가시장별 국민경제환경, 그 분석 절차와 용도 ······ 129
1. 국가시장별 국민경제환경 분석 129
2. 국가시장별 전반적 기업시스템 및 경쟁환경의 분석과 그 용도 130

제 3 절 국가시장들의 경제환경을 형성하는 공통적 "키"요소들 ······ 130
1. "키"요소분석 접근 채택의 취지 130
2. 공통적 "키"경제환경요소들 131

제 4 절 국가시장별 시장의 규모와 잠재성 분석 ······ 132
1. 국가시장별 시장의 규모와 잠재성을 분석 · 파악하는 일반지침 132
2. 국가시장별 규모와 잠재성을 분석 · 파악하는 국민경제 특성 분석 136

제 5 절 국가시장별 기업시스템과 경쟁환경 분석 ······ 142
1. 국가시장별 기업시스템과 기업구조 분석 142
2. 국가시장별 경쟁환경 및 경쟁력 분석 143

제 7 장 국가시장별 정부-정치-법률 환경이 글로벌경영에 미치는 영향

제 1 절 국가시장들의 정부-정치-법률 환경을 형성하는 공통적 "키"요소들 ······ 147

제 2 절 국가시장별 정부-정치 환경분석 및 그 글로벌경영 용도 ······ 150
1. 경제 · 기업활동에 대한 국가시장정부의 역할/개입 150
2. 외국인기업이 국가시장정부의 지나친 규제/간섭/개입을 우려하는 이유 152
3. 국가시장별 정치적 안정성 분석 · 평가 기준 153
4. 국가시장별 정치적 환경변화에 대한 글로벌경영자들의 대응책 157

제 3 절 국가시장별 법률 환경이 글로벌경영에 미치는 영향 ······ 161
1. 글로벌경영활동 관련 국가시장별 잠재적 법률문제 분석 161
2. 국가시장별로 독특한 법체제 분석 164
3. 국제상사분규 발생시의 관할권 165
4. 국제상사분규 해결을 위한 법적 수단 167

제 8 장 국가시장별 사회-문화 환경이 글로벌경영에 미치는 영향

제 1 절 국가시장들의 사회-문화 환경을 형성하는 공통적 "키"요소들 ············ 171

제 2 절 국가시장별 언어가 글로벌경영에 미치는 영향 ···························· 173
1. 국가시장 문화들간의 가장 뚜렷한 차이점은 언어 173
2. 외국어(특히 영어)는 글로벌경영자에게 필수적인 요건인 동시에 큰 자산 177
3. 글로벌경영자가 국가시장들의 언어를 배우는 것은, 국가시장들의 문화도 배우는 길 178
4. 글로벌경영자는 국가시장들의 표음언어와 몸짓언어를 다 같이 익혀야 180
5. 글로벌경영자의 현지언어 불통 극복방법 182
6. 글로벌기업으로 발전하기 위해서도, 영어를 회사공식언어로 채택해야 183

제 3 절 국가시장별 미학이 글로벌경영에 미치는 영향 ···························· 184
1. 디자인과 색채 185
2. 음악과 브랜드 네임 187

제 4 절 국가시장별 교육이 글로벌경영에 미치는 영향 ···························· 190
1. 교육은 국가시장별 사회문화적 환경요소의 하나 190
2. 표적국가시장별 교육시스템, 국민교육의 수준을 분석 · 파악해야 하는 이유 190

제 5 절 국가시장별 종교가 글로벌경영에 미치는 영향 ···························· 192
1. 종교가 해외출장 및 해외현지 경영활동에 미치는 영향 193
2. 종교가 소비자행동과 소비패턴에 미치는 영향 194
3. 종교가 여성의 사회-경제적 역할에 미치는 영향 197
4. 종교가 현지인 채용 · 활용에 미치는 영향 197
5. 종교 조직 · 단체 등의 현지경영활동에 미치는 영향력 198
6. 여러 종교가 성행할 경우의 현지경영 파급효과 198

제 6 절 국가시장별 태도와 가치관이 글로벌경영에 미치는 영향 ···················· 199
1. 국가시장별 국민의 상업 · 기업활동에 대한 태도와 가치관 201
2. 국가시장별 국민의 물질적 부에 대한 태도와 가치관 202
3. 국가시장별 국민의 변화 및 리스크에 대한 태도 203

제 7 절 글로벌경영외교와 이문화간 경영협상 ···································· 204

1. 이문화간 경영협상의 특성 205
2. 이문화간 글로벌경영협상을 국내경영협상과 현저하게 다르게 만드는 요소들 206
3. 이문화간 경영협상 과정 208

제 4 부 글로벌경영전략의 결정과 집행

제 9 장 해외시장 진입-침투 전략 결정과정

제 1 절 최우선적으로 결정해야 하는 글로벌경영 철학과 사명 ······ 213
1. 글로벌경영 철학 · 사명은 글로벌경영활동 전체를 결속시키는 구심력 214
2. 글로벌경영활동을 통제하는 구심적 역할 215

제 2 절 글로벌경영 철학 · 사명에 바탕한 전략적 글로벌경영 계획 결정 ······ 215
1. 전략적 글로벌경영 계획의 컨셉트와 특성 215
2. 전략적 글로벌경영 계획의 포함항목과 용도 217

제 3 절 글로벌경영 철학 · 사명을 실행하는 데 필요한 기업의 글로벌화 결정 ······ 219
1. 기업의 국제화 → 다국적화 → 글로벌화 단계들 219
2. 글로벌기업으로 발전하기 위한 공통 필수요건들 221

제 4 절 해외시장 진입-침투 순위결정과 순위결정시 고려요소들 ······ 226
1. 표적해외시장 진입-침투 순위결정전략 226
2. 표적국가시장 진입-침투 순위결정시 고려요소들 228

제 5 절 표적해외시장 진입-침투 전략 믹스의 실제결정과 집행 ······ 231
1. 기본적 해외시장 진입-침투 전략들 및 각기의 특성과 장단점 231
2. 표적국가시장별 진입-침투 전략 결정시 고려요소들 234

제10장 국제무역

제 1 절 국제/세계무역의 변화패턴이 글로벌경영에 미치는 영향 ······ 237
1. 고전적 무역이론 238

2. 세계무역을 실제로 지배하는 주체는 글로벌기업 242
3. 기업의 수출경쟁력 결정 요소들 245

제 2 절 기업이 무역을 하는 동기 ······ 252
1. 기업이 수출을 하는 동기 252
2. 기업이 수입을 하는 동기 254
3. WTO출범 이후에도 각국 정부 · FTA · 지역시장블럭들이 부과하는 무역제한이 많음 255

제 3 절 수출전략 ······ 258
1. 수출전략의 성격과 활용 특징 258
2. 수출전략을 선택하는 상황 261
3. 수출전략 선택시 조사하고 고려해야 하는 사항 261

제 4 절 수입소싱전략과 대응무역 ······ 263
1. 수입소싱전략 263
2. 대응무역 266

제 5 절 해외판매자회사 운영전략 ······ 268
1. 해외판매자회사의 역할과 장점 272
2. 해외판매자회사의 설립과 운영 276

제11장 국제협력전략

제 1 절 국제협력전략의 증가이유, 장·단점, 성공판가름 요소 ······ 281
1. 국제협력/제휴전략이 증가하는 주요 이유 281
2. 국제협력전략의 컨셉트와 형태 283
3. 국제협력전략의 장점과 단점 284
4. 국제협력전략의 성공을 판가름하는 요소들 284

제 2 절 국제라이슨싱 전략 ······ 287
1. 국제라이슨싱 전략의 특성과 활용방법 287
2. 국제라이슨싱 전략을 활용하는 이유 289

제 3 절 국제기술제공 전략 ······ 291
1. 국제기술제공 전략의 특성 291

2. 국제기술제공 전략의 활용방법 292
3. 국제기술제공 전략의 범위 293

제 4 절 국제경영계약 전략 ········ 294
1. 국제경영계약 전략의 특성 294
2. 국제경영계약 전략의 활용방법 294

제12장 해외 직접투자전략

제 1 절 세계직접투자의 변화패턴이 글로벌경영에 미치는 영향 ········ 297
1. 해외직접투자이론 298
2. 세계투자의 일환인 세계직접투자의 컨셉트 300
3. 해외직접투자의 일반론적 필요성 303
4. 투자국 및 투자수입국 입장에서 본 해외직접투자의 비용-편익 306
5. 해외직접투자를 지배하는 주체는 단연 글로벌기업들 309

제 2 절 해외직접투자의 성격과 동기 ········ 311
1. 해외직접투자의 용도, 성격, 중요성 311
2. 기업이 해외직접투자를 하는 일반적 동기 311

제 3 절 투자동기에 입각한 해외직접투자의 유형 ········ 313
1. 시장확장 동기 해외직접투자 313
2. 자원추구 동기 해외직접투자 319

제 4 절 해외직접투자 전략 결정단계 ········ 322
1. 해외직접투자는 최고경영층이 책임지고 최종결정해야 322
2. 해외직접투자 전략 결정 및 해외투자 프로젝트계획 최종 승인 단계 324

제 5 절 해외직접투자 환경분석 ········ 325
1. 해외직접투자 결정을 할 때 분석해야 하는 투자대상국의 주요 투자환경요소들 325
2. 투자대상국들이 외국인 투자기업에게 제공하는 투자유인의 분석 334

제 6 절 해외투자철수 전략 ········ 340
1. 글로벌경영전략의 일환인 해외투자철수 전략 341
2. 해외투자철수의 유형 341

제13장 국제합작투자전략 및 M&A전략

제 1 절 국제합작투자전략 ······ 345
1. 해외직접투자를 할 때는 해외투자기업에 대한 사전적 소유권전략 결정이 필수적인 이유 345
2. 해외투자기업의 소유권과 경영통제권 사이의 관계 346
3. 100% 소유 해외투자기업의 장점과 단점 348
4. 국제합작투자의 컨셉트와 특성 350
5. 국제합작투자의 파트너 대상과 소유권 형태 352
6. 국제합작투자의 편익과 비용 354
7. 단독해외직접투자 또는 글로벌합작투자 여부를 결정할 때의 결정기준 357

제 2 절 국제기업 M&A전략 ······ 360
1. 국제기업 M&A의 컨셉트와 유형 360
2. 국제기업 M&A를 추진하는 동기 365
3. 국제기업 M&A가 확대되고 있는 이유 367
4. 국제기업 M&A전략을 활용하는 것이 바람직한 기업 368
5. 국제기업 M&A전략에 내재된 리스크 및 국제기업 M&A전략 성패의 주요요인 371

제14장 글로벌 연구개발－소싱－제조－마케팅 네트워킹전략

제 1 절 글로벌경영 네트워킹의 논리와 촉진요소 ······ 375
1. 글로벌경영 네트워킹의 논리 375
2. 글로벌경영 네트워킹을 촉진시키는 요소 379

제 2 절 글로벌 연구개발－소싱－제조－마케팅 등의 네트워킹전략 ······ 379
1. 가치부가 활동의 글로벌 사슬/네트워크 379
2. 마케팅－연구개발 글로벌네트워크 381
3. 연구개발－제조 글로벌네트워크 382
4. 제조－마케팅 글로벌네트워크 383

제 3 절 글로벌소싱전략 ······ 385
1. 글로벌소싱전략 결정과제 385

2. 글로벌소싱전략의 유형 386
3. 글로벌소싱전략 결정시 고려요소 387

제15장 글로벌마케팅전략

제 1 절 글로벌마케팅의 강조 필요성, 컨셉트, 목적, 과업 ······ 389
1. 글로벌마케팅전략 강조 필요성 389
2. 글로벌마케팅 컨셉트 390
3. 글로벌마케팅 목적 392
4. 글로벌마케터의 과업 392

제 2 절 4개 차원 해외시장을 효과적으로 서브하려면 글로벌마케팅 오리엔테이션 채택 필수적 ······ 394
1. 해외시장에 대한 마케팅 오리엔테이션 유형 394
2. 글로벌마케팅 오리엔테이션 채택을 강력하게 고무하는 요소들 396

제 3 절 마케팅전략을 글로벌표준화하는 전략적 접근방법 ······ 400
1. 지구촌 소비자수요 유사성 증가에 따른 마케팅전략 글로벌표준화의 필요성 증대 400
2. 글로벌마케팅 전략의 표준화 단계들 401
3. 마케팅전략 글로벌표준화 여부 및 정도 결정요소들 406

제16장 글로벌제조전략

제 1 절 글로벌제조전략의 초점 및 커버리지 ······ 409
1. 글로벌제조전략의 초점 409
2. 글로벌제조전략의 커버리지 411

제 2 절 글로벌 제조시스템 오퍼레이션스 강조 필요성 ······ 412

제 3 절 글로벌 제조 플랜트배열 전략 ······ 413
1. 복수국내제조전략 413
2. 지역적 제조전략 414
3. 집중적 제조전략 416

제 4 절 글로벌 제조시스템을 지역/현지국별 이질적 환경에 적응시키는 과업 …… 417
1. 조달업체 조달능력의 개발 417
2. 제조시스템 · 제품 등의 디자인 문제 극복 418
3. 제조인력문제의 극복 419
4. 제조관리문제의 극복 420

제17장 글로벌재무관리전략

제 1 절 외환시장과 글로벌 금융시장의 변화패턴이 글로벌경영에 미치는 영향 …… 421
1. 국제통화제도 421
2. 환율과 외환시장이 글로벌경영에 미치는 영향 426
3. 글로벌금융시장이 글로벌경영에 미치는 영향 429

제 2 절 글로벌경영에 수반하는 환위험의 측정과 관리 …… 434
1. 환노출의 정의와 종류 435
2. 환산노출의 측정 436
3. 환위험의 관리 438

제 3 절 글로벌자본예산편성 …… 440
1. 글로벌자본예산편성의 성격 440
2. 글로벌자본예산편성의 과정 441

제 4 절 글로벌자본구조 …… 443
1. 글로벌자본구조 관리 443
2. 해외자회사 자본구조 관리 443

제 5 절 글로벌조세관리 …… 444
1. 글로벌기업의 해외운영과 현지국 조세제도 445
2. 본사국의 해외세액공제제도 446

제18장 글로벌경영 조직화 및 인력관리 전략

제 1 절 글로벌경영 조직화 전략 …… 450
1. 글로벌화 단계별로 글로벌경영 조직구조를 재편성해야 450
2. 글로벌조직구조 선정기준 451

3. 국제운영본부 구조와 국제운영본부회사 구조 452
4. 글로벌 기능조직구조 455
5. 글로벌 제품사업부제 조직구조 456
6. 글로벌 지리적 사업부제 조직구조 457

제 2 절 글로벌경영 인력관리 전략 ······ 459
1. 기업의 국제화 → 다국적화 → 글로벌화와 글로벌경영 인력의 확보 · 활용의 관계 459
2. 글로벌기업이 필요로 하는 글로벌경영인력의 유형 459
3. 21세기 글로벌경영자가 갖추어야 하는 자질과 실력 461
4. 해외현지인 글로벌경영인력 465
5. 해외주재 글로벌경영자의 자질요건 467
6. 해외현지인 글로벌비즈니스 경영자의 자질요건 474
7. 해외주재 글로벌경영자의 훈련프로그램 474

색 인 ······ 477

글로벌경영의 무대들이며 표적시장들인

글로벌·지역·국가 시장들의 지도

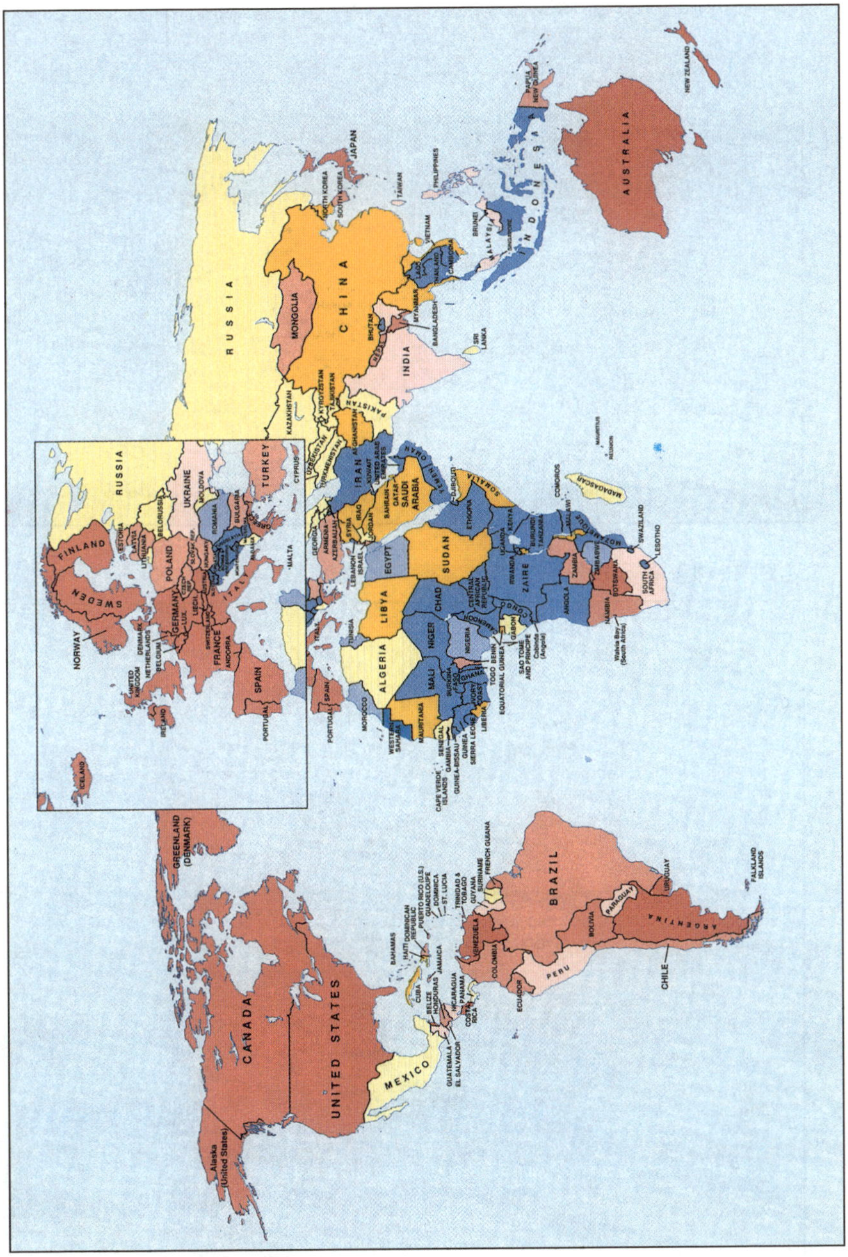

지도 1. 지구촌 국가들

지도 2. 아시아 국가들

지도 3. 대양주 국가들

지도 4. 북미주 국가들

지도 5. 남미주 국가들

지도 6. 유럽 국가들

지도 7. 아프리카 국가들

국가들

PART 1

글로벌경영 개관

제 1 장
지금은 글로벌시대이면서 글로벌경영/비즈니스시대

제 2 장
왜 글로벌경영을 공부해야 하나

제 3 장
글로벌경영의 주역(主役)은 글로벌기업

CHAPTER 01

지금은 **글로벌**시대이면서 글로벌경영/비즈니스시대

제 1 장에서는 독자들에게 실용적 학문인 동시에 실무인 "글로벌경영/비즈니스(Global Business)를 바로 알리"는 데 중점을 두고서 최우선적으로 "글로벌경영의 본질"(the nature of global business)부터 설명을 한다.

즉, 글로벌경영의 (1) 무엇인가 측면, 즉 컨셉트(what-is-it, concept)부터 시작하여, (2) 목적(why, objective), (3) 범주(what form, scope), (4) 환경(under what circumstance, environment), (5) 국내비즈니스(domestic business)와 구별/대조되는 독특성(uniqueness), (6) 전략과 전술(how, strategy and tactic) 등 여섯 가지 상호의존적 측면들을 중심으로 설명을 한다(그림 1-1 참조).

제1절 글로벌경영의 컨셉트

제 1 절에서는 "글로벌경영의 본질"의 첫번째 측면에 해당하는 것으로서, 아래에서는 "글로벌경영이란 무엇인가?"(What is global business), 즉 글로벌경영의 컨셉트(concept of global business)부터 설명을 한다.

그림 1-1 글로벌경영/비즈니스의 주역인 글로벌기업의 추구 목적, 환경적 영향요소, 전략수단

글로벌경영의 主役(major players)인 글로벌기업의 글로벌/全社차원 추구 목적

- 글로벌매출증대와 글로벌시장 점유율 증대를 통한 글로벌시장 리더십의 장악 · 활용
- 글로벌차원 현금유입, 이익액, 이퀴티자본 회수율의 최대화
- 글로벌네트워킹을 통한 비즈니스자원 소싱 · 생산 · 마케팅 · 관리 시너지효과의 최대화
- 글로벌경영 다각화 · 시장 다변화 · 리스크 분산을 통한 회사목적 달성에 최대한 기여

글로벌기업의 글로벌경영/비즈니스 전략에 영향을 미치는 글로벌 · 지역 차원 환경프레임워크

- 글로벌 무역 · 투자 · 비즈니스 환경: WTO체제, IMF, OECD 등
- EU · NAFTA 등 지역시장블럭과 그 규정 · 규범 등
- 글로벌 · 지역별 외환시장과 자본시장
- 글로벌시장 및 지역시장별
  - 경제적 환경
  - 정치적 환경
  - 법률적 환경
  - 사회-문화적 환경
  - 역사
  - 경제 지리

글로벌기업이 네트워킹하여 글로벌/全社차원에서 활용하는 전략들

해외시장진입 · 침투 전략	해외현지 운영 전략
- e Business	- 연구개발
- 수출	- 소싱/조달
- 수입	- 제조
- 국제로지스틱스	- 마케팅
- 국제라이슨싱	- 인적자원
- 국제기술제공	- 재무
- 국제경영계약	- 리스크관리
- 국제전략적 제휴	- 회계
- 국제턴키운영	- 정보시스템
- 단독해외직접투자	- 전반관리
- 국제합작투자	
- 국제합병 · 매수	
- 국제포트폴리오투자	
- 기타 국제 전략수단들	

글로벌기업의 국가 · FTA 시장 전략에 영향을 미치는 환경프레임워크

- 국가 · FTA 시장별 경제 · 시장 · 경쟁 환경
- 정치-정부-법률 환경
- 사회-문화 환경(언어, 미학, 교육, 종교, 태도와 가치관, 사회 기구)
- 경제 지리

여기서 독자들이 우선 인식해야 할 것은 글로벌 경영/비즈니스란 술어는, 내용설명의 전후관계/경위와 배경(context and background)에 따라서, 최소한 아래의 1~6에 걸쳐서 설명하는 컨셉트들을 내재(embody, built-in)하고 있다는 사실이다.

독자들이 또한 인식해야 할 것은 아래의 1~6에 걸쳐서 설명하는 컨셉트들이 어떤 방향으로 어떻게 변화하느냐에 따라서 글로벌기업과 그 경영자들의 ① 안목 · 철학 · 사명(a perspective, philosophy and mission), ② 사고와 의사결정 방식(a way of thinking and decision making), ③ 전략적 및 전술적 행동(a course of strategic and tactical actions) 등 역시 같은 방향으로 적절하게 변화해야 한다는 사실이다.

1. 글로벌경영학의 뜻

Global Business는 우선 글로벌경영학의 뜻을 지니고 있다. 글로벌경영학(고유명사이니만큼 G와 B는 반드시 대문자로 하여 Global Business로 표기해야 함)의 뜻으로 사용할 때의 글로벌경영은, 개인들과 조직들의 니즈(needs)를 충족시키는 데 목적을 두고 글로벌 세분시장 · 지역시장 · FTA 시장 · 국가시장의 경계선을 초월하여(넘나들면서) 이루어지는 비즈니스 거래들을 연구하는 경영학 분야 중에서 가장 인기 있고 실용적인 학문(a most popular and pragmatic academic discipline)을 뜻한다.

그런 글로벌비즈니스/경영 거래들(global business transactions)은 크게 두 가지로 구성된다. 하나는 수출과 수입으로 이루어지는 국제무역(international trade)이다. 또 하나는 다른 지역 · FTA · 국가시장들에서 비즈니스/기업 운영(business operations)을 하는 데 목적을 두고 실시하는 해외직접투자(foreign direct investment)이다. 현재 세계무역(world trade)의 90% 정도와 세계직접투자(world direct investment)의 80% 이상을 차지하고 있는 것은 거의 모두가 글로벌기업들이다.

그래서 글로벌경영의 主役들(central/major players of global business)인 이들 global기업들(global enterprises/firms)은 한 국가에 본사를 두고서 하나 또는 그 이상의 다른 지역 · FTA · 국가들에서 비즈니스 운영을 하는 기업들을 말한다.

그러면 어떤 기업들이 그런 글로벌기업들인가? 독자들은 이미 그들의 제품과 서비스를 소비하고 있고 광고에 접하고 있기 때문에 그런 글로벌기업들에 대해서는 어느 정도 알고 있을 것으로 믿는다.

글로벌경영의 주역들인, 포춘(Fortune)지 · Financial Times 등이 매년 선정하는(시가기준 · 연결재무제표 기준 등으로) 글로벌 500대 글로벌기업들의 일부 순위는 예증(illustration) 1-1과 같다(글로벌 경제환경의 변화, 글로벌 경영전략의 과오로 인한 경영성과 미비 등으로 인하여 매년 50개 기업 정도가 500대 글로벌기업 대열에서 탈락하고 대신 50개 정도가 새로이 500대 글로벌기업에 포함됨).

예증 1-1 글로벌 500대 기업(시가총액 또는 매출액 기준)

(단위: 억 달러)

순위	회사	국가	시가총액	순위	회사	국가	시가총액
1	페트로차이나	중국	3527	76	현대자동차	한국	
2	엑손 모빌	미국	3264	98	SK	한국	
3	마이크로소프트	미국	2754	228	한국전력	한국	
4	중국공상은행	중국	2661	229	삼성생명	한국	
5	월마트	미국	2094	244	포스코	한국	
6	페트로브라스	브라질	1981	349	국민은행	한국	
7	HSBC	영국	1979	374	한화	한국	
8	구글	미국	1958	388	KT	한국	
9	중국건설은행	중국	1957	422	현대중공업	한국	
10	애플	미국	1904	436	삼성물산	한국	
46	삼성전자	한국		438	SK네트웍스	한국	
72	LG	한국		491	에쓰오일	한국	

자료: 중앙일보, 2010년

예증 1-2 2010년 세계화지수 순위

국가	순위	지수
싱가포르	1위	7.29
홍콩	2위	6.90
아일랜드	3위	6.87
벨기에	4위	5.82
스웨덴	5위	5.77
덴마크		5.77
스위스	7위	5.62
네덜란드	8위	5.45
이스라엘	9위	5.16
핀란드	10위	5.14
대만	11위	4.90
오스트리아	12위	4.88
헝가리		4.88
⋮	⋮	
한국	25위	4.17

세계화지수란 컨설팅회사 '언스트 앤 영'이 무역 비중, 외국인직접투자 비중 등 경제지표와 글로벌기업 임원 520명에 대한 설문조사를 토대로 집계한 지수. 수치가 높을수록 세계화의 정도가 높은 것을 뜻함.

자료: 조선일보, 2010년

한편 한국포함 주요국가들의 세계화/글로벌화 지수는 예증 1-2와 같다.

위와 같은 사실 때문에도, 글로벌경영(학)연구에서도 글로벌경영의 主役들인 글로벌기업들에 초점을 맞출 수밖에 없음을 독자들은 이해할 필요가 있다.

2. 글로벌경영은, 경영활동의 뜻

(1) 글로벌경영은, 경영자 · 기업인 · 기업들이 글로벌이익추구(global profit seeking) 등 주어진 기업목적들을 최대화하기 위하여, 지구촌시장을 형성하는 글로벌세분시장들 · 지역시장들 · FTA시장들 · 국가시장들 등 4개 차원 지리적 시장들(four dimensional geographic markets)에 존재하는 고객들의 서로 다른 니즈 · 욕구 · 선호 · 변덕을 충족시킬 목적으로, 그런 고객들에게 대체적으로 브랜드가 부착된 제품과 서비스를 일상적으로 제공하고 거래(routinely provide and transact)하는 경영활동의 뜻도 지니고 있다.

(2) 예컨대, "글로벌비즈니스/경영을 한다"(doing global business)고 말할 때는, 4개 차원 지리적 시장들의 경계선을 초월하는(넘나들며 수행하는) 비즈니스/경영활동을 뜻하는 것이다.

3. 글로벌기업의 뜻

(1) 글로벌경영은 이익 등 특정한 글로벌경영목적들을 최대화하기 위해서, 글로벌경영활동을 실제로 담당 · 수행하는 주체(an entity)인 글로벌기업(global company/corporation)의 뜻도 지니고 있다.

(2) 일반적으로 글로벌기업은, ① 수출입전략으로부터 해외직접투자전략에 이르는 모든 형태의 글로벌경영전략들/해외시장진입 · 침투전략들(all forms of global business strategies/foreign market entry and penetration strategies)과 ② 글로벌 eBusiness · 생산/소싱 · 마케팅 · 재무 · 인적자원 등 글로벌운영전략들(global operations strategies)을 활용하면서, ③ 둘 또는 그 이상의 글로벌세분시장 · 지역시장 · FTA시장 · 국가시장들에 존재하는 제각기 이질적인 글로벌경영환경들(heterogeneous global business environments)에 적응 · 대응하면서, ④ 경영활동에 종사/몰입(engage/involve)하는 모든 기업이라고 정의할 수도 있다.

(3) 이런 정의의 글로벌기업들에는, 연간 매출액이 몇천만 US달러에서 몇억 달러에 이르는 미니 글로벌기업들(mini-global corporations)로부터, 연간매출액이 몇천억 US달러 이상인 초대규모 글로벌기업들(super-size global corporations)까지 포함된다.

(4) 그런 정의의 글로벌기업들 중에서 글로벌경영활동을 가장 뛰어나게 수행하고 있고 또한 지배하고 있는 주역들(major actors/players)은 대규모/초대규모 글로벌기업들이다.

그래서 대부분 글로벌기업들이 발전하기 원하는 궁극적 형태(the ultimate form)는 규모가 크고 운영효율이 높은 글로벌기업의 형태로 발전하는 것이다.

4. 글로벌사업/프로젝트의 뜻

(1) 글로벌경영은, 이익추구 등에 목적을 두고 글로벌경영활동을 수행하는 데 필요한 기존프로젝트의 이행 또는 신규프로젝트를 착수하는 글로벌事業(global business(es))의 뜻도 지니고 있다.

(2) 어떤 종합가전회사가, ① 예컨대 백색가전 · 비디오와 오디오 · 냉온방기의 생산/소싱－판매 등 기존 국제사업들에 추가하여, ② 예컨대 글로벌시장에 판매할 반도체 · 셀폰 등 새로운 사업들에 진입함으로써 글로벌경영다각화(global business diversification)를 한다고 말할 때는(예컨대 삼성전자, LG전자가 해온 것과 같이), ③ 글로벌경영을 글로벌사업의 뜻으로 사용한 것이다.

5. 글로벌경영관리의 뜻

(1) 글로벌경영은, 글로벌경영관리(global management)의 기능/과정의 뜻도 지니고 있다.

(2) 예컨대, "아무개 회사는 글로벌경쟁력과 혁신(global competitiveness and innovation) 등을 강조하면서 합리적으로 글로벌경영을 한다"고 말할 때는, 글로벌경영을 글로벌경영관리의 뜻으로 사용한 것이다.

6. 글로벌기업인 · 글로벌경영자의 뜻

(1) 글로벌경영은, 글로벌경영활동을 책임지고 수행하는 가장 중요한 자원인 글로벌기업인 · 글로벌경영자(global enterpriser or manager)의 뜻도 지니고 있다.

(2) 예컨대, "아무개 회사는 인적자원의 측면에서 글로벌경영을 글로벌화하는 데 박차를 가하기 위해 타 글로벌기업들로부터 임원들을 스카웃팅했다"고 말할 때는, 글로벌경영을 글로벌경영활동을 책임지고 결정 · 집행하는 인적자원인 그 회사의 글로벌기업인 · 글로벌경영자의 뜻으로 사용한 것이다.

제2절 글로벌경영의 목적과 범주

1. 글로벌경영에 몰입하는 목적

"글로벌경영의 본질"의 두 번째 측면에 해당하는 것으로서 여기서는 기업들은 "왜" "어떤 목적"으로 글로벌경영에 증가적으로 참여하고 몰입(increasingly participate and involve)하는지, 즉 기업들이 추구하는 글로벌경영의 목적(why, objective)은 무엇인지에 대해 설명을 한다.

거의 모든 글로벌기업들은 私有인데, 그런 私有 글로벌기업들은(중국 · 러시아 등 과거공산주의 국가들의 일부 기업들을 제외하고), 국내경영 영역과 해외경영 영역을 구태여 구분하지 않고서, 모든 국내외 경영활동에서 철저한 자본주의식 목적들을 뜻하는 아래와 같은 美英식 기업목적들(Anglo-Saxon style corporate objectives)을 추구하고 있다. 그런 가운데서도 글로벌기업들은 각기, 각별히 아래의 글로벌경영목적들(global business objectives)을 달성하기 위하여 글로벌경영(활동)에 참여하고 몰입한다(그림 1-1 참조).

(1) 글로벌시장경쟁력을 강화하여 ① 글로벌 매출액 증대(global sales expansion)와 ② 시장점유율 · 신뢰성 · 이미지 등을 기준으로 하는 글로벌시장 리더십(global market leadership)의 신장과 활용

(2) 글로벌(全社)차원에서 ① 현금유출(cash outflow)에 비한 현금유입(cash inflow), ② 재무유동성(financial liquidity), ③ 이익성(profitability), ④ 총자산이익률(return on asset), ⑤ 자기자본이익률(return on equity capital) 등의 최대화

(3) 글로벌(全社)차원에서 글로벌네트워킹(global networking)을 통한 ① 효율적인 경영자원 취득/소싱(efficient business resource acquisition/sourcing), ② 경영자원 운용의 합리화를 통한 제품 · 서비스의 코스트 삭감, 균일한 고품질 실현, 마케팅(코스트 · 가격 · 브랜드) 경쟁력 강화, 현금이익 증대 등 시너지효과(synergy effects)의 최대화

(4) 글로벌(全社)차원에서 경영(사업) 다각화, 시장다변화, 리스크분산(global business, market, and risk diversification)을 통한 초대규모의 글로벌기업 내지 글로벌 복합기업(예컨대 GE같은 global conglomerate corporations)으로 발전하는 것 등 회사목적 달성에 최대한 기여

(5) 수준 높은 글로벌 경영관리상의 공개성(openness) · 투명성(transparency) · 윤리성(ethics)을 발휘하여, ① 단순히 (초)우량 글로벌기업이라는 평판보다는, ② 선량한/존경받는 글로벌기업시민(a good or respected global corporate citizen)이라는 평판과 이미지 획득

위와 같은 글로벌경영 목적들은, 특정 기업이 ① 명실공히 글로벌기업의 형태로 발전을 하고 ② 또한 선량한/존경받는 글로벌기업시민으로서의 역할을 실제로 수행해야만, 비로소 실현될 수 있는 것이다.

2. 글로벌경영의 범주

"글로벌경영의 본질"의 세 번째 측면에 해당하는 것으로서 여기서는 글로벌기업들은 "어떤 형태" "범주"(what form, scope)의 글로벌경영활동에 참여하고 몰입하는지를 설명한다.

글로벌기업들은 그들이 추구하는 글로벌차원의 목적들을 달성하기 위하여 (1) 비즈니스 자원(business resources), (2) 제품/상품(product/merchandise), (3) 서비스(services), (4) 자본(capital) 등을 망라하는 거의 모든 형태의 글로벌경영 거래와 이전(almost all forms of global business transactions and transfer)에 참여하고 개입한다. 구체적으로 설명하면 아래와 같다.

1) 물리적 재화의 글로벌경영거래

가장 많은 부분을 차지하는 것은 글로벌경제 · 지역별경제 · FTA체결국가들의 경제 · 개별국가 경제 등에 소속된 광산업, 석유산업, 제조업, 농업, 수산업, 임산업 등 다양한 산업분야들에 속하는 기업체들이 소싱 · 생산 · 마케팅하는 수백만여 유형으로 추정되는 완제품들 · 반제품들 · 부품들 · 원부자재들 등 물리적 재화의 글로벌경영거래(global transfer and transactions of physical goods)이다.

그런 물리적 재화의 글로벌경영거래 비중은 상대적으로 계속 줄어드는 경향을 보이고 있으며, 현재에 금액기준으로 총글로벌경영거래의 70% 이하를 차지하고 있는 것으로 추정되고 있다.

2) 서비스의 글로벌경영거래

글로벌경제 · 지역경제 · FTA체결국가들의 경제 · 개별국가경제 등의 GDP에서도 그 비중이 급속히 증가중인(금액 기준으로 총글로벌경영거래의 30% 이상으로 추정되고 있음) 서비스부문에서 창출되는 광범위한 글로벌서비스거래(global transfer and transactions of service goods)에는 아래를 포함시킬 수 있다.

(1) 건설, 엔지니어링, 건축, 호텔, 여행, 관광, 음료식, 도매, 소매, 할인판매, 오프라인 및 온라인 마케팅(쇼핑) 등에 걸친 서비스분야들의 가지각색의 서비스들(diverse services).

(2) 기술제공, 라이슨싱, 턴키오퍼레이션스, 건축 및 공장건설 감리 등 기술서비스들(technical services).

(3) 경영컨설팅, 회계, M&A(인수합병), 경영자료분석, 경영자스카우팅 등 경영서비스들(managerial services).

(4) 소매뱅킹, 도매뱅킹, 소비자금융, 투자금융, 증권, 보험, 종합금융 등 금융서비스들(financial services).

(5) 항공, 해운, 내륙수운, 육상운송, 통운, 택배포함 특수배송 등 수송/로지스틱스 서비스들(transport/logistics services).

(6) 라디오, TV, 전신, 전화, FAX, Internet, 신문, 잡지, 서적, hand phone, wibro, 멀티미디어 포함 정보 · 통신업 등이 창출하는 정보 · 통신서비스들 내지 커뮤니케이션 서비스들(communication services).

(7) 기술, 특허, 상업비밀, 등록브랜드와 트레이드마크, 경영노하우, 자료와 정보 등 무형재들(intangible goods)과 지적재산권들(proprietary rights).

3) 해외직접투자 및 글로벌포트폴리오투자와 관련된 글로벌경영거래

(1) 제품과 서비스의 소싱용, 생산용, 마케팅용, 로지스틱스용 물리적

시설의 신설 · 매각 · 매입 · 합병 등 해외직접투자/해외투자철수(foreign direct investment or foreign divestment)와 관련된 글로벌비즈니스거래들.

(2) 증권 · 회사채 · 공채 등의 매입 · 매각 등 글로벌포트폴리오투자(global portfolio investment)와 관련된 글로벌비즈니스거래들.

4) 글로벌기업의 국내외비즈니스 활동을 수반하는 비즈니스거래

글로벌기업들이 수행하는 수출입으로부터 해외직접투자를 포함한 글로벌 소싱–생산–마케팅 등에 이르는 모든 형태의 해외경영활동들 및 국내경영활동들을 수반하는 비즈니스거래들.

제3절 글로벌경영에 영향을 미치는 해외시장별 경영 환경

독자들에게 "글로벌경영/비즈니스 바로 알리기"의 연속으로서 "글로벌경영의 본질"의 네 번째 측면에 해당하는 것으로서, 여기서는 글로벌기업들은 "어떠한 환경하"(under what circumstance, environment)에서 글로벌경영에 참여하고 몰입하는가를 설명한다.

(1) 글로벌경영환경(global business environment)이란, 글로벌경영활동에 막대한 좋고 나쁜 영향을 미치지만, 개별 글로벌기업들의 입장에서는 근본적으로 통제불능한 기업외부환경(basically uncontrollable external environment)을 말한다.

(2) 개별 글로벌기업들의 입장에서 통제불능한 외부의 글로벌경영환경에는 글로벌세분시장 · 지역시장 · FTA시장 · 국가시장 등 4개 차원 지리적 시장들(geographic markets)의 서로 다른 경제, 정치, 법률, 사회–문화(언어, 미학, 종교, 태도와 가치관, 사회기구), 역사, 경제지리 등의 요소들이 포함된다(그림 1–1 참조).

글로벌기업들이 그런 4개 차원 지리적 시장들 각각의 통제불능한 글로벌경영 환경요소들을 계속 주시 · 분석 · 파악 · 예측하여 글로벌경영활동에 반영시키고 또한 활용해야 하는 이유는, 아래와 같다.

1. 환경적 이질성은 글로벌경영활동에 기회 · 위협/리스크 · 어려움을 동시에 제공

(1) 글로벌세분시장 · 지역시장 · FTA시장 · 국가시장 등 4개 차원 지리적 시장별로 지속적으로 바뀌어가는 경영관련 환경적 요소들의 이질성(heterogeneity in business environmental factors)은, 해당 글로벌기업들에게 ① 활용가능한 글로벌경영 기회(global business opportunities), ② 회피해야 하는 글로벌경영 위협(threats)/리스크(risks), ③ 극복해야 하는 글로벌경영 어려움(difficulties) 등 세 가지를 동시에 제공하기 때문이다.

(2) 그러므로 글로벌기업들의 글로벌경영자들은, 최우선적으로 그런 4개 차원 지리적 시장별 이질적 경영관련 환경적 요소들의 아래와 같은 성격을 명확히 분석 · 파악 · 예측하여 전략적으로 활용할 필요가 있기 때문이다.

① 自社 글로벌경영활동에 영향을 미칠 수 있는 경제 · 정치(군사 포함) · 법률 · 사회-문화 등 환경적 요소들에는 어떠한 변화들이 일어나고 있고 또는 변화가 일어날 것으로 예측되고 있고(예컨대 油價의 상승 또는 하락),

② 그런 환경요소들의 변화를 야기(causing)하는 역학작용과 사정(forces and conditions)은 무엇이고(예컨대 중동지역에서의 군사적 충돌, 석유수출국기구(OPEC)의 유가인상 목적의 석유생산통제, 미국 Gulf만의 huricane 등),

③ 어떤 방법으로 그런 환경적 요소들의 변화를 정확히 예견 · 예측(anticipate and forecast)하고(예컨대 자사의 전문가를 보강하고 외부전문가의 도움을 받는 것 등),

④ 자사의 권익(interests)을 보호하기 위해, 어떠한 적응전략(adaptation strategy)과 대응전략(counteracting strategy)을 활용해야 하는가(예컨대 지속적 기술개발을 통하여 석유활용효율을 높이면서 대체에너지를 확대활용하는 것) 등.

2. 글로벌경영에 반영

글로벌기업들의 경영자들은, 분석 · 파악 · 예측한 4개 차원 지리적 시장별 이질적인 환경요소들을 반영(reflect)시키면서 아래와 같은 4개 차원 지리적 시장별 글로벌경영에 관한 의사결정을 하고 집행해야 하기 때문이다.

(1) 글로벌 세분시장별 · 지역시장별 · FTA시장별 · 국가시장별로 이질적인 경영환경 속에서 운영중인 본사와 해외자회사 · 해외지사 등 자체소유 해외기구들(wholly owned overseas organizations/subsidiaries)의 경영상태를 분석 · 평가하는 방법

(2) 해외자회사 · 해외지사 등 자체소유 해외기구들의 운영규모 · 운영범주 · 네트워크를 확장/축소시키는 방법

(3) 본사와 자체소유 해외자회사 · 해외지사들이 글로벌차원에서 全社목적달성에 각기 최대한 기여하도록 정책지침을 제공하고 유인하는 방법

(4) 현실성 있는 글로벌차원 전사목적, 지역시장 · FTA시장 · 국가시장 차원별 목적을 책정하는 방법 등

3. 글로벌경영전략과 4개 지리적 시장별 경영전략 결정에 반영

글로벌기업들의 경영자들은, 분석 · 파악 · 예측한 4개 차원 지리적 시장별 환경요소들을 반영시키면서 아래와 같은 전략적 의사결정을하고 집행해야 하기 때문이다.

(1) 전사차원의 글로벌경영전략 결정과 집행

(2) 글로벌 세분시장 · 지역시장 · FTA시장 · 국가시장 등 4개 차원 지리적 시장별로 적용할 진입-침투전략들 결정과 집행

(3) 4개 차원 지리적 시장별로 적용할 소싱/제조 · 마케팅 등 글로벌경영전략들의 결정과 집행

(4) 해당 글로벌기업이 외국계통기업으로서 현지적응을 위해 특별히 취해야 할 조치들의 결정과 집행

위와 같은 4개 차원 지리적 시장들의 해외비즈니스환경 속에서 운영하는 글로벌기업들은, 해외시장들 각각의 입장에서는 외국계통(foreign origin)

이다. 그러므로 글로벌기업들은 4개 차원 지리적 시장별로 현지경영활동의 모든/많은 측면에서 특별한 적응(special adaptations)을 강요당할 수도 있으며, 그렇지 않더라도 솔선하여 현지적응을 할 필요성이 있기 때문이다.

제4절 기업이 글로벌화하는 이유와 글로벌경영전략

"글로벌경영의 본질"의 또한 측면에 해당되는 것으로서, 여기서는 ① 국적에 상관없이 기업들은 어떤 이유로 글로벌경영에 몰입하기 시작하고 또한 지속적으로 해외시장침투를 확대하면서 글로벌화(Why continuously expand overseas market entry and globalize)하는가를 우선 설명한 다음, ② 그런 기업들이 활용가능한 전략(how, strategy)에는 어떤 것들이 있는가를 설명한다. 해당기업들은 ①을 우선 결정한 다음에 그런 결정을 고려하여 ②를 결정 · 집행해야 하기 때문이다.

1. 기업이 글로벌화하는 이유

우리나라 기업들 역시 지속적으로 해외시장 침투를 확대하면서 지속적으로 글로벌화(globalize)해야 하는 데는 기회활용이유들(opportunity utilization reasons)도 있고 위협회피이유들(threat avoidance reasons)도 있다. 두 가지 이유들을 합쳐서 국적에 상관없이 기업들이 글로벌화하는 이유들을 설명하면 아래와 같다.

1) 글로벌화하는 전통적 이유

(1) 다양한 경영기회를 제공하는 4개 차원 해외시장기회를 이익적으로 활용하려는 이유

글로벌기업들이 생겨나게 된 이유들인 동시에 기존 글로벌기업들이 지속적으로 확장하는 이유들은, 그들이 글로벌세분시장 · 지역시장 · FTA

시장 · 국가시장 등 4개 차원 지리적 시장들에서 제 2 절에서 설명한 바와 같은 글로벌경영의 목적을 달성하려는 욕망(desire) 내지 이유 때문이다.

그런 욕망은, 글로벌기업들의 경영층이 4개 차원 해외시장들은 아래와 같은 다양한 경영기회들(diverse business opportunities)을 제공한다고 믿는 데서, 비롯된다.

① 국내시장이익에 추가하여 해외시장이익을 실현 가능케 함으로써, 기업체 총이익을 더욱 증대시킬 수 있는 기회를 제공한다.

② 국내시장보다, 해외시장은 더 높은 이익마진(profit margin)과 이퀴티 회수율(rate of return on equity)을 획득할 수 있는 기회를 제공한다.

③ 해외시장은, 국내시장 수요감소로부터 해당 기업을 보호하고, 또한 국내시장에서 상실한 매출액과 시장점유율을 보충할 수 있는 기회를 제공한다.

④ 해외시장으로부터 경영노하우와 자본을 획득할 수 있다.

⑤ 장기적으로 글로벌시장은 전반적으로 그리고 그중에서도 시대별로 특정한 지역시장들과 국가시장들(예컨대 중국 · 인도 · 러시아 등)은, 글로벌기업들이 추구할 수 있는 잠재시장들(corporate potential markets)의 가장 큰 부분을 차지하기 때문에 그런 기업들에게 가장 큰 성장소스들(sources of growth)을 제공한다.

(2) 주요지하자원을 안정적으로 확보하려는 이유

① 원자재 · 부자재 등 주요원자재들의 확보(securing key raw materials and supplies) 역시, 기업들이 글로벌화하는 전통적 이유들(traditional reasons) 중의 하나이다.

일반적으로 원유 · 기타 주요 지하자원 등 원자재지향적인 기업들(resource-oriented firms)일수록, 필요로 하는 원자재의 가용성과 가격변동에 대하여 민감한 반응을 보인다. 그 이유는 그 두 가지가 생산활동의 계속성 여부와 제조원가의 상승 또는 삭감에 중대한 영향을 미쳐서 궁극적으로 글로벌경영 경쟁력과 실적에 큰 좋고 나쁜 영향을 미치기 때문이다.

② 국내외시장을 서브하는 석유 · 화학 · 강철 · 조선 등 중화학공업 분야의 기업들뿐만 아니라 제당 · 제분 · 제지 등 소비재 분야의 기업들이 위의 경우에 해당된다.

③ 자원 글로벌기업들(resource globals)에게는 국내외 자원의 탐사 · 생산 · 정제 · 유통 등이 물론 本業에 속한다. 따라서 그들은 글로벌 스케일로 본업을 확장하려는 동기로 글로벌화하였고 또한 더욱 더 글로벌화하고 있다.

(3) 새로 떠오르는 시장 활용과 글로벌시장기반을 확충하려는 이유

① 중국 · 인도 · 브라질 · 러시아 등 새로 떠오르는 시장들을 찾아 활용하는 것(search and exploit new markets or emerging markets) 역시, 글로벌화의 전통적 이유 중 하나이다.

② 이 이유는 특정 기업체가 국내시장에서 치열한 경쟁에 당면하거나 국내시장이 포화상태(market saturation situation)에 이르렀을 때, 국내시장규모만으로는 소싱－생산－유통상의 규모의 경제(economy of scale)를 실현할 수 없기 때문에 글로벌시장기반을 확대하는 것이 필수적이라고 판단할 때에, 기업들에게 글로벌화하도록 가장 강력하게 작용을 한다.

(4) 제품 · 기술의 수명주기를 연장시키려는 이유

① 예컨대 저가의류 · 신발 등 노동집약인 제품과 보편화된 기술의 수명주기 연장(extension of product and technology life cycle) 역시, 글로벌화를 촉진시키는 전통적인 이유 중의 하나이다.

② 일반적으로 일단 出市된 제품은 수명 및 이익주기(product life and profit cycles)를 거쳐서 언젠가는, 퇴거(drop)된다.

그러므로 특정 기업체는, 국내시장에서 쇠퇴기(decline stage)에 있는 특정 제품을 해외시장에 수출함으로써 또는 해외시장에서 현지생산(직접투자를 하여 자체생산시설을 갖추든지 계약생산 등의 방법으로 local production)하여 판매함으로써, 그 제품의 수명주기와 이익주기를 연장(extend)시키고 리사이클링(recycling)할 수 있기 때문이다.

③ 이미 특정 국가나 특정 기업체에게는 노후화된 기술(obsolete technology)을 해외에서 이익적으로 리사이클링하기 위해, 해외라이슨싱 · 해외기술제공 등을 해주는 기업들도 많기 때문이다.

④ 이미 노후화된 생산시설(obsolete production facility)을 해외에서 이익적으로 리사이클링하기 위해, 노후화된 생산시설의 경제가치를 상향 조작하여 현물투자 형태로 해외기업체를 설립 · 운영하는 기업들도 많기 때문이다.

(5) 反트러스트법, 공정거래법, 경쟁심화와 이익률 저하에 대응하려는 이유

① 공정하고 적정한 경쟁(fair and reasonable competition)을 조성하고 유지하는 데 목적을 둔 反트러스트법(Anti-Trust Act) · 공정거래법(Fair Trade Law) · 독과점방지및공정거래법과 같은 법률과 정부정책 때문에 국내시장에서 계속 시장점유율을 늘리면서 성장하는 데 제동이 걸리자, 그런 국내성장 제동을 극복하려는 동기로 글로벌화하는 기업들도 많다.

② 국내의 정치, 정부 정책, 강성노동조합으로 인한 노사관계 등이 악화되어 국내경영환경이 악화되고, 국내경제 · 기업경기가 전반적으로 위축되고, 기업간의 경쟁이 극심해져 이익성(profitability)이 떨어지는(한국과 같은) 경우에, 그런 것들을 극복하려는 이유로 글로벌화하는 기업들도 많다.

2) 기업이 글로벌화하는 새로운 이유

(1) 글로벌시장 확장을 통하여 특정 업종에서 생존하고 성장하려는 이유

① 글로벌화를 촉진시키는 새로 떠오른 이유들(newly emerged reasons) 중 첫번째는, 특히 1995년 WTO출범 이후부터 발생하여 21세기 현재까지 지속되고 있는 현상으로서 특정 기업이 소속한 특정 업종에서 생존하고 성장(survive and grow)하려는 이유이다.

예컨대 자동차 · 디지털 전자제품 · 대형항공기 · 대형발전설비 · 석유화학 · 반도체 등 각각의 특정 업종들에서는, 경제 · 정치 · 기술 등에 걸친 글로벌경영 환경변화로 인하여 글로벌스케일로 확대시켜(예컨대 자동차의 경우 세계순위를 5위 이내로 성장시켜서) 글로벌시장을 효과적으로 서브할 수 있어야만, 비로소 생존을 자체보장(self assure)할 수 있다는 주장들이 많기 때문이다.

② 국내시장을 지배(dominate)하고 있다는 사실 자체가, 기업들이 글로벌화하도록 만드는 이유로 작용하는 경우가 많다.

특정 기업체가 국내시장을 이미 장악하고 있어서 국내시장을 활용한 성장이 더 이상 불가능하든지 비현실적인데도, 그 특정 기업체가 계속 성장할 수 있는 뛰어난 잠재력(potentiality)을 갖고 있다면, 그런 기업체는 글로벌시장에서 계속 성장하겠다는 이유로 글로벌화할 수밖에 없다.

③ 국내시장이 협소(narrow)하여 성장기회를 글로벌시장에서 찾아야만 하는 기업들에게, 글로벌화는 가장 논리적인 성장방법이다.

④ 수출과 해외현지 마케팅자회사 운영만으로 서브(serve)해 온 해외시장국들에서 현지제조기업들(local manufacturing firms)이 유력한 경쟁자로 성장하기 이전에, 자체소유 생산시설을 갖춘 현지생산자회사들을 운영함으로써 해외현지 경쟁을 사전에 방지하려는 이유로 글로벌화하는 기업들도 많다.

(2) 선발적으로 해외시장에 침투하려는 이유

국내의 경쟁업체나 외국의 잠재적 경쟁업체가 특정 해외시장국 · FTA시장 · 지역시장에 시장기반을 구축하기 이전에, 특정 기업체는 해외직접투자 등을 통하여 선발적으로 침투하여 그런 해외시장들에 기반을 구축 · 유지 · 확대하려는 이유로 글로벌화하는 기업들도 많다.

(3) 방비적인 이유

① 현재 장악하고 있는 국내외의 시장기반과 주요고객을 계속 장악하고 그에 따른 해외이익기회를 보호하는 등 방비적 동기(defensive motive)로 글로벌화하는 기업들도 많다.

② 은행 · 보험회사 · 광고대행사 · 공인회계법인 · 엔지니어링 및 경영컨설팅회사 · 호텔 · Internet 등 주로 서비스업종의 기업들 중에는, 그들의 고객들인 타기업체들(제조, 무역, 해외건설 기업체 등)이 해외시장 침투를 확대하고 글로벌화하기 때문에, 그런 고객들을 따라서(follow customers) 해외시장에 침투를 하고 글로벌화하는 것이 좋은 예이다.

(4) 타 국가/지역/FTA 제품의 구입규제에 대응하려는 이유

① 오늘날, 거의 모든 FTA시장/국가시장/지역시장에서는 민족주의/지역주의를 앞세우고 정부 및 그 산하기관 · 기업체 · 일반소비자가 가급적 국산제품/역내산제품/소속FTA제품을 구입 · 애용하도록 장려하고 있다. 외국제품/타지역제품/타 FTA제품에 대해 배격운동과 불매운동도 벌이는 경우도 있다.

그러므로 그런 국가시장/지역시장/FTA시장들에 거래규모가 큰 소비재와 산업재를 판매하려는 이유로, 현지생산자회사를 설립 · 운영하는 등의 방법으로 글로벌화하는 기업들도 많다.

② 관세장벽 · 비관세장벽 · 反공정무역법(anti-unfair trade law) · 反덤핑관세(anti-dumping tariffs) · 보복관세(retaliatory tariff) · 행정관료주의(administrative bureaucracy, red tape) 등의 수단들을 동원하여, 외국제품/역외제품/타 FTA제품에 대해 차별(discrimination)하지 않는 국가/지역/FTA는 없는 실정이다.

그러므로 그런 차별행위가 심한 국가/지역/FTA시장을 수출을 통하여 확보한 후에 계속 유지 · 장악하려는 이유로, 해외직접투자 등을 통하여 현지생산자회사를 운영하는 등 글로벌화하는 기업들도 많다.

③ 특정 해외시장국 · FTA국가 및 EU · NAFTA 등 블럭화된 지역시장들에서 현지생산제품으로 인정받고 무관세로 판매할 수 있으려면, 현지산제품 규정(local product laws and regulations)을 충족시켜야 한다.

그래서 그런 요건을 충족시키려는 이유로, 해외직접투자 등으로 해외현지생산자회사들의 설립 · 운영을 통하여 글로벌화하는 기업들도 많다.

(5) 수출전략만을 활용할 때에 당면하는 무역장벽에 대응하려는 이유

① 상품수출전략만으로 해외시장에 침투할 때 부딪히는 각종 장벽을 우회(detour)하려는 이유로, 기술적 · 경영적 노하우의 해외이전(overseas transfer of technical and managerial knowhows)과 해외직접투자 등을 확대함으로써 글로벌화하는 기업들도 많다.

② FTA체결국가들에 대해서도, 만일에 특정 기업체의 本社國(예컨대 한국)이 그런 FTA체결국가들과 FTA를 체결하지 않았다면, 수출전략만을 활용해서는 각종 관세장벽과 비관세장벽 등에 부딪힐 수 있기 때문에 그 특정(예컨대 한국) 기업체는 해외직접투자를 실시하여 해당 FTA체결국가들에 현지생산자회사들을 설립 · 운영함으로써 글로벌기업화할 수밖에 없다.

(6) 환경오염 규제의 강화에 대응하려는 이유

① 환경오염(environmental pollutions)은, 21세기 현재 심각한 세계적인 관심사로 대두되고 규제의 대상이 되고 있어서 글로벌경영활동에까지 심각한 악영향을 미치고 있다. 특히 선진국들 · 선진지역시장들 · 선진FTA체결국가들이 환경오염에 대한 규제를 강화하고 있는 중이다.

② 따라서 환경오염을 많이 발생시키는 산업들에 속하는 기업들일수록, 특정 지역 · FTA · 국가들의 까다로운 환경규제법과 악화되는 여론을

피해, 그런 규제가 느슨한 개도국 · 후진국으로 생산시설을 이전시키려는 이유로 글로벌화하는 경우도 많다.

(7) 지역시장과 FTA시장을 활용하려는 이유

① 수적으로나 시장규모면에서 확대일로에 있는 EU · NAFTA · ASEAN 등 지역시장블럭들(regional market blocs)과 FTA시장들(Free Trade Agreement markets)을 이익적으로 활용하려는 이유로, 글로벌화하는 기업들도 많다.

② EU는 일종의 유럽요새(European fortress)이고 NAFTA는 일종의 북미요새(North American fortress)이다. 그렇지만, 기업들이 상당한 규모의 해외직접투자를 실시하여 현지제조활동을 벌이게 되면, 현지기업으로 인정받기 때문에, 그런 기업들에는 요새가 아니기 때문이다.

FTA체결국가들에 대해서도, 같은 말을 할 수가 있다.

(8) 글로벌 생산 · 마케팅을 통하여 글로벌시장운영을 효율화하려는 이유

복수의 글로벌세분시장들 · 지역시장들 · FTA시장들 · 국가시장들에 직접투자를 실시하여 해외생산자회사들(overseas production subsidiaries)을 보유하고 글로벌생산-마케팅 활동을 전개함으로써 글로벌시장운영(global market operations)을 효율화하겠다는 이유로, 글로벌화하는 기업들도 많다.

(9) 시장의 글로벌화, 해외투자의 자유화, 외국인 투자유치정책을 활용하려는 이유

① 특히 WTO출범 이후부터 전체지구촌은 단일 글로벌시장으로 빠르게 바뀌고 있다. 그래서 그런 글로벌시장을 이익적으로 서브하겠다는 이유로, 글로벌화하는 기업들이 많이 늘어나고 있다.

② 선진국들은 일찍부터 그리고 신흥공업국들과 과거의 공산국가들까지도, 해외직접투자를 자유화(liberalize)하는 동시에, 적극적인 외국인투자유치정책(foreign investment inducement policies)을 채택하고서 투자유인들(investment incentives)을 제공하는 것도, 기업들에게 글로벌화하도록 하는 이유를 제공한다.

(10) 글로벌기업으로서의 고유 강점을 활용하고 지위를 향상시키려는 이유

① 글로벌기업들만이 획득하고 영위할 수 있는 특유한 강점들과 경쟁적 우위들(unique strengths and competitive advantages)을 확보하려는 이유로,

글로벌화하는 기업들도 많다.

② 특정 기업이 소속된 국가의 국내시장에서 우월한 경쟁적 위치(advantageous competitive position)와 명성 있는 지위(reputable status, ranking)를 확보하려는 이유로, 글로벌화하는 기업들도 많다.

③ 특히 최근에는 국내지위순위(domestic ranking)뿐만 아니라 글로벌 지위순위(global ranking)에 대해서 관심을 갖고 신경을 쓰는 기업들이 늘어나고 있다.

예컨대 Fortune지 · FORBES지 등이 매년 발표하는 '글로벌 500대기업'이나 업종별 글로벌 대기업들의 명단에 들어가느냐가 관심거리가 될 뿐만 아니라, 그런 것에 속한 것이 광고선전의 중요한 자료로 쓰이기 때문이다.

(11) 글로벌화하는 재무시장을 활용하려는 이유

글로벌경영을 하는 데 필요한 자금을 조달하는 방법들이 점점 더 다양화되고 확대되고 있다. 그런 자금조달옵션의 증가는 글로벌경영활동의 확장을 촉진시키고 있다. 그런 방법들에는 국제통화기금(International Monetary Fund)과 세계은행(World Bank), HSBC · Citicorp 등 글로벌은행들, 그리고 뉴욕 · 런던 등 증권거래소 등이 포함된다. 그러므로 그런 자금조달옵션을 글로벌경영활동에 적절히 활용하려는 이유로도 기업들은 글로벌화한다.

(12) 최고경영층의 희망과 결단 때문에

① 최고경영자(Chief Executive Officer) · 대주주가 희망하기 때문에, 글로벌화하는 기업들도 많다. Singer, IBM, Nestle, Citibank, Sony, Honda 같은 기업들은, 창업자가 처음부터 글로벌시장을 추구하는 목표를 세워 계속 이행함으로써 대규모의 글로벌기업들이 된 예이다.

② 기업체에 따라서는, (1)~(11) 등 경영적 동기들이나 이유들(managerial motives or reasons)보다는, 최고경영자 · 대주주 등의 개인적인 이유나 희망 때문에 특정 외국/지역에 직접투자를 하기 시작하여 결과적으로 글로벌기업들로 발전하고 있는 경우도 많다.

도요타자동차 · 현대-기아자동차 · 삼성전자 · LG전자 · SKT 등은 창업 2, 3세대의 희망과 결단에 의해 글로벌화한 예들이다.

2. 해외시장진입 · 침투전략

(1) 기업들이 글로벌시장 · 지역시장 · FTA시장 · 국가시장 등 4개 차원의 지리적 시장들(geographic markets)을 뜻하는 해외시장들(foreign/overseas markets)에 진입하고 침투하는 데 활용할 수 있는 그리고 또한 글로벌화하는 데 활용할 수 있는 글로벌경영전략들(global business strategies) 내지는 같은 뜻인 해외시장진입 · 침투전략들(foreign market entry and penetration strategies)에는 아래에 제시한 대로 여러 가지가 있다. 글로벌경영의 major players인 글로벌기업들일수록 이들 전략들 모두를 적절히 믹스하여 활용하고 있다.

(2) 구체적으로 말하면 국제 eBusiness, 수출(export), 수입(import), 국제로지스틱스(international logistics), 국제라이슨싱(international licensing), 국제프랜차이징(international franchising), 국제기술제공(international technical assistance), 국제경영계약(international management contract), 국제 전략적 제휴(international strategic alliances), 국제턴키운영(international turnkey operation), 단독 해외직접투자(sole foreign direct investment), 해외합작투자(foreign joint investment), 국제합병과 매수(international merger and acquisition), 국제포트폴리오투자(international portfolio investment) 등 여러 가지 대안들(alternatives)이 있다.

(3) 그러므로 개별 글로벌기업은, 추구하는 해외시장목적과 글로벌화 목표를 고려에 넣고서, 해외표적시장별로 이질적인 경영환경(heterogeneous business environment in each target markets)을 우선 분석 · 판단한 다음에, 진입 · 침투하는 "해외표적시장별"로 각기 다른 최적의 개별화/차별화된 믹스(optimal individualized/differentiated mix)의 글로벌경영전략들/해외시장진입 · 침투전략들을 결정하여 집행해야 한다.

3. 글로벌운영전략들

(1) 특정 기업체가 수출전략만을 활용하기보다는 글로벌기업들이 하는 것과 같이 적극적으로 글로벌경영활동에 몰입하려면, ① 물론 해외시장진

입 · 침투전략들 모두를 최적으로 믹스하여 활용해야 하고, ② 그것에 추가하여 eBusiness · 연구개발 · 소싱/조달 · 제조 · 마케팅 · 인사 · 재무 · 리스크관리 · 회계 · 정보시스템 · 전반관리 등 글로벌운영전략들(global operations strategies)도 동시에 반드시 활용해야 한다.

(2) ① 이 지구촌에 존재하는 수많은 잠재적인 글로벌세분시장들 · 지역시장들 · FTA시장들 · 국가시장들 중에서 글로벌기업들이 실제로 선정하는 "해외표적시장들" 하나하나에 적용하는 글로벌경영전략들의 최적믹스를 결정할 때에도, ② 추구하는 해외시장 목적과 글로벌화 목표를 고려에 넣고서, ③ "해외표적시장별"로 제각기 다르고 이질적인 경영환경요소들의 전부 또는 직접 관련된 부분을 우선 분석 · 파악한 다음에, ④ 진입 · 침투하는 "해외표적시장별"로 각기 다른 최적의 개별화/차별화된 믹스의 글로벌경영전략들을 결정하여 집행해야 하기 때문이다.

CHAPTER 02

왜 글로벌경영을 공부해야 하나

제1절 글로벌경영은 국내경영과 다른 독특성이 있기 때문

(1) 왜 글로벌경영을 공부해야 하나의 첫 번째 이유는, 글로벌기업들의 경영자들은, 추구하는 글로벌(전사)차원 목적 및 4개 차원 지리적 시장별 목적들의 달성을 최대화하기 위해서도, 글로벌경영의 독특성(uniqueness of global business)을 정확히 파악하고서 적응적으로 활용(adaptively take advantage)을 해야 하기 때문이다.

(2) 글로벌경영환경의 변화와 지역시장별 · FTA시장별 · 국가시장별 경영환경의 이질성에서 비롯되는 글로벌경영의 독특성은 크게 ① 경영거래가 지역시장들 · FTA시장들 · 국가시장들의 경계선을 초월하여 이루어지는 것(business transactions take place across regional, FTA and national market borders)과 ② 경영거래를 이질적인 지역시장별 · FTA시장별 · 국가시장별 경영환경하에서도 수행하는 것(business transactions are also conducted under heterogeneous regional, FTA and national business environments)으로 나눌 수 있다.

1. 글로벌경영은 글로벌세분시장 · 지역시장 · FTA시장 · 국가시장의 경계선을 초월하면서 이루어짐

국내경영거래(domestic business transactions)는 경영환경이 대체적으로 동질적인 특정 국가의 경계선 안에서만 이루어진다. 그렇지만 경영거래가 글로벌세분시장 · 지역시장 · FTA시장 · 국가시장 등 4개 차원 지리적시장들의 경계선을 초월하여(넘나들며) 이루어질 때, 글로벌기업들이 활용가능한 글로벌경영기회는 물론 증가하기는 하지만, 당면하는 도전(challenge) · 어려움(difficulty) · 리스크(risk)는 순수 국내경영거래를 할 때보다 훨씬 증가한다.

그렇기 때문에 글로벌기업들의 경영자들은 환경적 이질성에 적응하면서 글로벌경영거래를 해야 할 필요성 역시 훨씬 증가한다. 그 이유는 다음과 같다.

1) 기업자원 국제적 이동의 제약 및 제한

좀더 자유로운 무역과 비즈니스거래(freer trade and business transactions)를 실현시키려는 국제무역기구(World Trade Organization) 등의 지속적인 노력에도 불구하고, 글로벌경영활동을 하는 데 필수적 인력 · 기술 · 재화 · 자본 · 시설 등 기업자원을 블럭화된 지역 · FTA · 국가들의 경계선을 초월하여 이동시키려 할 때, 글로벌기업들은 일반적으로 아래와 같은 제약과 제한(restrictions and limitation)을 받는다.

(1) 비즈니스 인력의 국제적 이동 제한

① EU · NAFTA 등 블럭화된 지역들 · FTA들 · 국가들은 기업인력인 경영자, 기술자, 생산기능공 등의 이주(emigration)와 이민(immigration)을 제한하고 있다.

② 취업목적의 외국인은 입국사증(visa)이 있어야만 입국시키는 것, 사전합의된 투자기간이 지나거나 특정 프로젝트(a specific project)가 완성된 후에는 비현지국인(nonresidents)을 철수시킨다는 약정/커미트먼트를 받은 다음에만, 비현지국인을 데려다 일을 시킬 수 있는 허가를 외국인기업에게 해 주는 것 등이 그 예이다.

(2) 제품과 서비스의 국제적 이동 제한

① WTO 체제 출범으로 많이 감소되고 있는중이지만, 수출국정부들과 수입국정부들이 제품과 서비스의 국제적 이동(international movement)을 제한하고 있다. 특히 수입국정부들이 많이 제한하고 있다.

② 수입국 정부들은, 주로 관세장벽(tariff barriers)과 쿼터(quota) 그리고 비관세장벽(non-tariff barriers) 등의 무역제한수단들(trade restriction measures)을 활용하여 제품과 서비스의 국제적 이동을 제한하고 있다. 모든 정부들은 마약, 불법무기 등의 거래에 대해서는 통상금지(embargo) 수단도 활용한다.

(3) 자본의 국제적 이동 제한

① 거의 모든 나라들은 어떤 형태로든 또는 특정 금액 이상의 국제자본이동(international capital movements)을 통제하고 있다. 특히 불법자금의 국제이동을 금지하고 있다. 국제수지가 적자이고 전반적으로 경제적 문제가 많은 개도국들과 공산국가들일수록, 국제자본이동 통제를 많이 한다.

② 수출에서 발생한 외화(export proceeds)를 본국정부(중앙은행)에 예치토록 하고, 해외비즈니스 경비나 해외투자에 필요한 자본유출(capital outflow)을 통제하고, 자국통화에 적용하는 외환율(foreign exchange rates)을 정책적으로 고정시켜 관리하고, 수출입품목별로 또는 내국인과 외국인들에게 서로 다른 외환율을 적용하는 행위 등이 그 예이다.

③ 국제자본이동에 대한 통제 정도는, 한 나라의 국제수지균형문제(balance of international payments problems), 정부가 자국기업들에게 국내와 해외에서 어떠한 기업활동을 하도록 장려 또는 못 하도록 억제하려고 시도(attempt)하는가 등을, 반영한다.

(4) 기술의 국제적 이전 제한

① 수준 높은 기술의 보유 · 활용이 특정 국가와 그 기업들의 글로벌경쟁력에 미치는 영향이 증가함에 따라 국제기술이전(international technology transfer)을 제한하는 나라들도 많다. 특히 첨단기술의 경우는 선진국들이 무기화하여 해외이전을 극도로 제한하거나 금지하고 기타 기술의 이전도 국가차원의 이해관계에 따라 제한하는 경향이 많다.

② 정부가 관료화되거나 부패하여 기술의 중요성을 제대로 인식 못하

는 기술부족 개도국들일수록, 기술도입을 허가제로 하거나 불허하는 등 기술도입을 억제하는 경우가 많다.

2) 복수국가통화 또는 지역블럭통화의 개입

(1) 한 가지 통화만 사용해도 되는 국내경영과는 달리, 글로벌경영에는 보통 둘 또는 그 이상의 복수국가통화들(multiple national currencies) 또는 EU의 경우에는 Euro 같은 지역블럭통화가 개입된다. 그러므로 글로벌경영의 매개체로 사용되는 그런 통화들의 상대적인 가치는 유리하게 또는 불리하게 변동할 수도 있다.

(2) 특히 개도국들은 빈번히 통화위기(currency crises) 등에 당면하기 때문에, 그들은 통화를 평가절하(devalue)하는 경향이 많다.

① 그런 국가통화 및 Euro의 가치변동에서 비롯되는 외환율의 변동으로, 기업들은 이득을 볼 수도 있지만, 피해를 볼 수도 있다. ② 이득을 보는 것을 환차익(foreign exchange gain)이라고 하고, 피해를 보는 것을 환차손(foreign exchange loss)이라고 한다.

(3) 그러므로 글로벌경영자들은, 환차익을 최대화하는 동시에 환차손에 대한 노출을 최소화하도록, 글로벌경영을 환율변동에 적응시키면서 관리해야 한다.

3) 별개이고 이질적인 4개 차원 지리적 해외시장들

(1) 기업들이 국내경영만을 할 때에는 국내시장이라는 비교적 동질적인 하나의 국가시장(a national market)만을 서브하면 된다. 그렇지만 글로벌기업들이 글로벌경영을 할 때에는 글로벌세분시장 · 지역시장 · FTA시장 · 국가시장 등 별개이고 이질적인 4개 차원 지리적 시장들(separate and heterogeneous four dimensional markets)을 서브해야만 한다.

(2) 그런데 4개 차원 지리적 시장들 하나 하나는 ① 경제 · 정치 · 문화 등 전반적인 경영환경과 ② 예컨대 마케팅환경의 경우 수요패턴 · 구매력 · 경쟁구조 · 마케팅 규제 · 유통경로 · 촉진방법 · 판매방법이 서로 다르고, ③ 소싱 · 제조 · 인사 · 재무 등과 관련된 환경요소들 역시 서로 다른 것이 특징이다.

(3) 그러므로 글로벌기업들은 진입 · 침투전략, 현지마케팅전략, 현지제조전략 등을 4개 차원 지리적 시장별로 적절하게 적응시키면서 집행해야 한다.

4) 장거리와 장시간의 개입

(1) 글로벌경영활동에서는 법정거리(legal distance)가 아닌 소요되는 시간과 코스트(time and cost)를 기준으로 측정하는 경제거리(economic distance)를 중요시한다.

(2) 글로벌경영을 할 때는, 4개 차원 지리적 시장을 포함한 글로벌시장 전체를 커버해야 하는 경우도 많으므로, 국내경영을 할 때보다 상대적으로 장거리와 장시간(relatively great distance and long time)이 개입된다.

(3) 따라서 글로벌경영자들은 글로벌경영을 할 때에, ① 시간과 비용이 더 많이 소요되고, ② 그에 따라서 불확실성(uncertainty)이 비교적 많아서 리스크(risk)마저 클 수도 있고, ③ 소싱 · 생산 · 마케팅 · 재무 · 전반관리 등에 걸쳐 관리적 어려움과 복잡성을 증대시킬 수 있다는 것을 인식하고 적절히 대응할 필요가 있다.

5) 자기 국가 · FTA · 시장블럭 기업 · 제품 · 국민과 타국가 · FTA · 시장블럭 기업 · 제품 · 국민의 구분

(1) 글로벌경영자들은 글로벌경영을 할 때에 한 나라의 기업 · 제품 · 국민(기업경영자, 기능공 등 포함)을, 다른 나라 사람들이 외국인기업(foreign firm) · 외국제(foreign made) · 외국인(foreigner)으로 구분하여 차별하는 경향이 많다는 것을 인식하고서 적절히 대응할 필요가 있다. 여기서 foreign(외국, 타국)은 home이나 domestic(자기 나라, 국내)의 반대말임은 물론이다.

(2) 특정 Free Trade Agreement에 소속된 국가들 역시 기타 FTA에 소속되거나 아무런 FTA에도 가입하지 않은 국가들의 기업 · 제품 · 국민을 더욱 더 구분하고 차별하는 경향이 많다.

(3) EU · NAFTA 등 블럭화된 지역시장들은, 역내 기업 · 제품 · 국민에 비하여, 역외 기업 · 제품 · 국민을 제도적으로 차별적으로 대우하는 경향이 많다.

(4) 그렇기 때문에 특정한 국가 · FTA · 지역시장에 존재하는 경영기회와 정부규제 등 현지경영환경이 타 국가 · FTA · 지역시장계통의 기업 · 제품 · 국민에게 유리하게(favorably) 작용할 때는, 타 국가 · FTA · 지역시장계통이라는 것이 하나의 자산(an asset)이 될 수도 있다.

반대로 특정한 국가 · FTA · 지역시장의 정부규제 · 공급업체 · 유통업체 · 소비자 · 종업원 등으로부터 저항(resistance)의 대상이 되거나 차별적 대우(discriminatory treatment)를 받을 때는, 타 국가 · FTA · 지역시장계통의 기업 · 제품 · 국민이라는 것이 일종의 부담(a liability)이 될 수도 있다.

6) 외국어, 특수한 실무와 기법의 활용

(1) 글로벌경영을 할 때는, 해당 국가 · FTA · 지역시장들의 언어 · 비즈니스 관습과 실무 등에 대한 충분한 사전학습을 통하여, 국내경영에서 별로/전혀 사용하지 않는 하나 또는 그 이상의 외국어들과 특수한 실무 및 기법(special practices and techniques)을 필수적으로 익히고 활용해야 한다.

(2) 그러므로 한국인 글로벌경영자들은, ① 최소한 글로벌경영 공용어인 영어(oral and written English)를 유창하게 구사할 수 있도록 하고, ② 특히 해외직접투자와 무역의 주요 대상국들의 언어들을 포함한 글로벌경영에 통용되는 몇몇 기타 언어들의 활용능력도 갖추는 것이 필수적이다. ③ 해외경영 활동과 일상생활에 필요한 자격증과 자동차운전면허증도 당연히 갖고 있어야 한다.

(3) 글로벌경영전반 · 국제소싱 · 생산 · 마케팅 · 회계 · 금융 등에 추가하여 글로벌경영자들이 또한 전문성(expertise)을 갖추고 활용해야 하는 특수한 실무와 기법은 아래와 같다.

즉 뛰어난 글로벌협상 능력 및 기법, 원산지 증명 · 영사송장 등의 문서구비(documentation), 복수국가통화를 다루는 외환업무, 글로벌경영을 수반하는 각종 리스크에 대응하는 데 필요한 해상보험 · 해외투자보험 등 보험업무, 글로벌경영에 따르는 국제상사분규(international commercial disputes)의 해결방법 등이다.

2. 동시에 4개 차원 이질적 해외경영환경하에서도 이루어짐

(1) 글로벌경영의 또 하나의 독특한 측면은, 글로벌기업들은 글로벌 세분시장 · 지역시장 · FTA시장 · 국가시장 등 4개 차원 지리적 시장들의 이질적 해외경영환경들 속(under heterogeneous foreign business environments)에서도, 경영활동을 수행한다는 것이다.

(2) 간접수출이나 직접수출만 하는 기업들은, 그렇게 할 필요도 없고 또 그렇게 할 수도 없다. 그렇지만 해외직접투자를 실시하여 해외시장들에서 마케팅자회사들 · 제조자회사들 · 기타 자체소유 해외관련기업들(own foreign affiliate firms)을 운영하는 글로벌기업들은, 필요하다면 4개 차원 지리적 시장들의 이질적인 경영환경 속에서도 경영활동을 수행해야 한다.

(3) 그런데, 어느 나라 어느 글로벌기업의 경영자이든지, 경영환경이 서로 다르고 이질적인 4개 차원 지리적 시장들에서 맡은 바 기능과 과업(functions and tasks)을 수행하여 주어진 목적을 달성하는 데 필요한 모든 전문성과 경험을 충분히 갖추기는 어렵다. 그렇다고 글로벌경영자로서는, 그 자신이 4개 차원 지리적 시장들의 이질적인 경영환경에 대해 전문성과 경험이 부족한 것이, 따라서 해외경영실적 역시 부실한 것이, 당연한 것처럼 언제까지나 핑계만 댈 수는 없다.

(4) 왜냐하면, 글로벌경영 전문성과 경험이 부족하여 글로벌경영자로서의 기능과 과업을 효율적으로 수행하지 못하면, 그 글로벌경영자뿐만 아니라 그가 소속한 글로벌기업체 추구목적 등 글로벌경영실적(global business performance)가 다 같이 좋게 나타날 수가 없기 때문이다.

(5) 그러므로 글로벌경영자들은 자기들의 그리고 소속 글로벌기업들의 글로벌경영실적을 크게 향상시키기 위해서도, 4개 차원 지리적 시장별로 이질적인 경영환경들을 철저히 분석 · 파악하여 글로벌경영전략을 수립 · 집행하는 등 글로벌경영활동을 성공으로 이끄는 데 활용해야 한다.

3. 글로벌경영자는 4개 차원 해외시장별 경영환경의 이질성부터 분석·파악·예측하고서 각기 다른 최적의 침투전략과 운영전략을 결정·집행해야 하기 때문

(1) 위에서 설명한 대로 글로벌경영은 독특성을 지니고 있다. 그러므로 글로벌경영자의 과업들(tasks of global business manager) 중의 하나는 글로벌세분시장 · 지역시장 · FTA시장 · 국가시장 등 4개 차원 해외시장별로 존재하는 경영환경의 이질성(heterogeneity in the business environment of different overseas markets)부터 최우선적으로 분석 · 파악 · 예측해야 한다.

(2) 사실상, 글로벌경영에 영향을 미치는 예컨대 GDP, GNI, 문맹률 등 경영환경 요소들과 그 변화속도는 글로벌세분시장 · 지역시장 · FTA시장 · 국가시장 등 4개 차원 해외시장별로 현저하게 다르다.

① 그렇기 때문에 글로벌경영자가 소속기업의 글로벌경영목적을 달성하기 위해 활용할 수 있는 경영기회와 경영활동에 영향을 미치는 환경요소들(exploitable business opportunity and environmental factors affecting business activities)도, 4개 차원 해외시장별로 특유하다.

② 그러므로 글로벌경영자가 글로벌경영목적 달성을 위해 글로벌경영에 참여/몰입할 때에 당면하게 되는 경영환경적 확실성/불확실성과 기회/위협의 수준(level of business environmental certainty/uncertainty and opportunity/threat faced) 역시, 4개 차원 해외시장별로 현저하게 다를 수밖에 없다.

(3) 그래서 현재와 미래의 글로벌경영자는, ① 현재 서브(serve)하고 있는 그리고 앞으로 서브하려고 하는 4개 차원 해외시장별 경영환경을 up-to-date하게 우선 분석 · 파악 · 예측하기 위해서도, ② 글로벌경영과 그 학문분야인 글로벌경영학을 특별히 연구할 필요가 있다.

(4) 현재와 미래의 글로벌경영자가 글로벌경영과 그 학문분야인 글로벌경영학을 특별히 연구해야 하는 추가적인 이유는, 글로벌경영자의 과업들 중의 또 하나는 ① 현재 서브하고 있는 그리고 앞으로 서브하려고 하는 글로벌세분시장별 · 지역시장별 · FTA시장별 · 국가시장별로, ② 각기 현저하게 다를 수밖에 없는 경영환경요소들을 고려하면서, ③ 서브하는/하고자 하는 4개 차원 해외시장별로 각기 다른 가장 적합한 믹스의 해외시장 진

입 · 침투전략과 운영전략(the most appropriate different mixes of foreign market entry · penetration strategies and operations strategies)을 결정하여 집행하는 것이기 때문이다.

예컨대, 특정 글로벌기업이 서브하는/서브하려는 국가시장들의 수가 50개이면, 그 기업체의 글로벌경영자는 국가시장별로 총 50종류에 달하는 각기 다른 가장 적합한 믹스의 해외시장 진입 · 침투전략과 운영전략을 결정하여 집행해야만 한다.

4. 글로벌경영자는 4개 차원 해외시장별 이질적 경영환경에 대해 조심 · 유념 · 적응해야 할 사항들이 있기 때문

현재와 미래의 글로벌경영자는, 이질적인 4개 차원 해외시장별 경영환경하에서 맡은 기능과 과업을 수행하는 과정에서 아래와 같은 조심 · 유념 · 적응해야 하는 사항들이 많기 때문에도, 글로벌경영과 그 학문분야인 글로벌경영학을 특별히 연구할 필요가 있다.

1) 둘 또는 그 이상 해외시장들의 경영환경이 유사하다는 가정하에 글로벌경영전략을 결정 · 집행하는 것은 위험천만하기 때문

(1) 4개 차원 해외시장별로, 경영환경은 상당히 이질적이다. ① 그런데도 글로벌경영자가 그런 현실을 무시하고 어느 한 지역 · FTA · 국가시장의 경영환경을 잘 파악하고 있다고 하여, ② 특히 인접한 지역 · FTA · 국가시장들의 경영환경들 역시 같거나 유사할 것으로 가정하고, ③ 하나 이상의 지역 · FTA · 국가시장들을 상대로 같거나 유사한 시장진입전략과 운영전략을 결정하여 집행하는 것은 위험하고도 바보스러운 행동이다.

(2) 왜냐하면 예컨대 태국과 말레이시아와 같이, ① 표면적으로는 같거나 비슷한 것으로 보일지 모르나, ② 실제로는 경영환경과 그 변화속도가 국가시장별로 현저하게 다르며, ③ 그에 따라 국가시장별로 환경적 확실성/불확실과 경영 기회/위협 역시 현저하게 서로 다른 것이 엄연한 현실이기 때문이다.

2) 4개 차원 해외시장들에 대해 지속적으로 up-to-date하고 정확한 경영환경 파악은 필수적이기 때문

(1) ① 글로벌경영자가 4개 차원 해외시장별 진입전략과 운영전략을 결정 · 집행할 때 고려해야 하는 해외시장별 경영환경은, 이질성이 심할 수도 있고 변화속도마저 상당히 다를 확률이 높다. ② 그렇기 때문에, 글로벌경영자가 예컨대 어느 한 시점에서 한 국가시장의 경영환경을 정확히 분석 · 파악하였다 하더라도, 그가 파악한 것은 곧 낡은 것이(out of date) 되어 글로벌경영전략 결정 · 집행을 빗나가게 할 수도 있다.

(2) 그러므로 글로벌경영자는, ① 서브하는/서브하려는 해외시장별 경영환경을 지속적으로 up-to-date하게 정확하게 파악하여야 하며, ② 파악한 것을 해외시장별 진입전략과 운영전략의 결정 · 집행에 적시적으로 반영(timely reflect)시켜야 하기 때문이다.

3) 한 해외시장에서 뛰어난 성과를 창출한 글로벌경영전략은 다른 해외시장에서는 실패할 확률이 높기 때문

(1) 글로벌경영자는, 예컨대 어느 한 지역 · FTA · 국가시장에서 뛰어난 경영성과를 창출한 진입전략과 운영전략일지라도, 다른 지역 · FTA · 국가시장들에 그대로 적용하면, 흔히 실패할 확률이 높다는 것을 인식해야 한다.

(2) 이것은, ① 4개 차원 해외시장들을 상대로 수행해야 하는 글로벌경영자의 과업(tasks)은 비록 같더라도, ② 글로벌경영자가 추구하는 글로벌경영목적은 반드시 4개 차원 해외시장별로 달라야 하고, ③ 추구하는 글로벌경영목적을 달성하기 위하여 활용하는 진입전략과 운영전략 역시 4개 차원 해외시장별로 반드시 달라야 하기 때문이다.

4) 글로벌경영자는 자기준거기준을 극복해야 하기 때문

(1) 글로벌경영자가 ① 시장진입전략과 운영전략을 4개 차원 해외시장별 경영환경에 적응시키는데, ② 그리고 (지역시장별로는) 지역성(regionality)을 그리고 (FTA · 국가시장별로는) 현지성(locality)을 강조함으로써 서브하는

모든 해외시장들에서의 경영활동을 성공으로 이끄는데, ③ 가장 큰 장애물의 하나는 그의 의사결정과 집행에 작용하는 글로벌경영자 자신의 개인적인 자기준거기준(self-reference criterion)이다.

(2) ① 여기서 글로벌경영자의 자기준거기준이란, 글로벌경영자가(모국 · 장기체류한 외국 등의 문화로부터 영향을 받게 마련인) 자기 자신의 두뇌 속에 박힌 문화적 가치관 · 경험 · 지식(cultural values, experiences, knowledges) 등으로 구성된 자신의 무의식적인 준거(unconscious reference)를 글로벌경영 의사결정을 하고 집행하는 기준/바탕으로 삼는 것을 말한다.

② 그런 글로벌경영자의 자기준거기준은, 4개 차원 해외시장들 하나하나를 있는 사실 그대로 객관적으로 평가하고 파악할 수 있는 글로벌경영자의 능력을 방해하고 제한한다. 따라서 해외시장별 경영환경에 가장 적합한 진입전략과 운영전략은 결정하고 집행할 수 있는 글로벌경영자의 능력을 방해하고 제한한다.

(3) 그러므로 글로벌경영자는 잘못된 자기준거기준에서 비롯되는 글로벌경영활동에 대한 악영향(adverse effects)을 스스로 통제하고 최소화하는 방법을 강구해야만 한다.

가장 효과적인 방법으로는 아래를 들 수 있다.

① 최우선적으로 글로벌경영자도 인간이기 때문에, 그의 개인적 행태(personal behavior) 속에는 글로벌경영활동을 수행하는 데 적합하지 않거나 잘못된 자기준거기준이 존재할 수도 있다는 것을 글로벌경영자 스스로가(예컨대 해외연수, 글로벌경영 교육 · 훈련, 경험 등을 통하여) 인식/인정하도록 한다. 그리고서 글로벌경영자 스스로도 아래의 방법으로 잘못된 자기준거기준에서 비롯되는 악영향을 최소화하는 노력을 다하도록 만든다.

② 어느 글로벌경영자라도 이 지구촌의 4개 차원 해외시장들 모두에 존재하는 수많은 상이한 문화들(numerous and heterogeneous cultures)을 일일이 깊이 있게 배우고 이질문화들간의 모든 중요한 독특성/차이점들을 파악하는 것은 불가능하다는 것을 글로벌경영자가 또한 스스로 인식하도록 한다.

③ 그리고서 글로벌경영자는 최소한 서브하고 있는 및 서브하고자 하는 표적해외시장들간에 존재하는 문화적 차이점들에 대해서만은 민감(sensitive)하고 또한 적절하게 전략적 반응(strategic response)을 보일 필요가 있다는 것, 그리고 표적해외시장들간의 문화적 차이점들에 대해 많은 연구를 하고 많이 배우게 되면 발생가능한 많은 글로벌경영 과오들을 사전에 방지할 수 있다는 강력한 자각(strong awareness)을 글로벌경영자가 갖도록 하는 것이다.

제2절 글로벌화된 글로벌경영자를 교육 · 양성 · 배출해야 하기 때문

1. 앞으로의 글로벌경영자는 뛰어난 글로벌 안목 · 사고 · 전략 등을 보유 · 활용해야 하기 때문

현재와 미래의 글로벌경영자가 글로벌경영과 이를 연구하는 글로벌경영학을 별도로 특별히 연구해야 하는 또 하나의 이유는 "21세기 경영은 바로 글로벌경영을 뜻하기 때문이다"(The 21st century business means global business).

그런 상황하에서 선진국계통 글로벌기업들에 비하여 글로벌경영 안목 · 사고 · 전략 · 활동 등에서 전반적으로 상당히 뒤져 있는 우리나라기업들과 그 경영자들에게도 역시 필수적으로 글로벌안목(global perspective)을 갖고 글로벌하게 사고하고 전략적으로 행동해야 할 필요성(the need to think and strategically act globally)이 있다. 그렇기 때문에 그리고 아래에 지적한 구체적 이유들 때문에도 현재와 미래의 글로벌경영자들은 글로벌화(globalization)하는 것을 대전제로 하여 글로벌경영과 글로벌경영학을 특별히 연구하도록 해야 한다.

(1) 우리나라기업들과 그 글로벌경영자들이 글로벌안목을 갖고 글로벌하게 사고하는 전략적으로 행동해야만, 우리나라기업들은 상대적으로 협소(relatively narrow)하고 또한 경영환경이 좋지 않은 국내시장으로부터 오는 성장상의 제약조건을 글로벌경영활동 확대를 통하여 극복할 수 있기 때문

이다.

(2) 21세기가 진전될수록 우리나라기업들과 그 글로벌경영자들이 글로벌안목을 갖고 글로벌하게 사고하고 전략적으로 행동해야 할 필요성이 있는 분야들은 특히 빠르게 변화하는 ① 시장(market), ② 시장기회(market opportunity), ③ 경쟁(competition), ④ 성장전략(growth strategy) 등이기 때문이다.

(3) 시장규모와 시장기회(미래시장 잠재성)를 판가름하는 중요한 요소들 중 하나는 인구인데, 65억 명 가량의 지구촌 인구 중 97%가 한국 밖에서 살면서 제품 · 서비스를 구매하고 있기 때문이다.

(4) 소비자 구매력을 가리키는 하나의 요소인 GDP를 기준으로 할 때도, 지구촌 총 GDP의 97% 가량이 한국의 국경 밖에서 창출되고 있고, 글로벌 무역시장의 97% 가량도 한국의 국경 밖에 존재하기 때문이다.

(5) 우리나라는 향후 10년 이내에 1인당 국민소득(GNI) 3만 달러를 달성하고 GDP는 세계 8위의 경제대국으로 도약해야 하기 때문이다.

우리나라가 10년 이내에 그런 새로운 경제목표를 달성하려면, "제 2, 제 3 의 삼성전자 · 현대–기아자동차 · LG전자 · POSCO · SK · 롯데백화점" 등 글로벌기업들이 생성 · 발전해야 하고, 더 많은 유능한 글로벌경영자들이 그런 "제 2, 제 3" 글로벌기업들의 생성 · 발전을 이끌도록 해야 하기 때문이다.

(6) 그러니 세계의 인구 · GDP · GNI · 무역점유율 등을 기준으로 할 때, 97% 가량의 제품 · 서비스의 시장과 시장기회(잠재성)는 협소한 국내시장보다는 훨씬 광범한 전체지구촌/글로벌시장에 훨씬 많이 존재하기 때문이다.

그러므로 우리나라기업들과 그 글로벌경영자들은 스스로 최우선적으로 글로벌화하면서 아래와 같은 방법들을 동원하여 아직도 충분히 개척 못한 광범한 글로벌 시장을 이익적으로 활용(profitably exploit)하도록 해야 한다.

① 최우선적으로 "제 2, 제 3 의 삼성전자 · 현대자동차 · 기아차 · LG전자 · SK · POSCO · 롯데백화점" 등 대형 글로벌기업들을 더 많이 기르고 발전시켜야 한다(예증 2-1 참조).

② 글로벌경영자들은 글로벌안목을 갖고서 ⓐ online과 offline정보기

술의 통합 확대 · 활용, ⓑ 창의성 발휘로 관련 신기술과 신경영 기법의 도입, ⓒ 해외시장용 제품 · 서비스의 구조조정, ⓓ 글로벌경영전략의 구조조정으로 해외직접투자의 확대 및 아웃소싱 · 네트워킹 · 신기술 등 모든 분야에서 글로벌 전략적 제휴 등을 강화해야만 한다.

③ 그렇게 해야만 우리나라계통 글로벌기업들은 4개 차원 해외시장들에서 경쟁업체들에 비하여 ⓐ 시장을 보다 잘 서브하고 충족시킬 수 있고, ⓑ 시장기회를 보다 이익적으로 활용할 수 있고, ⓒ 경쟁에서 차별적 우위를 확보하고 활용할 수 있고, ⓓ 이익 · 성장 등 글로벌경영목적들을 뛰어나게 달성할 수 있기 때문이다.

예증 2-1 한국기업들 국내서 "몸조심," 해외시장서 활로(돌파구) 찾기

최대 고민인 환율, 북한의 무력도발 가능성과 북핵, 강성노조, 정부의 과다기업규제 등 국내 경영환경 악화 경향으로, 기업그룹들 및 중견기업들은 국내에선 투자 · 채용은 동결하거나 줄일 전망이지만, 해외시장 공략에 박차를 가함으로써 돌파구를 해외시장에서 찾고 있다. 몇몇 예는 아래와 같다. 2008년 10월에 발생한 글로벌금융위기 때문에, 아래 계획들 중에는 수정되고 있는 것도 있다.

- 삼성전자는 미국 오스틴 반도체 공장 증설중이고 러시아와 인도 가전공장 건설 등을 끝내고, 멕시코 · 슬로바키아 공장의 TV · 모니터 생산라인 증설을 마쳤다.
- 현대 · 기아차는 미국 앨라배마, 체코, 인도 제 2 공장(이상 현대차), 미국 조지아, 슬로바키아, 중국 제 2 공장(이상 기아차)의 본격 가동 및 제 3 공장의 마무리 공사를 진행하고 있다. 러시아 공장도 가동중이다.
- LG전자도 이미 현지 생산–판매를 하고 있는 인도 · 중국 등에 추가하여 러시아 및 동유럽과 함께 신흥 IBSA(인도 · 브라질 · 남아공) 시장을 중심으로 해외 직접투자로 현지생산 · 판매하고 있다.
- SK도 중국에 이어 베트남을 주요 타깃으로 해 글로벌경영을 강화하고 있다.
- 포스코는 인도 오리사주에 120억 달러를 투입해 일관제철소 건설중. 중국 장자성 스테인레스 공장 준공. 베트남에 냉연공장을 건설했다.
- 현대중공업은 2004년 중국 장쑤성 양중시에 중전기 합자공장 '장쓰난스' 설립. 2005년 중국 산둥성 연대현대빙윤합자사(산업용 보일러 생산공장)를 준공했다.

- LG필립스LCD는 폴란드에 LCD패널공장을 건설했다.
- 하이닉스는 유럽계 ST마이크로와 합작으로 중국 우시 반도체 공장을 준공했다.
- 삼성중공업은 1997년 완공한 중국 저장성 닝보블럭공장을 연산 12만톤에서 20만톤으로 확장했다. 산둥성 룽천시에 연산 10만톤 규모 블럭공장을 완성했다.
- LS그룹은 2005년 9월 중국 LS산업단지 준공. 2006년 7월 냉동공조기 생산법인을 칭다오로 확장이전했다.
- 한진중공업은 필리핀 수빅만 경제자유지역에 국내 조선업체 최초로 조선소를 건설하고 마닐라 근교 Global City에 대규모 사무실 빌딩을 완공했다.
- STX그룹은 중국 랴오닝성 무순에 선박용 엔진 부품 제조공장 준공. 산둥성 칭다오에 조선기자재 생산공장 준공. 랴오닝성 다롄에 블럭공장 및 중형 조선소 완공.

자료: 중앙일보, 조선일보, 한국일보 등.

2. 앞으로의 글로벌경영에 적합한 글로벌경영자를 교육 · 양성 · 배출시켜야 할 필요성 때문

(1) 글로벌경영과 글로벌경영학을 특별히 연구하고 또한 발전시켜야 하는 또 다른 이유는, 앞으로의 글로벌경영에 적합한 일종의 새로운 種(a new breed)인 글로벌경영자들을 국내경영자들(domestic manager)과 차별화시켜 특별히 교육시키고 양성하여 배출하는 것이 절대적으로 필요하기 때문이다.

(2) 앞으로 글로벌경영을 성공적으로 수행하려면, ① 4개 차원 해외시장별 경영환경을 정확히 분석 · 파악 · 예측할 수 있는, ② 해외시장별로 진입전략들을 최적으로 믹스하여 집행할 수 있는, 그리고 ③ eBusiness · 소싱 · 생산 · 마케팅 · 재무 · 인사 · 기술 · 관리통제 등 모든 글로벌운영전략 분야에 걸쳐서, ④ 앞으로의 글로벌경영에 적합한 유능(competent)하고, 빈틈 없고(astitute), 공격적(aggressive)인 글로벌경영 인재들(global business talents)이 절대적으로 더욱 많이 필요하기 때문이다.

그림 2-1 세계 100대 글로벌 대학 국가별 분포

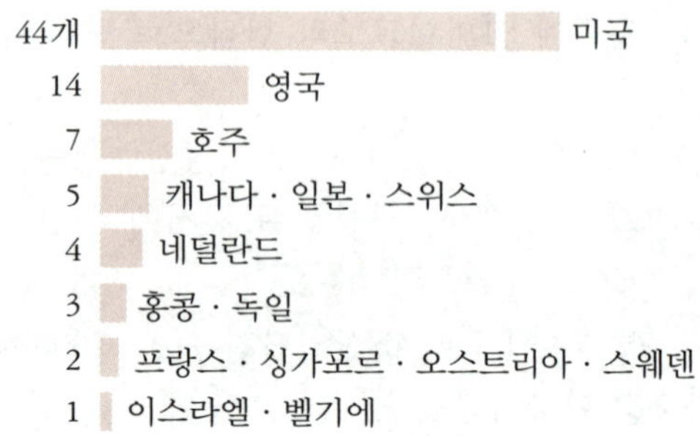

주: 뉴스위크에 따르면 100대 글로벌 대학 중 70개가 미국 · 영국 · 호주 등 영어권 대학이다. 홍콩이나 싱가포르처럼 영어가 공용어인 나라까지 합하면 영어권이 무려 75개다. 한국 대학은 하나도 포함되지 않았다(2006년도 기준).

자료: 뉴스위크.

(3) 그럼에도 불구하고 우리나라의 글로벌기업들과 비글로벌기업들의 경우, 그런 앞으로의 글로벌경영에 적합한 글로벌경영 인재들이 아직은 너무나 부족하다. 그리고 우리나라대학들도 글로벌화에 뒤져 있을 뿐 아니라 글로벌화된 인재를 교육시키는 데도 뒤져 있다(그림 2-1 참조). 그러므로 더 많은 그리고 더욱 유능하고 빈틈 없고 공격적인 글로벌경영자들을 교육 · 양성 · 배출시키기 위해서도, 우리나라대학들에서는 글로벌경영과 글로벌경영학에 대한 교육을 특별히 강조하고 또한 발전시켜야 한다.

CHAPTER03

글로벌경영의 주역(主役)은 글로벌기업

전체지구촌 차원에서 글로벌경영활동을 이끌어가고 장악하고 있는 主役들(major players)은 글로벌기업들이다. 그 이유는(제 1 장에서 설명한 바와 같은) 글로벌경영에 개입하는 목적, 글로벌경영의 범주, 글로벌경영의 독특성, 글로벌경영에 활용하는 전략과 글로벌화 전략, 글로벌경영에 영향을 미치는 환경변화에 대한 대응력 등에 걸쳐서 글로벌기업들은 타고난 비교우위들(inherent comparative advantages)을 보유하고 활용하고 있기 때문이다.

글로벌기업들이 글로벌경영의 주역들인 추가적인 이유들은, 아래에서 설명하는 바와 같이, ① 글로벌경영을 할 때에 활용하는 고유한 강점과 독특한 운영특성, ② 글로벌경영을 수행하는 주체들(主體들: entities)로서의 공통적 운영 특성 등에 걸쳐서도 뛰어난 타고난 비교우위들을 보유하고 활용하고 있기 때문이다.

그렇기 때문에 글로벌경영학에 대한 교육과 연구에서도 글로벌기업들에 초점을 맞추어야 함을 독자들은 이해해야 한다.

제1절 글로벌경영에 타고난 글로벌기업의 비교우위

(1) 글로벌기업들은, 물론 글로벌세분시장 · 지역시장 · FTA시장 · 국가시장 등 4개 차원 지리적 시장들에 대한 진입–침투전략들(foreign market entry and penetration strategies) 모두를 활용한다.

(2) 또한 글로벌기업들은, 글로벌/全社的 시너지효과 최대화를 통하여 추구하는 목적을 최대화하기 위하여 eBusiness · 연구개발 · 소싱 · 제조 · 마케팅 · 재무 · 인사 등 운영전략들(operations strategies) 역시 글로벌 네트워킹하여 활용하고 있다.

(3) 대부분의 글로벌기업들은, ① 위 두 유형의 전략들의 활용에 추가하여, ② 아래와 같은 타고난 비교우위들인 그들만이 보유한 강점들과 경쟁적 우위들(unique strengths and competitive advantages) 및 그에 바탕한 독특한 운영특성들(unique operating characteristics)을 최대한 이익적으로 활용하는 데 중점을 두고, 다양한 글로벌경영전략들(diverse global business strategies)을 활용하고 있다.

그러므로 본절에서는, 단일국적(국내)기업 · 단순수출입기업 등이 보유하기 불가능하고, 글로벌기업들만이 보유하고 활용하는 ① 고유한 강점들과 그에 바탕한 글로벌경쟁우위들 및 ② 독특한 운영특성들에 바탕한 글로벌기업들의 타고난 글로벌비교우위들에 대해 설명을 한다.

1. 고유한 강점에 비추어 본 글로벌기업의 타고난 글로벌 경쟁우위

1) 기술적 리더십의 전략적 활용에 따른 강점과 글로벌 경쟁우위

연구개발 · 기술매수 · 기술집약적 기업매수 등을 통하여 기술혁신을 강조하는 제조분야 글로벌기업들은, 그들이 지닌 뛰어난 기술적 리더십(outstanding technological leadership)을 이익적으로 활용하기 위하여, 다음과 같은 다양한 경영전략들을 활용하여 진입 · 침투함으로써 글로벌세분시장 · 지역시장 · FTA시장 · 국가시장을 효과적으로 서브하고 있다.

(1) 수　출

① 그런 뛰어난 기술적 리더십을 보유한 제조글로벌기업들 중에서도 예컨대 민간항공기 및 군사용항공기 제조업체들은 본사국(home country)에서 생산한 것들을 수출하는 것을 가장 선호하고 사실상 수출을 통해 막대한 매출액과 이익을 올리고 있다.

② 최첨단 기술을 사용하여 글로벌시장을 독과점적으로 지배하는 정보통신 · 화학약품 · 치료용 의약품 · 과학기재 등의 제조/서비스 글로벌기업들도, 수출을 선호하고 또한 수출에 많이 의존하여 막대한 매출액과 이익을 올리고 있다.

(2) 해외라이슨싱

① 생산원가의 상승 · 수출환경의 악화 등으로 인하여 본사국에서 생산한 제품이 수출경쟁력(export competitiveness)을 상실하거나 특정 해외시장에 대한 수출이 막히게 되면,

② 그런 제품을 생산하는 글로벌기업들은 해외시장의 현지 기업들(overseas local firms)에게 라이슨스생산(licensed production)을 허가해 주고 경우에 따라서는 국제기술제공(international technical assistance)과 국제경영계약(international management contract)도 함께 활용하는 글로벌경영전략을 활용하기도 한다.

(3) 해외직접투자를 통한 해외생산-마케팅

① 해당 해외시장의 수요가 충분하고, 제조원가 · 로지스틱스비 · 관세 등의 상승으로 본사국에서 생산한 수출품의 배달가격(landed or delivered price)보다 해외현지생산(overseas local production)한 제품의 현지공장도가격(local exfactory price)이 낮을 때 등에는,

② 기술적 리더십이 있는 글로벌기업들도 해외직접투자(foreign direct investment)를 실시하여 해외생산-마케팅전략(overseas production-marketing strategy)을 활용하기도 한다. 글로벌세분시장 · 지역시장 · FTA시장 · 국가시장들에 따라서는 수출 · 해외라이슨싱 · 국제기술제공 · 경영계약 등의 글로벌경영전략들을 함께 활용하기도 한다.

2) 세계적으로 유명한 브랜드네임의 전략적 활용에 따른 강점과 글로벌 경쟁우위

(1) 세계적으로 유명하고 막강한 브랜드네임들(brand names, trade names)을 보유한 글로벌기업들은, 브랜드네임들을 최대한 이익적으로 활용하기 위해서도 수출 · 해외현지마케팅(overseas local marketing)을 하고 해외직접투자로 글로벌생산-마케팅을 확대하기도 한다.

(2) 특히 청량음료 · 패스트푸드 · 가공포장식품 · 약품 · 화장품 · 가전제품 · 디지털제품 · 승용차 · 스포츠화 · 고급의류 등 분야의 글로벌기업들일수록, ① 수출전략만으로는 해외시장을 충분히 이익적으로 활용하는 데는 한계가 있다는 인식하에, ② 막강한 브랜드들을 밑천 삼아 해외라이슨싱생산과 해외현지마케팅을 확대하거나 직접투자에 의한 자체 소유 해외생산시설 확장을 통해 글로벌시장을 다변화하고 확대하면서 서브하기도 한다.

3) 규모우위의 전략적 활용에 따른 강점과 경쟁우위

(1) 오늘날 대부분의 제조글로벌기업들이 생산하는 제품의 글로벌판매경쟁력은, 기술적 리더십이나 막강한 브랜드네임에 달려 있기기도 하지만, 막대한 직접투자에 따른 막강한 규모의 경제(economy of large scale: “덩치키우기”)에서 비롯되는 규모의 우위들(advantages of scale)에 의해 더욱 좌우되는 경향이 높다.

(2) 특히 막대한 장기고정투자가 소요되는 석유 · 동 · 알루미늄 · 자동차 · 중화학제품 · 선박 · 반도체 등의 제품분야에서는, 일반적으로 규모경제에서 오는 우위들이 글로벌판매경쟁력을 좌우할 정도로 가장 중요하며, 기술이나 브랜드의 차이는 일반적으로 2차적 중요성(secondary importance)밖에 없다.

(3) 제조글로벌기업들이, 막대한 규모의 해외직접투자에서 비롯되는 규모의 우위들이 중요하게 작용하는 석유 · 자동차 · 반도체 등 과점산업들에 많이 종사하고 있는 이유는, 그 때문이다.

4) 첨단 정보탐지능력의 전략적 활용에 따른 강점과 글로벌 경쟁우위

(1) ① 어떤 산업에서나 극심한 글로벌경쟁 때문에 원부자재 소싱 · 자금소싱 · 시장정보 · 생산코스트 · 마케팅코스트 등이 특정 기업체의 이익성(profitability) · 경쟁력(competitiveness) 등을 좌우할 만큼 중요할 때,

② 그리고 오늘날과 같이 신속한 정보수집 · 의사결정 · 집행이 필수적인 리얼 타임 경영관리(real-time management) 시대에,

③ 지구상에서 가장 낮은 코스트로 부품 · 반제품 · 완제품을 소싱-생산-공급할 수 있는 저원가생산원천들(low-cost production sources)과 가장 이익적인 시장들(most profitable markets)을 발견할 수 있는 정보탐지능력(information scanning capability)을 보유한다는 것은, 대단히 중요하다.

(2) 실제로 대부분의 글로벌기업들은, 크나큰 자산(asset)인 그런 뛰어난 글로벌 사내외 커뮤니케이션 네트워크(global communication network)에 바탕을 둔 글로벌정보탐지능력을 보유하고 있다.

그리고서 지구상에서 가장 저렴한 부품 · 반제품 · 완제품 소싱/생산원천들과 수지맞는 해외시장들을 발견하는 데, 발견한 해외시장들을 실제 이익으로 전환시키는 데, 리얼타임으로 글로벌회사관리(global corporate management)를 능률적으로 수행하는 데 등에, 효과적으로 활용하기도 한다.

5) 뛰어난 글로벌마케팅전문성의 전략적 활용에 따른 강점과 글로벌 경쟁우위

(1) 제조분야이건 서비스분야에 속하건 간에 글로벌기업들의 뛰어난 강점의 하나는 4개 차원 지리적 시장의 경계선과 지리적 시장별로 이질적인 언어 · 종교 · 태도 등 문화적 장벽을 초월한 글로벌마케팅전문성(global marketing expertise)이다.

(2) 수출로부터 해외직접투자를 통한 글로벌생산-마케팅활동에 이르는 모든 형태의 글로벌경영전략들은 궁극적으로 제품과 서비스의 매출액과 이익을 글로벌차원에서 최대화하는 데 초점을 맞추니만큼, 오랜 세월에 걸쳐 축적한 그런 글로벌마케팅전문성을 글로벌기업들은 가장 잘 활용하기도 한다.

6) 전략적 동맹, 합병 및 매수의 활용에 따른 강점과 글로벌 경쟁우위

(1) 지역주의(regionalism) 팽배에 따른 지역시장들의 블럭(bloc)화 증가, FTA체결국가들의 증가, 규모의 경제 및 글로벌 경쟁력의 가일층 강화를 위한 기업들의 지속적인 글로벌화(globalization)경향, 그런 경향 속에서 생존하기 위한 기업들 및 그 비즈니스 분야들의 리스트럭처링(restructuring) 필요성 증가 등은, 글로벌시장을 서브하는 글로벌기업들에게는 지속적인 혁신적 발상의 적응 · 대응전략들의 활용이 필수적이다.

(2) 그러므로 글로벌기업들은 그런 필요성에 전략적 연합(strategic alliance), 합병과 매수(merger & acquisition) 등의 전략으로 가장 잘 적응 · 대응(adapt and counteract)하고 있다.

7) 글로벌 · 지역 · FTA · 국가시장의 네트워킹 강화를 통한 시너지효과의 최대화에 따른 강점과 글로벌 경쟁우위

(1) ① 제조글로벌기업들의 경우 그 가치창조사슬(value creating chain)인 연구개발 · 소싱/조달 · 제조 · 마케팅 등 주요 비즈니스 활동들을 최적으로 네트워킹(networking)하여 소싱/생산코스트 삭감, 균일품질유지, 코스트 · 가격 · 품질경쟁력 강화, 이익성 향상 등 시너지효과들(synergy effects)을 최대화하는 것은, ② 치열한 경쟁이 벌어지고 있는 글로벌시장 · 지역시장 · FTA시장 · 국가시장 등에서 살아남고 이익을 창출하기 위해서도 기업들에게는 가장 중요한 당면과제의 하나이다.

(2) 글로벌기업들은 그런 글로벌네트워킹전략으로 글로벌경영 시너지효과들을 가장 효과적으로 최대화하고 있다.

2. 독특한 운영특성에 비추어 본 글로벌기업의 타고난 글로벌 경쟁우위

글로벌기업들은, ① 해외시장진입-침투전략들, ② 운영전략들, ③ 보유한 강점들과 경쟁적 우위들에 바탕을 둔 글로벌전략들에 추가하여, ④ (단일국적기업 · 단순수출기업 등은 활용하기가 거의 불가능한) 아래와 같은 그들의 독특한 운영특성들(unique operating characteristics)까지도 또 하나의 중대한 글로벌 경쟁력강화의 원천으로, 즉 글로벌 비교우위의 원천으로, 활용하고 있다.

1) 모기업과 해외기구들의 네트워킹을 통한 글로벌시너지효과 최대화

(1) 글로벌기업들은 母企業體/본사(parent company)와 자체 해외기구들(지사, 자회사 등을 포함한 own foreign affiliates)을 공동소유권(common ownership)과 글로벌 online-offline 사내 커뮤니케이션 네트워크 등을 통하여 제휴시키고 연계(tie-up and link-up)시키고 있다.

(2) 그런 tie-up and link-up은 가치창조사슬인 연구개발 · 소싱/조달 · 제조 · 마케팅 등의 글로벌세분시장 · 지역시장 · FTA시장 · 국가시장 등 4개 지리적 시장들 사이의 네트워킹을 통하여 글로벌시너지효과들의 창출, 효율적인 실시간 글로벌 경영관리 등을 실현하고 있다.

2) 글로벌 차원에서 기업자원 공동풀 활용을 통한 편익 실현

(1) 글로벌기업들은, 구체적으로 모기업체/본사와 그 해외기구들은 원자재 · 반제품 · 완제품 · 자본 · 신용 · 정보 · 경영시스템 · 브랜드 · 특허 · 기술 · 생산시설 등 기업자원들의 공동풀(common pool of corporate resources)을 최대한 상호간 끌어다 활용하고 있다.

(2) 이것은 글로벌기업들이 ① 기업자원투입을 최소화하면서도 가치창출을 최대화할 수 있게 하여 4개 차원 지리적 시장에서 다 같이 코스트 · 가격 · 브랜드 · 품질의 경쟁력 강화로 이익성을 높이고, ② 최소한의 운전자금을 유지할 수 있게 하고, ③ 외환노출(foreign exchange exposure)을 최소화하여 환차손(foreign exchange loss)을 최소화하면서 환차익(foreign exchange gain)을 최대화할 수 있게 하는 등의 편익들을 실현할 수 있게 한다.

3) 글로벌 공동전략 활용으로 4개 차원 해외시장에서의 전략집행과 경영관리 효율성 향상

(1) 글로벌기업들은, 모기업체/본사와 그 해외기구들이 글로벌 공통 사명과 가치관들(global common mission and values)을 공유하면서 최대한으로 글로벌 공동전략(global common strategy)을 집행하고, 상호협조하고 있다.

(2) 그럼으로써 글로벌기업들은 ① 본사차원에서 중앙집권적으로 글로벌경영전략의 수립과 통제를 효율적으로 수행할 수 있게 하고(즉 globality 강조), ② 그 테두리 속에서 지역시장 · FTA시장 · 국가시장 차원에서 비즈니스전략을 효율적으로 수립 · 통제할 수 있게 함으로써(즉 regionality와 locality 강조), ③ 글로벌 · 지역시장 · FTA시장 · 국가시장 차원에서 전략집행과 경영관리에 효율성 · 효과성 · 경제성(efficiency, effectiveness, economy) 향상을 실현하고 있다.

4) 최적 글로벌조직구조 채택으로 기업자원을 지구촌 방방곡곡으로 이동시키면서 활용

(1) 글로벌기업들은, 모기업체/본사와 지역시장 운영단위들 · FTA시장 운영단위들 · 국가시장 운영단위들을 하나의 글로벌 시스템(a global system of regional, FTA and national operating units)으로 묶어 실시간으로 중앙집권화된 글로벌 경영관리(centralized global management)를 하며, 이에 적합한 글로벌 조직구조(global organization structure)를 채택하고 있다.

(2) 이것은 ① 글로벌기업들이 추구하는 글로벌 차원에서 현금흐름 및 이익의 최대화 · 기업자원의 효율적인 취득 · 비즈니스 다각화 · 시장다변화 · 리스크 분산 등을 최대화할 수 있도록, ② 경영자 · 자본 · 기술 · 연구개발 능력 · 제조능력 · 브랜드 · 마케팅능력 등 기업자원들을 4개 차원 지리적 시장들을 뜻하는 지구촌 방방곡곡으로 이동시키면서 이익적으로 활용할 수 있도록 한다.

예증 3-1 "Made In"은 줄어들고 "Made By"와 "Designed By"는 늘고 있음

아래의 내용은 위의 1)~4)에 걸쳐서 설명한 내용의 일종의 예증(an illustration)이다.

국내에서도 그런대로 팔리는 모델인 크라이슬러의 대표적인 세단인 300C의 원산지는 미국일까? 정답은 "아니요"이다. 국내에 들어오는 300C의 원산지는 오스트리아의 공업도시 그라츠이며 북부독일의 항구 브레머하벤에서 배에 실어 45일의 항해 끝에 한국으로 들여온다. 이렇게 복잡한 과정을 거치는 것은 생산비용과 물류비용 등을 계산했을 때 그 방식이 가장 싸기 때문이다.

이처럼 글로벌 자동차회사들은(기타 제조글로벌기업들도 마찬가지로) 전세계에 걸쳐 거미줄처럼 뻗어 있는 연구개발 · 소싱 · 생산 · 물류 · 판매 네트워크를 가지고 이익적으로 활용하고 있다.

그 결과로 미국 브랜드 자동차가 모두 미국산이거나, 유럽 브랜드는 모두 유럽산이고, 일본 브랜드는 모두 일본산이라는 추측은 실제와 맞지 않는 경우가 적지 않음을 가리킨다.

예컨대 독일 폴크스바겐의 뉴비틀은 멕시코에서 생산되고, 독일 BMW X5와 X4의 생산지는 미국이고, 미국 포드 몬데오의 설계 및 주요 부품 생산지는 독일이고 조립은 벨기에에서 이루어지고, 스웨덴 브랜드인 볼보의 S60과 V50, S40의 생산지는 벨기에이고, 독일 메르데스 벤츠의 SUV(스포츠 유틸리티 차량)와 M클래스는 미국에서 생산된 차이다.

현대차도 최근 미국(미국에서 판매하는 쏘나타와 싼타페는 주로 앨라배마공장에서 생산한 제품) · 중국 · 인도 등 해외에 잇따라 공장을 설립하여 해외생산 · 판매하는 비중을 늘리는 동시에 국내생산 자동차의 수출비중을 줄이고 있다. 기아차 역시 미국시장에서 판매하는 자동차는 조지아주에서 생산하고 있다.

위와 같이 전세계시장을 상대로 사업을 펼치는 자동차와 기타 제조분야 글로벌기업들에게는 그 생산제품의 지정학적 위치와 국적(즉 "made in")은 필수적인 고려사항이 아니다. 오히려 가격과 품질이란 측면에서 얼마나 글로벌 경쟁력 있는 제품을 생산 · 판매할 수 있느냐가(즉 "made by"와 "designed by") 글로벌기업들에게는 더욱 중요한 고려 사항이다.

제2절 공통적 특징에 비추어 본 글로벌기업의 타고난 글로벌 경쟁우위

글로벌기업들의, 특히 대규모 글로벌기업들의, 뛰어난 공통적 특징들(inherent/potential outstanding common features)은 아래와 같다. 그런 뛰어난 공통적 특징들도, 단일국적기업 · 단순수출기업 등에서는 찾아볼 수 없기 때문에, 글로벌기업들에게 뛰어난 타고난 글로벌경쟁우위를 제공한다.

1. 글로벌기업들 중에는 대규모/초대규모가 많음

글로벌기업들 중에는 세계기준으로 대규모(large-size) 및 초대규모(super-size) 기업들이 많다. 사실상 세계 100대 은행들과 금융기업들, 100대 산업(제조 · 자원 등)분야 기업들, 100대 정보-통신 및 서비스 기업들은 모두 글로벌기업들이다.

FORTUNE지, FORBES지, Financial Times 등이 매년 선정하여 순위(ranking)를 발표하는 "글로벌 500대기업"의 모두는 글로벌기업들이다.

1) 글로벌기업들의 연간 매출액은 몇백억 달러에서 수천억 달러

(1) 대형글로벌기업들은 글로벌스케일(global scale)로 경영활동을 수행하며, 연간 매출액은 최하 수백억 달러에서 최고 몇천억 달러 이상에 달한다. 세계 최대 글로벌기업들인 EXXON-Mobil · Wal-Mart · BP · Royal-Dutch Shell 등의 연간 매출액은 4,000억 달러 이상이다.

(2) 대조적으로 수적으로 가장 많은 퍼센테이지를 차지하는, 세계기준 중 · 소 글로벌기업들의 연간 매출액은, 수억 달러에서 수십억 달러에 달하는 것도 있음을 일러둔다.

예증 3-2 2008년 10월 글로벌금융위기때까지 제조글로벌기업 1위였던 GM, 17개월 만에 재상장… 오바마 "美자동차 부활의 이정표 될 것"

제너럴모터스(GM)의 댄 애커슨 CEO가 2010년 11월 18일 미국 뉴욕 증권거래소에서 다른 직원들과 함께 웃었다. GM은 이날 상장폐지된 지 1년5개월 만에 재상장에 성공했다. 이날 매매가 활발한 것으로 나타나 GM에 대한 시장의 기대감이 크다는 점을 보여 줬다. 버락 오바마 미국 대통령은 이와 관련해 "미국 자동차 산업이 회복하고 있다는 것을 보여 주는 이정표가 될 것"이라고 말하기도 했다.

자료: 조선일보

2) 글로벌기업들은 거의 모두가 선진국들 그리고 일부는 신흥공업국들에 소속

(1) 대형 글로벌기업들의 거의 모두는, 미국 · 일본 · 프랑스 · 영국 · 독

표 3-1 주요 소강국의 세계 500대 기업(시가 기준)

국 가	기 업 명
네덜란드	로열 더치 셀 · 유니레버 · 필립스 · 포티스 · ABN 암로 · 하이네켄 · KPN 등
스 위 스	노바티스 · 로세 · 네슬레 · UBS · 크레디 스위스 · 스위스컴 · 아데코 등
스 웨 덴	에릭슨 · 스칸디아 · 텔리아 · ABB · SHB · 인베스트 등
핀 란 드	노키아 · 소네라
유럽 강소국의 5개 경쟁력 비결	
1. 개방 · 경쟁을 통한 해외시장 진출과 외국인투자 유치	
2. "선택과 집중" 전략으로 경쟁력 있는 산업에 집중 투자	
3. 발달된 금융시장을 통해 실물경제에 자금 공급	
4. 인적자원, 연구 · 개발 투자로 지식경제 인프라 확충	
5. 노동시장 유연화와 효율적 복지 시스템	

자료: 파이낸셜 타임스.

일 · 캐나다 · 네덜란드 · 스위스 · 이탈리아 · 스페인 · 오스트레일리아 · 스웨덴 · 핀란드 등 선진국들에 소속되어 있다.

위 중에서 네덜란드 · 스위스 · 스웨덴 · 핀란드 등을 강소국(强小國: small but economically strong countries)이라고 부르는데 이들 강소국가들에 소속한 세계 500대 기업들은 〈표 3-1〉과 같다.

이들 강소국들은 가용국토면적과 내수시장이 좁아 첨단기술과 수출로 그리고 해외생산-마케팅으로 먹고 살아야 한다는 점에서 한국을 빼닮았다.

(2) 이것은 한국 · 중국 · 인도 등 포함 신흥공업국에 소속된 글로벌기업들은 소수라는 뜻이다.

3) 100大 글로벌기업들의 운영규모는 60% 이상 국가들의 GDP보다 큼

(1) 매출액을 부가가치로 환산한 세계 100大 글로벌기업들(예컨대 EXXON-Mobil, Wal-Mart, British Petroleum, Royal-Dutch Shell, Toyota, GM, Ford, GE 등)의 운영규모는, 지구촌 240여개 국가들 중 60% 이상 국가들의 GDP보다 크다.

(2) 이것은 특히 그런 초대규모 글로벌기업들은 글로벌경영의 major players인 동시에 그들의 global business power/money power 역시 그만

표 3-2 예컨대 새 사업 분야에 도전하는 글로벌기업들

월트디즈니	➡	포장식품 · 전자 · 의류
야후(인터넷 포털)	➡	디지털 가전(DVD플레이어 등)
델(PC제조)	➡	PDP TV
휼렛패커드(PC제조)	➡	PDP · LCD TV
마텔(바비인형 제조사)	➡	고급 의류
마이크로소프트(소프트웨어)	➡	검색 엔진 · TV용 운영체제
인텔(반도체)	➡	TV용 칩

큼 막대함을 가리킨다.

4) 글로벌기업들은 변환 · 적응 등의 전통을 보유

(1) 글로벌기업들은, 일종의 새로운 種(a new species)에 속하는 기업들로서 4개 차원 해외시장들의 비즈니스환경변화에 맞추어서 restructuring, downsizing(rightsizing), reengineering, benchmarking 등을 통한 변형(transformation) · 적응(adaptation) · 재탄생(rebirth) · 부활(revival)의 전통을 지니고 있다.

(2) 그래서 글로벌기업들은 생존력(survivalability)과 성장성(growthness)이 상대적으로 뛰어나고 위기(crisis)에 강하다(표 3-2 참조).

(3) 그런 이유들로 글로벌기업들 중에는 100년 이상 된 장수기업들이 많다. 수백년 된 장수기업들도 더러 있다.

5) 글로벌기업들의 CEO들은 기업세계의 귀족

글로벌기업들의 최고경영자들(CEOs: chief executive officers)과 최고운영경영자들(COOs: chief operating officers) 등은, 지구촌 전체 · EU · NAFTA 등 bloc화된 시장들 · 주요국가들이 정치체제 · 경제체제 · 제품과 서비스 구조 · 유통패턴 등에서 얼마나 빨리 어떤 방향으로 변해야 하는가를 결정하는 데 있어서, 주요국가들의 대통령/수상들만큼이나 또는 그 이상의 영향력을 행사하는, 기업세계의 귀족들이다.

2. 글로벌기업들은 글로벌경영활동 전반을, 특히 해외직접투자를, 지배

(1) 글로벌경영의 주역인 글로벌기업들의 소싱 · 제조 · 제품판매 등의 활동은, 지구촌의 어디서나 발견할 수 있고, 지구촌의 어디서나 경의(deference)와 관심의 대상이다.

(2) 글로벌기업들은 집단적으로 세계무역의 60% 이상을 직접적으로 통제하고 80% 이상을 직·간접적으로 통제하고, 누적세계직접투자(cumulative world direct investment)의 90% 정도를 점유하고 있는 등 글로벌경영을 지배하는 주역으로 활동하고 있다.

(3) 글로벌기업들의 본사들과 해외자회사들의 연간 총매출액은 연간 총세계무역액의 30% 이상을 차지하고 있다.

3. 글로벌기업들은 특정 업종들에 집중적으로 종사하고 틈새시장을 집중적으로 공략

(1) 글로벌기업들은, 대단히 다양한 업종들과 업태들의 사업(wide category and type of business)에 종사하고 있다. 그런 가운데서도, 글로벌세분시장 · 지역시장 · FTA시장 · 국가시장 등 4개 시장차원에서 세계적으로 유명한 브랜드 네임들 · 첨단기술 · 뛰어난 마케팅 능력 등을 포함한 고유한 강점들과 우위들(unique strengths and advantages) 등을 최대한 이익적으로 활용할 수 있는, 특정한 몇몇 과점적 업종들에 집중적으로 종사하는 경향이 있다.

(2) 대규모/초대규모 제조글로벌기업들(manufacturing globals)은, 자동차(GM, Toyota, Ford, DaimlerChrysler, Volkswagen, 현대-기아자동차) · 석유정제(Exxon-Mobil, BP, Royal-Dutch Shell, SK) · 화학(DuPont, ICI) · 약품(Pfizer, Sandoz, Roche) · IT(삼성전자, LG전자, Sony, Philips) · 반도체(Intel, 삼성전자) · 셀폰(Nokia, 삼성전자, LG전자, Hewlett Packard) · 컴퓨터(Microsoft, IBM, Hewlett Packard, Dell, 삼성전자, LG전자) · 식료품(Coca Cola, Pepsi, McDonald's)들 등 규모의 우위 · 기술 우위 · 브랜드 우위 등을 활용하여 글로벌 경쟁우위들(global competitive advantages)을 영위할 수 있는 업종에 집중적으로 종사하고 있다.

(3) 대규모/초대규모 서비스-금융 글로벌기업들(service-financial globals)의 경우는, 뱅킹 · 증권 · 보험 · 종합금융 · 부동산 · 정보통신 · 전자상거래 · 방송 · 영상 · 패스트 푸드 · 호텔 · 광고 등의 업종에 집중적으로 종사하고 있다.

(4) 한편 중소글로벌기업들의 경우는, 각기 보유한 핵심역량들(core competences)에 바탕한 고유한 강점들과 우위들을 최대한 이익적으로 활용할 수 있는 글로벌틈새시장들(global niche markets)을 집중적으로 서브하고 있다.

4. 글로벌기업들은 글로벌네트워킹으로 글로벌 시너지효과를 최대화

대규모 글로벌기업들일수록 글로벌 차원에서 리얼타임으로 효율적인 (1) 경영자원취득/소싱과 그 관리의 글로벌네트워킹(global networking)을 통하여, (2) 글로벌 차원 및 4개 해외시장 차원에서 코스트삭감 · 균일품질 실현 · 브랜드 및 회사 경쟁력 강화 · 이익증대 · 이퀴티자본회수율 증대 등 시너지효과들(synergy effects)을 최대화하고 있다.

5. 글로벌기업들은 장래를 내다본 연구 · 개발을 선도함

(1) 특히 기술적 발전이 빠른 또는 기술집약적 업종에 종사하는 글로벌기업들은 막대한 연구개발 투자로 보유하게 된 막강한 기술력(technological power)을 다양한 글로벌경영전략들에 활용하고 있다.

(2) 글로벌기업들이 보유한 막강한 기술력과 이에 바탕한 글로벌 기술경쟁력은, 그들이 막대한 연구개발투자를 통하여 장래를 내다본 (즉 미래 밥벌이감 제품을 연구 · 개발하는 데) 필수적 기술들(forward-looking essential technologies)에서 비롯된다.

Toyota, Microsoft, Siemens, IBM, Ford, Hitachi 등과 더불어 우리나라 계통 글로벌기업들 중에는 삼성전자 · 현대-기아자동차 · LG전자 · SK Telecom · POSCO 등이, 미래 밥벌이감 제품을 연구 · 개발하는 데 연간 연구개발비를 가장 많이 투입하고 있다(예증 3-3 및 3-4 참조).

예증 3-3 국내기업 기술수지 적자 98%, 美서 봤다

대부분 IT 원천기술 로열티

한국 기술무역수지 적자

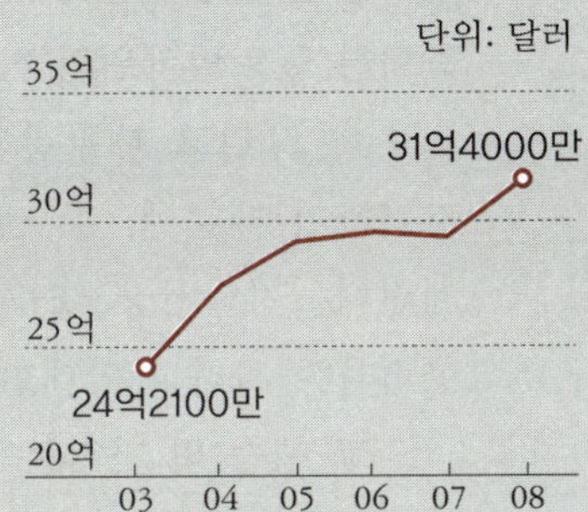

자료: 교육과학기술부

국내 기술무역수지 적자의 98%가 미국에서 발생한 것으로 나타났다. 이는 CDMA, LCD 등 국내 주력 수출 품목인 IT 제품의 원천 기술을 미국이 보유하고 있기 때문인 것으로 파악됐다.

2009년 기술무역수지 적자 규모는 31억4000만 달러(약 3조5000억원)로 2007년 대비 1억2000만 달러 늘었다.

기술무역수지는 특허권처럼 소유자가 명시된 기술을 사용하기 위해 국가가 해외에 기술 사용료를 지불(수입)하거나 기술 사용료를 받는(수출) 금액과의 관계를 보여 주는 지표이다.

교육과학기술부가 발표한 '2008년도 국내 기술무역수지 현황'에 따르면 우리나라의 기술수출은 중국(30.6%), 미국(13.1%)에 집중되고 있으며, 기술도입은 미국으로부터의 비중이 60.2%로 압도적인 것으로 나타났다.

이에 따라 우리나라의 기술수지 적자 상대국은 미국(31억 달러), 일본(5억4000만 달러), 영국(2억3000만 달러) 순서로 나타났다. 반면 기술무역 흑자를 기록한 상대국은 중국(7억4000만 달러), 슬로바키아(2억6000만 달러), 헝가리(1억1000만 달러) 등이다.

자료: 조선일보

예증 3-4 글로벌기업에서 로열티받는 우리나라 강소기업

회사명	보유기술	누적로열티	상대기업
인프라웨어	모바일 브라우저	200억원	노키아, 모토로라, 삼성전자, LG전자
네오엠텔	모바일 그래픽소프트웨어	300억원	퀄컴, 모토로라
인스프리트	콘텐츠 전송 솔루션	150억원	T모바일, 교세라, 차이나모바일, 삼성전자
다믈멀티미디어	오디오칩 설계기술	86억원	산요전기

자료: 조선경제

6. 글로벌기업들은 막강한 글로벌파워를 행사

(1) WTO · OECD · IMF 등 주요 국제경제기구들과 자국 정부들로부터 직 · 간접지원을 받기도 하는 선진국계통 글로벌기업들은, 집단적으로 가장 강력한 글로벌파워의 하나(one of the powerful global forces)이다.

(2) 그리고 대부분의 선진국계통 글로벌기업들은 개별적으로 대단히 강력하기 때문에, ① 세계무역, ② 세계직접투자, ③ 세계기술이전, ④ 세계전체 · 지역시장 · FTA시장 · 국가시장들의 정치와 경제 등에 막강한 영향력을 행사하고 막대한 파급효과를 미치고 있다.

그 예증 몇 가지는 아래와 같다.

(1) ① 지구촌에서 어떤 제품 · 서비스를 생산 · 유통 · 소비하는가, 무엇을 보는가, 무엇을 읽는가, 어느 직장에서 일하는가, 어떤 직장에서 일을 할 수 있는가, 문화 · 가치관 · 소비패턴 등이 어떤 방향으로 변하는가, 정치시스템과 정치에 무엇이 어떻게 벌어지는가 등 거의 모든 것들은, ② 글로벌기업들의 중앙집권적 본사들로 추적해 갈 수(traceable) 있다.

(2) 점점 더 많은 글로벌기업들은, 본사국 포함 어느 국가에도 충성할 의무가 없다고 여기며, 이익을 창출할 수 있는 한, 물론 한계는 있지만 지구촌 어디에서나 누구와도 기업거래를 할 수 있다고 여긴다.

7. 글로벌기업별로 글로벌화의 정도는 각기 다름

(1) 특정 기업체의 글로벌화 정도(degree or extent of globalization)는, 일반적으로 그 총매출액 · 총이익 · 총자산 · 총종업원수 등 중에서 차지하는 해외비중(foreign portion)을 기준으로 측정한다. 그런 기준을 사용할 때, 글로벌기업들은 상이한 글로벌화의 정도를 보이며, 특히 국내시장이 막대한 미국 계통 글로벌기업들의 글로벌화 정도는 상대적으로 낮다.

(2) 반대로 국내시장이 대단히 협소한 스위스 · 네덜란드 · 스웨덴 · 노르웨이 등 强小國들(small but economically strong countries)의 글로벌기업들일수록, 글로벌화의 정도가 대단히 높다.

8. 글로벌기업들은 글로벌금융중계자의 역할을 뛰어나게 수행

(1) 글로벌기업들은, 글로벌금융(global financing)과 해외현지금융(overseas local financing) 등의 방법으로, 본사와 해외자회사들 상호간에 이익과 잉여자금을 이전시키고 또 필요로 하는 운전자금 · 직접투자용 자금을 서로 끌어다가 효율적으로 활용하는 금융중계자(financial intermediary)의 역할도 뛰어나게 수행한다.

(2) 그렇게 함으로써 글로벌기업들은, ① 비교적 적은 규모의 투자자금과 운전자금으로 글로벌 차원에서 대규모의 투자사업들과 글로벌경영활동들을 저렴한 자본코스트로 수행하고, ② 내부(社內)거래에 따르는 이전가격(transfer price)과 외환율(foreign exchange rates)을 조작하고 외환노출(foreign exchange exposure)을 최소화하는 재무조작(financial manipulation) 등의 방법으로 세련되게 절세(tax saving)와 탈세(tax evasion)를 하고 환차익을 올리기도 하여, ③ 글로벌차원에서 가장 경제적으로 자금을 조달하고 이익을 증대시킨다.

9. 글로벌기업들은 경영활동의 지리적 다변화와 리스크 분산의 주체

(1) 글로벌기업들은, 글로벌세분시장 · 지역시장 · FTA시장 · 국가시장 등 4개 차원 시장에서의 기업자원 소싱/조달 · 투자 · 연구개발 · 생산 · 판매 등 경영활동과 시장을 네트워킹시켜서 4개 차원 시장의 경계선을 넘어서 지리적으로 다변화하는 주체(geographic diversifier)의 역할 역시, 뛰어나게 수행하고 있다.

(2) ① 이 역할은, 글로벌기업들이 추구하는 목적의 하나인 경영다각화 · 시장다변화 · 비즈니스리스크 분산(business, market/geographic, and risk diversification)을 효율적으로 실현하는 데 대단히 중요하다.

② 글로벌기업들은, 모든 형태의 해외시장진입-침투전략들 · 운영전략들 · 보유강점에 바탕한 글로벌전략들 등을 활용하면서, 이 역할을 수행하고 있다.

10. 글로벌기업들은 과점자 기능을 뛰어나게 수행

(1) 글로벌기업들은 4개 차원 해외시장에서 과점자(oligopolist)의 기능도 뛰어나게 수행하고 있다.

(2) 글로벌기업들은, ① 전방통합과 후방통합을 합친 수직적 통합(vertical integration) 및 네트워킹을 통하여 ② 주로 규모 및 범주의 경제(economies of scale and scope)가 작용하는 과점적 업종에 진출하여 기술적 선도력 · 막강한 브랜드 네임 · 뛰어난 정보탐지능력 · 뛰어난 마케팅능력 · 기업의 합병과 매수 · 전략적 연합/제휴 등 보유한 강점과 경쟁우위 중심의 글로벌전략을 동원하여, ③ 글로벌 · 지역 · FTA · 국가 등 4개 지리적 시장 차원에서 과점업체로서의 기능을 뛰어나게 수행하고 있다.

11. 글로벌기업들은 소싱과 시장의 내부화기능을 뛰어나게 수행

(1) 글로벌기업들은, 글로벌경영활동을 최대한 가급적 내부화(본사와 해외자회사들간 및 해외자회사들간 거래하는 것을 뜻하는 internalize)함으로써 부품 · 반제품 · 완제품 · 기술 · 특허 · 브랜드 등의 회사내부소싱(corporate internal sourcing)과 회사내부시장(corporate internal market)을 확대하는 기능도 뛰어나게 수행하고 있다.

(2) 이들 기능들의 뛰어난 수행으로 글로벌기업들은, ① 필요기업자원을 최대한 저렴하게 내부적으로 소싱/조달하고 ② 본사 · 해외자회사들 · 해외라이슨시(overseas licensees)업체 등과의 상호거래증대를 통하여 코스트 삭감과 지출경비를 내부수익화(內部收益化)시킬 뿐만 아니라 총매출액과 총이익의 상당한 부분을 기업내부에서 창출하고 있다.

12. 선진국 글로벌기업들은 강력한 본사국정부 지원과 보호를 받음

(1) 대부분의 글로벌기업들이 선진국계통이라는 사실은, 우연에 의한 것만은 아니다.

왜냐하면, 강력한 경제력 · 군사력 · 외교력 등으로 구성되는 강력한 국력(national power)과 정부의 강력한 정책적 · 재정적인 (때로는 군사적인) 지원과 보호가 없이는, 어느 나라의 어느 기업체도 세계적인 글로벌기업으로 발전하고 또한 효율적으로 활동하기가 어렵기 때문이다.

(2) 지구상에서 유일한 초강대국(super power)인 미국이 가장 많은 대규모/초대규모 글로벌기업들을 포함한 가장 많은 글로벌기업들을 보유하고 있고, 일본과 서유럽 국가들도 많은 글로벌기업들을 보유하고 있는 것 등은, 선진국들의 본사국파워(home country power)와 정부의 정책적 · 재정적인 뒷받침이 얼마나 중요한가를 보여 주는 예증이다(예증 3-5 참조).

예증 3-5 국가별 국력지수 순위

	2010년 국력지수	순위		2020년 국력지수
미국	23.07	1	미국	21.35
중국	11.75	2	중국	13.48
인도	7.06	3	인도	7.55
일본	6.11	4	일본	5.33
독일	4.19	5	독일	4.17
프랑스	3.23	6	프랑스	2.99
영국	2.79	7	영국	2.62
브라질	2.17	8	한국	2.22
이탈리아	2.16	9	브라질	2.11
러시아	2.11	10	러시아	1.9
한국	1.86	11	이탈리아	1.81

2020년이 되면 한국은 러시아 · 이탈리아 · 브라질을 앞지르며 세계 8대 군사강국이 될 것으로 예측됐다.

통일연구원 분석에 따르면 2010년 기준 한국의 국력지수는 1.86으로 러시아에 이어 세계 11위권에 속한다. 국력지수란 전 세계 국가의 국내총생산(GDP), 인구, 재래식 군사력, 핵 군사력 등을 합해 전 세계 국력을 총 100으로 놓고 여기에서 각 국가가 차지하는 비중을 산출한 것이다.

자료: 통일연구원

제3절 글로벌기업들의 미래 열망과 글로벌기업시민으로서의 책임

1. 글로벌기업들의 미래 열망은 참뜻의 글로벌기업들로 발전하는 것

글로벌기업들의 미래 열망(future aspirations)은, 특정 국가의 국적을 갖고 글로벌시장을 서브하는 것이 아니라, 기업구성원들의 사고 · 고찰 · 의사결정 · 집행에서 글로벌화/글로벌性의 컨셉트(the concept of globalization or globality)가 철저하게 뿌리 박힌 진실한 뜻의 글로벌기업들로 발전하고 성장하는 것이다.

1) 글로벌기업으로 성장하는 네 가지 주력 전략

대부분 글로벌기업들에 의하면, 그들이 그런 뜻의 글로벌기업들로 성장할 수 있는 전략에는 크게 아래의 네 가지가 있다는 것이다.

(1) 내부성장을 확대하는 방법

확대중인 글로벌시장의 점유율을 증대시키고, 연구개발활동의 촉진으로 점점 더 많은 유명 브랜드를 부착한 신제품-신서비스들을 개발하여 글로벌시장에 출시하고, 단독 해외직접투자를 확대하는 등으로 社內이익 축적확대에 바탕한 내부성장방법들(internal growth methods)을 확대 활용하는 방법

(2) 추가적 자산획득을 확대하는 방법

국내외에 있는 타인소유 회사들의 100% 소유권을, 타인소유 회사들의 100% 이하의 소유권을, 또는 소득을 창출하는 재산을 매입하는 등의 매수 · 합병(merger and acquisition)을 통한 추가적 자산획득방법들(additional asset acquisition methods)을 확대 활용하는 방법

(3) 합작비즈니스 프로젝트를 확대하는 방법

위 두 방법들의 배합인(단독해외직접투자 이외의 모든 글로벌경영전략들을 믹스한) 합작비즈니스 프로젝트 방법들(joint venture project methods)을 확대

활용하는 방법

(4) **전략적 제휴를 강화하는 방법**

글로벌 · 지역 · FTA · 국가 시장 등 4개 해외시장 차원에서 경쟁기업들 · 잠재적 경쟁기업들과 相生(win-win)을 목적으로 전략적 제휴(strategic alliance/collaboration)를 강화하고 확대하는 방법

2) 우리나라기업의 글로벌화에 주는 시사점

실제로 거의 모든 글로벌기업들은, 글로벌화/글로벌性 목적을 달성하기 위하여, 위의 네 전략들 모두를 어떤 형태로든 배합하는 ① 해외직접투자를 주축으로 하는 자본투자와 연구개발 투자, ② 합병과 매수, ③ 합작비즈니스 활동들(joint venture business activities), ④ 전략적 제휴방법들 모두를 지속적으로 확대 활용하고 있다.

그에 따라 글로벌기업들은, 특히 선진국계통 대규모/초대규모 글로벌기업들은, 21세기가 진전될수록 글로벌경영활동을 더욱더 지배하는 강력한 주역들로 떠오를 것이 분명하다.

그런 글로벌기업들은, 한국 등 신흥공업국 기업들이 글로벌화하는데 창조적으로 벤치마킹(benchmarking)해야 하는 대상인 동시에 현재와 미래에 글로벌시장에서 맞상대해야 하는 강력한 경쟁자들임이 틀림없다.

2. 글로벌기업들의 글로벌기업시민으로서의 책임

1) 증가하는 글로벌 파워와 글로벌기업들의 글로벌기업시민으로서의 책임성

(1) 앞서 말한 바와 같이 특히 선진국계통 대규모/초대규모 글로벌기업들은, 글로벌경영활동을 더욱더 지배하는 더욱더 강력해진 파워들(strengthened powers)을 행사하는 主役들이 되어 가고 있다.

그에 따라서 글로벌기업들은 그런 강력해진 파워들에 상응하는 글로벌기업시민으로서의 책임들(responsibilities as global corporate citizens)도 더욱 많이 수행해야 한다는 글로벌 여론이 최근에 급증하고 있다.

(2) 그런 글로벌 여론은 “globalization is basically a good thing,

예증 3-6 사회적 책임의 국제표준

소비자에 대한 책임이나 환경기준 준수의 책임 등을 사회적 책임의 하나로 묶어서 국제표준으로 제정하자는 국제사회의 노력이 드디어 결실을 맺었다. 사회적 책임에 관한 국제표준인 ISO 26000이 5년간의 진통 끝에 2010년 2월 76개 회원국 투표에서 79%의 찬성을 얻어 2010년 말 공식적으로 시행됐다.

사회적 책임 국제표준의 등장은 더 이상 로비와 홍보만으로 기업이나 제품의 약점을 가릴 수 없다는 것을 의미한다. 단지 소비자 문제만이 아니고 지배구조, 인권, 노동관행, 환경, 공정거래, 사회적 기여에서 기업들은 상시적으로 국제 사회의 압력과 감시를 받게 된다.

ISO 26000은 지금까지의 사회적 책임 제정과정과 달리 이번에는 5년 동안 각국의 정부, 기업, 노조, 소비자단체, 환경단체, 연구기관 등이 모두 참여했다. 여기에 유엔이 이 작업을 공식적으로 지지해 왔다는 점에서 쌍방 관계를 규율하는 객관적인 기준으로 국제사회에서 통용될 가능성이 높다.

그러므로 우리나라 기업으로서 가장 근본적인 대응 방안은 기업의 사회적 책임을 내면화하는 것이다. 남이 무서워서 또는 눈치 보면서 하는 사회적 책임이 아니라 스스로 중요한 규범으로 조직 내에 체화시켜 미래의 큰 리스크를 사전에 예방하는 것이 필요하다. 선진국의 유수한 대기업들은 사회적 책임을 담당하는 임원을 부사장급으로 두고 있다. 그 이유를 잘 헤아려 일상적 활동체계를 벤치마킹하는 것도 중요하다.

자료: 한국일보

but …," "globalization with responsibility" 등으로 요약할 수 있다.

2) 글로벌기업들에 대한 책임성 요구가 증가하는 이유

글로벌기업들의 가일층글로벌화(step-up in globalization)에는 반드시 더욱더 책임강화가 수반되어야 한다는 여론 내지 주장은, 지구촌에서 점점 더 많이 벌어지고 있는 아래와 같은 현상들에 대한 우려와 깊은 관련이 있다(예증 3-7 참조).

해외직접투자의 主役들은 막대한 해외생산시설을 보유한 글로벌기업들인데, 그들의 해외직접투자는 미국 · 서유럽 등 선진국들과 중국 등 일부

예증 3-7 바티칸 인정한 윤리적 기업만! '크리스천 지수'

주식시장에 '크리스천 지수'가 등장했다. 바티칸 교황청이 선정한 윤리기업 투자지수이다.

파이낸셜 타임스(FT)는 2008년의 글로벌 금융위기를 계기로 윤리적 기업 주식에 대한 투자 수요가 늘어난 것에 착안한 '스톡스(Stoxx) 유럽 크리스천 지수'가 도입됐다고 보도했다. 지수에는 모두 533개 유럽 기업이 포함돼 있다. 에너지 기업인 BP와 로열더치셸, 영국의 은행인 HSBC, 제약회사 글락소스미스클라인 등이 포함됐다.

이들의 공통점은 기독교적인 관점에서 인정할 수 있는 사업을 함으로써 수익을 얻는다는 점이다.

자료: 중앙경제

신흥공업국들에게 증가적으로 집중되는 반면에 중동 · 남미 · 아프리카(특히 Sub-Sahara Africa) 등의 대다수 빈곤한 국가들을 피(bypass)하고 있다.

그 결과로, 모든 선진국들과 대다수 신흥공업국들은 상대적으로 더욱 부강해지는 반면에, 가장 빈곤한 국가들은 실제로 더욱더 빈곤해지고 있는 것이 사실이기 때문이다(예증 3-8 및 3-9 참조).

예증 3-8 BBC '세계 극과 극' 비교

영국 BBC는 '세계의 격차 얼마나 큰가?'라는 제목의 기획 시리즈를 통해 보도했다. 세계의 '극과 극'을 총 6개 부문으로 나눠 정리했다.

▲빈부

가장 가난한 국가는 콩고민주공화국으로 1인당 국내총생산(GDP)이 163달러에 불과하다. 가장 부유한 국가는 1인당 GDP가 21만1,501달러에 달하는 모나코다.

▲평균 수명

국민이 가장 오래 사는 나라는 일본으로 평균수명은 83세에 달한다. 아프가니스탄과 짐바브웨는 평균 수명이 42세로 일본의 반토막 수준이다.

▲범죄

가장 범죄가 많이 일어나는 곳은 미국이다. 인구 10만명당 수형자가 756명이다. 러시아(629명), 르완다(604명)가 뒤를 이었다. 반면 리히텐슈타인(20명), 콩고

(22명), 나우루(23명)는 범죄가 거의 없는 나라다.

▲정부 부패

국제투명성기구의 2010년 부패지수에 따르면 소말리아는 10점 만점에 1.1을 기록, 가장 부패한 나라로 꼽혔다. 9.2를 기록한 스웨덴이 가장 투명한 국가다.

▲교육수준

아프리카 대륙 말리는 15세 이상 국민 73.8%가 문맹으로 교육 수준이 최악이다. 문맹률이 0~1% 수준인 대부분의 선진 국가와 비교 자체가 되지 않는다. 교육 수준을 교사 1인당 학생수로 평가할 경우 리히텐슈타인이 7.7명인 반면 중앙아프리카공화국은 100명이나 됐다.

▲종교

여론조사기관 갤럽이 지난해 신에 대한 믿음 여부를 조사한 결과 방글라데시, 니제르, 예멘, 인도네시아 등에서 응답자 98~99%가 신을 믿었다. 반면 에티오피아 16%, 스웨덴, 덴마크가 각각 17%, 19%를 기록, 극단을 보였다.

자료: 한국일보

예증 3-9 우리나라 글로벌기업들의 주요 해외 책임 활동의 예

한국 대기업들의 글로벌 진출이 확대되면서 현지화를 위한 사회책임 활동이 활발해지고 있다. 그렇지만 특히 선진국계통 글로벌기업들에 비해서는 아직은 "초보수준"이다. 그래서 2008년에 도입된 "ISO 26000"은 우리나라 기업들에게 "발등의 불"로 작용하고 있다. 우리나라 기업들이 자칫 "기업의 사회적 책임"을 게을리해 "ISO 26000"인증을 받지 못하면 글로벌시장에 발을 붙이기 어렵기 때문이다. 아래 지적한 것은 우리나라 기업들의 현지 사회적 책임활동의 극히 일부에 불과하다.

기 업 명	주요 활동
삼성그룹 SAMSUNG	• 미국 포시즌 자선모금 행사(삼성전자) • 러시아 볼쇼이발레단 지원(삼성전자) • 베트남 꿈나무교실 후원사업(그룹 사회봉사단) • 중국 무료 개안수술 지원(삼성SDI) • 중국 애니콜학교 건립 지원(삼성전자) • 중국 농촌 지원을 위한 1사1촌운동(삼성전자) • 동남아 몇몇 국가들의 지뢰 제거 후원(일본 삼성)

SK그룹	• 중국 SK좡위안팡(壯元榜 · 장학퀴즈) • 베트남 언청이 어린이 무료시술 • 아시아권 학자 한국 초청연수 지원 • 아시아 주요대학 ARC(아시아리서치센터) 설립 · 운영 지원
LG전자	• 중국 'I Love China' (사스 퇴치, 문화페스티벌) • 베트남 무료 개안수술 • 중동 · 아프리카 언청이 어린이 환자 무료 시술 • 멕시코 '소년의 집' 후원
포스코	• 인도 · 캄보디아 · 필리핀 언청이 어린이 무료 시술 • 아시아권 학생을 위한 포스코아시아펠로우십(청암재단)
현대자동차	• 인도 현대모터재단, 지역사회 봉사활동, 문화행사 지원, 장학사업 등 • 미국과 기타 국가에서도 위와 같은 활동전개

자료: 각 기업, 조선경제.

PART 2

WTO체제 · 지역시장블럭 · FTA와 **글로벌경영**

제 4 장
WTO체제 등 글로벌경영 환경변화와 글로벌경영

제 5 장
지역시장블럭 · FTA가 글로벌경영에 미치는 영향

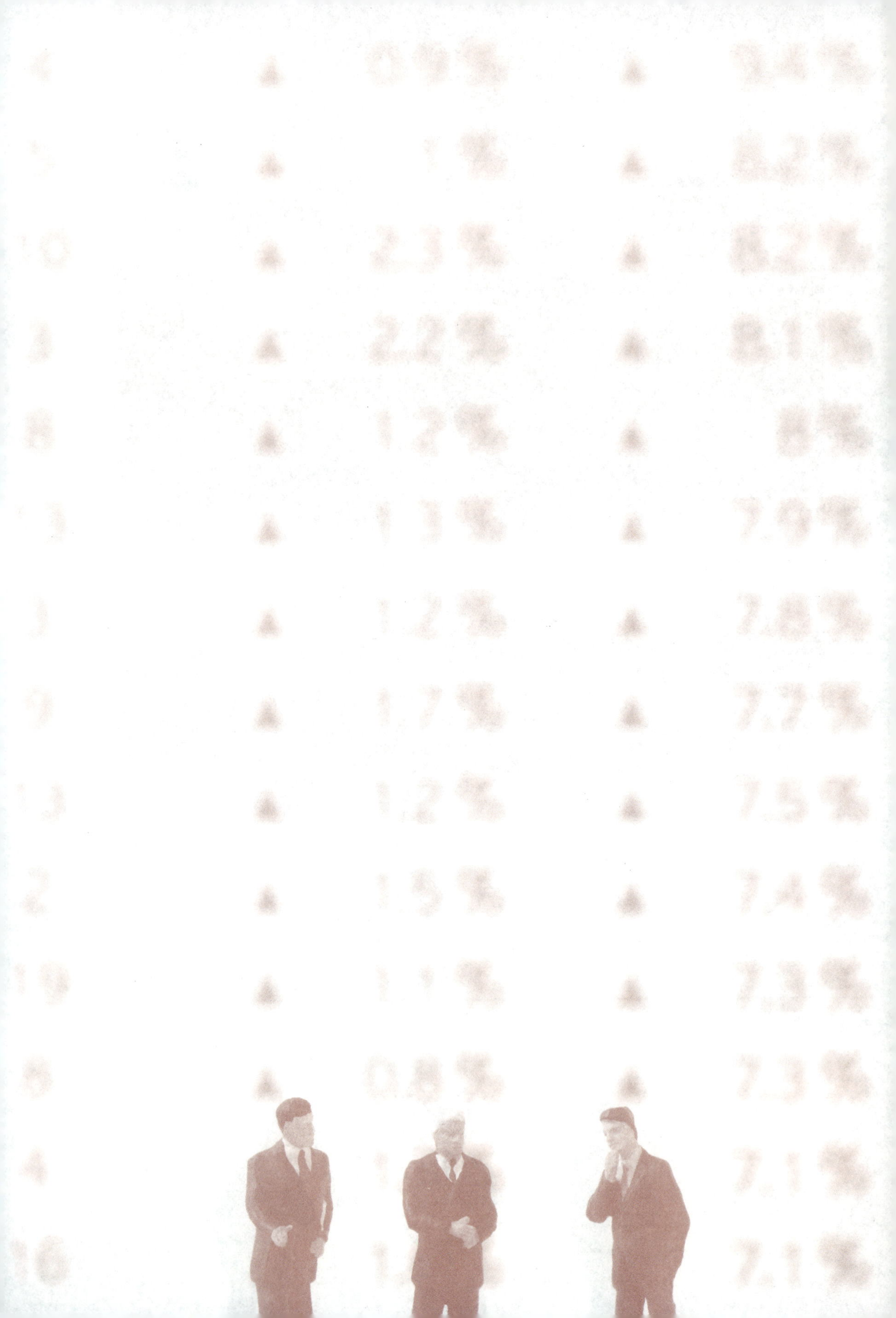

CHAPTER04

WTO체제 등 글로벌경영 환경변화와 글로벌경영

제 4 장에서는 2010년대까지 글로벌 차원에서 글로벌경영에 영향을 미치는 주요 글로벌경영 환경변화와 globalism에 바탕한 WTO시스템의 작용(action)에 대해 설명을 한다.

제1절 2010년대까지의 주요 글로벌경영 환경변화

1. 냉전 종식 후 미국만이 초강대국으로 부상

(1) 제 2 차 세계대전 직후부터 격화되어 온 미국(서방)진영의 민주주의에 기반을 둔 자유시장경제체제와 구소련(동방)진영의 공산주의에 기반을 둔 국가통제경제체제 사이의 냉전(Cold War)으로 상징되었던 체제경쟁은, 1990년에 구소련의 붕괴로 끝났다.

(2) 그 후에, 미국의 주도적 역할로 미국을 위시한 선진국들에게 유리한 아래와 같은 글로벌경영 환경변화들이 급속히 진행되고 있다.

① 즉, 제품-서비스 무역의 자유화 확대 · 지적재산권 보호 강화 · 상호시장개방 확대 등을 촉진시키는 데 목적을 둔 1994년 12월 말 우루과이라운드(UR: Uruguay Round) 협상타결, 그에 따른 1995년 1월 1일 세계무역기구(WTO: World Trade Organization) 출범과 New Rounds 협상개시 등이 이루어지고 있다.

② 미국은 동시에, WTO · OECD · IMF 등 3大 국제경제기구들을 앞세운 다자간협상(multilateral negotiation)을 통하여, 그리고 동시에 FTA(Free Trade Agreement) 같은 국가간 1 대 1의 쌍무적 협상(bilateral negotiation)을 통하여, 지구촌 국가들의 시장개방확대 · 국제경제협력증대 · 글로벌경영 기회확대 등에 영향력을 더욱 강화중이다.

(3) 그에 따라 전체지구촌(the entire global village)은 1990년대부터 미국이 추진하는 시장자본주의체제(market capitalistic system)로 통합되어 가고 있다.

그리고 미국은 예나 지금이나 글로벌기업들의 종주국이다.

2. 독일의 재통일에 따른 EU의 확대와 중앙유럽국가들과의 경제협력 증대

냉전 종식으로, 재통일된 독일은 아래와 같은 역할을 잘 수행함으로써 글로벌경영 환경을 개선하는 데 기여하고 있다.

(1) 즉, 독일은 국내시장과 EU의 주도세력으로서 EU시장을 확대시키고 있다.

(2) 동시에, 전통적으로 밀접한 경제-기업관계를 유지해 온 독일과 여타 중앙유럽국가들(공산주의 체제하에 있을 때는 동유럽국가들이라고 부름) 사이, 그리고 중앙유럽국가들과 EU 사이의, 지역차원의 경제협력과 기업활동을 확대시키고 있다. 2004년에 EU에 새로 가입한 10개국의 대부분은 중앙유럽국가들이라는 사실이 그 실증이다.

(3) 그래서 결과적으로 EU회원국들의 수가 15개에서 27개로 늘어난 것 역시 모든 글로벌기업들에게는 유리한 글로벌경영 환경변화들 중의 하나이다.

3. 중국·러시아·기타 과거 공산국들의 민주화와 시장체제화의 급진전에 따른 글로벌시장과 신흥시장의 확대

(1) 냉전의 종식을 전후하여 중국의 경제적 실용주의(개방과 개혁) 노선과 구소련의 개혁과 개방 정책이 불씨를 붙임으로써 시작된 중국과 구소련 그리고 중앙유럽 등 세계인구의 65%를 차지했던 구공산국가들에서의 민주화 및 시장체제화(marketization) 추진은, 아래와 같은 결과들을 초래하고 있다.

① 지구촌 전체를 단일 글로벌시장으로 만드는 데 크게 기여하고 있다.

② 그 결과로 글로벌기업들의 활동에 상당한 활력소를 제공하고 있다.

③ 그 결과로 또한 글로벌 차원에서 경제협력과 기업활동을 정상화(normalization)시키면서 확대시키고 있다.

(2) 현재까지는 특히 중국이 지구촌에서 지속적으로 가장 높은 경제성장률을 유지하는 등 그런 역할을 가장 뛰어나게 수행하고 있다. 중국 다음으로는 러시아 · 폴란드 · 헝가리 · 체코 등이, 그리고 중앙아시아 국가들 · 베트남 등 역시 큰 역할을 해가고 있다.

(3) 위 국가들은 신흥시장들(emerging markets) 중에서 가장 큰 부분을 차지한다. 그중에서도 특히 중국과 러시아는 인도 및 브라질과 더불어 앞으로 급성장할 것으로 예견되는 이른바 BRICs의 중대한 위치를 차지한다. 그리고 중국과 인도는 Chindia로서 가장 성장잠재성이 높다고 전망되고 있다. 그런 것들은 추가적인 글로벌시장을 제공한다는 측면에서 글로벌기업들에게는 유리한 글로벌경영 환경변화들 중의 하나이다.

4. 원유 등 글로벌 원자재 가격의 급등 경향

(1) 미국의 주도로 아라비안 걸프전쟁에서 쿠웨이트를 침략한 이라크를 1991년에 패배시켜, 글로벌경영 환경을 악화시킬 뻔한 "제3차 오일쇼크"는 모면할 수 있었다.

(2) ① 1992년 이후에도 석유자원이 풍부한 중동지역에서의(이라크 · 이란 등에 의한) 지역패권주의적인 전쟁 발발가능성에 따른 글로벌자원환경의

불안정 혹은 악화 가능성은, 지속적으로 상존해 왔다. 원유가 상승은 기타 원자재 가격까지 상승시키고 있다.

② 또한 중동지역에 있는 OPEC 및 非OPEC 산유국들이 원유의 생산통제(감소)를 통한 원유가격 통제(인상)를 함으로써 나타난 것이 1999년~2000년에 있었던 OPEC주도의 대대적인 유가인상이었다.

(3) 2001년 9월 11일 뉴욕에 있는 World Trade Centers 등에 대한 테러공격 후에 2003년에는 미국이 이라크를 침략함으로써, 2004년 말까지 원유 배럴당 가격이 50달러 정도까지 치솟다가 2010년대 현재는 80~100달러 수준에서 오락가락하고 있다.

5. 정보혁명 및 지식혁명의 글로벌확산 가속화에 따른 단일 지구촌시장 형성

(1) 자유기업제도 · 자유시장경제 · 입헌민주주의 등 세 가지 초석에 바탕한 자본주의(그림 4-1 참조)와 풍요한 물질적 생활 · 자본주의 등에 대한 정보와 아이디어를 전체 지구촌으로 확산시키는 정보기술 급발전에 따른 정보혁명(Information Revolution) 역시, 급속히 글로벌화하고(즉 전체 지구촌으로 확산되고) 있다.

(2) 그런 정보혁명은, 실용적 지식을 강조하는 지식혁명(Knowledge Revolution)과 발달하는 항공기술 등 교통기술과 결합하여, 전체 지구촌에서 벌어지는 대부분의 활동들을 급속히 실시간(realtime)으로 동시화(synchronization)시키고 있고 또한 공간적으로는 단일지구촌(a single global village)으로 급속히 변환시키고 있다.

(3) 그에 따라 단일지구촌을 단일지구촌시장(a single global market)으로 급속히 변환시키고 있으며, 그런 환경변화는 단일국적기업 · 단순수출입기업 등보다는 글로벌기업들에게 유리하게 작용하고 있다.

6. 민주주의 정치체제의 글로벌확산 가속화에 따른 시장경제체제 확산

(1) 냉전 종식 후 글로벌정치(global politics) 역시, 자본주의체제의 글로

벌확산을 강력히 고무하는 방향으로, 새로운 시대(a new era)로 돌입했다. 그 이유는 아래와 같다.

① 공산주의 멸망 이후 정치 · 경제 · 사회적 고통을 겪어 온 중국 · 독립국연합 등 거의 모든 과거/현재의 공산국가들은, 자본주의를 바탕으로 하는 시장경제체제를 채택해야만 하는, 그리고 글로벌경제-기업활동에 능동적으로 참여해야 하는, 단 하나의 선택밖에 없기 때문이다.

② 중동지역국가들과 서남아국가들도 속도는 느리지만 위와 같이 하고 있기 때문이다.

(2) 그래서 민주주의와 시장경제체제 및 자유기업제도는 지속적으로 급속하게 전체지구촌으로 확산될 수밖에 없는데, 그런 환경변화는 단일국적기업 · 단순수출입기업 등보다는 글로벌기업들에게 유리하게 작용하고 있다.

7. 국제관계에서 경제파워 · 비즈니스파워 · 머니파워 · 소프트파워의 중요성 증가

(1) 냉전 종식 후 국제관계에서 군사파워의 중요성이 감소경향을 보이는 가운데서 경제파워 · 비즈니스파워 · 머니파워(economic, business, and money power)의 중요성이 급속히 증가하고 있다. 최근에는 소프트파워(soft power)의 중요성이 급증하고 있다.

군사력과 경제력이 남을 강제로 움직이는 하드파워라면, 소프트파워는 남이 매력을 느껴 스스로 따라오게 하는 힘을 말한다. 소프트파워는 가치관, 정보통신, 교육기관, 문화력, 국제문제 주도 능력에서 나온다.

(2) 그런 환경변화 속에서 똑똑한 정부를 가진 국가들은 국제관계와 국내정치에서 다 같이, 더욱더 국가적 경제목표 달성에 국가적 최우선순위를 두고 있다.

그에 따라 똑똑한 정부를 가진 국가들간의 국제관계는 점점 더 실리적인 경제-기업활동관계와 소프트파워 중심으로 이루어지고 있으며, 그런 환경변화 역시 단일국적기업 · 단순수출기업 등에게는 불리하게 그리고 글로벌기업들에게는 유리하게 작용하고 있다.

8. 자본주의 체제, 경제통합과 기업활동의 글로벌확산

1) 자본주의체제의 글로벌확산 가속화

냉전 종식 후부터, 지구촌에서는 미국주도하에 자본주의체제 중심으로 경제의 글로벌화(globalization of economy: 경제의 세계화)가 급진전되고 있다.

자본주의체제의 초석들 및 자본주의의 핵심적 특징들은 〈그림 4-1〉 및 〈그림 4-2〉와 같다.

2) 글로벌경제 통합의 가속화

(1) 21세기가 진전되어 갈수록, 정보혁명과 지식혁명의 급속한 글로벌확산과 시장경제국가들(시장경제체제에 바탕한 국민경제를 운용하는 국가들: market economies)의 급속한 글로벌확산 등 두 개의 크나큰 물결들이 지구촌의 거의 모든 인간(현재 약 70억명)에게 점점 더 많은 드라마틱한 경제-기

그림 4-1 자본주의체제의 세 가지 초석들

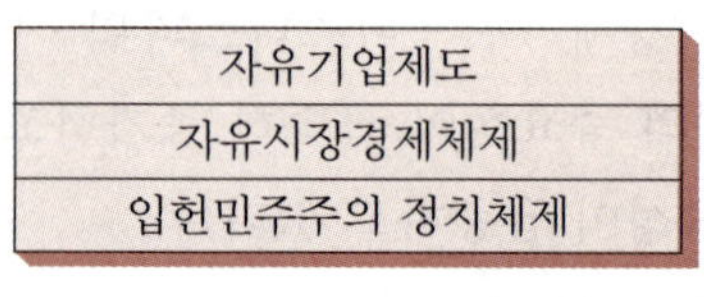

그림 4-2 자본주의의 핵심적 특징들

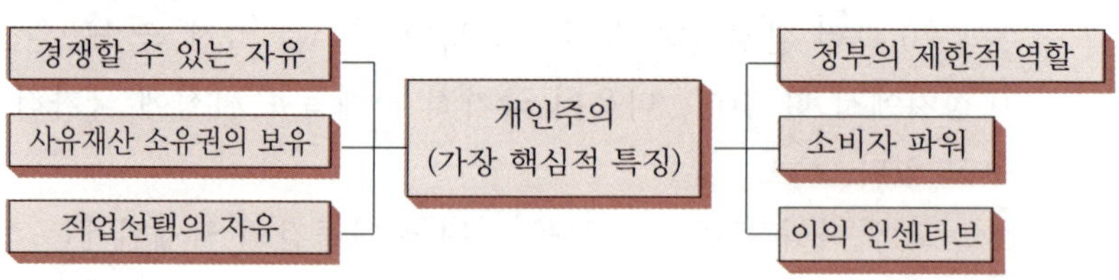

주: 자본주의 시장체제의 가장 핵심적 특징인 개인주의(indivisualism)는 국가사회가 정한 법과 질서 · 윤리 · 도덕 등 공정게임규칙들(rules of fair game)을 준수하면서 개인들 각자가 사회를 구성하는 하나의 단위로서(as an unit) 배우고, 생각하고, 판단하고, 의사결정하고, 행동하고, 행동결과에 대해 개인적으로(indivisually) 스스로 사회에 대해 책임(responsibility to society)을 지고 또한 선량한 시민으로 사회/국가에 대해 책무(obligation to nation)를 다하는 것을 뜻함.

업활동기회들을 제공하면서 글로벌경제(global economy)를 빠르게 통합(integrate)시키고 있다.

(2) 정보혁명과 지식혁명으로 거리낌없이 전파되고 있는 정보와 지식이 특히 공산주의를 신봉하던 국가/지역 등의 시장들을 자유화시켰고(liberalizes markets), 시장체제화(marketization)로 힘차게 된 그런 국가/지역 등의 시장들을 전례가 없이 빠른 속도로 성장시키고 또한 개방시키고 있다(아직도 예외는 북한).

3) 기업경영활동의 글로벌화 가속화

(1) 시장경제체제 중심으로 경제가 급속히 글로벌화함에 따라서, 서방선진국 사람들이 강조해 온 사회-경제적 가치관들(socio-economic values)인 개인적 이니시어티브와 창의성을 강조하는 발명재주(ingenuity)의 발휘, 번영(prosperity)의 영위, 중산층 추구(middle-class striving) 등이 경제후진국 · 과거의 공산국가들을 뜻하는 자본주의 변경들(frontiers of capitalism)에서까지 증가적으로 강조되고 있다.

(2) 그와 같이 급진전되고 있는 시장경제체제 중심의 글로벌경제통합(global economic integration) 및 경제와 기업경영활동의 빠른 글로벌확산은, 더욱더 단일국적기업 · 단순수출입기업 등에게는 불리하고 글로벌기업들에게 대단히 유리하게 작용하고 있다.

9. EU · NAFTA 등 지역시장블럭의 증가 및 FTA의 급속한 확산

(1) 지역적 차원에서의 보호주의 강화의 일환인 지역주의(regionalism)의 강화에 따르는 EU · NAFTA 등 지역시장블럭들의 증가 및 FTA의 급속한 확산은, 지역시장별 경영환경과 FTA체결 국가들의 경영환경에 막대한 영향을 미치고 있다.

(2) 그런 경영환경 변화 역시, 글로벌시장과 지역시장들을 효율적으로 서브하는 능력을 갖춘 글로벌기업들에게는 더욱더 유리하게 하고 있다.

10. 동아시아 시장의 급성장에 따른 글로벌 3大경제권의 급속한 재편성

(1) "東아시아의 성장혁명"(East Asia's growth revolution)이라는 말이 생겨날 정도로, 중국을 중심으로 한국 · 베트남 · 말레이시아 등을 포함한 동아시아의 국민경제들과 시장들은 21세기 현재까지, 지구상에서 가장 급성장하고 있다.

특히 중국은 1990년대부터 21세기 현재까지도 지속적으로 경이적인 고도경제성장을 이룩하고 있다. Chindia라는 말이 있듯이 중국과 함께 인도 역시 지속적으로 고도경제성장을 이룩하고 있다.

(2) 그럼으로써 글로벌경제와 글로벌시장을 빠르게 리스트럭처링시키고 있다. 즉, 1990년대까지 미국 · 서유럽 · 일본으로 구성되었던 세계경제의 3大 經濟大圈(Triad)은, 〈그림 4-3〉에서 보는 바와 같이 미국경제권 · 유럽경제권 · 아시아경제권으로 구성되는 글로벌경제 신(新)3극체제의 구조로 변화되어 가고 있다. 그런 변화 역시 글로벌기업들에게는 지속적으로 유리하게 작용하고 있다.

그림 4-3 글로벌경제 '신(新) 3극체제'의 구조

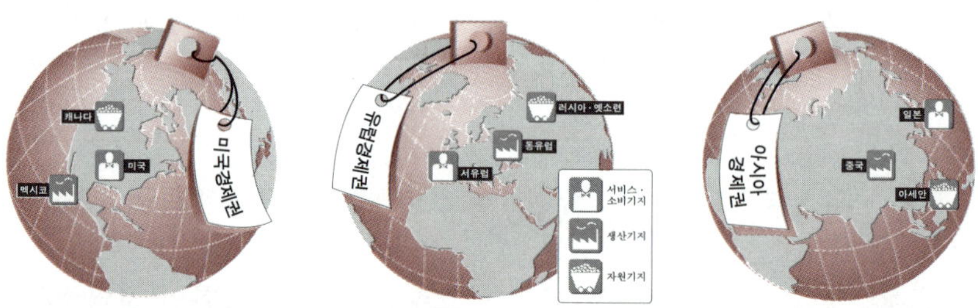

주: 중국은 세계의 공장에서 세계의 소비시장으로 빠르게 전환되고 있음.
자료: 모건스탠리.

11. 문화, 의식, 소비자 니즈, 라이프 스타일의 글로벌 공통성과 유사성 가속화

(1) 단일 지구촌화가 가속화됨에 따라서 문화 · 의식 · 가치관 · 소비자

니즈 · 라이프 스타일 등 역시, 국가간 · 지역간의 이질성/차이가 급속히 감소되면서, 글로벌 공통성들과 유사성들(global commonalities and similarities)이 급증하고 있다. 융해음식(fusion food)이 한 예이다.

(2) 이것은 지구촌 사람들(global villagers)이, 각기 고유한 문화 · 의식 · 가치관 · 물질적 니즈 · 제품 · 서비스 · 라이프 스타일 등에 대한 자긍심을 가지면서도, 열린 마음으로 글로벌 브랜드 · 제품 · 서비스 · 문화 · 의식 등을 급속히 받아들이는 시대가 이미 왔음을 가리킨다.

(3) 이것은 시장들이, ① 지리적 측면에서만 빠르게 글로벌화하고 있는 것이 아니라, ② 소비자 니즈 · 수요 측면에서도 빠르게 글로벌화하고 있음을 뜻한다.

그런 환경변화는, 글로벌시장을 효과적으로 서브해 온 글로벌기업들에게는 지속적으로 유리하게 작용하고 있다.

12. "생존을 위한 공격적인 경쟁"을 심화시키고 있는 글로벌경쟁규칙의 강화

(1) 지구촌 기업들간에 벌어지는 글로벌경쟁의 규칙들(rules of global competition)이 급속히 강화되고 경쟁양상이 바뀌고 있는 것도, 글로벌기업들에게는 유리한 글로벌비즈니스 환경변화들 중의 하나이다.

왜냐하면 21세기 현재에 미국 · 서유럽 · 일본 · 한국 · 중국 글로벌기업들간에는 "생존을 위한 공격적인 경쟁"(aggressive competition for survival)이 심화되고 있기 때문이다.

(2) 그런 글로벌경쟁환경 변화 속에서 글로벌기업들은, 회사리스트럭처링 전략(corporate restructuring strategy)을 확대 활용하여 핵심역량분야들(core competence areas)을 중심으로 글로벌경쟁우위 요소들(global competitive advantage factors)을 확보하고 활용하는 것을 가일층 강조하고 있다.

(3) 그렇게 함으로써 많은 글로벌기업들은, 글로벌경쟁력을 성공적으로 재강화(restrengthening)하고 있다.

우리나라 기업들 중에서는 삼성전자 · 현대-기아차 · LG전자 · POSCO · SK Telecom · 롯데백화점 등이 지속적인 구조조정을 통하여 글로벌경쟁력을 지속적으로 강화시키고 있는 성공사례들이다.

13. WTO체제 출범 이후 글로벌 경제적 상호의존성, 시장개방, 국경 없는 무한경쟁, 기업의 글로벌화 등 가속화

'규범에 입각한 다자간의 무역 및 여타 국경초월 기업활동체제' 인 WTO체제의 1995년 출범으로 그리고 WTO체제를 뒷받침하는 OECD · WB/IMF의 지원하에, 민족간 · 국가간 · 지역간에 경제적 상호의존성(economic interdependence)이 급속히 증대되고 있고, 글로벌 경제가 급속히 통합되고 글로벌시장이 확대되고 있어서, 대부분 국가시장들에서는 국경 없는 무한경쟁이 급속히 심화되고 있다.

그런 것들 역시 아래 이유들로, 글로벌기업들에게 유리하게 작용하는 글로벌경영 환경변화들 중의 하나이다.

(1) 국가들의 시장개방 확대 가속화

(2) 국경 없는 무한경쟁시대 가속화

(3) 기업들의 글로벌화 · 지역화 · 현지화 확대 가속화

(4) UR타결로 WTO체제는 UR+4R체제로 재출발

14. OECD · IMF의 증가하는 글로벌경영 작용

주로 미국이 가장 강력한 영향력을 행사하고 있는 것은 WTO · OECD · IMF 등 3大 국제경제기구들이다. OECD와 IMF는 아래와 같이 WTO체제를 보조 · 보완하는 방향으로, 그래서 결과적으로 글로벌경영환경을 글로벌기업들에게 유리하게 변화시키는 기능 · 역할 · 작용을 증대시키고 있다.

1) OECD

특히 OECD는(한국은 이에 1996년에 회원국으로 가입했음) 글로벌 차원에서 주로 아래와 같은, 네 가지 라운드를 추진하는 데 목적을 두고 있다.

(1) 자본흐름 자유화에 목적을 둔 다자투자협정(multilateral agreement on

investment)을 추진하는 목적.

(2) 대주주 횡포를 막고 소주주 권익을 보호하고 기업경영의 투명성(transparency)을 보장하는 데 필수적인 기업지배구조(corporate governance structure)를 개선시키려는 목적.

(3) 공정거래를 촉진시키는 데 필수적인 부패방지/기업윤리(corruption prevention/business ethics)를 제고시키려는 목적.

(4) 전자상거래(electronic commerce) · eBusiness 등 정보통신의 상업적 활용을 자유화(무료화)시키려는 목적.

위 중에서 (3)의 경우는, 한국 포함 OECD 회원국들과 몇몇 기타 국가들이 OECD 가이드 라인대로 외국공무원에게 뇌물 주는 것을 방지하는 反부패법을 통과시켜 시행하고 있다. 나머지는 협상이 진행중이다.

2) IMF

(1) 한편 IMF는, 특히 IMF의 구제금융(financial bail out)을 받는(한국은 1997년 12월~2001년 8월까지 받은 바 있음) 국가들을 대상으로 하여 구제금융을 제공하는 조건의 일부로서, ① 시장의 개방확대, ② 외국인투자 자유화, ③ 기업에 대한 정부규제의 혁파, ④ 경영투명성 제고와 기업지배구조 개선, ⑤ 부패방지와 불공정한 기업 관행 제거를 통한 공정거래 개선 등을 요구하고 또한 관철시키고 있다.

(2) 그럼으로써 미국 주도로 운영중인 WTO · OECD · IMF 등 세 개의 국제경제기구들은, 글로벌기업들에게 더욱 유리한 글로벌경영환경이라고 할 수 있다.

2010년도에 주요국가들의 IMF 쿼터는 예증 4-1에서 보는 바와 같이 중국 · 인도 등 신흥공업국들에게 더 많이 배당되었다. 그러나 IMF에서 주요 의사결정이 내려지려면 85% 이상의 찬성이 있어야 하기 때문에 미국이 반대하면 통과될 수 없다.

예증 4-1 IMF 상위 10개국 쿼터 순위 (단위: %)

순위	현행		향후	
1	미국	17.67	미국	17.41
2	일본	6.56	일본	6.46
3	독일	6.11	중국	6.39
4	프랑스	4.51	독일	5.59
5	영국	4.51	영국	4.23
6	중국	4.00	프랑스	4.23
7	이태리	3.31	이태리	3.16
8	사우디	2.93	인도	2.75
9	캐나다	2.67	러시아	2.71
10	러시아	2.49	브라질	2.32
…				
	한국	1.41 · 18위	한국	1.80 · 16위

자료: 한국일보

또한 세계은행의 표결권 지분 역시 개도국에게 더 많이 주는 방향으로 바뀌었다(예증 4-2 참조).

예증 4-2 세계은행 개도국 지분확대

세계은행에서 개발도상국의 발언권이 커졌다.

세계은행은 2010년 4월 25일(현지시간) 미국 워싱턴에서 춘계회의를 갖고 186개 회원국 가운데 선진국들이 가지고 있던 표결권 중 3.13%포인트를 개발도상국에 넘기는 방안을 승인했다. 이에 따라 개도국의 표결권은 47.19%로 확대되었다.

세계은행 표결권 지분 순위
(단위: %, ( )안은 변경 전 지분)

순위	국가	지분
1	미국	15.85 (15.85)
2	일본	6.84(7.62)
3	중국	4.42(2.77)
4	독일	4(4.35)
5	프랑스	3.75(4.17)
5	영국	3.75(4.17)
16	한국	1.57(0.99)

중국의 표결권은 기존 2.77%에서 4.42%로 높아져 미국(15.85%)과 일본(6.84%)에 이어 세계은행 3대 주주로 떠올랐다. 반면 독일과 영국은 4위와 5위로 각각 밀려났다.

한국의 표결권도 종전 0.99%(22위)에서 1.57%(16위)로 높아졌다.

중국, 인도, 브라질 등은 세계은행과 국제통화기금(IMF)이 미국과 유럽 중심으로 의사결정이 이루어지고 있는 데 반발하며, 발언권 확대를 요구해 왔다.

한편 일본은 표결권 2위를 유지하고 있지만, 이번 재조정에서 표결권이 7.62%에서 6.84%로 가장 많이 줄어들었다.

자료: 한국일보

제2절 WTO체제가 글로벌경영에 미치는 영향

1. WTO체제는 미국이 조성하려는 "신세계질서"의 테두리 속에서 추진

1) 미국이 조성하려는 "신세계질서"의 성격

글로벌경영자들은 WTO · OECD · WB/IMF 등 주요 국제경제기구들을 모르면, "세계경제질서에 대해 말할 자격도 없다"고 한다. 그 셋 중의 主役은 세계무역기구체제(WTO: World Trade Organization System)이다.

(1) globalism에 바탕한 WTO체제는, GATT체제에 대해 불만이 많았던 미국 정부가 "미국국제통상정책"의 틀 속에서 또다시 미국주도로 미래의 세계경제를 조성(shaping)해 나가겠다는 전략적 의도를 가지고, 1986년에 발표한 "新세계질서"(The New World Order)에 바탕을 두고 있다(그림 4-4 참조).

(2) 그런 미국 정부는, 1986년부터 1994년 말까지 GATT체제하에서 우루과이 라운드 협상(Uruguay Round Negotiation on Tariffs and Trade)을 타결하고 1995년 1월 1일부터 WTO를 출범시켰다.

(3) 그에 따라 WTO체제 주도로 1995년부터 WTO회원국들의 정부들과 기업들에게 강력히 적용되고 있는 경제중심의 新세계질서의 핵심들은 아래와 같다. ①, ②, ③이 핵심질서들이고 나머지는 선언적인 성격을 띤 것에 불과하다.

① WTO회원국(현재 약 150개) 정부들의 재정적 지원과 간섭을 배제하고 회원국 기업들간의 자유경쟁(fair competition)을 보장한다.

그림 4-4 미국주도로 WTO체제 확립을 유도한 배경 및 진행현황

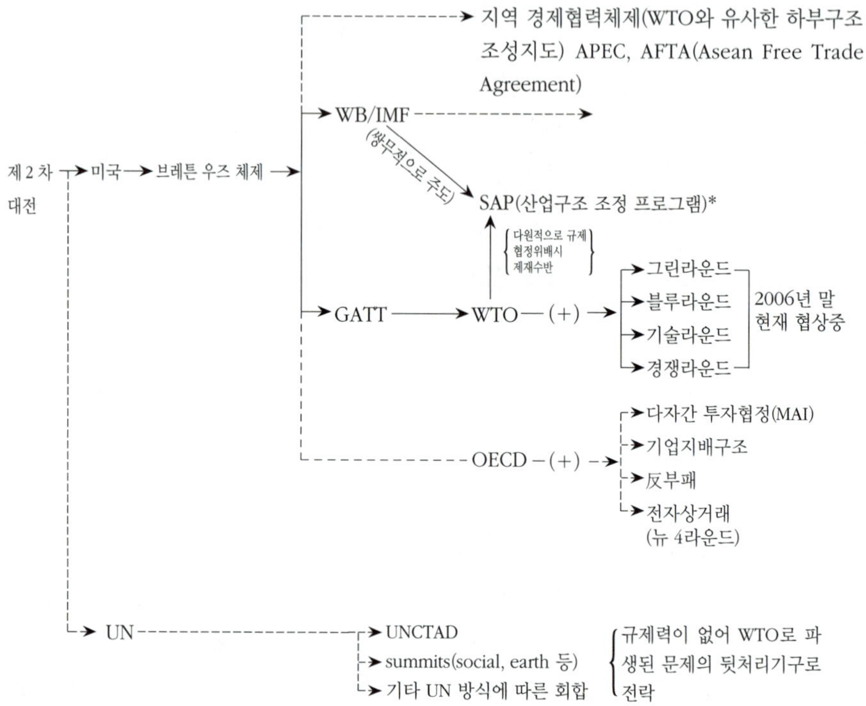

*SAP: 미국이 주도하는 World Economic · Business Structural Adjustment Program으로서, 세계은행/국제통화기금이 SAP을 쌍무적으로 주도하다가 현재 WTO가 그 규범 등을 통해 SAP을 다원적으로 규제하고 있음.

이것은, 만일에 자국기업들에 대한 회원국 정부들의 재정적 보조와 지원(financial subsidy and support)이 있을 때에는, 반덤핑관세 · 보복관세 등을 적용하여 인위적 경쟁우위(arbitrary competitive advantage)를 상쇄한다는 뜻이다.

② 공정무역(fair trade)을 신장시킨다.

이것은, WTO회원국의 정부들과 기업들의 불공정한 무역 및 무역관행(unfair trade and trade practice)에 대해서는, 공정무역을 제한하고 저해(limit and retard)하는 정도에 상응하는 보복조치를 취한다는 뜻이다.

③ 세계시장을 확대하고 균형적으로 발전시킨다(expand and develop

balanced world market).

이를 위해서는, 더 많은 WTO회원국들이 상호주의 원칙에 따라 국내시장을 확대개방하도록 압력을 가하고, 국내시장을 충분히 개방하지 않는 회원국들에 대해서는 보복을 하는 등 적절한 조치를 취해야 한다는 뜻이다.

④ 부유한 국가들이 세계복지향상에 기여하도록 유도한다.

⑤ 세계의 평화를 유지한다.

(4) 그래서 결과적으로 WTO체제는 지속적으로 선진국들과 그 글로벌 기업들 전반에게 가장 유리하게, 그리고 한국 등 소규모 신흥공업국들과 그 단일국적기업 · 단순수출입기업 등에게는 불리하게 작용하도록 되어 있다.

2) WTO체제의 구조, 의사결정, 무역분쟁 해결절차

(1) WTO협정문을 근거로, WTO에는 모든 의사결정을 하는 각료회의(2년 1회 개최)가 있고, 그 아래에 일반 · 상품교역 · 서비스 · 지적재산권 등 4개 분야의 이사회가 있다.

또한 무역환경 · 무역개발 · 국제수지 · 운영 등 4개 분과위원회가 있고, 무역정책검토와 무역분쟁해결 등을 담당하는 2개 기구도 있다.

(2) WTO협정문에 포함된 상품협정절차(공산품 및 농산물 양허각서 첨부), 무역분쟁 해결절차, 무역정책 검토절차, 복수국가간 협정절차(민간항공기, 정부조달, 낙농, 우육) 등 4개 부속문서에 의거하여, WTO는 운영되고 있다.

(3) GATT의 경우와 같이, WTO의 의사결정은 만장일치를 원칙으로 하고 있으며, 웨이버와 면제(waivers and exemptions)를 결정할 때는 회원국 4분의 3 이상의 다수결로 하고, 회원가입은 3분의 2 이상의 다수결로 결정한다.

(4) WTO는 무역분쟁을 실제로 해결하는 것을 보장하기 위해, WTO는 준사법적 분쟁해결 절차를 도입하고 있고, 분쟁해결을 담당하는 분쟁해결기구(Dispute Settlement Board)를 상설기구로 운영하고 있다.

3) WTO체제 출범 이후 대폭 강화되는 방향으로 바뀌어 가는 무역 · 기타 기업활동 규범

WTO협정문에는 WTO회원국들과 그 소속 기업들이 준수해야 하는 글로벌 무역 및 기타 기업규범들(norms of global trade and business)이 포함되어 있다. 그런 가운데서 미국이 앞장서서 그런 규범들을 선진국 수준으로 높여서 글로벌하게 표준화(globally standardized)되게 대폭 바꾸는, 즉 American standards가 global standards가 되도록, 주요 규범들을 바꾸어 가고 있다.

2. 도하(Doha)에서 큰 테두리만 타결된 뉴라운드 협상의 내용

WTO체제는 WTO협정+4R체제를 뜻하는데, 현재까지 4개 New Round(4R)협상은 도하(Doha) 회담에서 큰 테두리만 타결되고 구체적인 타결을 위한 협상은 계속중이다.

1) 그린라운드

(1) GR추진의 배경과 동기

① 미국 · EU 등 선진국들은 아래와 같은 동기로 환경과 무역을 링크시킨 그린라운드(Green Round)를 추진하고 있다.

ⓐ 개도국들의 낮은 수준의 환경규제는, 지구환경의 파괴를 가져올 뿐만 아니라, 국가간의 공정무역거래를 해치는 한 요소로서 불공정 무역 효과를 초래하기 때문에, 그 시정조치가 절실히 필요하다.

ⓑ 선진국기업들의 비교우위를 갖고 있는 청정생산기술(clean production technology) 및 오염처리기술(pollution abatement technology)에 대한 글로벌 시장수요를 창출키 위해서이다.

(2) GR의 주요이슈와 핵심

① GR의 주요이슈

GR이 완전히 타결될 경우, 신흥공업국 · 후진국 등과 그 기업들에게 타격이 심할 분야들은 아래와 같다.

ⓐ 오염자 부담원칙: 환경오염을 발생시키는 해당 국가와 그 기업은 오염의 방지와 해소에 필요한 비용을 당연히 스스로 부담해야 한다는 것이 오염자 부담원칙(Polluter Pay Principle)이다.

ⓑ 제조물 책임원칙: 소비자에게 피해를 주는 제품과 그 성분의 생산

자는 피해자들을 보상할 의무가 있다는 것, 또한 피해를 끼칠 것으로 판단되는 제품과 성분에 대해서도, 무역규제조치를 취할 수 있다는 것 등이 제조물 책임원칙(Product Liability Principle)이다.

ⓒ 환경비용의 시장가격내재화 원칙: 제품생산과정에서 사용되는 제반환경보전비용을 시장(판매)가격에 내재화(embodiment)시켜야 한다는 원칙이 그 내용이다.

ⓓ 생산공정/방법 차이에 따른 동종 상품의 차별 원칙: 비록 동종 제품들일지라도, 각국의 상이한 환경규제기준에 따라 생산된 제품들에 대해서는, 똑같은 대우를 할 수 없다는 원칙이 그 내용이다.

즉, 선진국들은 완성제품뿐만 아니라 그 생산공정(방식)까지도, 환경보호적 차원에서 무역규제의 대상으로 삼아야 한다는 것이다.

② GR의 핵심

GR이 완전히 타결되게 되면, 신흥공업국 · 개도국들과 그 기업들의 입장에서 타격을 받을 수 있는 분야로는 ⓐ 환경상계관세제도, ⓑ 생산공정/방법의 규제, ⓒ 환경관리표준을 꼽을 수 있다.

2) 블루라운드

(1) BR의 추진배경과 동기

선진국들이 추진중인 무역과 노동을 연계시킨 블루라운드(Blue Round, Blue Color Round)는, 국제적으로 합의된 노동자의 권리를 보호하지 않는 회원국들과 그 기업들의 제품에 대해 제재를 가해야 하고, 국제적으로 합의된 근로기준의 이행 여부에 따라서 무역 관련 편익 또는 불이익을 주어야 한다는 것이, 그 골자이다.

(2) BR의 규범과 규제 및 그에 대한 개도국들의 반대

대부분의 신흥국가들과 개도국들 및 그 사용자단체들은, 아래와 같은 이유로 BR에 반대하고 있다.

① 이른바 사회조항들(social clauses/provisions)을 통상협상에 포함시키는 것은, 애타주의로 위장된 선진국들의 무역보호주의적인 조치이다.

② 선진국들은, 그들의 근로자들이 개도국 근로자들과 경쟁할 수 있게 만들기 위하여, BR을 추진하고 있다.

③ 선 · 후진국간의 차이, 각국의 고유한 근로 문화와 사정 등을 고려하지 않고 선진국들의 의사를 개도국들에게 일방적으로 강요해서는 안 된다.

④ 타결되게 되면 BR은 개도국들의 경쟁력을 저하시키고, 새로운 무역보호주의를 초래한다.

3) 기술라운드

(1) TR추진세력과 동기

아래와 같은 동기로 기술선진국들이 추진하는 기술라운드(Technology Round)는, 국제기술규범의 제정 및 보완과 관련된 일련의 움직임을 포괄적으로 일컫는 개념이다.

① 국제무역이 상품의 단순 국제이동 개념에서 벗어나 자본 · 기술 · 인력의 동시 이동 개념으로 바뀌었고, 경쟁의 장소(place of competition)도 이제는 상품의 판매시장이 아니라 그 이전단계인 기술의 영역으로 바뀌었다.

② 그런 상황하에서 기술선진국들이 막대한 자원과 노력을 투입하여 개발 · 축적해 온 과학 · 기술을, 일부 선진국들과 많은 신흥공업국 · 개도국들이 적법절차 없이 적정 대가도 지불하지 않고 거의 무료로 편승하고 있다.

그에 따라서 많은 신흥공업국 · 개도국들은 표절 · 침해한 과학 · 기술을 바탕으로 경제를 급성장시키고, 불공정하게 국제경쟁력을 강화하고, 국제무역에서 불공정 이득(unfair gains)을 올리고 있다는 것이다.

(2) TR의 규범과 규제

선진국들이 추진하는 TR은 아래에 목적을 두고 있는데, 만일 타결될 경우 글로벌기업들에게 더욱 유리한 글로벌경영환경을 초래할 수도 있다.

① 지적재산권 보호의 강화

우선 지적재산권 보호(protection of intellectual property/proprietary rights)에 목적을 두고 있다. 지적재산권 분쟁이 빈번한 분야는, 신기술의 발명이 급속한 그리고 전세계로 빠르게 전파되는 정보통신분야, 생명공학 등 첨단산업분야이다.

② 국제기술 규격 및 인증제도의 엄격화

기술선진국들의 주도로 선진 글로벌기업들만이 충족시킬 수 있는 세계적 표준화시스템을 마련하는 데도 목적을 두고 있다.

그 이유는, 세계적 수준의 규격 · 인증을 충족시키지 못하는 신흥공업국 · 개도국 기업들은 극단적인 경우에 수출 자체가 불가능해질 수 있고, 신흥공업국 · 개도국 기업들이 그런 규격 · 인증을 충족시키겠다면, 상당한/막대한 추가비용이 소요될 수도 있고, 그 결과로 수출가격 경쟁력을 상실할 수도 있다.

4) 경쟁라운드

(1) CR의 추진세력과 표적

시장구조와 기업관행(예컨대, 단합, 경영거래 관련 뇌물수수 관행, 자동차 제조업체들의 직영영업소 운영 등)의 국가간 차이가 미국 등 선진국들의 글로벌 경쟁력을 떨어뜨린다는 인식하에서, 일본과 신흥공업국들 · 개도국들을 표적으로 삼고 미국 등 선진국들이 이니시에이트한 것이 경쟁라운드(Competition Round)이다.

(2) CR의 요체와 그 파급효과

① 글로벌 무역 · 기타 기업활동에서 공정경쟁(fair competition)을 조장하고 촉진시키려면, 더 많은 WTO회원국들이 외국인 기업들에게 내국인 대우를 해주고, 내국인 기업 보호적인 유통구조 · 비즈니스관행 · 부패 등을 없애서 모든 국가들의 시장조건들(market conditions)을 선진화하면서 글로벌하게 표준화해야 하고 단합을 없애야 한다는 것이, 미국 등 선진국들이 추진하는 경쟁라운드의 요체이다. 부패라운드(Corruption Round)는 경쟁라운드의 일부이다.

② CR이 완전히 타결되게 되면, 국내시장 보호측면 및 수출진흥측면에서 정부지원에 크게 의존하고 있는 많은 신흥공업국 · 개도국들의 기업들은, 국내시장 활동뿐만 아니라 해외시장 활동에서도 경쟁력 상실로 타격을 받을 수도 있다.

예증 4-3 미국 · 유럽에서는 사적 만남도 단합으로 오해

국내 관행으로 보면 같은 업종/업태에 종사하는 경영자들이 모여 친목을 다지고 정보를 교환하는 건 다반사다. 하지만 미국과 유럽에선 이런 일들이 단합(collusion)의 증거로 채택될 가능성이 있다. 미국과 유럽 등에서는 기업들이 제품의 가격이나 생산량 등을 서로 합의해서 결정하는 것을 엄격하게 처벌하고 있다.

미국 법무부에 따르면 1997년부터 2006년까지 100만 달러 이상의 벌금이 부과된 단합사건은 36건으로 이 중 90%는 미국 이외의 기업에 대한 것이었다.

삼성전자와 하이닉스반도체도 2006년에 반도체 가격단합으로 각각 3억 달러와 1억 8,500만 달러의 벌금을 물었다.

큰 기업이 아니더라도 특정 상품의 미국시장 점유율이 4~5%만 넘어도 단합 감시망에 들어갈 가능성이 있다.

자료: 중앙경제

CHAPTER05

지역시장블럭 · FTA가 글로벌경영에 미치는 영향

지역주의(regionalism)에 바탕한 EU · NAFTA · MERCOSUR · CAFTA · ASEAN 등 지역경제통합(regional economic integration)/지역시장블럭(regional market blocs)은, 제조 · 서비스분야 글로벌기업들의 글로벌경영활동 전반에 걸쳐서 그리고 특히 지역시장들을 상대로 하는 지역적 경영활동에 가장 큰 영향을 미치는 지역적 환경 프레임워크(regional environmental framework)의 하나이다.

그런 지역시장블럭의 형성과 확대는 글로벌기업들의 전략적 능력(strategic capability)증대 때문에 그들에게 점점더 유리하게 변화중인 글로벌-지역적 기업 환경변화의 하나이다.

제1절 지역시장블럭이 글로벌경영에 미치는 영향

1. 지역시장블럭의 성격

(1) 지역경제통합/집단이라고도 부르는 지역시장블럭이란, 일반적으로 동일지역 내의 국가들이(예컨대 EU · NAFTA · APEC · MERCOSUR 등) 각종 경제-기업활동 관련사항에 관하여 협력하기 위하여 해당 정부들이 체결하는 협정들(agreements) 또는 국민투표로 가결하는/의회가 비준하는 조약들

그림 5-1 세계의 주요 경제블럭

(treaties)을 말한다. 경우에 따라서는 서로 다른 지역에 위치한 국가들도 경제통합을 형성할 수 있다.

(2) (제조 · 서비스 등 분야의) 글로벌기업들의 경영자들이 지역경제블럭에 지대한 관심이 있는 것은, 지역경제블럭이 곧 지역시장블럭(regional market bloc)이기 때문이다(그림 5-1 참조).

2. 지역시장블럭의 추구목적

1) 對外的인 상쇄력과 협상력의 강화

(1) 블럭內/域內국가들이 집단적으로 대외적/域外的인 상쇄력(countervailing power)과 협상력(bargaining power)을 강화하는 것이 가장 중요한 목적이다.

(2) 유럽연합(European Union)은 미국 · 캐나다 · 멕시코의 북미자유무역협정(North American Free Trade Agreement: NAFTA)과 일본 · 한국 · 중국 등에 대해, 남미주 5개국의 MERCOSUR는 NAFTA · EU · 일본 · 한국 · 중국 등에 대해 각기 상쇄력과 협상력을 강화하는 데 목적의 하나를 두고 창설한 예이다.

2) 지역 블럭내에서 자유무역의 편익을 실현

(1) 블럭내에서 자유무역의 편익들(benefits of free trade)을 실현하는 데도 목적을 두고 있다. 예컨대, 영국 등을 제외한 EU 회원국들간의 Euro화의 통용은, EU내에서 그런 자유무역 편익들의 실현을 촉진시키고 있다.

(2) 블럭내/域內 국가들(intra-bloc countries) 모두가 블럭내 자유무역에 참여하게 되면, 모든 블럭내 국가들은 확대되고 블럭화된 지역시장을 활용할 수 있게 되어, 그들의 산업 및 기업이 지역적 규모의 경제(regional economy of scale) 등에서 비롯되는 편익들을 누릴 수 있기 때문이다.

3) 지역 블럭내 경제에 활력소를 제공

블럭내에서 자유무역과 기타 기업활동의 자유화(liberalization)를 촉진시킴으로써, 국가간 · 기업간 공정경쟁을 조장하여 블럭내 모든 국가들과 기업들에게 경제-기업 활력소(economic and business tonic)를 불어넣어 활성화하는 데도 목적을 두고 있다.

4) 지역 블럭내 산업화를 촉진

블럭내의 산업화(industrialization)를 촉진시키는 데도 목적을 두고 있다. 산업화가 진전될수록, 블럭내국가들의 국제경상수지를 개선시키고 외화가득을 위한 블럭외 의존도를 감소시킴으로써 블럭내에 좀더 많은 富 · 사회경제적 발전 · 경제정치적 자급자족 등의 편익을 가져다 주기 때문이다.

5) 지역요새의 구축

(1) 상호주의 원칙(principle of reciprocity)에 입각하여 타 지역시장블럭들과 블럭외 개별국가들이 그들의 시장을 공정하게 상호개방하지 않을 경우, (2) 블럭외 기업들이 블럭내 기업들로 대우받는 데 필수적인 요건들을 충족시키지 못할 경우에는, (3) 자체 블럭내 시장을 일종의 지역요새(regional fortress)로 전환시키겠다고 위협(threat)하는 데도 목적을 두고 있다.

따라서 유럽요새(European fortress)라고도 불리는 EU나 북미주요새(North American fortress)라고도 불리는 NAFTA를, 무조건 보호주의적인 요새로 단정해서는 안 된다. 위의 (1)과 (2)의 경우에만 요새화(fortification)하겠다는 것이기 때문이다. 자동차 · 가전 · 전자 · 반도체 등 분야의 우리나라 글로벌기업들이 NAFTA · EU · ASEAN에 직접투자하여 현지생산 · 판매를 하는 것은 域內기업으로 인정받는 데도 목적이 있는 것이다.

3. 지역시장블럭의 유형

1) 자유무역지역

(1) 지역시장블럭 형태들 중에서 가장 단순하고 형성하기가 쉬운 것은, 자유무역지역(free trade area)이다. 회원국들간의 무역에 대하여, 한정된 품목에 한정된 기간에만 한정된 관세를 부과하는 것을 제외하고는, 원칙적으로 무관세를 적용하는 것이 자유무역지역이다.

(2) 그 대표적인 예는 미국 · 캐나다 · 멕시코로 구성된 북미자유무역협

정(North American Free Trade Agreement)이다. MERCOSUR도 한 예이다.

이 지구상에는 그 이외에 명목상으로만 몇몇 자유무역지역들이 존재할 뿐, 원래의 설립목적을 실현하지 못하고 있다.

2) 관세동맹

(1) 관세동맹(customs union)은, 회원국간의 무역에 관세를 한정적으로 부과하거나 부과하지 않는 점은 자유무역지역과 같으나, 비회원국과의 무역(특히 수입)에 대하여는 획일적 대외 관세(uniform common external tariffs)를 부과하는 것이 자유무역지역과 다른 점이다.

(2) 관세동맹은, 자유무역지역에 비하여, 강력한 경제통합을 이룩할 수 있게 한다. 그 대표적인 예는 EU로 통합되기 이전의 EC(European Community)이다. 1994년 10월 1일부터 EC와 함께 EU로 통합된 유럽자유무역연합(European Free Trade Association) 역시 관세동맹이었다.

3) 공동시장

(1) 진정한 뜻의 공동시장(common market)은, 관세동맹의 요건에 더하여, 무역과 기타 기업활동에 영향을 미치는 모든 회원국 정부들의 규제를 표준화/획일화(standardize or harmonize all government regulations affecting trade and business activities)하는 것까지 포함하는 것이다.

(2) 즉 공동시장은, 블럭내 무역은 원칙적으로 관세 없이 이루어지고, 무역과 기타 모든 기업활동에 적용되는 법인세 · 물품세 · 노동법 · 사회보장프로그램 · 주식회사법 · 공정거래법 · 산업표준 · 공해방지 기준 · 통화(예컨대 Euro와 같은) 등도 표준화/획일화되어야 한다. 또한 공동 헌법 · 정부 · 국회 등도 갖추어야 한다.

(3) 그러므로 명실공히 공동시장을 형성하려면 회원국들이 경제 · 정치 · 기타 분야에 대한 자치적 결정권을 대폭적으로 양보하고, 공동선(common good)을 위하여 각기 이해득실에 연연하지 말아야 한다.

(4) 그렇기 때문에 공동시장은 관세동맹보다 실현하기가 훨씬 어렵다. 공동시장의 단 하나의 예는 1994년 1월 1일부터 EC와 EFTA가 통합하여 15개국으로 지구촌 최대 지역블럭시장을 형성하고 2011년 현재에 27개국으

로 확대된 EU이다.

4. 아시아 지역경제블럭의 현황

1) 동남아 국가연합

(1) 태국, 싱가포르, 말레이시아, 필리핀, 인도네시아, 브루나이, 베트남, 라오스, 캄보디아, 미안마 등으로 구성된 동남아 국가연합(Association of Southeast Asian Nations)이 추구하는 목적들은 지역안보강화와 경제통합이다.

(2) ASEAN에 대해 주목해야 하는 이유는 ASEAN이 FTA를 2005년에 출범시키고 중국 · 한국 · 일본이 회원국으로 가입했고, 점점 많은 품목에 대해 관세를 단계적으로 철폐시키겠다는 목표를 갖고 있기 때문이다.

2) 아시아 · 태평양 경제협력체

(1) 아시아 · 태평양 경제협력체(Asia Pacific Economic Cooperation)는 미국 등의 주도로 형성된 것으로서 태평양을 끼고 있는 북미주, 동남아시아, 대양주를 합쳐 자유무역지역으로 발전시키는 것을 목표로 삼고 있다.

(2) APEC 회원국들은, 1994년 정상회의에서 선진국들은 2010년까지 그리고 개도국들은 2020년까지 역내 무역 및 투자를 완전히 자유화하기로 목표를 설정한 이후에, APEC을 자유무역지역으로(만일 실현될 경우 EU를 능가할 것임) 발전시키기 위한 정상회담 · 각료회담만을 매년 반복적으로 벌이고 있다.

3) 大中華經濟圈+華商經濟圈

(1) 2001년에 WTO에 가입한 중국의 21세기 목표는 「대중화경제권」(Greater Chinese Economic Zone)건설이다. 즉, 1997년 반환받은 홍콩과 1999년 반환받은 마카오, 그리고 장기적으로 대만까지 흡수해 하나의 대중국을 건설하겠다는 꿈을 중국은 갖고 있다(예증 5-1 참조).

예증 5-1 中-대만(China+Taiwan) 경제협력 합의

2010년 6월 29일 중국 충칭(重慶)시, 중국과 대만이 제5차 양안회담을 열고 경제협력기본협정(ECFA)에 서명했다.

양안간에 상품무역의 관세 및 비관세 장벽을 없애고 서비스무역 개방, 투자보장, 지적재산권 보호 협정을 포함한 광범위한 무역협정을 체결함에 따라 중국과 대만이 분단 60년 만에 사실상의 '경제적 통일'을 이뤄냈다는 얘기도 나온다.

중국 국내외 언론들은 '차이완(China+Taiwan)시대의 도래', '중화경제권의 출범'이란 말로 협정체결을 축하하고 있다.

같은 시각 한반도 상황은 갈수록 긴장의 강도를 더해가고 있다.

중국이 글로벌 금융위기 속에서도 2009년 8.7%의 견고한 성장세를 이어가는 동안 대만은 마이너스 성장을 기록했다는 점도 이번 양안협상에서 고려됐다는 게 중국 경제 전문가들의 설명이다.

실제 2010년 6월 29일 양안협상 체결 내용을 보면 2년 내 관세가 폐지되는 이른바 조기수확(Early Harvest Program) 품목에 중국이 267개 제품이 포함된 반면, 대만은 539개 제품을 포함시켰다. 또 대만의 조기수확 품목 가운데 108개는 곧바로 무관세 혜택이 주어진다. 이렇게 경제적 득실만 놓고보면 중국이 대만보다 이익을 덜 챙긴 것으로 보인다.

대만은 이번 협약체결을 계기로 거대 중국시장에서 주요 경쟁상대국인 한국 등보다 유리한 위치를 점할 수 있게 됐다. 중국은 경제적으로는 이익을 양보하는 대신 '하나의 중국'이란 중국정부의 일관된 대만정책과 관련해 국제사회에서 얻게 되는 경제외적인 이익과 위상제고를 고려했다는 것이다.

자료: 노컷뉴스

나아가 화교들이 경제권을 쥐고 있는 동남아국가들 및 화상들의 경제적 영향력이 큰 세계 주요 도시들을 연결하는 「화상경제권」에까지 경제적 영향력을 강화중이다.

⑵ 현재에, 화상역사가 350년을 넘고, 화교수는 8천만명을 능가하고, 화상의 자본동원 능력은 4조몇억 달러를 능가하고, 화상은 대중국 FDI의 54% 이상을 차지하고, 화상은 중국무역의 25% 이상을 차지하고 있다. 화상대회는 1991년에 시작하여 매년 세계 주요도시들을 돌면서 개최되고 있으며, 몇번에 걸쳐서 서울에서도 열렸다.

⑶ 위와 같은 요소들의 상호작용으로 세계 주요 경제권 중에서 이미 가장 고성장하고 있는 곳이 중국이고(2011년 현재 미국 다음으로 세계 경제 제2위임) 대중화경제권이다. 거기다가 이제는 중국의 풍부한 인력과 자원과 기술, 홍콩의 금융산업과 정보산업, 대만의 자본과 경제발전 및 수출 · 글로벌경영에 대한 우월한 노하우 등을 서로 보조 보완하면서 대중화경제권의 경제협력을 가속시키고 있다.

⑷ 대중화경제권은 지리적 컨셉트(geographic concept)인 데 反하여 화상경제권은 네트워크 컨셉트(network concept)이다. 중국 본토 13~4억 이상의 인구와 언어 · 정서 · 상술 등 같은 문화를 공유하고 있는 전세계 8천만명 이상의 화교들이며 화상들이 「Chinese connection」을 이용해 강력한 글로벌 경제집단으로 네트워킹을 강화중이다(예증 5-1 참조).

⑸ 국적에 상관 없이 인종적 중국인(ethnic Chinese)이라는 血脈을 커넥션으로 하는 화상경제권(Chinese based economy)은 타이베이 · 홍콩 · 방콕 · 콸라룸프르 · 싱가포르 · 자카르타 · 마닐라 · 시드니 · 밴쿠버 · 샌프란시스코 · LA · 뉴욕 · 토론토 · 상파울루 · 런던 · 파리 · 빈 · 로마 등등 도시거점들을 네트워킹한 무역 · 부동산 · 뱅킹 · 정보산업 · 제조 · 마케팅 등의 「도시권 비즈니스 네트워크」를 통하여 초일류 글로벌기업들과 효과적으로 경쟁하는 글로벌 네트워크를 강화중이다.

⑹ 화교들의 집단적인 미래목표는 중국 · 동남아국가들 · 세계 도시권 차이니스 비즈니스 네트워크를 통합하여 EU · NAFTA · 일본 등과 맞먹는 화상경제권을 만드는 것이다(예증 5-2 참조).

이런 목표는 중국이 구상하고 있는 중국 · 홍콩 · 대만을 주축으로 하는 대중화경제권 구축과 잘 맞아 떨어진다. 그러니 중국인들이 대중화경제권과 화상경제권을 한데 묶게 되면, 한국과 일본을 뺀 동북아와 동남아는 더욱더 인종적 중국인들의 경제적 영향력하에 놓이게 될 것이 틀림없다.

우리나라 기업들도 韓商 네트워크를 강화해야 한다.

예증 5-2 중국 내수 5대 성공비결

그런 중국 내수시장에서 성공을 거둔 기업들에는 공통점이 있다. 조직을 현지화하고, 브랜드 가치를 높였으며, 우수한 품질과 독창적 문화로 상류층을 공략했다. 또 소외계층에 관심을 기울여 '신뢰' 라는 자산을 얻었다.

▶현지화하라

LG전자 난징법인은 2009년 중국 소비자들이 사스와 신종인플루엔자 등으로 위생에 매우 민감해져 옷 세탁 전에 소독부터 한다는 사실을 알고, '소독세탁기'를 개발해 대성공을 거두었다. 패션 브랜드 온앤온은 현지 판매원들을 한국으로 초청, 1주일간의 체험교육을 통해 서비스 마인드를 바꿔놓은 결과, 매출은 2배로 뛰었다.

▶브랜드 가치를 높여라

위생용기 생산업체인 인터바스는 2003년 상하이에 처음 진출할 때 세계 최고 업체들이 들어 있는 건물에 똑같이 입점, 정면승부를 펼쳐 고급브랜드로 자리잡았다. 산둥성 칭다오의 스타스포츠는 매출의 5%를 중국 배구리그와 인민해방군 여자 프로축구팀 후원에 사용, 브랜드의 친숙도를 높였다.

▶상류층을 겨냥하라

아모레퍼시픽의 라네즈는 중국에서 로드샵에는 진출하지 않고 A급 백화점에만 입점했다. 이런 프리미엄 전략으로 세계적 브랜드들과 경쟁하면서 토종 업체들의 도전을 뿌리칠 수 있었다. 글라스락은 진출 초기부터 기존 제품보다 비싼 가격으로 상류소비층을 겨냥했다. 가격저항이 만만치 않았으나 품질의 우수성이 알려지면서 판매가 증가했다.

▶자기만의 문화를 창출하라

중국 내 파리바게뜨는 빵만 파는 곳이 아니다. 현장에서 굽는 빵의 향기와 아름다운 음악, 고급스러운 인테리어를 즐기는 '베이커리 카페' 를 지향한다. 이곳을 찾는 젊은 세대들은 이런 고급문화를 즐기기 위해 20~30% 비싼 빵값을 지불한다. 이런 독특한 문화 덕분에 중국의 영화와 TV프로그램에 단골 배경으로 등장하고 있다.

▶사회적 기여로 신뢰를 쌓아라

삼성은 2009년 중국 쓰촨성 멘양시 양쟈쩐에서 '박애학교' 준공식을 가졌다. 삼성은 지진 피해지역 학생들을 돕기 위해 3000만 위안(약 52억원)을 중국 홍십자회에 기부, 쓰촨성 2개 도시에 10개의 초 · 중학교를 건립했다. LG와 현대-기아자동차 등 다른 한국기업들도 중국에서 이같은 사회기여 활동을 하고 있다. 이런 노력이 모여 한국 기업에 대한 중국인들의 신뢰가 쌓인다.

자료: 조선일보 특집

5. 여타 지역시장블럭의 현황

1) 중 남 미

(1) 미국 주도로 NAFTA와 통합시키려는 중남미지역의 경제협력체는 메르코수르 · 중미공동시장(Central American Common Market) · 안데스공동시장(Andean Common Market) · 3국 공동시장(G3) 등이다.

(2) 이 중 가장 활발한 것은 메르코수르인데, 이를 중심으로 남미자유무역지대(South American Free Trade Area)가 실현될 수 있고, 이와 EU가 통합될 수도 있다.

MERCOSUR(Mercado Comn del Sur)는 아르헨티나, 브라질, 파라과이, 우루과이, 베네수엘라 5개국이 1991년에 조인해서 '관세동맹' 으로서 1995년 발족되었다. 칠레, 볼리비아는 준가입국이다.

2) 동 유 럽

(1) 러시아를 중심으로 과거 소련연방에 속했던 독립국들로 구성된 독립국 연합(Commonwealth of Independent States)은, 회원국들간의 무역에 호혜적 특혜를 주는 등 일종의 경제협력체제 역할도 하고 있다.

(2) GUAM

정치경제적으로 탈러시아 친서방 성향을 보이는 그루지아, 우크라이나, 아제바이잔, 몰도바 등이 2006년에 자유무역지대 설립에 합의했다.

3) 중동, 아프리카

(1) 걸프협력회의(Gulf Cooperation Council)는 아라비안 걸프지역 6개국(쿠웨이트, 사우디아라비아, 바레인, 카타르, UAE, 오만)이 경제 · 정보 · 산업 등 분야에서 협력하고 집단안보보장체제를 갖추기 위해 결성한 기구이다.

(2) 아랍마그레브 연합(Arab Maghreb Union)은 알제리, 리비아, 모리타니아, 모로코, 튀니지 등 아랍계 5개국이 1989년 결성한 북아프리카의 지역경제협력기구이다.

(3) 서아프리카 경제공동체(Economic Community of West African States)는 서아프리카에 위치한 해안국과 내륙국 모두를 포함한 16개국으로 구성된 1975년에 설립된 경제공동체이다.

(4) 중부아프리카 관세동맹(Central African Customs and Economic Union)은 중부아프리카 6개국이 1966년 출범시킨 것으로서 투자코드의 통일, 단일 조세제도 도입 등을 통하여 중부아프리카에 광역공동시장을 설립하고 또 가맹국간에 농업 · 산업 · 운수 · 통상관계 · 통화 · 재정 등에 걸친 협력강화를 목적으로 하고 있다.

(5) 남부아프리카 개발공동체(South African Development Community)는, 남부아프리카 9개국이 남아프리카공화국에 대한 경제의존도를 축소시키기 위한 목적으로 1980년에 발족시킨 것으로서, 현재에 남아프리카공화국을 포함하여 11개국으로 구성되어 있다.

6. 지역간 경제협력을 추진하는 국가들

1) BRICs

엄청난 인구와 시장을 무기로 빠르게 성장하고 있는 BRICs(브라질 · 러시아 · 인도 · 중국)이 서로 밀착하고 있다. BRICs는 경제는 물론 외교 · 군사 분야에서도 협력해 각기 그리고 서로의 국익향상을 추구하고 있다. 브릭스 4국간 협력강화는 세계경제의 새로운 축이 되겠다는 열망을 담고 있다(그림 5-2 참조).

그림 5-2 IBSAC

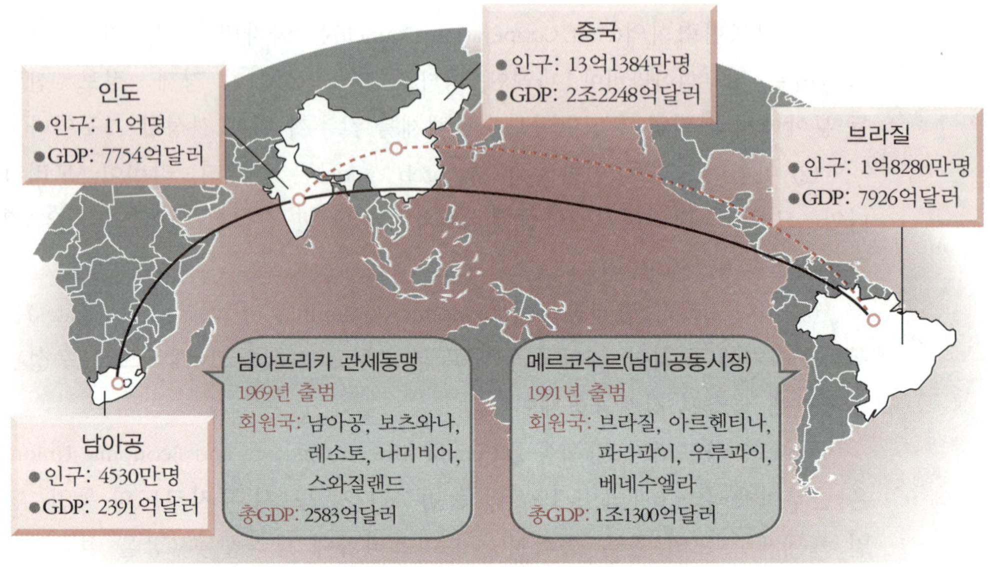

자료: 조선일보

2) IBSA와 IBSAC

대표적인 南南협력으로서 자원 · 인구 · 시장 대국으로 향후 세계 경제의 엔진 역할을 하게 될 인도 · 브라질 · 남아프리카 공화국 등 3개국의 영문 머리 글자를 딴 것이 IBSA이다. IBSA는 자유무역협정을 체결하여 인도 · 중남미 · 남아프리카를 연결하는 경제협력기구를 발전시킬 계획이다.

남아프리카 공화국은 남아프리카 관세동맹(남아공 · 레소토 · 나미비아 · 스와질랜드 등이 회원국인 SACU)의 대표국가이고 브라질은 메르코수르(브라질 · 아르헨티나 · 파라과이 · 우루과이 · 베네수엘라 등이 회원국인)의 중심국가이다. 따라서 IBSA는 자유무역과 경제협력을 위한 공동체로 발전할 가능성이 많다. IBSA 국가들과 중국을 합친 것이 IBSAC이다(그림 5-2 및 예증 5-3 참조).

예증 5-3 LG IBSA공략 강화

LG그룹은 IBSA 시장에서 매출을 2010년대 초까지 연간 120억 달러를 목표로 하고 있다. 연구개발, 생산, 판매, 서비스 등 각 분야에서 철저한 현지화를 통해 3개국 시장에서 각각 톱브랜드로 도약한다는 계획을 갖고 있다.

LG그룹 IBSA지역 매출

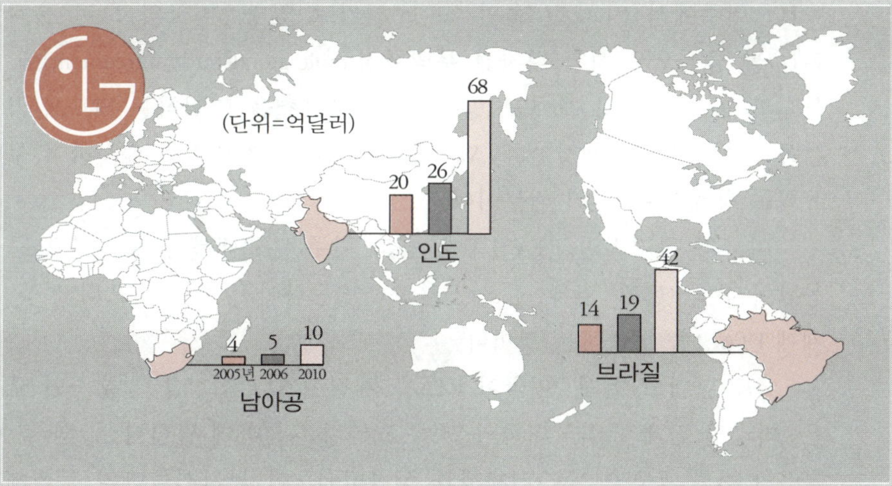

자료: 매일경제

제2절 자유무역협정이 글로벌경영에 미치는 영향

1. WTO 위주에서 "FTA 위주"로 바뀌고 있는 미국의 통상정책

(1) EU · NAFTA 등과 같은 지역시장블럭들의 새로운 형성이 점점 더 어려워짐에 따라서 또는 그런 지역시장블럭들의 단점들을 보조 · 보완하기 위해서, 그런 지역시장블럭들에 이미 참여하고 있는 국가들뿐만 아니라, 그런 지역시장들에 아직도 가입하지 못한 국가들은 더욱더, 자유무역협정

들(Free Trade Agreements)의 체결을 확대하려고 노력중이다.

그 이유는, 二者間무역협정(bilateral trade agreement)인 자유무역협정들(FTAs)을 체결한 국가들의 수출기업들 · 글로벌기업들 상호간에는 다른 FTA파트너 국가들과 자유무역 등 다양한 글로벌관련 편익들을 누릴 수 있고 또한 실제로도 많은 편익들을 누리고 있기 때문이다.

(2) 그래서인지 지구촌 최대의 경제 대국인 미국이 통상정책의 중심을 WTO 위주에서 FTA로 "올인"(all in)시키고 있다. 미국의 그런 움직임은 WTO를 중심으로 하는 다자간 무역협정(multilateral trade agreement)에 대한 불신과 농산물 시장 보호를 명분으로 FTA체결을 기피하는 EU · 한국 · 일본을 견제하기 위한 것이다. WTO 회원국들은 거부권을 행사하여 무역자유화를 방해할 수 있기 때문이다.

미국의 장기적인 FTA전략은 남북 미주(美洲)대륙은 물론이고 중동과 동남아시아, (한국 · 일본 · 중국 등을 포함한)동북아시아, 남아프리카 등 전세계에 FTA망을 구축하는 것이다.

2010년대초 현재, 미국이 FTA를 체결했거나 협상을 진행중인 국가들은, 미국의 전체 교역상대국의 75%, 교역량은 80%에 달한다. 그와 같이 미국은 FTA를 통하여, WTO체제와 상관없이, 이미 자신들만의 무역체제를 개척하고 있다.

2. 국가별 FTA체결 현황

(1) 우리나라는 2010년대초 현재에 칠레 · EFTA · EU · 인도 · 싱가포르 · ASEAN 등과만 FTA를 체결하고 있다. 〈그림 5-3〉은 2010년대초 현재의 우리나라 FTA 추진 현황을 보여 주고 있다.

(2) 미국의 무역대표부(USTR)가 주요 공식문서들을 통해 "한국은 EU · 일본과 함께 농업개방을 기피하기 위해 (미국과의) FTA를 거부하는 3개 국가"라고 밝히고 있다. 한국은 2011년 현재에도 주로 농산물문제와 자동차문제 때문에 미국과의 FTA 협상을 타결했는데도 국회인준을 기다리고 있다(예증 5-4 참조). 한국은 일본 및 중국과의 FTA협상은 제대로 시작도(협상준비 또는 공동연구 중이라는 뜻) 못하고 있다.

그림 5-3 우리나라의 FTA(자유무역협정) 추진 현황

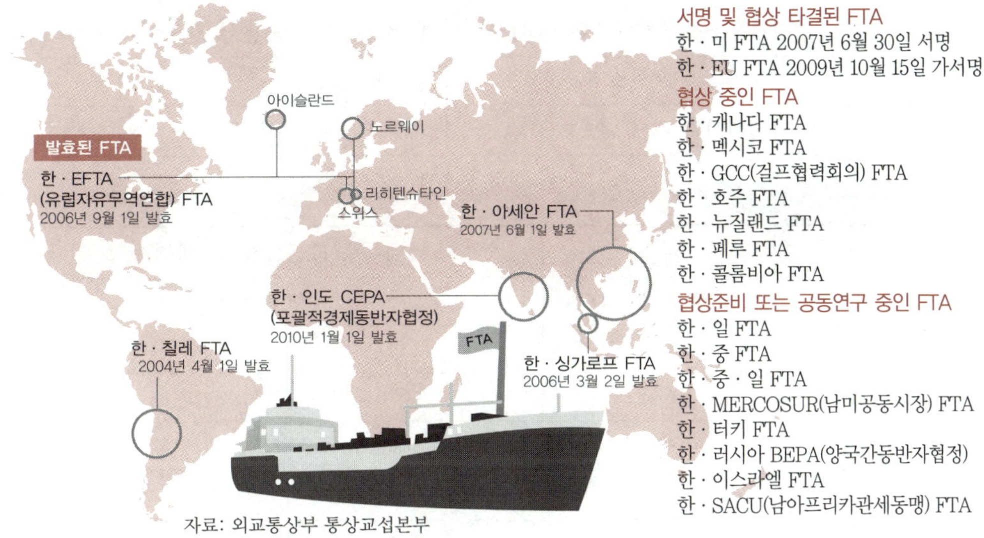

자료: 조선일보

예증 5-4 한미 FTA 타결로 미국에서 생산된 일본 · 독일 車 수입급증

한미 자유무역협정(FTA) 재협상 타결로(2010년 말 현재 국회에서 인준 안 된 상태임) 일본과 독일 자동차 업체의 미국 공장 생산분 수입이 크게 늘 전망이다. 특히 FTA에서 소외된 도요타와 닛산 등 일본업체들은 이미 우회 수출 방안을 적극 검토하고 있다. 미국에서 생산된 일본, 독일 차도 미국 차로 인정돼 관세 인하 효과는 물론 환경, 안전 기준 완화 혜택도 고스란히 받을 수 있기 때문이다.

미국 내 일본, 독일 업체 생산 공장 현황

업체	주요 공장	생산 능력	주요 생산 차종
도요타	켄터키주 조지타운 등 5곳	110만대	캠리, 아발론, 프리우스 등
혼다	오하이오주 매리스빌 등 3곳	102만대	어코드, 시빅, 오디세이 등
닛산	테네시주 스머나 등 2곳	94만대	알티마, 맥시마 등(SUV 로그 추가 예정)
미쓰비시	일리노이주 노멀	23만대	이클립스, 스파이더 등

스바루	인디애나주 라피엣	24만대	레거시 등
BMW	사우스캐롤라이나주 스파턴버그	16만대	Z4, X5 등
메르세데스-벤츠	앨라배마주 터스컬루사	17만대	GL클래스, M클래스
폴크스바겐	테네시주 채터누가	20만대	제타기반 중형차

2010년 말 현재 미국에서 수입되는 주요 일본, 독일 업체 차량 판매 현황

업체	차명	판매대수(11월까지) 및 가격
닛산	뉴 알티마	2,361대(3,390만~3,690만원)
스바루	레거시	137대(3,690만~4,190만원)
BMW	X5시리즈	616대(X5 30d 9,170만원)
	X6시리즈	620대(X6 30d 9,570만원)
	Z4	214대(Z4 3.5 8,950만원)

자료: 한국일보

3. FTA와 "준 FTA"

(1) FTA는 해당 국가들에게 시장개방 부담이 많은 것이 사실이고 협상에 시간이 많이 걸리는 것이 사실이다. 우리나라가 FTA 체결을 제대로 못하고 있는 것은 주로 정부의 협상능력부족 · 국내의 정치적 반발 · 시장개방 부담 때문이다.

(2) 그러므로 우리나라정부는 주로 아래의 세 가지를 뜻하는 "준(準) FTA"의 체결을 우선 추진하는 것이 필요하다.

① FTA보다 교역자유화 수준이 다소 낮은 경제동반자협정(EPA: Economic Partnership Agreement).

② FTA보다 다소 낮은 수준에서 시작해 자유화 대상(관세 철폐) 품목을 단계적으로 확대해 나가면서 과학기술 · 인력 협력 등을 동시에 추진하는 새로운 개념의 경제 협정인 전략적 경제보완협정(SECA: Strategic Economic Complementation Agreement).

③ 유사 FTA 개념으로 상품 · 서비스시장 개방보다 투자증진, 경제 ·

산업 협력 등 상호간 폭 넓은 경제적 유대관계에 중심을 둔 경제교류 협정인 포괄적 경제동반자협정(CEPA: Comprehensive Economic Partnership Agreement)이 있는데, 한국과 인도간에 2010년 1월 1일 발효된 것이 바로 CEPA이다.

4. 한국의 FTA 체결부족이 우리나라기업에 미치는 부정적 효과

(1) 2010년대초 현재에 전체지구촌에서 FTA가 체결된 것은 300여개이고 그 중에서 3분의 2 정도가 발효중이다. 우리나라는 2010년대초 현재 고작 칠레 · 싱가포르 · ASEAN · EFTA · 인도 등과만 FTA 및 CEPA를 맺고 있다. 그런 상황하에서, 우리나라의 단순수출기업들(즉 개별 FTA시장국에서 현지 생산-마케팅을 하고 있지 않은 기업들)이 우리나라와 FTA를 체결하지 않은 국가들/지역들에서 받고 있는 차별적 대우들(discriminatory treatments)은 아래와 같다.

① 높은 관세를 내는 관세 차별

② 공공사업참여 제한

③ 각종 기술규격 인증 불인정 등

非FTA국가들로부터 그런 차별적 대우를 받고 있기 때문에 우리나라의 단순수출기업들은, ① 극심한 수출매출액 감소, ② 다양한 수출 · 현지 마케팅 관련 경비 증가 등 막대한 불이익을 보고 있다.

(2) 위와 아래에 제시한 자료와 증거는, 물론 FTA가 상호간 공정 · 공평하게 이루어진다는 전제하에, “무역의존도가 높은(약 85%임) 우리나라에게 더 많은 FTA체결이 필수적임”을 잘 가리켜 준다. 아래의 실증적인 예들이 우리나라에게 FTA체결확대가 얼마나 필수적인가를 잘 가리켜 준다.

① 터키의 수입상품 세관 통관 심사대는 이중으로 만들어졌다. 황색 라인과 적색 라인으로 나눠 한국 등 자기나라와 FTA를 맺지 않은 국가로부터의 수입상품은 적색 라인을 거치도록 하는 등 높은 관세를 내고 검색을 강화하고 있다.

② 한국의 SK는 멕시코 석유공사 페멕스(PEMEX)가 발주한 5억 달러 규모의 해상 플랜트입찰에 참여하려 했다가 문전박대를 당했다.

페멕스가 멕시코와 FTA를 체결한 나라의 기업에게만 입찰을 허용했기 때문이다.

③ 캐나다는 NAFTA 체결국에 대해서는 서비스 · 물품 · 건설 시장의 문호를 대폭 개방하면서도 한국 등 미체결국가의 기업에는 입찰규모 하한제를 적용하는 방식으로 시장진출 기회를 봉쇄하고 있다.

④ 메르코수르(남미공동시장)의 자동차 대외공동관세가 최근 20%에서 35%로 올라, 메르코수르의 회원국이 아닌 우리나라의 브라질에 대한 자동차 수출이 2000년 1억6400만 달러에 달하던 것이 최근에는 그 10분의 1로 떨어졌다.

위와 같은 실증적 예들은, 우리나라상품을 어떤 방법으로든 차별하는 FTA국가들과는, 우선적으로 FTA를 체결해야 함을 가리킨다.

PART 3

국가시장별 경영환경과 글로벌경영

제 6 장
국가시장별 국민경제, 기업시스템, 경쟁환경이 글로벌경영에 미치는 영향

제 7 장
국가시장별 정부-정치-법률 환경이 글로벌경영에 미치는 영향

제 8 장
국가시장별 사회-문화 환경이 글로벌경영에 미치는 영향

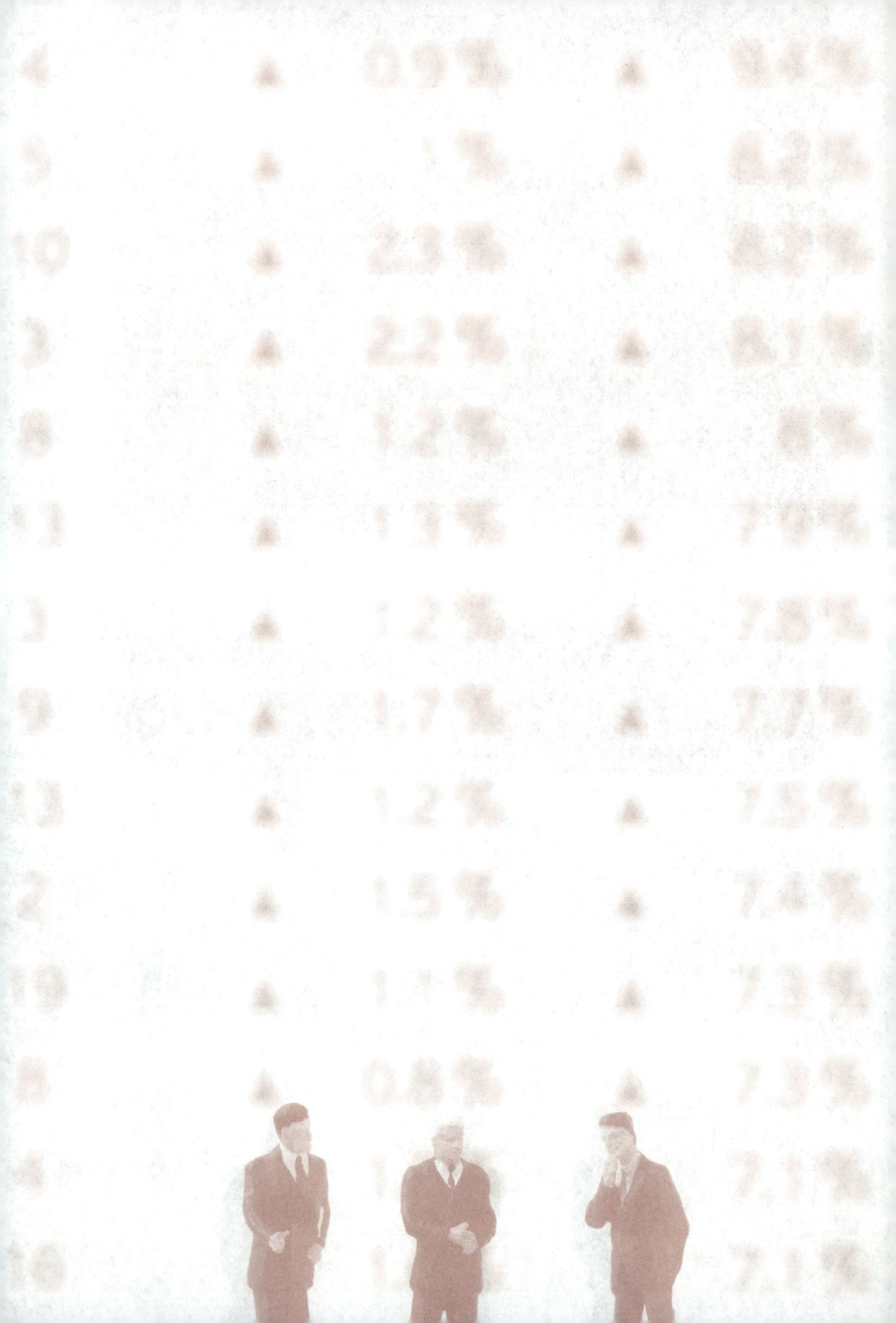

CHAPTER06

국가시장별 국민경제, 기업시스템, 경쟁환경이 글로벌경영에 미치는 영향

글로벌경영자들은 글로벌경영활동을 결정 · 집행할 때에 "Think globally, act locally"도 해야만 한다. 제 2 부에서 설명한 내용은 "Think globally"와 "act regionally"에 도움이 되도록 엮었으며, 제 3 부의 내용은 "Think globally"를 전제로 "act locally"에 도움이 되도록 엮었다.

제1절 해외시장들의 규모와 활동성이 글로벌경영에 미치는 영향

글로벌경영에 영향을 미치는 중요한 환경요소들 중의 또 하나는 아래에 설명하는 4개 차원 해외시장들의 현재 및 미래의 시장 규모와 활동성(current market size/scale and future activity)을 가리키는 주요 요소들이다.

1. 현재 및 미래의 시장 규모와 활동성을 가리키는 주요 요소들

1) 시장의 현재 및 미래의 규모와 활동성을 가리키는 주요 요소들

(1) 4개 차원 해외시장별로 시장의 현재 및 미래의 규모와 활동성(size/scale and activity)을 가리키는 주요 요소들은 아래와 같다.

① 세계경제, 지역별 경제, FTA별 경제, 주요 국가별 경제의 규모와 성장률(예증 6-1 참조)

예증 6-1 동아시아가 2014년에는 미국 제치고 세계최대 경제권으로

괄호안은 GDP(억 달러). 유로존은 유로화를 사용하는 16개국임. 동아시아는 한국 · 중국 · 일본과 아세안(ASEAN) 10개국. 단위: %

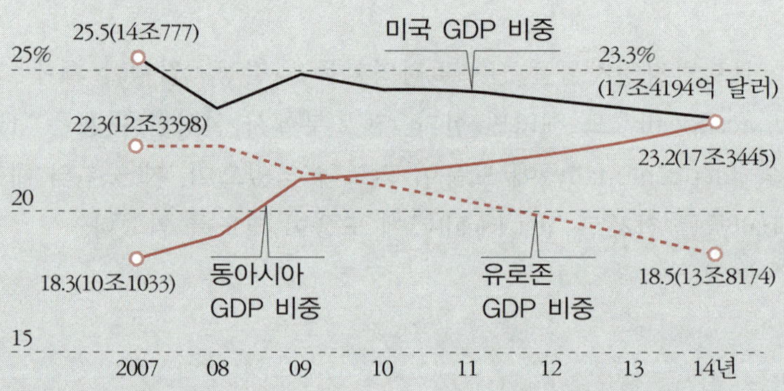

자료: IMF · 현대경제연구원

G7아닌 G20 회의가 세계질서 주도

10년 전만 해도 아시아 국가의 기업 임직원들이 미국과 유럽의 투자자들과 콘퍼런스를 하기 위해 밤 늦은 시간까지 대기해야 했다. 2020년 6월 어느날 서울에서는 아시아통화기금(AMF)회의가 열렸다. 2018년 설립된 AMF는 국제통화기금(IMF)과 함께 어깨를 나란히 하는 세계 금융 시스템 안정 기구로 자리잡았다.

10년 후 한국 · 중국 · 일본을 포함한 동아시아 지역은 이렇듯 세계경제의 중심이 될 전망이다.

IMF 전망에 따르면 한국 · 중국 · 일본과 아세안(ASEAN) 10개국 등 동아시아권의 GDP(국내총생산)는 2010년 유로존(Euro Zone · 유로화를 쓰는 16개국)의 경제 규모를 넘어서고, 2014년에는 세계 최대 경제 대국인 미국(전망치 · 17조 4200

억달러)과 맞먹는다.

2020년이면 동아시아는 세계 최대 경제권이 될 전망이다. 아시아개발은행연구소(ADBI)는 "2020년 한국 · 중국 · 일본에 아세안 10개국 등 동아시아권의 경제규모(24조 8000억달러)가 미국을 능가할 것"이라고 예상했다. 한국은 중국 · 일본에 이어 동아시아 경제권을 이끌어 3위 경제국의 자리를 계속 유지할 전망이다. "전 세계 GDP에서 미국이 차지하는 비중은 2010년 24.4%에서 2020년에는 19.7%로 축소되는 반면 중국의 GDP 비중은 2010년 8.9%에서 2020년에는 13.8%로 높아져 세계 2위 경제대국이 된다"고 전망했다.

10년 후 주요 글로벌 경제정책뿐 아니라 외교 · 군사문제 등도 G7(선진7개국)회의가 아닌 신흥국들이 다수 포함된 G20(주요20개국)회의가 주도할 가능성이 높다.

그건 가능성이 아니라 2010년 G20가 우리나라에서 개최되어 이미 현실이 됐다.

자료: 조선경제

② EU · NAFTA 등 지역시장블럭(regional market blocs) 및 FTA 같은 地經學的 국가집단(geoeconomical nation grouping)의 경제 규모와 성장률

③ 위 둘에 바탕을 둔 ⓐ 글로벌시장규모, ⓑ 지역시장들의 시장규모, FTA 시장들의 시장규모, ⓒ 국가시장들의 시장규모

(2) 4개 차원 해외시장들 각각의 현재 규모와 미래 활동성(즉 미래 시장 잠재성) 정도를 "가리키는 공통적 요소들"(common indicating factors)은 아래와 같다.

① 인구, ② GDP, 1인당 GDP(GNI), ③ 지하경제 규모, ④ 보유자원, ⑤ 보유기술, ⑥ 채택하고 있는 정치-경제체제, ⑦ 지역시장블럭 회원여부, ⑧ FTA 체결국가들의 수 등

위 "가리키는 공통적 요소들"은 동시에 ① 글로벌/전체 지구촌 시장을 특정 수의 글로벌세분시장들(global market segments)로, ② 지역시장들을 각기 특정 수의 지역세분시장들(regional market segments)로, ③ FTA시장들 포함 주요 국가시장들을 각기 특정 수의 국가세분시장들(national market segments)로, 세분화하는 데 활용하는 시장세분화기준들(market segmentation criteria)이기도 하다. 그런 시장세분화기준들을 활용하여 4개 차원 해외시장

별로 시장세분화 전략(market segmentation strategy)을 결정하여 집행할 수도 있다.

2) 4개 차원 해외시장들을 분석 · 파악하는 단계들

그러므로 글로벌기업의 경영자들은 아래와 같은 일련의 단계들을 밟아서 서브하고자 하는 특정한 4개 차원 표적시장들을 선정하고서 글로벌경영전략을 결정 · 집행하도록 해야 한다.

(1) 즉 글로벌경영자는 최우선적으로, 위에 제시한 "가리키는 공통적 요소들"을 기준들로 삼고, 글로벌시장 · 지역시장 · FTA시장 · 국가시장 등 4개 차원 해외시장들 전반에 대한 ⓐ 인지단계(recognition stage)에 이은 ⓑ 예비조사단계(preliminary study stage)를 거쳐서 ⓒ 현재의 시장규모와 미래의 시장활동성(시장잠재성) 정도를 개략적으로 측정 · 분석 · 파악한다.

(2) 그 다음 단계로 글로벌경영자는, 위 단계에서 개략적으로나마 측정 · 분석 · 파악한 자료를 바탕으로, ① 4개 차원 해외시장들 중에서 관심을 가질 만한 시장들 하나하나에 대한 종합적이고도 세밀한 조사단계(comprehensive and detailed study stage)를 거쳐서, ② 그런 4개 차원 해외시장들 중에서 침투할 만한 사업타당성이 있다고 판단되는 특정 수의 잠재적 세분시장들을 예비적으로 일단 선정한다.

(3) 그리고서 글로벌경영자는, 종합적이고도 세밀한 조사의 연속으로서, 예비적으로 일단 선정된 특정 수의 잠재적 세분시장들 하나하나가 시장세분화 요건들(market segmentation requirements)인 ① 잠재시장별 시장 규모와 활동성의 측정가능성(measurability), ② 잠재시장별 접근용이성(accessibility), ③ 잠재시장별 (이익잠재성 등의) 풍부성(substantiality), ④ 잠재시장별 차별적 전략의 집행능력(actionability), ⑤ 보유 · 동원 가능한 기업자원(corporate resource) 등을 어느 정도로 충족시킬 수 있는지를 바탕으로, 상호분석을 실시한다.

(4) 마지막 순서로 글로벌경영자는 위에서 상호분석한 자료와 정보를 활용하여 ① 어떤 구체적인 글로벌세분시장들 · 지역시장들 · FTA시장들 · 주요 국가시장들을 실제로 침투(penetration)하고자 하는 표적 해외시장들(target overseas markets)로 삼을 것인지, ② 선정한 표적 해외시장들에 대해

어떤 순서로 침투할 것인지, ③ 선정한 표적 해외시장별로 어떠한 침투 전략과 운영 전략을 어떻게 믹스하여 실제로 침투할 것인지 등을 결정하여 집행해야만 한다.

2. 인구, GDP, 지하경제 규모를 기준으로 하는 해외시장들의 규모와 활동성 분석 · 파악

"모든 기타조건이 같다"고 가정할 때(그런 가정은 실제로 성립될 수 없지만), ① 인구, ② GDP와 1인당 GDP(GNI), ③ 지하경제의 규모는 글로벌시장 · 지역별시장 · FTA별시장 · 국가별시장의 현재 및 미래 규모와 활동성을 개략적으로나마 가리킨다. 그러므로 글로벌경영자들은, ① 인구, ②

그림 6-1 예측되는 2050년도 주요 지역 · 국가별 인구

- 아프리카 · 아시아의 폭발적 증가로 세계인구 92억명으로 증가
- 미국 4억2000만으로 늘고, 유럽 · 한국 · 일본은 줄어

(단위: 만명)

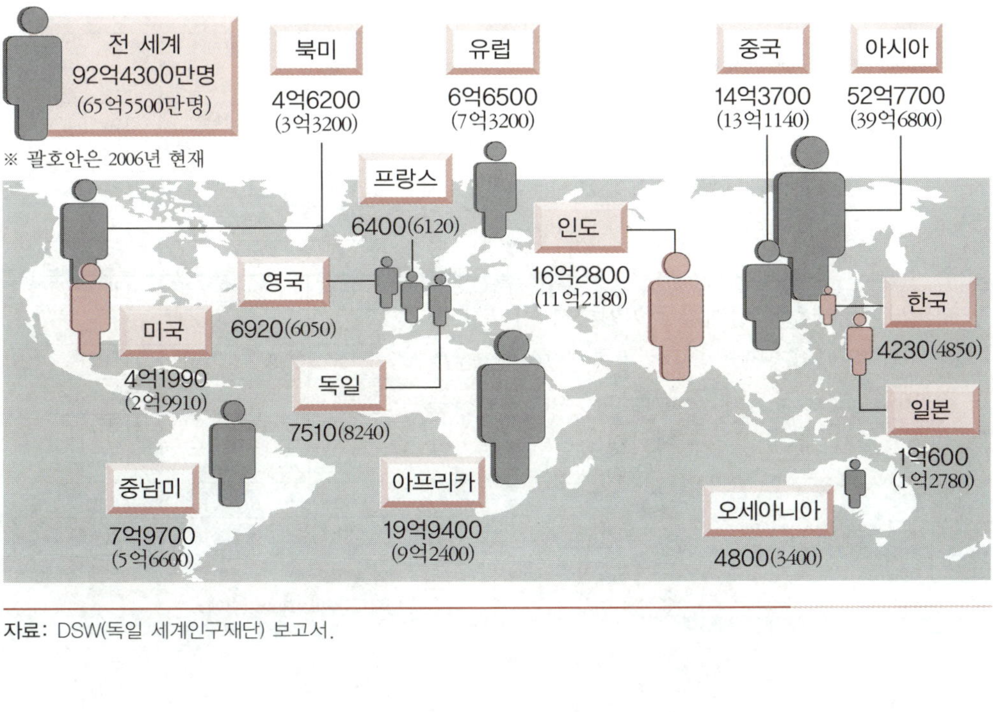

자료: DSW(독일 세계인구재단) 보고서.

GDP와 GNI, ③ 지하경제의 규모를, 해외시장들을 세분화하는 기준들의 일부로 반드시 활용해야 한다.

1) 인구 기준

(1) 세계 및 대도시별 인구

전체 세계인구, 지역별 인구, 주요 국가별 인구를 가리키는 통계도 조사해야 한다(그림 6-1 참조). "기타 모든 조건이 같다"고 가정할 때, 인구가 많을수록 시장이 크다는 것을 시사한다. 도시들도 인구가 많을수록 시장이 크다는 것을 시사한다(예증 6-2 참조).

예증 6-2 세계 최고도시 순위(경제활동 · 정치적 영향력 · 지적 기반 · 삶의 질 수준)

글로벌 자산관리 회사인 씨티프라이빗뱅크가 부동산 서비스업체 나이트프랭크를 통해 각국의 정치 · 경제 · 사회 관련 지표를 조사한 결과인 '2010년 부(富) 보고서'는 각국 부유층이 중요하게 여기는 네 가지 분야(경제활동, 정치적 영향력, 지적 기반, 삶의 질)별 점수를 합산해 세계 40개 도시의 순위를 매겼다.

1위를 차지한 뉴욕은 경제활동과 지적 기반 부문에서 최고 점수를 받았다. 그 뒤를 런던 · 파리 · 도쿄 · LA가 이었다.

2009년 11위였던 서울은 베를린과 베이징이 10위권 안으로 껑충 뛰어오르면서 두 계단 밀려났다. 서울은 경제활동(9위)에서 비교적 높은 점수를 얻었지만, 정치적 영향력(18위), 삶의 질(16위) 면에서는 다소 처졌다. 이 보고서는 '뜨는 도시'로 베를린 · 베이징 · 텔아비브 · 브뤼셀 · 싱가포르를, '지는 도시'로는 방콕 · 멕시코시티 · 두바이 · 이스탄불 · 런던을 꼽았다.

자료: 중앙경제

세계 최고도시 순위

2010년	도시	2009년
1	뉴욕	2(+1)
2	런던	1(−1)
3	파리	3
4	도쿄	4
5	LA	5
6	브뤼셀	6
7	싱가포르	7
8	베를린	13(+5)
9	베이징	12(+3)
10	토론토	8(−2)
11	시카고	10(−1)
12	워싱턴	9(−3)
13	서울	11(−2)
14	홍콩	14
15	프랑크푸르트	15
16	시드니	18(+2)
17	샌프란시스코	16(−1)
18	방콕	17(−1)
19	상하이	21(+2)
20	취리히	22(+2)

※ 괄호 안은 순위 변화
자료: 씨티프라이빗뱅크

(2) 지역별 · 주요국가별 인구 변화

① 아시아와 아프리카 대륙의 인구증가는 폭발적이다. DSW(세계인구재단)는 세계 인구증가의 98%가 이들 개발도상지역에서 일어나고 있다고 밝혔다. 2006년 현재 40억명에 육박하는 아시아 인구가 2050년경에는 50억 명을넘어설 전망이다.

② 아프리카도 2006년 9.2억명에서 2050년에는 20억명으로 늘어날 전망이다. 인구급증이 아프리카의 가난을 더욱 부채질하고 내전까지 격화시킬 것이기 때문에, 급증하는 인구는 아프리카에 큰 재앙을 가져올 것 같다.

③ 유럽 인구는 저(低)출산 등의 이유로 2006년의 7.3억명에서 2050년에는 6.7억명으로 줄어들 것이라고 DSW는 예측했다(그림 6-1 참조).

2) GDP(국내총생산)와 GNI(1인당 소득) 기준

주요국가들의 GDP와 GNI를 가리키는 통계도 조사해야 한다. "기타 모든 조건이 같다"고 가정할 때, GDP와 GNI가 많을수록 시장이 크다는 것을 시사한다(예증 6-3 참조).

예증 6-3 한국 경제규모 2년째 세계 15위

2009년에 우리나라 경제규모가 세계 15위를 기록했다.

세계은행이 공개한 2009년 세계 경제규모 순위에 따르면 한국의 명목 국내총생산(GDP)은 8325억달러로 세계 15위를 차지했다. 우리나라의 달러 표시 명목 GDP는 2003년 11위를 기록했지만, 2004년 12위, 2005년 13위, 2006년 · 2007년 14위, 2008년 15위로 해마다 뒷걸음질쳤다.

우리나라가 2008년에 이어 2009년에도 15위를 기록한 것은 경제성장률이 0.2%로 제자리걸음을 한 데다, 소비자물가 상승률도 연 2.8%로 안정됐기 때문이다.

2009년에 3.9%의 성장률을 기록하고 통화

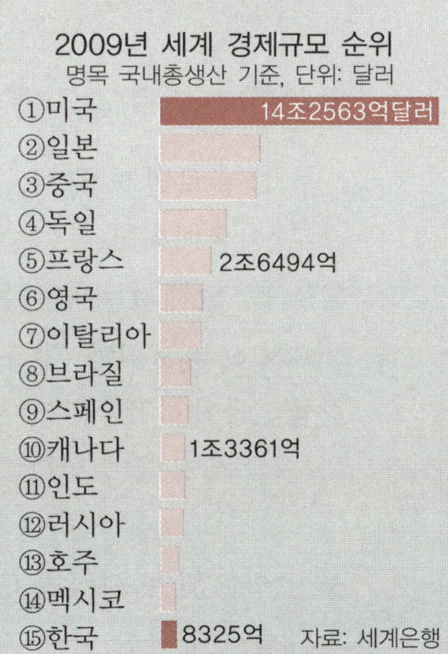

가치가 32.7% 급등한 브라질은 10위에서 8위로 순위가 상승했고, 성장률은 1.3%였지만 통화가치가 27.3% 오른 호주도 14위에서 13위로 순위가 올랐다.

2009년 경제성장률이 7.4%로 높았던 인도도 12위에서 11위로 순위가 한 단계 올랐다. 반면 마이너스 7.9%의 성장을 한 러시아는 8위에서 12위로 순위가 추락했다. 1~5위는 미국 · 일본 · 중국 · 독일 · 프랑스로 순위 변동이 없었다.

자료: 조선경제

한국의 성 평등지수는 세계 104위

세계 10대 경제대국을 넘보는 한국의 성 평등지수는 세계 104위. 일과 성공을 향한 여성들의 열망은 이제 폭발 직전이다. 그 폭발력을 잘 활용한다면 한국은 진정한 선진국으로 진입할 수 있을 것이다.

그러므로 모든 방법을 다 하여 정계, 관계, 산업계의 여성 리더들을 늘려야 한다. 이것은 인권적 이유 때문만이 아니라 그렇게 해야만 국가와 기업의 성장 잠재력을 최대한 끌어낼 수 있기 때문이다. 국회나 정부 고위관료뿐 아니라 기업의 이사에도 여성 할당제를 도입할 필요가 있다. 기업경영환경이 급변하는 21세기에 기업 생존의 필수 자원은 여성이다. 여성 이사가 많은 기업이 주가도 높고 부패도 적다.

자료: 한국일보

3) 지하경제 규모 기준

⑴ 글로벌경영자는, 공식적인 GDP 통계에 포함되지(잡히지) 않는 불법으로 이루어지고(밀수출입 · 암시장 거래 · 불법적 돈세탁 · 불법적인 정치자금과 뇌물 등) 탈세가 수반하는 지하경제(underground economy)/암시장경제(black market economy)에 대한 통계와 지식도, 글로벌시장 · 지역시장들 · FTA시장들 · 국가시장들의 현재와 미래의 시장규모 및 활동성 정도를 분석 · 파악하는 데 활용해야 한다(그림 6-2 참조).

⑵ ① 그런 지하경제가 존재하는 해외시장들에 대해 글로벌경영자는, 공식 발표되는 시장별 GDP 통계를 액면 그대로 받아들여서는 안 되고, ② 지하경제에 관한 아래 자료를 참고하여 공식 발표되는 GDP 통계보다 실제로는 더욱더 큰 시장규모를 정확히 분석 · 파악해야 한다.

그림 6-2 주요지역의 비공식(지하) 경제

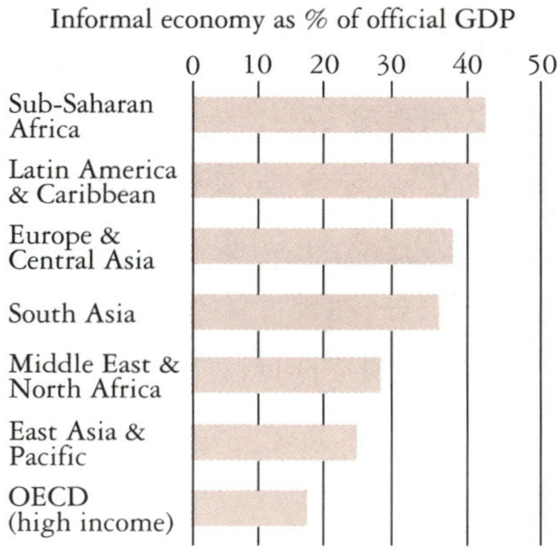

Source: IFC, The Economist.

(1) 선진국들의 지하경제 규모

① 일반적으로 말할 때, 미국 · 일본 · EU 등 선진국들의 지하경제는 공식적인 GDP의 10~20%에 달한다. 예컨대, EU평균은 7~16%이고 이탈리아는 20~26%이다. ② 이것은 선진국들의 실질적인 경제규모와 그것에 바

예증 6-4 부패지수와 비례하는 유럽 재정적자

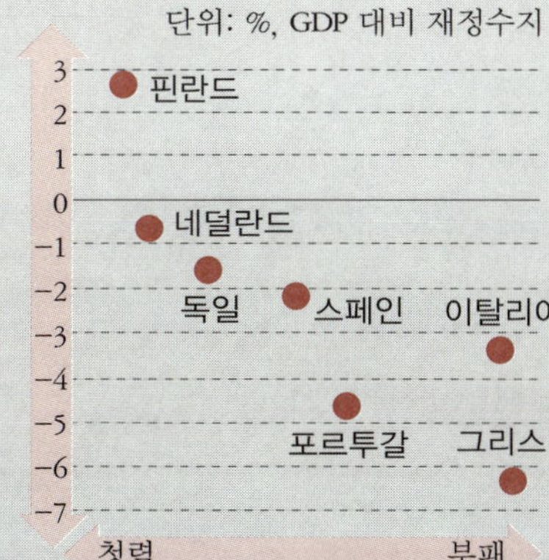

자료: 브루킹스 연구소, 세계은행, 월스트리트저널

자료: 중앙경제

탕을 둔 시장규모가 공식적인 GDP가 가리키는 것보다 10~20% 정도 더 크다는 것을 뜻한다. 즉, 시장수요가 10~20% 정도 더 많다는 뜻이다. 또한 부패지수가 높을수록 해당국가의 재정적자가 많다(예증 6-4 참조).

(2) 개도국들의 지하경제 규모

① 한국 · 태국 · 인도 등을 포함한 개도국들의 지하경제는 국가별로 대단히 큰 차이가 있지만, 공식 GDP의 30~50% 정도나 그 이상인 것으로 추정되고 있다. ② 이것은 개도국들의 실질적인 경제규모와 그에 바탕을 둔 시장규모가, 공식 GDP가 가리키는 것보다 30~50% 정도나 그 이상으로 더 크다는 것을 뜻한다.

(3) 과거/현재 공산국가들

중국 · 러시아 · 베트남 등 변혁중인 과거의 공산국들의 경우는, 지하경제규모 때문에 실제 시장규모는 공식 GDP가 가리키는 것보다 30~50% 정도 또는 그 이상으로 크다.

표면적으로 공산국가이나 왕정체제를 유지하는 북한의 경우 실제 지하경제규모는 공식 GDP보다 몇백 ~천 퍼센트 많다(예증 6-5 참조).

예증 6-5 남북한 경제 비교

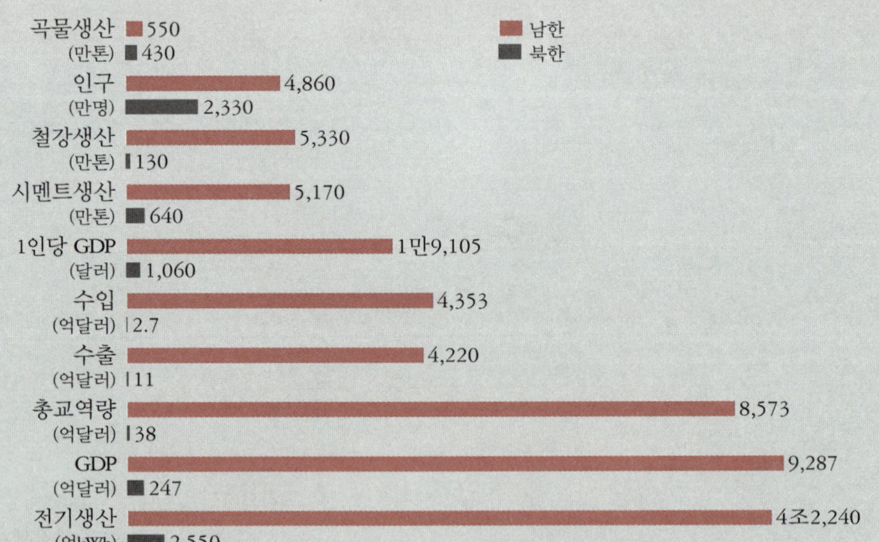

60년의 분단에 따른 남북 간의 차이는 경제분야에서도 확연하게 나타난다. 1970년대까지 북한이 남한을 앞서거나, 비슷한 수준에서 경쟁하던 남북의 경제규모는 이제 비교 대상이 안 될 정도다. 2010년 현 시점에서 남과 북의 경제가 통합될 경우 남쪽에 가해지는 고통은 부담 수준을 넘어 충격이 될 것이라는 데 이견이 없다.

북한의 경제가 그렇게 뒤쳐지고 있는 것은 북한이 체제유지를 목적으로 외국으로부터 자본과 기술 등의 도입을 극도로 제한하고 있기 때문이다. 외국 자본 · 기술 등이 도입되면 민주주의 사상과 시장경제사상이 같이 들어올 것이기 때문이다.

자료: OECD, 한국일보

(4) 지하국제무역 규모

① 글로벌경영자는 지하국제무역(underground international trade)의 규모도 과소평가해서는 안 된다. 국제밀무역을 포함한 지하국제무역의 규모는 공식적으로 잡히고 발표되는 연간 총 세계무역액의 최소한 10%에서 20% 정도에 달하는 것으로 추정되기 때문이다.

② 그와 같은 지하국제무역은, 무역자유화경향에 고무되어 앞으로 계속 증가할 것으로 전망된다. 밀무역거래 대상은 대단히 다양하겠지만, 소비재가 주류를 이루고 그중에서도 각종 가전제품 · 보석 · 시계 · 의류 · 식품 · 완구 · 게임기구 · 자동차부품 · 술 · 담배 · 자동차 등이 인기품목들이다. 북한이 외화벌이 수단으로 활용하는 무기 등도 밀무역 대상이다.

③ 그런 국제밀무역 및 암시장 경로(black market channels)가 성행하는 해외시장들을 상대로 기업활동을 하는 글로벌경영자로서는, ⓐ 암시장을 침투함으로써 매출액을 증대시킬 수도 있지만, ⓑ 밀수입되어 염가로 거래되는 자사제품과 경쟁을 해야 할 경우는 자사제품에 대한 가격통제와 브랜드관리의 어려움에 당면할 수도 있다.

3. 보유 자원, 기술, 정치-경제체제, 지역시장블럭 · FTA 가입 여부를 기준으로 하는 시장의 규모와 활동성 분석 · 파악

(1) 글로벌경영자가 글로벌시장 · 지역시장들 · FTA시장들 · 국가시장

들의 현재와 미래 규모 및 활동성 정도를 분석 · 파악할 때는, ① 인구, ② 소득, ③ 지하경제에 대한 자료와 더불어 추가적으로 ④ 보유하고 활용하는 지상 · 지하자원, ⑤ 보유하고 활용하는 기술, ⑥ 내국인에게 정치 · 경제 · 기업활동 등의 자유를 보장하는 정도와 시장개방 및 외국인 기업에게 기업활동을 자유롭게 할 수 있는 정도 등을 가리키는 정치-경제체제(politico-economic system), ⑦ 지역시장블럭(regional market bloc)과 FTA 가입 여부 등에 대한 자료도 함께 활용해야 한다.

(2) 위의 7개 요소들을 기준으로 글로벌/지구촌시장은 아래와 같이 크게 세분화할 수 있다. 그렇게 세분화해야 하는 이유는, 선진국시장 · 신흥공업국시장 · 개도국시장 · 최빈국시장 등에 따라서 수요되는 제품 · 서비스의 시장규모가 다르고 그에 대한 마케팅 특성 등이 다르기 때문이다.

1) 선진국 시장들

(1) 자원富-기술富국들

① 선진국들은, ⓐ 자원부-기술부국들(resource rich-technology rich countries)과 ⓑ 자원빈-기술부국들(resource poor-technology rich countries) 등 두 그룹으로 다시 세분화할 수 있다.

② 보유한 풍부한 자원과 첨단기술을 활용하는 강력한 제조 및 서비스 산업을 바탕으로 강력한 글로벌 경쟁력을 갖추고서 고소득에다가 경제성장과 국제수지 전망까지 대체적으로 양호한 자원부-기술부국들(rich-rich countries)의 선두그룹에는 미국 · 캐나다 · 독일 · 스웨덴 · 호주 등이 속한다.

(2) 자원貧-기술富국들

① 일본을 포함한 나머지 대다수 선진국들은 자원빈-기술부국(poor-rich countries)에 속한다. ② 이들은 부존자원이 비교적 빈약하여 글로벌자원환경(global resource environment)이 악화되면, 상당한 악영향을 받을 수도 있다. ③ 그러나 대부분의 선진국들은 고소득 · 국제수지흑자 등을 실현하고 있어서, 미래시장잠재성은 계속 양호할 것으로 전망된다.

(3) 선진시장국들의 공통점

채택하고 있는 ⓐ 국가철학과 ⓑ 정치-경제시스템 및 ⓒ 위치한 지리적 입지의 혼합을 뜻하는 지정학(geopolitics)/지경학(geoeconomics)의 측면에서 대다수 선진국들은, 내국인 기업들뿐만 아니라 외국계통기업들에게 가장 자유롭게 비즈니스활동을 전개할 수 있는, 아래의 공통적 경영환경을

예증 6-6 2009년도 세계 주요국 개발기여지수(Commitment to Development Index)

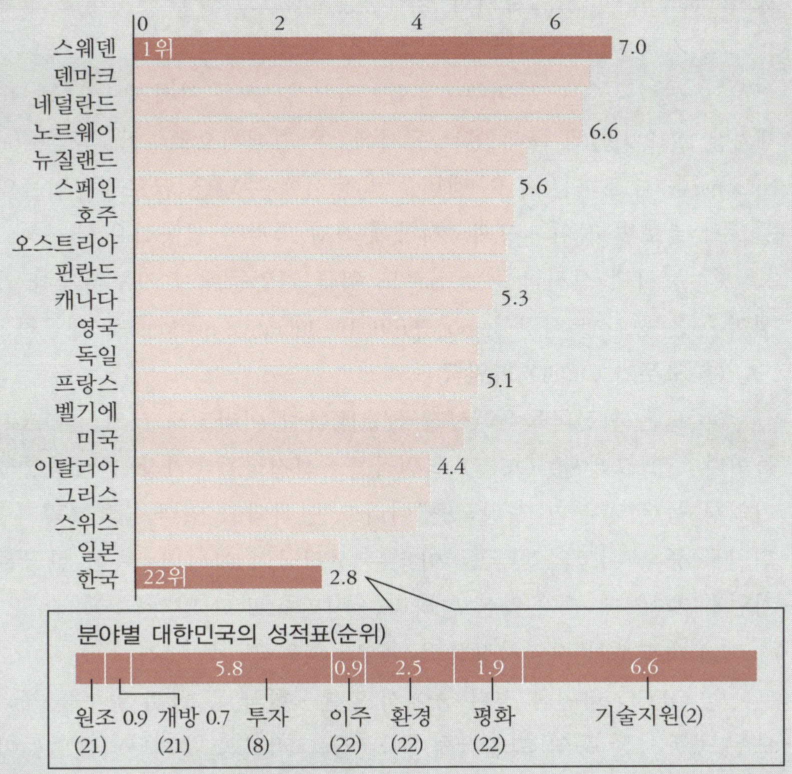

우리나라도 2009년 경제협력개발기구(OECD) 개발원조위원회(DAC)에 가입하는 등 국제문제 해결 노력에 동참하고 있다. 그러나 지금 우리의 국제공헌 수준은 경제력에 비해 매우 미흡한 수준이다. 미국 글로벌개발센터(Center for Global Development)가 발표하는 개발기여지수(Commitment to Development Index) 평가에서 한국은 2009년 평가에 포함된 22개국 중 최하위를 차지했다. 이 지수는 ① 해외원조의 양과 질, ② 개도국으로부터의 수입에 대한 개방도, ③ 투자관련정책, ④ 개발도상국으로부터의 노동자 이주 허용, ⑤ 환경정책, ⑥ 평화유지공헌, ⑦ 개발도상국에 대한 기술지원 등의 항목을 기준으로 주요국의 개발공여를 평가한다.

자료: 조선일보

제공한다(예증 6-6 참조).

① 시장자본주의를 가장 강력히 실천

선진국들은, Adam Smith로부터 사상적 영향을 받아 ⓐ 입헌민주정치체제 · ⓑ 자유시장경제 · ⓒ 자유기업제도를 모두 갖춘 시장자본주의(market capitalism)를 가장 강력한 경제운용지침으로 삼고 실천하고 있다.

② 가장 이익성 높은 풍부한 시장 제공

ⓐ 선진국들은, 북미주 · 유럽 · 일본 열도 등 지리적으로 '北'(North : 온대지방, 한대지방)에 속해 있는 동시에, ⓑ 경제적으로 '北'(부국)(North : Have Nations)을 대표하는 주요 멤버들인 동시에 수많은 글로벌기업들의 本社國들로서 글로벌 정치 · 경제 · 시장에 가장 막강한 영향력을 행사하고 있다.

ⓒ 동시에 선진국들 스스로도 외국 기업들에게 지구촌에서 가장 이익성이 높은 풍부한 시장들(most profitable lucrative markets)을 제공하고 있다.

③ 모두가 OECD 회원국

ⓐ 모든 선진국들은 "선진국/富國클럽"이라고도 부르는 OECD 회원국들이다. ⓑ 그래서 "OECD 회원국들=선진국들=가장 기업경영하기 좋은 이익성 높은 풍부한 시장국들"이라고 인식되고 있다. ⓒ 그렇지만 OECD 회원국 중 멕시코와 한국은 아직은 선진국이 아니며, 특히 한국은 아직도 기업경영하기에 좋지 않은 나라라는 평판을 받고 있다.

④ 대부분이 지역시장블럭 · FTA 회원국

ⓐ OECD 회원국 명단 중에서 일본 · 한국 등 극히 일부를 제외하고는, 모두 공동시장 등의 회원국들이다. ⓑ 그러므로 우리나라기업들이 세계무역 점유율을 높이고 대부분의 선진국시장들에 더욱 깊숙이 침투하고 현지기업활동을 확대하려면, 지역시장블럭들과 FTA들에 동시적으로(simultaneously) 침투와 역내비즈니스활동을 확대해야만 한다.

2) 고성장개발도상국 시장

(1) 앞으로 우리나라기업들이, 선진국기업들에 추가하여, 글로벌시장에서 치열한 경쟁을 벌여야만 하는 기업들은 이른바 고성장 개발국들(RDE: Rapidly Developing Economies)에 속하는 중국 · 인도 · 브라질 · 러시아 · 인도네시아 · 말레이시아 · 멕시코 등 12개국의 기업들이다. 우리나라기업들

그림 6-3 한국기업이 향후 글로벌시장에서 치열한 경쟁을 벌여야 하는 RDE 국가별 주요기업들

이 치열한 경쟁을 해야 하는 RDE에 속하는 100대 기업의 일부는 〈그림 6-3〉과 같다.

(2) 이들 RDE 100대 기업은 급속도로 글로벌화하고 있으며, 그러므로 우리나라기업들은 미래의 경쟁자인 이들에 대한 정보를 신속히 파악하고, 적극적인 투자와 전략적 제휴를 통해 동반성장을 꾀하는 것이 바람직하다.

3) 떠오르는/신흥 시장들

(1) 시장체제화중인 과거 공산국가 시장

① 우리나라기업들과 그 글로벌경영자들이 더욱 관심을 갖고 침투를 서둘러야 하는 "떠오르는/신흥 시장들"(Emerging Markets) 중에서 잠재적으로 가장 이익성 높은 시장들은, 중앙통제적 계획경제를 운영해 오다가 지속적으로 시장개방(market opening)과 시장체제화(marketization)를 급진전시키고 있는 중국과 동/중앙유럽국가들이다.

동/중앙유럽국가들 중에서 가장 풍부한 국가시장은 기술 · 자원 등이

풍부하면서도 정치가 안정되고 경제가 급성장하고 있는 러시아 시장이다. 시장체제화에 앞서 왔기 때문에 경제성장률도 비교적 높은 체코 · 헝가리 · 폴란드 등은, 이미 EU 회원국들이기 때문에도 유망한 국가시장들이다.

② 과거의 공산국가들 중 시장체제화하고 있는 아시아국가들은 중국 · 베트남 · 몽골리아 등이다. 그중에서 현재 및 잠재적으로 가장 막대한 시장을 제공하는 것은 인구 · 구매력 · 자원 등이 풍부한 중국시장이다. 그 다음이 베트남시장이다.

(2) 석유수출국 시장

① 자원부-기술빈국들(resource rich-technology poor countries)인 OPEC(Organization of Petroleum Exporting Countries; 석유수출국기구)의 회원국들과 기타 석유수출국들(oil exporting countries) 역시, 계속 상승하는 유가에 힘입은 막대한 석유소득(oil income) 때문에 중요한 떠오르는 시장들 중의 하나이다. 석유수출국들의 시장 규모와 잠재성은 주로 油價동향에 의해 판가름된다. 즉, 유가가 크게 올라야 시장 규모와 잠재성이 커진다.

② 고소득(high-income) 석유수출국들의 명단은 다음과 같다. ★표는 OPEC회원국의 표시이다.

Bahrain, Brunei, Kuwait,★ Libya,★ Qatar,★ Saudi Arabia,★ United Arab Emirates★

③ 중간소득(middle-income) 석유수출국들의 명단은 다음과 같다. ★표는 OPEC회원국의 표시이다.

Algeria,★ Cameroon, Congo, Ecuador,★ Egypt, Gabon,★ Indonesia,★ Iran,★ Iraq,★ Mexico, Nigeria,★ Oman, Peru, Syria, Trinidad and Tobago, Venezuela★

(3) 저소득 개도국 시장

① 떠오르는 시장의 또 하나의 부분은, 위의 명단에 포함되지 않은 가장 많은 수의 저소득경제국들(low-income economies)로 구성되어 있다.

② 자원빈-기술빈국들(resource poor-technology poor countries)인 이 시장부문에는 부탄 · 토고 등 아주 작은 나라들로부터 파키스탄 · 방글라데

시 · 나이지리아(예외적으로 석유부국임) 등 대단히 큰 나라들까지도 포함시킬 수 있다.

ⓐ 이들 자원빈-기술빈국(poor-poor countries)의 경제성장률은 전반적으로 저조한 편이며, ⓑ 시장으로서의 잠재성도 나이지리아를 제외하고 전반적으로 가장 좋지 않을 것으로 전망된다. ⓒ 남아프리카 공화국을 제외한 사하라 이남 아프리카 국가들(Sub-sahara African nations)의 경우, 특히 그렇다고 볼 수 있다.

③ 그렇지만 파키스탄 · 방글라데시 · 나이지리아 등은 인구가 1억명 이상으로 워낙 많고 GDP도 크기 때문에, 고소득층 세분시장 및 산업재 · 무기시장 등의 잠재성은 양호할 수도 있음을 현재/미래 글로벌경영자들은 참고하기 바란다(예증 6-7 참조).

예증 6-7 지구상 가장 못사는 '최빈국' 들

지구상에서 가장 가난한 나라를 '최빈개도국(LDC: Least Developed Countries)' 이라고 부른다. 그렇다면 최빈개도국에는 어떤 나라들이 포함되어 있으며, 그들은 시장국으로서 어떠한 중요성을 띠며, 이들 국가를 위해 우리나라는 어떠한 지원을 하고 있을까.

소득 · 인적자산 · 경제취약성 기준으로 최빈개도국 지정

2009년 기준으로 총 49개국이 최빈개도국으로 지정되어 있다. 아프가니스탄 · 방글라데시 · 캄보디아 · 미얀마 · 라오스 · 예멘 등 아시아에는 15개국이 있다. 아프리카는 앙골라 · 토고 · 소말리아 · 수단 등 33개국이 최빈국에 속한다. 그리고 나머지 한 나라가 아이티이다. 이러한 최빈개도국은 유엔 총회(the UN General Assembly)에서 3년마다 소득 · 인적자산 · 경제적 취약성 등의 기준에 따라 지정한다.

소득 기준의 경우 1인당 국민총소득(GNI)의 3개 연도 평균값을 사용한다. 2009년 기준으로 1인당 GNI가 905달러(약 100만원) 미만인 경우 최빈개도국에 포함되고 1086달러(약 125만원) 이상인 국가는 최빈개도국 지위에서 졸업이 가능하다. 인적자산은 영양섭취 정도, 유아사망률, 2차 교육기관 등록률, 문맹률 등을 종합적으로 반영한 지수에 의해 결정된다. 경제적 취약성 정도는 자연재해의 피해를 본 인구 비중, 상품 수출의 불안정성 지수, 경제 규모 등에 의해 결정된다. 세 가지

기준 중 두 가지 이상을 초월하거나, 1인당 국민총소득이 기준치의 2배 이상을 초과하면 최빈개도국에서 졸업하게 된다. 2009년 유엔의 잠정조사 결과 최빈개도국 대상에서 기니라는 나라를 제외하는 안이 권고됐다. 사모아와 몰디브는 2010년 12월에 최빈개도국을 졸업했다.

최빈국에 무관세 적용하는 최빈국 특혜관세제도

유엔 조사에 따르면 2008년 기준으로 최빈국의 총인구수는 약 7억8540만명이다. 이 가운데 75%가량이 하루에 2달러 이하를 소비하고 있고, 1인당 하루 평균 소비액은 0.7달러(805원)에 불과하다. 이렇게 최빈국 국민의 대부분이 극도의 가난에 시달리고 있으며, 기아로 인해 많은 어린이들이 영양실조에 노출돼 있다. 이에 따라 세계적으로 최빈개도국의 절대빈곤 문제가 유엔이나, 세계무역기구(WTO) 등 여러 국제기구와 미국 · EU · 일본 등 주요 선진국에서 큰 관심의 하나가 돼 왔다. 우리나라를 비롯해 여러 나라들이 이들 국가를 지원하려는 다양한 노력을 펼치고 있다. 이 중 하나가 바로 최빈국 특혜관세제도이다.

최빈국 특혜관세제도는 최빈국이 수출하는 상품에 대해 무관세를 적용하는 특혜관세제도이다. 즉, 최빈국과 교역을 확대하기 위해 최빈국에 보다 좋은 교역조건을 제공하는 것이다. 이러한 관세상의 특혜를 통해 최빈국 상품의 수출경쟁력을 높이는 데 도움을 주려고 만든 제도이다.

최빈국 특혜관세제도는 자유무역협정(FTA)에서처럼 체결 상대국 상호 간에 수출품에 대해 특혜관세를 주는 것이 아니고, 우리나라가 일방적으로 최빈국 수출품에 무관세를 적용하는 것이 특징이다. 또한 자유무역협정의 경우 대체로 모든 품목이 특혜관세 대상인 것과 달리, 최빈국 특혜관세 적용 품목은 이를 제공하는 국가가 재량에 따라 결정할 수 있다. 우리나라의 경우 2000년부터 최빈국 수출품에 무관세를 적용하기 시작했다. 이후 2007년까지는 일부품목에 한해 제한적으로 무관세 특혜를 부여하던 것을 2008년 들어 특혜관세 대상품목을 대폭 확대했으며, 2010년 현재 수입관세가 적용되는 품목의 약 85% 수준까지 확대 · 시행중에 있다. 물론 최빈개도국산 제품으로 원산지가 인정되어야만 이러한 특혜관세 혜택을 받을 수 있다.

자료: 조선경제

제2절 국가시장별 국민경제환경, 그 분석 절차와 용도

1. 국가시장별 국민경제환경 분석

(1) 국민경제환경을 분석해야 하는 이유

경제(economics)란 인간들이 그들의 물질적 부(material wealth)를 관리하고 또한 그렇게 관리한 결과를 말한다. 한 나라의 경제적 환경(national economic environment)에는 제품과 서비스의 생산, 그들의 유통과 소비, 그들의 교환수단, 그들로부터 파생된 소득이 포함된다.

새로운 해외시장들을 탐색해야만 하는 글로벌경영자들은, 경제발전단계에 따라서 국가시장별로 시장규모가 다르다는 것을 발견하게 된다(본장 제 1 절 참조). 왜냐하면 경제발전단계 등에 따라서, 특정 국가가 필요로 하는 제품과 서비스의 유형, 가격, 촉진전략, 유통시스템 등에 드라마틱한 영향을 미치기 때문이다.

그러므로 글로벌경영자들은, 국가시장별 복수문화적 기업환경(multi-cultural business environment)을 분석 · 파악하는 과업의 출발로서, 아래와 같은 절차로 관심 있는 국가시장별로 국민경제를 분석하여 국가시장별 경제환경을 최우선적으로 파악해야 한다. 그 자세한 내용은 제 3 절에서 설명을 한다.

① 전반적인 경제환경 분석

② 현재의 시장규모 분석

③ 미래의 시장잠재성 분석

(2) 국민경제환경분석 결과의 글로벌경영 용도

시장국별 국민경제환경분석의 글로벌경영 용도(global business use)는 아래와 같다.

① 해당 기업체는 생산/소싱 · 마케팅하는 제품 · 서비스에 대한 국가시장별 시장의 규모와 특성(market size and characteristics)을 우선 분석 · 파

악하는 데,

② 그런 분석 · 파악을 토대로 지구상의 240여개 국가시장들 중에서 어떠어떠한 하나 또는 그 이상의 국가시장들만을 대상으로 어떤 순서로 침투할 것인가를 결정하는 데,

③ 침투대상 국가시장별로 ⓐ 최적 침투전략(optimal penetration strategy)을 수립 · 집행하는 데, ⓑ 그리고 동시에 최적 운영전략(optimal operations strategy)을 수립 · 집행하는 데 활용하기 위해서.

2. 국가시장별 전반적 기업시스템 및 경쟁환경의 분석과 그 용도

국가시장별 전반적 기업시스템 및 경쟁환경의 분석 결과의 용도는 아래와 같다.

(1) 침투하는 국가시장별로 현지국(host or local country)에 존재하는 기업 시스템과 경쟁환경에 비추어, 현지국에서 원활히 그리고 경쟁력을 가지고 경영활동을 할 수 있는지를 분석 · 파악하는 데,

(2) 침투하는 국가시장별로 연구개발 · 생산/소싱 · 마케팅 · 재무 · 인사 등 운영전략을 현지국환경에 맞추어 현지화(localization)하는 데 활용하기 위해서이다.

제3절 국가시장들의 경제환경을 형성하는 공통적 "키"요소들

1. "키"요소분석 접근 채택의 취지

제 6 · 7 · 8장에서 저자가 채택하고 있는 "키"요소분석 접근(key factors analysis approach)은, ① 지구상의 모든 국가시장들(240여개 정도임)의 경제 · 정치-법률 · 사회-문화 등 경영환경을 형성하는 수많은 요소들 중에서, 공통 "키"요소들(common key factors)이 무엇인지를 글로벌경영자들에

게 우선 인식시키고, ② 글로벌경영자들이 국가시장별로 경제 · 정치-법률 · 사회-문화 등의 환경을 분석할 때는, 공통적인 "키"요소들을 중심으로 저비용으로 신속 · 정확하게 경영환경을 분석 · 파악하도록 돕는 데 취지가 있는 일종의 guideline이다.

2. 공통적 "키"경제환경요소들

글로벌경영자들이 분석 · 파악해야 하는 관심 있는 국가시장들의 공통적 "키"경제환경요소들(common key economic environmental factors)은 아래와 같다. 이런 통계는 UN, WTO, IMF, OECD, 해당국가 정부, 국제연구기관, 중앙은행 등에서 수집할 수 있다.

(1) 인구와 그 연령별 · 지리적 분포, 인구밀도, 인구의 연간증가(감소)율, 산업노동인구의 비율, 농업인구의 비율, 도시지역인구의 비율(도시화 정도)

(2) 경제개발의 단계 및 산업화의 수준

(3) 사회간접시설, 정보 · 통신시설, 상업하부구조의 충분도

(4) 최근 몇 년간의 공표된 GDP, 실제구매력기준 실질국민소득, 1인당 GDP(GNI)와 추정되는 지하경제의 규모, 및 그들에 대한 미래 전망

(5) 개인소득의 경제 · 사회계층별 분포상황 및 지리적 분포상황

(6) 물가안정성과 인플레이션에 대한 척도—도매물가지수, 소매물가지수, 생산요소별 가격(요율)지수 및 기타의 가격지수

(7) 노동력의 공급량과 질적 수준, 산업별 취업구조, 임금률과 생산성의 관계, 노동력의 노조화율과 노동조합의 경직성 · 유연성 정도

(8) 수출입동향, 직접투자의 유입과 유출 동향, 국제경상수지 및 국제무역수지의 균형 또는 불균형, 외환보유고의 수준, 국제수지정책

(9) 외환시세(환율)의 변동경향, 통화의 안정성과 평가절상 및 평가절하의 가능성

(10) 관세, 수입의 양적 규제, 수출통제, 국경세 등 표면적인 국제무역장애요소 및 비관세장벽 등 이면적인 국제무역 장애요소

(11) 금융제도, 금융 · 재정 · 조세 등에 대한 정책

(12) 정부의 경제 · 기업관련 정책적 합리성과 일관성 여부, 준조세, 부

정부패, 행정능률의 수준

⒀ 외환통제, 자본상환, 이익송금 등 국제자본이동에 대한 제한과 제약

제4절 국가시장별 시장의 규모와 잠재성 분석

1. 국가시장별 시장의 규모와 잠재성을 분석 · 파악하는 일반지침

글로벌경영자들은, 관심 있는 해외시장국들 하나하나에 대해 경제분석을 할 때, 소속 기업체의 제품 · 서비스를 판매할 수 있는 해당 해외시장국의 현재 시장규모 및 잠재성(present market size and potential)을 분석 · 파악해야 하는데, 일반적 지침(general guidelines)은 아래와 같다.

이런 통계는, UN · WTO · IMF · OECD · 해당국가 정부 · 중앙은행 · 국제연구기관 등에서 수집할 수 있다.

1) 인 구 수

⑴ 우선 인구수를 분석 · 파악해야 한다(예증 6-8 참조). ① 기타 모든 조건이 같다고 가정할 때(all other things being equal), 인구수가 많은 국가일수록 좋은 국가시장(national maket)이라고 할 수 있다. ② 그러나 「기타 모든 조건」은 결코 같을 수 없으므로, 인구수만 가지고 국가시장규모를 정확히 측정할 수는 없다.

⑵ 소비재를 예로 든다면, ① 필수품이나 편의품(basic necessities or convenience goods) 등의 국가시장규모를 측정하는 데는, 인구수가 하나의 좋은 지표(a good indicator)가 될 수 있다. ② 그렇지만 사치성소비재나 내구성소비재(consumer luxuries or durable goods)의 경우, 그렇지 못하다.

⑶ 그렇더라도 글로벌경영자는, ① 인구수가 많을수록 국가시장규모가 클 것으로 일단은 가정하고서, 인구수를 기준으로 침투할 국가시장들을 우선 탐색해야 한다. ② 그런 탐색에서는 총인구수가 많은 EU · NAFTA 등

예증 6-8 印 인류 역사상 최대 인구조사－투입 공무원 수만 250만명, 예산 12억5천만 달러 달해

세계 2위 인구 대국인 인도가 12억명에 달할 것으로 추산되는 국민을 대상으로 전면적인 인구조사를 실시한다.

인도 내무부는 2010년 4월 1일부터 2011년 중반까지 '2011년 인구 총조사'를 진행한다.

인도는 1872년부터 10년에 한번씩 인구조사를 실시해 왔다. 인도 정부는 이번 조사를 통해 15세 이상 주민을 대상으로 '전국 인구 등록' 데이터베이스를 구축한 뒤 이를 토대로 주민등록번호를 부여하게 된다.

인류 역사상 최대 규모가 될 이번 인구조사에는 약 12억5000만 달러의 예산이 투입되며 동원되는 공무원 수만 250만명에 달한다.

18개의 서로 다른 언어로 제작된 인구조사 관련 공문을 제작배포하는 데만도 1163만t의 종이가 소비될 것으로 당국은 전망하고 있다.

이번 인구조사에서는 나이와 주소, 언어, 종교 등 정보 이외에 가구별 휴대폰과 컴퓨터 보유 및 인터넷 가입 현황 등 내역이 처음으로 조사 항목에 추가됐다.

인구조사 당국 관계자는 "세계 어디에서도 10억명이 넘는 주민을 상대로 전면적인 인구조사를 실시하려 했던 정부는 없다"면서 "이번 조사는 인류 등장 이래 최대 규모인 것으로 보인다"고 말했다.

자료: FOCUS

지역시장블럭과 FTA에 소속해 있는 일부 국가시장들과 중국 · 인도 · 러시아 · 브라질 등의 국가시장들에 높은 우선순위를 부여해야 한다.

2) 인구성장(하락)률

⑴ 글로벌경영자는 국가시장별로 현재 인구 및 장기인구성장(하락)률 동향도 분석 · 파악해야 한다. 국가별 인구성장률은 연간 마이너스성장(예: 독일, 프랑스 등) 및 0%나 마이너스성장에 가까운 것(예: 한국, 일본 등)으로부터 2~4% 정도(예: 이라크, 이란, 대부분의 아프리카 국가들과 중남미 국가들)에 이르기까지 격차가 크다.

⑵ 현재의 인구 및 인구성장 잠재성을 고려해야 하는 것은, 오늘 글로벌경영 의사결정을 하더라도, 그 효과는 미래에 나타나기 때문이고, 또한

나타나는 효과는 인구성장(하락)률에 의해서도 영향받아 국가시장별로 다르게 나타날 것이기 때문이다.

3) 인구의 연령별 · 지리적 배분

(1) 인구의 연령층별 배분

① 국가시장별 인구의 연령층별 배분도 고려해야 한다(예증 6-7 참조).

② 인간은 인생의 주기(life cycle)에 따라 제품 · 서비스에 대한 니즈(needs) 등이 다르다. 따라서 전체인구가 연령층별로 어떻게 배분되어 있고 배분될 전망인가는, 국가시장별 제품/서비스의 현재 및 미래의 시장수요에 상당한 영향을 미치기 때문이다.

(2) 인구의 지리적 배분

① 국가시장별 인구의 지리적 배분 역시 분석 · 파악해야 한다(예증 6-7 참조). 주어진 인구가 대도시 등 수적으로 제한된 도시지역(urban areas)에 집중되어 있을수록 그리고 집중되는 경향이 심화되고 있을수록(예증 6-2 참조), 글로벌경영자에게는 현지국에서 기업경영을 하는 데 유리한 점이 많기 때문이다.

② 즉, 기타 조건이 같을 경우, 인구밀도 내지 제한된 도시지역에 인구집중도가 높은 국가시장에서 현지비즈니스를 할수록, 매출액 증대 · 코스트절감 · 이익 증대 등 글로벌경영목적을 쉽게 달성할 수 있기 때문이다.

4) 소　득

(1) 소득배분

① 국가시장들의 시장규모를 분석 · 파악할 때는 현재의 및 전망되는 소득배분(income distribution)도 고려해야 한다. ② 1인당 소득액(GNI)은 단순한 평균치에 불과하므로, 대부분의 인구가 벌어들이는 소득액이 평균치에 가까워야만, 즉 중산층이 두터워야만, 시장으로서 잠재성이 커서 글로벌경영자에게 중요한 뜻이 있기 때문이다.

(2) 1인당 소득

① 글로벌경영자는 국가시장별 시장규모를 분석 · 평가할 때, 현재의 및 전망되는 1인당 소득계수를 반드시 활용해야 한다.

② 그렇지만, 아래를 유의하면서 1인당 소득계수를 활용해야 한다.

ⓐ 한 나라의 통화단위로 된 소득계수를 미국달러에 대한 외환율로 나누어서 미국달러로 표시하는 특정 국가의 1인당 소득(per capita income)은, 양국의 외환율이 양국 통화의 상대적 국내구매력을 정확하게 반영할 때에만 정확하고, 그렇지 못할 경우에는 실제 구매력을 반영하지 못한다는 것을 유의해야 한다.

ⓑ 1인당 소득 자체가 이중성을 띠어서, 비교성(comparability)이 별로 없다는 사실도 유의해야 한다.

즉, 개도국들의 실제 구매력(purchasing-power parity basis)과 시장규모는, 미국달러로 표시한 1인당 소득이 가리키는 것보다는 상대적으로 크다고 판단해야 한다. 반대로 선진국들의 구매력과 시장규모는, 1인당 소득이 가리키는 것보다 상대적으로 작다고 판단해야 한다.

ⓒ 1인당 소득이 아무리 높더라도, 이것이 인구수가 적어서(예컨대 유럽중부의 알프스산맥 속에 위치한 Liechtenstein은 인구가 7만여 명 정도임) 나타난 것이라면, 그런 국가시장의 총규모와 잠재성은 작을 수밖에 없다는 것도 유의해야 한다.

ⓓ 청량음료수, 볼펜, 자동차, 재봉틀, 음향제품 등 많은 소비재의 매출액은, 특정 국가시장의 인구 또는 가계수와 상당히 높은 상관관계가 있다. 그러나 산업재 · 자본재 · 무기류 등의 매출액은, 1인당 소득보다는, 특정 국가시장의 산업구조나 GDP와 더 높은 상관관계가 있다는 것도 유의해야 한다.

ⓔ 소득배분이 특정 국가시장의 전지역에 걸쳐 균형적으로 배분되지 않았을 경우, 1인당 소득은 시장규모와 잠재성을 측정하는 데 좋은 자료가 되지 못한다는 사실도 유의해야 한다.

5) GDP

(1) 특정 상품류에 대해서는 1인당 소득보다 GDP가 특정 국가의 현재 및 미래의 시장규모와 잠재성을 가리키는 더 좋은 지표이다. (2) 그러므로 버스 · 트럭 · 강철 · 산업재 · 자본재 · 무기류 등의 제품류를 판매하는 글로벌경영자는, ① 관심 있는 국가시장들을 GDP의 크기 순서로 나열함으로

써, 국가시장별 시장의 규모 및 잠재성에 대한 어떤 암시를 받아야 한다. ② GDP와 1인당 소득계수를 함께 활용하면, 특정 국가의 현재 시장규모 및 잠재성을 더욱 잘 파악할 수 있다. ③ 국가별 비공식/암시장/지하경제의 규모도 동시에 고려해야 한다.

2. 국가시장별 규모와 잠재성을 분석·파악하는 국민경제 특성 분석

글로벌경영자가 관심 있는 국가시장별로 시장의 현재규모와 미래장래성을 심층적(in-depth)으로 분석·파악하려면, 아래와 같이 국민경제의 특성(characteristics of national economy) 역시 분석·파악해야 한다.

1) 부존자원과 자연조건

(1) 부존자원

① 한 국가의 부존자원은 자연이 제공하는 모든 형태의 기존 및 잠재적 부(wealth)로 형성되며, 원유포함 각종 광산물·수력·국토규모·지형·기후 등이 그 예이다.

② 그런 부존/자연자원(natural resources)이 많을수록, 현재나 잠재적으로 좋은 국가시장(예: 러시아·중국·인도·브라질)이다. 그러므로 글로벌경영자는, 관심 있는 국가시장별로 경제지리(economic geography)를 계속 분석·파악하고, 자원외교도 활발히 전개하여, 국가시장별 글로벌경영전략 결정·집행에 활용해야 한다.

(2) 자연조건

① 지 형

ⓐ 지형(topography)은 국토 표면의 모양을 말하는 것으로서 강, 호수, 산림지대, 산악지대, 사막 등을 포함한다. 글로벌경영자의 입장에서 볼 때, 관심 있는 국가시장들의 지형은 현지에서의 생산입지결정·물적유통운영 등 운영적 측면에 상당히 중대한 영향을 미친다.

ⓑ 따라서 국가시장들의 지형을 분석할 때는, 각각의 지형·인구의 집중과 분포·교통시설 등을 나타내는 경제지리를 분석함으로써, 국가시장별 생산입지 등의 결정을 돕고 마케팅과 물적유통문제를 미리 파악하고 예견

할 수 있어야 한다.

② 기 후

ⓐ 기후(climate)에는 보편적으로 온도의 범위 · 바람 · 강우량 · 강설량 · 공기의 건조도 · 습도 등이 포함된다.

ⓑ 기후는 생산활동에 큰 영향을 미친다. 미국과 서유럽 등의 썬벨트(sun-belt)에 생산공장들이 몰리는 것은, 연중 비교적 온화한 기후 때문에 에너지 절약을 할 수 있기 때문인 것이 한 예이다.

ⓒ 기후는 글로벌마케팅 및 국가시장별 현지마케팅을 하는 데, 특히 판매하는 제품에 따라, 더욱 중대한 영향을 미친다. 사실상 기후는 가공식품으로부터 의류 · 주택에 이르기까지 또 가구로부터 레크리에이션용품 · 의약품 등에 이르기까지 광범한 소비재의 연구개발 · 생산 · 마케팅에 막대한 영향을 미친다.

2) 경제발전 단계

(1) 경제발전의 단계(stages of economic growth)/산업화의 단계(stages of industrialization)가 높은 국가들일수록, 일반적으로 현재나 잠재적으로 좋은 시장국들이다. 그러므로 글로벌경영자는 관심 있는 국가시장들이 각기 Walt Rostow 등 개발경제학자들이 제시한 경제발전의 단계들인 ① 전통적 사회(the traditional society), ② 발전준비기(the preconditions for take-off), ③ 발전기(the take-off), ④ 성숙지향기(the desire to maturity), ⑤ 대량소비기(the age of high mass consumption) 중에서 어느 단계에 속하는지를 분석 · 파악해야 한다.

(2) 개발경제학자들에 의하면, ① 국가들은 도달한 경제발전의 단계별로 서로 다른 유형의 경제를, 즉 서로 다른 유형의 생산-유통시스템을, 운영한다는 것이다. ② 따라서 국가시장별로 제공하는 시장의 규모와 유형, 기업경영기회, 경영제약조건 등도 경제발전 단계에 따라서 다를 것이기 때문이다.

3) 사회간접시설의 충분도

(1) 글로벌경영자는 관심 있는 국가시장들이 보유한 사회간접시설의

충분도(adequacy) 역시 분석 · 파악해야 한다. SOC는 산업화 이전(preindustrialization)에 갖추어야 하는 필수적인 전제조건이다.

사회간접시설 내지 경제하부구조(social overhead capital, economic infrastructure)란, ① 개량된 도로 · 수로 · 철도 · 항만 · 공항 등 수송시스템, ② 동력과 에너지 공급시스템, ③ 신문 · 잡지 · 라디오 · TV · 셀폰 · 멀티미디어 등 커뮤니케이션 시스템, ④ 전신 · 전화 · Fax · Internet 등 정보통신시스템 등으로 구성되며, ⑤ 이는 한 나라의 산업화에 필수적인 기반과 경제 · 기업활동을 지원하는 통합된 시설이다.

(2) 그러므로, ① 그런 SOC시설과 서비스의 공급이 양적 · 질적으로 충분할수록, 글로벌경영자와 그 해당 기업체는 국가시장들에서 현지경영활동을 보다 능률적으로 수행할 수 있기 때문이다. ② 만일 충분치 못할 경우에는, 계획하는 현지경영의 규모와 범위를 축소하든지, 특정 국가시장으로의 침투를 단념할 수밖에 없기 때문이다.

4) 상업하부구조의 충분도

글로벌경영자는 그 경영활동에 대단히 중요한 국가시장들의 상업하부구조(commercial infrastructure) 역시 분석 · 파악해야 한다.

상업하부구조란, ① 현지경영활동을 서포트할 수 있는 은행과 같은 금융기관 · 광고대행사 · 유통기구 · 마케팅 리서치기관 · eBusiness기업 등을 말하며, 그 가용성과 질이 문제가 된다. ② 만일에 특정 국가시장의 상업하부구조가 양적으로 부족하고 질적으로 부실할 때는, 글로벌경영자가 현지에서 기업거래를 하고 활동하기 어렵게 만들기 때문이다.

5) 도시화의 정도

(1) 글로벌경영자는 국가시장별로 도시화(urbanization)의 정도 역시 분석 · 파악해야 한다.

(2) 도시화의 정도는, ① 국가시장별 시장의 특성을 나타내는 중요한 요소의 하나이고, ② 국가별로 아직도 차이가 많고, ③ 도시사람들과 농촌사람들의 구매행동 · 라이프스타일 등에 이질성을 초래하는 중요한 요소의 하나이고, ④ 높을수록 좋은 국가시장들이라고 할 수 있기 때문이다. 선진

국일수록, 도시화의 정도가 높다(예증 6-2 참조).

6) 국민경제의 기타특성 분석

(1) 조세구조

① 글로벌경영자는 국가시장별로 조세구조(tax structure)도 분석 · 파악해야 한다. 그 이유는 아래와 같다.

② ⓐ 조세구조가 국가별로 다르고, ⓑ 특정 외국인기업이 어떤 성격의 현지경영활동을 하느냐에 따라서 조세의 영향이 다르고(예컨대, 법인세는 특정 기업체가 해외직접투자를 하여 해외생산자회사의 입지를 결정할 때에 가장 큰 영향을 미치고, 판매세와 물품세(excise taxes)는 현지에서 판매가격을 결정할 때에 가장 큰 영향을 미침), ⓒ 외국인 기업들에게 제공하는 세금 · 관세의 감면, 납세의 유예 등 조세 유인(tax incentives) 역시 국가시장별로 달라서, 외국인 기업들의 현지경영활동에 미치는 조세구조의 영향이 국가시장별로 대단히 호의적일 수도 있고 비호의적일 수도 있기 때문이다.

(2) 준조세, 부정부패, 정부행정능률

① ⓐ 정부기관 · 공무원 · 관료 · 공공기관 · 정당 · 정치인 · 가짜 NGO · 지하깡패조직 등이 기업들로부터 이른바 정치자금 · 기부금 · 떡값 · 사례비 · 뇌물 · 급행료 · 보호비(protection money) 등을 준조세(semi-tax)형태로 뜯어가는 부정부패 행위도, 국가시장별로 분석 · 파악해야 한다(그림 6-2 및 예증 6-4 참조). ⓑ 정부의 부정부패와 행정투명성 · 능률(administrative transparency and efficiency)은 반비례한다는 사실을 염두에 두고, 정부의 행정투명성 · 능률의 정도 역시 국가시장별로 분석 · 파악해야 한다.

② ⓐ 정부와 정당 · 정치인 · 공무원 등이 부패하여 "세금 아닌 세금"인 준조세를 많이 걷어갈수록 그리고 정부행정이 불투명하고 비능률적일수록, ⓑ 그런 국가시장들에서 현지기업활동을 하게 되면 막대할 수도 있는 추가적인 기업활동코스트(additional costs of doing business)를 지출해야 하기 때문이다.

(3) 노동시장의 경직성과 노조의 투쟁성

글로벌경영자는 해외현지 시장의 노동시장의 경직성(rigidity of labor

market)과 노동조합의 투쟁성(combativeness of labor union)도 국가시장별로 분석 · 파악해야 한다(예증 6-9 및 예증 6-10 참조). 그리고서 현지경영에 활용해야 한다.

예증 6-9 민주노총 산하 금속노조 – 자동차 해외생산 막아 국내 일자리 지키겠다니

민주노총 산하 금속노조가 소속 자동차회사 노조들에 2010년 노사협상에서 '국내 · 외 생산비율제 도입'을 요구하라는 지침을 내려보냈다. 금속노조는 지침에서 "조합원 고용 안정과 산업발전을 통한 일자리 창출을 위해 2009년 생산비율을 유지해야 한다"고 주장했다.

현대차는 2009년 생산량 310만여대 중 해외공장 비중이 48.1%였다. 2010년 국내공장 170만대, 해외공장 176만대로 해외공장 비중이 처음으로 국내공장을 앞지르게 된다. 기아차도 미국 조지아 공장 가동으로 해외 생산이 2009년 25.7%에서 30%대로 높아질 전망이다. 금속노조는 현대 · 기아차의 해외생산을 2009년 수준으로 끌어내리고 앞으로도 더 늘리지 못하도록 하겠다는 것이다.

현대차는 2009년에 세계 자동차 업계에서 가장 많은 2조2350억원의 영업이익을 냈다. 세계시장 점유율도 2008년 4.4%에서 5.2%로 높아졌다. 세계경제 침체 속에서 현대차가 선전(善戰)한 데는 중국과 인도 현지 공장을 비롯한 해외공장의 힘이 컸다. 현대차는 2009년에 중국 시장 판매가 94% 늘어나며 점유율 4위로 뛰어올랐고, 인도 시장에선 점유율 20.6%로 2위에 올라섰다.

자동차 해외공장 설립은 통상마찰을 피하고, 물류 수송비를 줄이고, 시장을 확보하기 위해서다. 특히 급성장하고 있는 신흥시장국 시장은 관세 장벽이 높아 완성차를 갖고 들어가기 힘들다. 현지에 조립공장을 세우고 부품을 수출하는 게 훨씬 문이 넓다. 그게 세계 자동차 업계의 치열한 생존경쟁에서 살아남을 수 있는 길이다. GM · 폴크스바겐 · 혼다 등은 이미 오래전에 해외생산 비중이 60%를 넘었다. 도요타도 해외 비중을 50%대로 끌어올렸다. 해외공장을 세우지 않으면 국내 일자리가 늘어나는 게 아니라 세계시장 경쟁에서 밀려나 지금 있는 일자리조차 지키지 못하게 될 상황이다.

현대 · 기아차가 해외로 나갈 수밖에 없는 이유 중엔 노조가 연례행사처럼 파업을 벌이고 자동차 판매상황에 따른 생산라인 전환과 인력 재배치도 가로막으며 사사건건 회사를 골병들게 해온 탓도 있다. 금속노조는 해외생산 제한 같은 억지가 국내 일자리를 더욱 위험에 빠뜨리고 있다는 사실을 깨달아야 한다.

자료: 조선일보

예증 6-10 '금속노조 총파업' 현대차 노조 거부 – 찬성률 역대 최저 38%에 그쳐

현대자동차 노조가 상급단체 금속노조의 총파업에 동참하지 않기로 결정했다.

현대차 관계자는 2010년 4월 23일 "21~22일 울산공장 등 전국 공장에서 전체 조합원 4만3800여 명을 대상으로 금속노조가 결정한 총파업에 동참할지 여부를 묻는 찬반투표를 실시한 결과, 재적 대비 찬성률이 절반을 넘지 않아 부결됐다"고 말했다. 찬성률은 역대 최저인 38%에 그쳤다.

금속노조는 최근 전임자 임금지급 금지 등과 관련해 특별단체교섭이 제대로 이뤄지지 않는다며 2010년 4월 28일 총파업돌입을 결정했다. 하지만 금속노조 조합원의 30%를 차지하는 현대차 노조가 파업을 거부함으로써 금속노조의 파업 추진동력이 현저히 떨어졌다.

현대차 노조의 파업 찬반투표가 부결된 것은 2008년 미국 쇠고기 재협상 등을 촉구하는 민주노총의 정치파업 찬반투표에 이어 두 번째다. 찬성률이 40%에 못 미친 경우는 1987년 노조 출범 후 처음 있는 일이다.

현대차노조 관계자는 "정치파업에 돌입하는 것에 대해 조합원의 거부감이 강했던 것 같다"고 말했다.

2009년 출범한 중도 성향의 현대차노조 집행부는 15년 만에 무분규 임금협상 타결을 이뤄내는 등 종전과는 다른 모습을 보이고 있다. 현대차노조는 2009년 민주노총이 구조조정 등에 반대해 추진한 상경투쟁에도 불참했다.

자료: 중앙일보

(4) 인플레이션율과 외환율

① 인플레이션율과 외환율도 국가시장별로 분석 · 파악해야 한다.

② 각기 고유한 금융제도와 독자적인 금융정책을 채택하고 있어서 국가시장별로 재정환경이 다르다. 그래서 인플레이션율과 외환율의 변동 역시 다르게 마련이어서, 특정 외국인기업이 자본 · 제품 · 서비스 등을 국경을 초월하여 이동시키는 데, 현지경영활동 관련 코스트통제 · 가격책정을 하는 데 등에 미치는 영향이 국가시장별로 다를 것이기 때문이다.

(5) 경제 · 기업활동에 대한 정부의 역할과 개입

① 경제 · 기업활동에 관한 현지국 정부의 역할과 개입도 국가시장별로 분석 · 파악해야 한다.

② 정부의 경제적 · 기업 역할이, 과거/현재 공산국들에서와 같이 정부가 직접적으로 경제활동에 참여하는 것이냐 또는 선진국들에서와 같이 경제적 자유를 최대한 보장하면서 경제활동은 민간기업에게 맡기고 정부는 최소한의 규제만 하는 것이냐에 따라서, 국가시장별로 경영환경과 현지 경영 등에 상당히 좋고 나쁜 영향을 미치기 때문이다.

(6) 외국인기업 침투 정도

① 글로벌경영자는 관심 있는 국가시장별로, ⓐ 외국인기업들이 얼마나 많이 침투해 있는지, ⓑ 그들이 어떤 제품 · 서비스를 수입만 하는지, 현지 마케팅활동만 하는지 또는 현지생산활동 등도 하는지, ⓒ 어떤 제품 · 서비스 분야의 시장을 어느 정도 점유하고 있는지, ⓓ 어떠한 경쟁우위를 확보하고 활용하고 있는지 등도 분석 · 파악해야 한다.

② 글로벌경영자는, 그런 자료로부터, 국가시장별로 정부와 국민이 외국인기업들에게 어떠한 정책과 태도를 취하는지를 암시받을 수 있어서, 그것을 참고로 보다 적절한 국가시장별 침투전략과 운영전략을 결정하여 집행할 수 있기 때문이다.

제5절 국가시장별 기업시스템과 경쟁환경 분석

1. 국가시장별 기업시스템과 기업구조 분석

(1) 글로벌경영자는 침투하는 국가시장별로 기업시스템(enterprise system)과 기업구조(business structure)에 대해서도, 분석 · 파악해야 한다.

글로벌경영자는 국가시장들의 기업시스템과 기업구조의 테두리 속에서 다른 내국인 및 외국인 기업들과 협력하고 경쟁하면서 현지경영활동을 해야 하기 때문이다.

(2) 글로벌경영자는 아래의 관련 "키"환경요소들을 바탕으로 국가시장별 기업시스템과 기업구조를 분석 · 파악해야 한다.

① 해당 국가시장의 주된 비즈니스철학 : 자유기업주의, 혼합자본주의, 계획경제, 국가사회주의, 국가자본주의 중 어느 하나인지
② 주요산업 및 경제활동의 규모와 유형
③ 주식회사 · 개인기업 등 법률적 유형별 기업의 수와 규모
④ 현지인들의 기업소유 유형들(공기업, 사기업, 가족기업, 공개주식회사)
⑤ 주요산업에 속하는 외국인 기업의 소유 유형들(단독투자, 합작투자)
⑥ 현지기업문화
⑦ 가용한 현지인 총노동력 및 경영자 : 전체 노동인구 중 경영자/관리자의 비중, 그들의 교육, 훈련, 경험, 직업패턴, 태도, 명성, 임금 및 연봉, 근로시간, 노동인구의 조합화율 및 노동조합의 경직성 정도
⑧ 경제단체들의 성격과 정부 · NGO 등에 미치는 영향력 정도
⑨ 공식적 및 비공식적 기업/경영 윤리요강
⑩ 마케팅기구 : 유통업체, 대리점, 도매상, 소매상, 백화점 · 연쇄수퍼마켓 · GMS · CVS · 할인점 등 신유통기구, 텔레마케팅 · eBusiness · eMarketing 등 최첨단 유통기구, 광고대행사, 광고매체, 마케팅조사 및 기타 분야의 전문서비스기관
⑪ 경영활동을 지원하는 금융 등 서비스 기구 : 상업은행, 투자은행, 증권회사, 기타 금융기관, 자본시장, 외환거래상, 보험회사, 컨설팅기업, 엔지니어링기업 등
⑫ 기업들이 활용하는 경영관리과정, 회계, 예산, 통제 등의 실무처리방법

2. 국가시장별 경쟁환경 및 경쟁력 분석

(1) 글로벌경영자는 ① 침투하고자 하는 국가시장들을 평가하고 실제로 선정할 때에, ② 국가시장별로 활용하는 침투전략과 운영전략을 새로이 결정하고 또 개선할 때에, ③ 국가시장별로 현지경영활동을 전개하기 시작한 후에도, 국가시장별로 ⓐ 전반적인 경쟁환경을 분석하고, ⓑ 自社와 경쟁업체들의 강점과 취약점을 상호비교하는 경쟁력 평가(competitiveness audit)를 지속적으로 실시해야 한다.

(2) 경쟁력 평가에는 자사와 경쟁업체들간의 매출액 · 이익액 · 시장점유율 · 경쟁력기반 등을 기준으로 하는 실적 차이분석(performance difference analysis)을 위시한 아래의 분석들을 포함시키고, 그 평가결과를 바탕으로 글로벌경영자는 자사의, 국가시장별 현지 경쟁력을 계속 증강시키는 전략을 강구해야 한다.

① 자사가 표적시장들(target markets)로 삼는 지역시장들과 국가시장들의 컨셉트(concept)를 정립

② 지역시장들과 국가시장들 내의 자사가 소속한 해당 산업의 구조 및 동향에 대한 분석

ⓐ 주요제품을 포함한 해당 산업의 정의(definition)

ⓑ 해당 산업의 규모와 범주(scale and scope) 분석

ⓒ 주요생산제품의 가치와 양 및 그 증가율, 수입, 수출, 국내소비 분석

ⓓ 자재, 부품, 중간재 및 자본재의 최종사용량 분석

ⓔ 해당 산업의 기술발전단계 분석

ⓕ 제품수명주기와 신제품개발의 속도 분석

ⓖ 정부정책과 법률이 해당 산업에 미치는 영향 분석

③ 주요 경쟁기업들(기존 및 잠재적)에 대한 분석

ⓐ 대표적인 경쟁기업들(한국, 현지국 및 제 3 국 계통)의 명시

ⓑ 제조, 라이슨싱, 수출, 수입, 기타 전략을 혼합활용하는지 등 경쟁기업들의 운영형태 분석

ⓒ 활용하는 유통경로와 판매조직 분석

ⓓ 광고와 판매촉진 분석

ⓔ 브랜드 네임의 시장기반 구축 정도 분석

ⓕ 가격정책 분석

ⓖ 제조활동의 생산성 및 능률 분석

ⓗ 재무적 강점과 능력 분석

ⓘ 임직원의 능력, 경영관리의 효율성 및 노조에 대한 정책 분석

④ 자사(이미 진입하고 있을 경우)와 주요 경쟁기업들간의 실적 차이분석

ⓐ 매출액의 신장률 차이분석

ⓑ 주요제품의 시장침투 정도 차이분석

ⓒ 시장의 개발 속도 및 침투 차이분석

ⓓ 제품믹스의 폭과 길이 차이분석

ⓔ 유통경로와 판매조직 차이분석

ⓕ 판매전 및 판매후 서비싱(presale/postsale servicing), 신용(외상)조건, 물류서비스 차이분석

ⓖ 광고, 기타 방법의 촉진, 브랜드 네임의 시장기반 구축 정도 차이분석

ⓗ 가격정책 차이분석

ⓘ 판매 및 투자의 회수율 차이분석

⑤ 자사와 주요경쟁기업들간에 실적 차이가 발생하는 중요한 이유의 분석 · 파악

⑥ 자사와 기존/잠재적 경쟁기업들간의 계획 · 전략 · 주요 프로그램 차이분석

ⓐ 마케팅 차이분석

ⓑ 생산과 「로지스틱스」(물적공급과 물적유통) 차이분석

ⓒ 인적자원관리와 노사관계 차이분석

ⓓ 재무관리 차이분석

ⓔ 경영자개발을 포함한 경영관리 차이분석

CHAPTER07

국가시장별 정부-정치-법률 환경이 글로벌경영에 미치는 영향

제1절 국가시장들의 정부-정치-법률 환경을 형성하는 공통적 "키"요소들

글로벌경영자들은, 관심 있는 국가시장별로 정부-정치-법률 환경(governmental-political-legal environment)도 분석 · 파악하고서, 국가시장별 침투전략 및 현지 운영전략 결정 · 집행에 반영시켜야 한다.

어느 국가시장을 대상으로 해서나 분석 · 파악해야 하는 정부-정치-법률 환경의 공통적인 "키"요소들은 아래와 같다.

(1) 특정 현지국이 채택하고 있는 정치 · 경제체제의 유형 : 자유시장경제(예, 선진국들), 혼합경제/정부주도형 경제(예, 중국보다 사회주의 경향이 많은 한국), 국가자본주의(예, 시장자본주의로 빠르게 이동하면서 고도경제성장을 실현하고 있는 중국), 명령경제(예, 북한) 등

(2) 채택하고 있는 정치철학 : 패권주의(예, 중국), 국가주의(중앙정부/연방 수준의 거의 모든 국가들), 민족주의(한 나라가 여러 민족들로 구성되어 있을 경우), 지역주의(예, EU, NAFTA, ASEAN), 세계경찰 역할(예, 미국) 등

(3) 채택하고 있는 국가이념(경제발전, 개혁과 개방, 북한 같은 주체적〈자급

자족적인〉 경제운용 등) 사상

(4) 정부의 안정성, 다음에 의해 결정되는

① 정부(정권)의 변동/교체 빈도와 교체되는 방법 · 이유

② 선진국들에서와 같이 역사가 오래된 주요정당들이 있다면, 그들의 철학과 정책

③ 우리나라 포함 신흥공업국 · 개도국에서와 같이 기존 정당(지역 · 민족 등에 바탕한 정치집단)들간의 관계변화 또는 정치집단들의 헤쳐모여를 통한 정권창출 빈도

④ 불법적인 무질서 행동, 데모, 폭력, 폭동, 쿠데타, 내전 등이 발생하는 빈도

(5) 정치적 환경과 법률제정에 영향을 미칠 수 있는 ① 국가주의 · 민족주의 · 인종적 종족주의와 부족주의, ② 학연 · 지연 · 혈연 · 직업 등 connection과 관계(relationship)에 바탕한 이해집단, ③ 소비자보호단체 · 환경보호단체 등 사회행동단체/비정부단체(NGO) 등이 일으키는 사회적 갈등에 대한 평가(예증 7-1 참조).

예증 7-1 주요국가별 사회갈등지수

미국 하버드대 경제학 교수인 댄 로드릭(Rodrik)은 갈등관리 능력을 사회발전의 최우선 요소로 꼽았다. 민주주의 성숙도, 합의 도출 제도, 정부의 정책실행 능력 등이 여기에 포함된다. 그림은 로드릭 모델을 응용한 사회갈등지수이다. 여기서 한국은 필리핀 · 태국 · 터키 · 인도 등 사회갈등이 심각한 나라들 바로 옆에 붙어 있다.

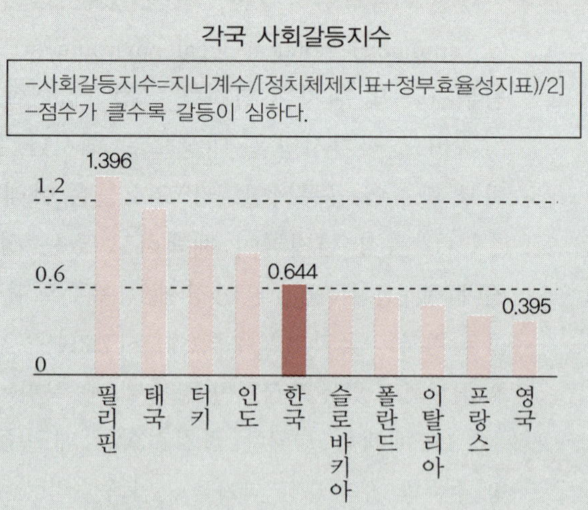

자료: 삼성경제연구소의 보고서를 참조하여 새로 측정

선진국의 경험이 말해주

듯, 사회통합 증진의 조건은 ▲사회투명성 제고 ▲반(反)부패 개혁 ▲노블레스 오블리주 정착 ▲공정사회와 법치주의 확립 ▲사회적 신뢰 제고 등이다.

자료: 조선일보

(6) 글로벌화와 정치적 자유·투명도에 바탕한 정치적 강점·취약성에 대한 평가(그림 7-1 참조)

① 외국인기업과 그 자산을 수용 또는 국유화할 가능성

② 외국인기업에게 비호의적이고 차별적인 법률과 조세정책을 제정할 가능성

③ 외국인기업에게 적용하는 비호의적인 노동관계의 법률과 정책

(7) 호의적인 정치적 측면에 대한 평가(그림 7-1 참조)

① 외국인투자를 유치하고 장려할 목적으로 제공하는 재정적·행정적 유인 및 기타 편익

② 외국인기업에 대한 금융신용의 제공과 비국유화 보장 등 보장제도

그림 7-1 글로벌화된 나라일수록 정치가 깨끗하고 투명도가 높음

글로벌화와 정치적 자유·투명도 관계

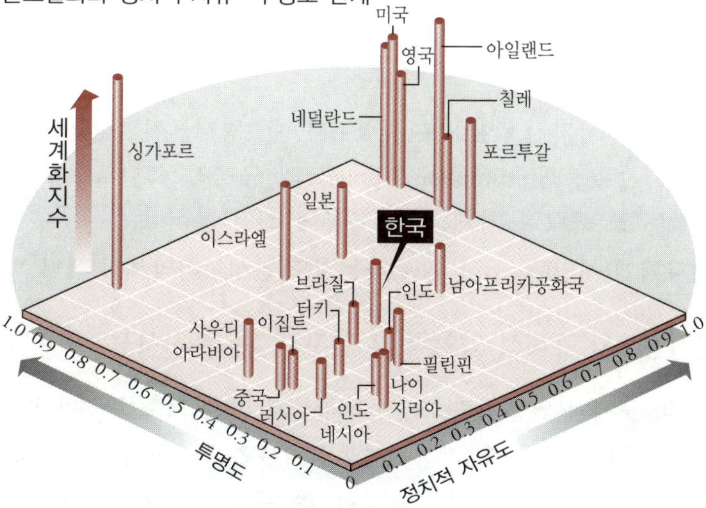

62개 주요국 세계화지수(GI)

GI 순위 (전년대비 변화)	국명
1	싱가포르
2	아일랜드
3	스위스
4	미국
5	네덜란드
6	캐나다
7	덴마크
8	스웨덴
9	오스트리아
10	핀란드
12	영국
18	프랑스
21	독일
28	일본
30	한국
52	러시아
54	중국

자료: Foreign Policy 잡지.

(8) 법체제, 상법 등의 차이점

(9) 기업거래와 관련된 법적 분규시의 관할권

(10) 반트러스트법과 공정거래, 경쟁 등에 대한 규칙

(11) 중재에 대한 규정과 그 집행

(12) 특허권, 등록브랜드, 기업비밀 및 기타 지적재산권의 보호에 대한 법률과 규정

(13) 환경보호, 소비자보호, 공업표준, 기업/경영 윤리, 反부패와 돈세탁 등에 대한 법률과 규정

제2절 국가시장별 정부-정치 환경분석 및 그 글로벌경영 용도

글로벌경영자들은, 국가시장별 정부-정치 환경을 구성하는 아래 주요 요소들을 심층적으로 분석 · 파악하고서, 국가시장별 침투전략 및 현지운영 전략을 결정 · 집행하는 데 반영시켜야 한다.

1. 경제 · 기업활동에 대한 국가시장정부의 역할/개입

글로벌경영자들은 국가시장별로 현지정부가, ① 경제 · 기업활동에 대해 어떤 비중으로 진흥정책(promotional policy)과 규제적 역할(regulatory role)을 담당하는지, ② 아니면 경제 · 기업활동에 직접 참여(directly participation)하거나 지나치게 개입(overly involve)하는지도 분석 · 파악해야 한다.

1) 국가시장 현지정부의 규제적 역할과 그 현지기업활동 시사점

(1) 현지정부의 규제적 역할이란, ① 선진국들과 많은 고소득 신흥공업국들에서 볼 수 있듯이, 철도 · 전기 · 정보통신 · 우편 등 공익기업(public utilities)을 제외한 또는 공익기업까지도 포함한, ② 주요 생산요소들과 모든 기업들은 私的개인과 私有기업들이 소유 · 운영하고, ③ 정부는 공익(public

interest)을 도모할 목적으로 시장독점 · 불공정거래 · 불공정경쟁행위 등을 하지 못하도록 기업들을 규제하는 역할만 수행하는 것을 말한다.

(2) 오래 전부터 기업들의 경제 · 기업활동을 이미 자유화(liberalization)시켜 온 미국 등 선진국정부들일수록, 최근에는 기업들에 대한 규제자 역할을 지속적으로 대폭 축소시키고 있다. 즉, 선진국들은 기업들에 대한 지속적인 탈규제(de-regulation)를 통하여 기업들에게 경제-기업 자유(economic-business freedom)를 더욱더 부여하고 있다는 뜻이다.

(3) 그러므로 그런 선진국시장들에서는, 외국인기업들이 자유롭게 침투도 하고 현지기업활동을 할 수 있다. 그래서 외국인기업들로서는 기타 모든 조건이 같다면, 그런 선진국시장들에 침투하여 기업활동을 하는 것이 바람직하다.

2) 국가시장 현지정부의 참여적 역할/개입과 그 현지기업활동 시사점

(1) 대조적으로 국가시장 현지정부의 참여적 역할(participatory role)이란, ① 국가시장 정부들이 주요 생산요소들과 기업들을 직접 소유하거나, ② 정부기관들을 통하여 기업활동에 직접 참여하는 것을 말한다. 공산주의 이념에 근거한 그런 현상은, 과거에 주로 공산국가들에서나 찾아볼 수 있었다.

(2) 21세기초 현재까지는 북한을 제외하고, 과거의 공산국가들 대부분은, ① 1990년대부터 현재까지도 개혁과 개방을 내세워 정치적 민주주의와 시장체제화(marketization)를 추구하면서 일부나마 정부기업들의 민영화(privatization)를 추진중이긴 하다. ② 동시에 기업활동에 대한 통제와 규제(control and regulation)를 축소시키는 노력을 추진중이긴 하다. ③ 그렇지만 추진성과는 국가별로 차이가 많아서, 아직도 중국 · 러시아 · 베트남 등 과거의 공산국가들 중에는 정부(중앙정부 · 지방정부 · 군대 등)의 경제 · 기업 참여 정도가 높은 데가 많은 실정이다.

(3) ① 일부 신흥공업국들과 대부분의 개도국들에서는 정부의 경제 · 기업 참여가 훨씬 적은 편이지만, 그들간에도 참여 정도에는 차이가 많다. ② 정부가, 경제 · 기업활동에 적게 참여하더라도, 私有기업들의 기업활동을 지나치게 간섭하거나 이면적으로는 명령 · 지시형태로 사유기업들의 주

요의사결정에 실제로 개입(involve)하는 경우도 많다. ③ 여전히 官治경제 · 官治금융 등에서 못 벗어나고 있는 한국이 그 예이다.

(4) 그러므로 경제 · 기업활동에 대한 현지정부의 참여도나 개입도가 높고 또한 불공정하게 기업규제를 많이 하여 정부의 행정능률은 낮고 부정부패는 많은 국가시장들일수록, 외국인기업들의 입장에서는 ① 현지기업활동을 하기가 어렵고, ② 현지기업활동비용 역시 많이 들 것이 뻔하기 때문에, ③ 침투하는 데 신중을 기해야 할 것이다.

2. 외국인기업이 국가시장정부의 지나친 규제/간섭/개입을 우려하는 이유

특정 국가시장의 현지정부가 현지기업활동을 지배하거나 지나치게 규제/간섭/개입하는 데 대하여, 외국인기업들과 그 글로벌경영자들이 ① 우려하고 ② 또한 조심스럽게 침투결정을 하고, ③ 일단 침투한 후에도 조심스럽게 현지기업활동을 전개하고, 최악의 경우에는 철수까지도 해야 하는 이유를 예를 들어 제시하면 아래와 같다.

(1) 예컨대, 담배 · 정보통신 등의 특수업종이 정부기관/정부기업/공기업만의 영역으로 되어 있으면, 외국인기업들은 이들 업종에 참여할 수가 없기 때문이다.

(2) 현지정부가 외국인기업에게 합작투자만을 허용할 경우, ① 적합한 현지민간기업 파트너를 구할 수 없어서 정부기관/정부기업/공기업을 현지파트너로 삼고 합작투자를 해야 할 때에, ② 현지파트너의 관료주의적인 부패와 행동 때문에 현지합작투자기업의 운영이 난항을 거듭할 수도 있기 때문이다.

(3) 현지정부가 법 · 정책 등을 동원하여 현지기업활동을 통제(control)에 가까울 정도로 규제할 경우, 외국인기업이든 현지국기업이든간에, 자율적이고 합리적인 의사결정과 집행을 할 수 없기 때문이다.

(4) 현지기업활동에 대한 현지정부의 부정부패를 수반하는 지나친 행정지도 · 개입 · 간섭 · 차별 등도, 특히 외국인기업의 현지투자활동과 현지투자기업운영에 비호의적인 영향을 미치기 때문이다(예증 7-2 참조).

예증 7-2 개도국 부정축재로 年200억~400억 달러 증발

인도양의 몰디브는 청정 관광지로 유명하다. 하지만 30년 독재가 낳은 부패는 악취를 풍긴다. 마우문 압둘 가윰 전 대통령은 2008년 민주선거로 밀려나기 전까지 6회 연속 일당선거에서 승리하면서 국정을 농단했다. 2009년 감사보고서를 보면, 대통령은 독일제 호화 요트를 장만하는 데 950만 달러를, 대통령궁과 사저 보수에 170만 달러를 썼다. 수영장은 바닷물로 채웠고 고속정 11척에 자동차는 55대가 넘는다. 부인은 2007년 7만 달러짜리 두바이 여행을 했다. 손자가 쓸 기저귀를 영국에서 공수해 오기도 했다. 국민 1인 소득은 3932달러(세계 152위)인 이 나라에서 독재자의 부정축재로 4억 달러가 증발했다.

몰디브뿐만이 아니다. 개도국에서 부패로 사라지는 돈은 연간 200억~400억 달러에 이른다고 유엔은 추산한다. 개도국에 붓는 국제지원금의 15~30%에 해당한다.

자료: 조선일보

(5) ① 어떠한 법 · 정책 · 행정지도 등을 근거로 해서든지, ② 또는 법적 근거가 없더라도 공무원의 재량권 남용으로, ③ 현지정부(지방정부 · 군대 포함)가 기업들을 많이 통제하고 규제할수록, ④ 그 정부의 행정은 투명성(transparency)이 부족하고 비능률적이고 부정부패는 심한 경향(tendency)이 있기 때문이다(예증 7-2 참조).

3. 국가시장별 정치적 안정성 분석 · 평가 기준

1) 정치적 안정성의 평가기준

(1) ① 재무적 리스크가 작은 상품수출을 할 때도, ② 더군다나 막대한 해외직접투자로 대규모 해외프로젝트들(생산공장, 발전소 등)을 전개하려 할 때는, 표적국가시장들의 정치적 환경의 안정성(stability of political environment)을 철저히 분석 · 평가 · 파악하고서 고려에 넣어야 한다.

(2) 안정성이란, 변화(change)가 없이는 발전(progress) 역시 있을 수 없으므로, 변화는 있어야 하되 그 변화는 점차적(gradual)이고 비폭력적(non-violent)이어야 한다는 뜻이다. 즉 change for progress, not regress이어야

예증 7-3 태국 불안한 정국 때문에 인텔 5억 달러 공장 베트남에 뺏겼다

세계 최대 반도체 업체인 인텔이 태국에 대한 5억 달러(약 5000억원) 규모의 투자계획을 접고 베트남으로 발길을 돌렸다. 탁신 친나왓 총리(결국 2006년 9월 19일 군부 쿠데타로 물러남)의 퇴진을 요구하는 시위가 거의 매일같이 계속돼 정정이 불안하다는 게 가장 큰 이유다. 여기에 시위대가 반기업 정서까지 보이자 인텔은 태국에 직접투자하려는 원래 계획을 취소하고 베트남에 투자를 시작했다. 당황한 태국 경제계는 "정치가 경제를 죽인다"며 타협을 요구하고 나섰지만 인텔은 이미 떠난 후였다. 위와는 반대로 2009~2010년에는 해외망명중인 전 총리인 탁신을 다시 총리직에 앉히라는 데모가 대대적으로 발생한 바 있다.

자료: 각종 일간지

한다. 그 이유는 아래와 같다.

① 정치적 불안정성(political instability)이 지속되는 국가시장들에서는, 경제 · 기업 · 사회 및 기타분야에 걸친 안정성을 기대할 수도 없고, 또한 발전 역시 기대하기도 어렵기 때문이다(예증 7-3 참조).

② 또한 정치 · 법적 환경변수가 급작스럽게 또는 폭력적으로(violently) 변화하는 국가시장들에서는, 아무리 잘 수립된 외국인기업들의 침투전략과 현지운영전략일지라도 효력을 상실하기 때문이다(예증 7-3 참조).

⑶ 거의 모든 선진국들은 정치적 안정도가 높다. 그러므로 정치적 안정성의 분석 · 평가는 아래 요소들을 기준으로 주로 동남아 · 서남아 · 중동 · 중미 · 아프리카 등의 신흥공업국들 및 개도국시장들과 과거와 현재의 몇몇 공산/사회주의 국가시장들을 대상으로 실시해야 한다.

(1) 정권교체의 빈도

① 표적국가시장의 정권(정부, 집권당, 기타 집권집단) 교체의 빈도를 우선 평가해야 한다. 평화로운 정권교체 등 어느 정도의 정치적 환경변화는 적응하기가 비교적 쉬워서, 외국인기업들과 그 글로벌경영자들에게 크게 문제가 되지 않는다.

② 그러나 아프가니스탄 · 이라크 · 소말리아 등 여러 중동 · 중앙아프리카 국가들에서와 같이 정치적 환경이 혁명적으로/무질서하게 변화할 경

우, ⓐ 현지기업에 영향을 미치는 정치적 환경의 변화가 더욱 급격해져서, ⓑ 외국인기업들에 대한 정부 정책과 행동이 오락가락하는 식으로 크게 달라질 수 있기 때문이다. ⓒ 최악의 경우, 외국인기업들의 현지기업활동을 완전히 폐지시킬 수도 있기 때문이다. 또 외국인기업들을 몰수할 수도 있기 때문이다.

(2) 폭력 · 분쟁 · 시위 · 내전 등의 빈도와 심각성

① 표적국가시장의 정치적 안정성을 평가할 때는, 내전 · 폭력 · 분쟁 · 데몬스트레이션 등의 발생 빈도와 심각성 역시 고려에 넣어야 한다. ② 그런 것들이 지나치게 자주 그리고 심각하게 발생하면, 정치적 불안의 요인이 될 수 있기 때문이다. ③ 그래서 결과적으로 신규 외국인 투자 유치는 거의 불가능할 뿐만 아니라 이미 침투하고 있는 외국인기업들의 현지비즈니스활동에 악의적인 영향을 미치기 때문이다(예증 7-4 참고).

(3) 문화적 분단의 심각성

① 어느 나라든지 심하게 문화적으로 분단되어 있으면(즉 이질성이 지나치게 많으면), 정치적 불안정의 요인이 된다. ⓐ 즉, 표적국가시장 내에 복

예증 7-4 세계 10대 테러 발생국가 사망자

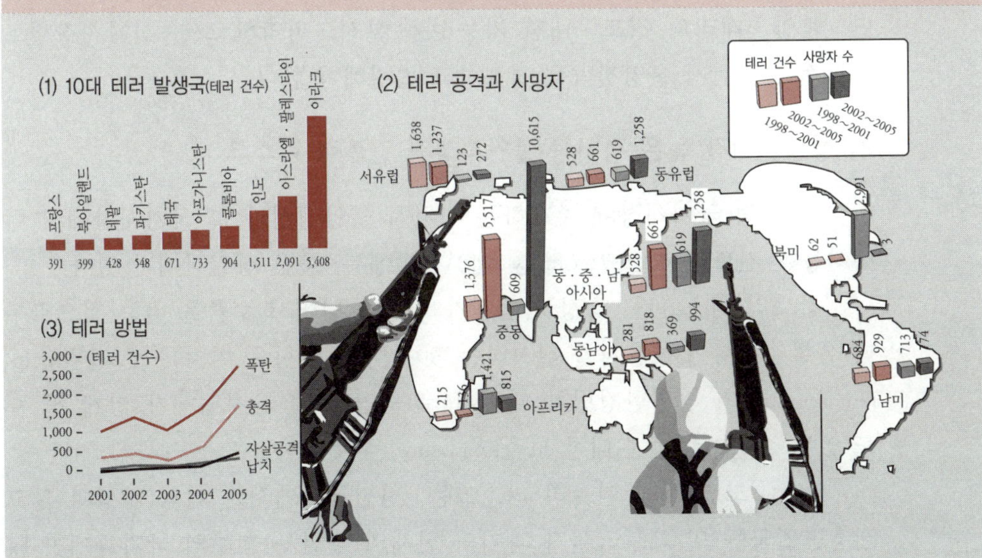

자료: 포린폴리시.

수의 인종 · 민족 · 부족(tribe) · 언어 · 종교 등이 존재하고 그들간에 지나치게 이질성과 적대성이 많을수록, 충돌의 요인을 안고 있어 정치적 불안상태 내지는 내전까지도 발생케 할 수 있다. ⓑ 한국과 같이 국토가 남북으로 분단되어 있을 때도, 마찬가지이다.

② 그러므로, 국가시장별로 그런 정치적 불안상태 발생가능성을 분석 · 파악해야 하는 이유는, 불안상태가 실제로 발생할 경우, 외국인기업들의 순조로운 현지기업활동을 저해 내지 배제하는 작용을 할 수도 있기 때문이다.

(4) 복수종교의 존재와 종교간 갈등

① 표적국가시장의 정치적 분단과 불안정의 마지막 요인은 종교이다. 북아일랜드에서 때때로 일어나는 신교도 · 천주교도간의 폭력사태도 바탕은 종교이다. 이스라엘과 레바논 · 팔레스타인 사이의 분쟁과 전쟁, 이라크 · 아프카니스탄 등에서 지속되고 있는 이슬람 종파간의 내전과 테러, 1980년대에 있었던 이란과 이라크 사이의 전쟁, 구유고슬라비아 연방내의 내전, 구소련연방에서 독립한 일부 국가들과 러시아간의 분쟁 등에는, 종교적 요인이 크게 작용하였거나 작용하고 있다(예증 7-4 참고).

② 그러므로 국가시장별로 복수종교의 존재 및 그에 따른 정치적 분단 · 불안 · 테러의 정도 · 내전 가능성을 분석 · 파악하고서, 국가시장별로 침투전략과 현지 운영전략을 결정하고 집행해야 한다.

2) 상관관계가 높은 정치적 불안정성과 컨트리 리스크

(1) 특정 국가시장에 존재하는 정치적 불안정성과 그 국가시장에서 발생가능한 컨트리 리스크(country risk) 사이에는, 높은 상관관계가 있다.

컨트리 리스크란, 특정 기업체가 국경을 넘어서 수출을 하는 것으로부터 유형 · 무형의 투융자를 실시하는 것에 대해 영향을 미치는 受入國(recipient country)의 경영환경변화 때문에, 수출업체 · 투융자업체가 입게 될 수도 있는 손실가능성에 대한 노출(exposure)을 뜻한다.

(2) ① 그런 뜻의 컨트리 리스크는, 선진국들에서는 거의 발생치 않고 신흥공업국들 및 개도국들과 과거와 현재의 공산/사회주의 국가들에만 많이 발생한다. 선진국들에서는 주로 기업활동에 내재된 리스크(built-in risk)

인 비즈니스 리스크(business risk)만이 발생한다. ② 그러므로 글로벌경영자들은 신흥공업국들 및 개도국시장들과 과거와 현재의 공산/사회주의 국가시장들을 대상으로 해서만 비즈니스 리스크 및 컨트리 리스크 분석을 실시하여, 국가시장별 침투전략과 현지운영전략 결정 · 집행에 반영시켜야 한다.

4. 국가시장별 정치적 환경변화에 대한 글로벌경영자들의 대응책

(1) 국가시장별로 상이한 국내정치적 환경(different internal political environment)은 기업-정부관계(business-government relationship)에 상이한 영향을 미친다. 때문에 외국인기업의 글로벌경영자들은 ① 어떤 국가시장들에 침투할 것인가를, ② 어떤 국가시장들에서 어떤 형태의 운영전략을 활용할 것인가를, ③ 그런 형태의 운영전략을 계속 활용할 것인가 여부, ④ 이미 침투하고 운영중인 해외시장국들에서의 운영규모를 축소 내지 철수할 것인지 등을 결정할 때, 국가시장별 정치적 환경을 반드시 분석 · 파악하여 고려에 넣어야 한다.

(2) 또한 글로벌경영자들은 그런 분석 · 파악을 토대로, 국가시장별 국내정치적 환경에서 비롯되는 문제들에 대해 반드시 아래와 같은 대응책을 강구해야 한다.

1) 정치적 환경에 대한 정확한 정보의 수집 · 분석

(1) 글로벌경영자들은 해당 국가시장들의 정치적 환경 및 그 변화에 대한 정보를 지속적으로 수집 · 분석함으로써, 정확한 사실판단을 하는 것이 가장 우선적인 대응책이다.

(2) 그런 사실판단은, ① 일상적 경영조사를 통하여 수집한 자료와 정보만 가지고는 불충분하며, ② 회사자체의 첩보 전문부서 · 외부의 첩보제공기업, 첩보 고문 등을 활용하는 군사적 환경을 포함한 정치적 환경에 대한 특수한 조사를 통하여 수집한 자료와 정보에 근거를 두어야 한다(예증 7-5 참조).

예증 7-5 '평화 순위' 南 43위 · 北 139위

2009년보다 10 · 8계단씩 하락 뉴질랜드 1위, 이라크 꼴찌

세계는 2009년보다 덜 평화로워졌고, 한반도의 긴장은 고조됐다.

영국의 경제평화연구소(IEP)와 이코노미스트 인텔리전스 유닛(EIU)이 공동 조사한 2010년 '세계평화지수(GPI)' 보고서가 공개됐다.

세계 149개국의 평화 상황을 평가한 이 보고서에 따르면, 한국은 149개국 중 43위, 북한은 139위로 평가됐다. 한국과 북한은 지난해 각각 33위와 131위를 기록했었다.

순위 악화에는 천안함 피격사건은 반영되지 않았다. 한국의 순위엔 인구당 중화기 수량이 증가했다는 평가가 영향을 미쳤다. 수감자 인원과 인구당 경찰관 수 등에서는 우수한 평가를 받았다.

북한은 군사비 규모, 인구당 군인 수, 인구당 범죄자 수, 주변국 관계 등에서 모두 나쁜 평가를 받아 최하위권에 머물렀다.

자료: 조선일보

2010 세계 각국 평화지수(GPI)

순위	국가	점수
1	뉴질랜드	1.188
2	아이슬란드	1.212
3	일본	1.247
4	오스트리아	1.290
5	노르웨이	1.322
6	아일랜드	1.337
7	덴마크	1.341
7	룩셈부르크	1.341
9	핀란드	1.352
10	스웨덴	1.354
31	영국	1.631
32	프랑스	1.636
43	한국	1.715
80	중국	2.034
85	미국	2.056
139	북한	2.855
149	이라크	3.406

※ 1~5점 척도. 1이 가장 평화롭고, 5가 가장 위험한 상태

2) 현지국 정부들과의 투자계약조건 등은 유리하도록 협상하고 반드시 문서화해야

특정 외국인기업체가 해외직접투자를 할 때에 그리고 다른 기업들과 동반진출을 할 때에는, 직접투자의 조건과 투자유인(investment inducements) 등에 대해 현지국정부 관료들의 말만 믿고 직접투자로 침투하게 되면, 큰 피해를 볼 수도 있다.

그러므로 특정 외국인기업체와 그 동반 진출기업들은 실제로 직접투

자로 침투하기 이전에 철저히 투자조건 등에 합의하고 또한 합의 내용을 문서화해야 한다.

3) 정치적 중립 유지

(1) 해당 국가시장에서 정치적 중립을 지키는 것 역시 좋은 대응책이다.

(2) ① 어떤 형태로든지 현지국의 국내정치(선거운동 · 정치자금제공 · 뇌물제공 등을 포함하여) 및 국제정치에 관여하게 되면, ② 예컨대 정권이 바뀌면 차별 받거나 축출되는 등 정치적 환경의 변화에 따라서 외국인기업은 언젠가는 피해를 보게 마련이기 때문이다. 정치적 중립을 철저히 지키더라도, 외국인기업은 타의에 의해 정치적 이유로 피해를 볼 수가 있기 때문이다.

4) 시나리오/예비 계획

(1) 정치적 중립을 지키더라도 피해를 받을 수 있는 외국인기업의 글로벌경영자들은, ① 해당국가시장별 군사적 환경 포함 정치적 환경에 대한 정확한 예측을 근거로 하여, ② 돌발사태 발생때 활용할 수 있는 시나리오 계획들(scenario plans) 내지 예비계획들(contingency plans)을 수립해 두었다가 필요시에 집행하는 것 역시 좋은 대응책의 하나이다.

(2) 시나리오계획들 내지 예비계획들이란, 발생가능성이 큰 여러 가지 대안적인 비정상적 돌발사태들의 실제발생을 가상하여, 수립하는 전략적 성격을 띤 계획들을 말한다.

5) 가시성과 노출 최소화

(1) 특히 부족주의 · 민족주의 · 국가주의 등이 강한 그리고 종파간에 갈등이 심한 복수종교 국가시장들에서 외국인기업 및 그 현지자회사가 공격의 목표물이 되어 위협과 공격을 받지 않도록, 예컨대 현지인과 현지종교를 모욕하는 식의 광고를 하는 것 등 노출(exposure)과 가시성(visibility)을 줄이는 것도 좋은 대응책이다.

(2) 또 다른 대응책으로는 현지자회사에 대해 단독(100%)소유권보다는 공동(100% 이하)소유권, 현지인 충원확대, 브랜드정책 · 광고 · 판매촉진 등

에 대한 현지자회사 정책을, 필요하다고 판단하는 만큼, 현지화(localize)하는 것을 추천할 수 있다.

6) 효과적인 대중관계 프로그램 운영

표적국가시장들에서, (1) 효과적인 이미지먼트(imagement) · 대중관계 등의 프로그램을 운영함으로써 외국인기업 및 그 현지자회사의 이미지를 "선량한/존경받는 기업시민"으로 부각시키고, (2) 현지시장수요를 더욱 만족시킬 수 있는 새로운 제품을 보다 좋은 조건으로 공급하여 현지소비자들의 생활의 질을 향상시키는 것, (3) 현지 R&D 시설에 투자하여 현지인 연구인력을 확대 활용하는 것, (4) 현지국의 수출을 증진시키는 것, (5) 현지국에 종교시설(예컨대 이슬람 국가들에는 Mosque)을 건설 · 제공하는 것, (6) 현지국의 문화발전을 지원하는 것 등도 좋은 대응책이다(예증 7-6 참조).

예증 7-6 러시아 사로잡는 "삼성 톨스토이 문학상" 제정, 기타 문화 · 스포츠 활동 지원

삼성전자의 독립국연합(Commonwealth of Independent States) 총괄 대표는 모스크바 중심가에 디지털 첨단제품 전시관인 "갤러리 삼성"을 2003년 7월에 오픈하여 일약 관광명소로 만들었다.

또 톨스토이 탄생 175주년을 맞아 2003년 9월 '삼성 톨스토이 문학상'을 제정한 바도 있다. 감히 외국기업이 대문호(大文豪)의 상을 처음 만들다니, 러시아인들에겐 신선한 충격이었다.

삼성전자는 또한 볼쇼이극장, 에르미타주 박물관, 올림픽대표팀, 디나모 아이스하키팀도 후원하면서 브랜드 이미지를 높이고 있다. 이런 노력으로 삼성 컬러TV는 러시아 국민 브랜드 마크의 영구 사용권을 획득했다.

자료: 조선일보

제3절 국가시장별 법률 환경이 글로벌경영에 미치는 영향

1. 글로벌경영활동 관련 국가시장별 잠재적 법률문제 분석

1) 법률환경 분석 · 파악 · 활용이 중요한 이유

글로벌경영자들은 ① WTO · OECD · IMF 등이 글로벌차원에서 표준화를 추진하면서 집행중인 경쟁 규범과 규칙(법령에 해당함), ② 지역경제블럭들의 법률환경, ③ 개별국가시장 차원의 법률환경(legal environment) 등 3개 차원의 법체제를 파악하여, ④ 글로벌경영활동, 지역시장별 경영활동 및 국가시장별 현지경영활동에 활용해야 한다. 그 이유는 아래와 같다.

(1) ① 특히 WTO가 집행하는 글로벌경영 경쟁 규범 · 규칙(norms and rules of global business competition)과 ② 지역시장별 법률환경 및 ③ 국가시장별 경영관련 법률환경에 대한 무지(ignorance) 때문에, 해당 글로벌기업과 그 글로벌경영자들이 피해 보는 것을 방지하기 위해서이다.

(2) 글로벌경영활동에 적용가능한 일원적 국제상법(uniform international commercial law)은 존재치 않는다(그래서 WTO 등이 지속적으로 경쟁 규범 · 규칙의 글로벌표준화 확대를 추진중이고 이미 글로벌 표준화된 글로벌 경쟁 규범 · 규칙을 집행하고 있음). 그러므로 글로벌경영자들은 침투하는 지역시장들의 법률과 개별국가시장들의 국내법률을 파악하고, 이익적으로 활용해야 하기 때문이다.

(3) 일원적 국제상법이 존재치 않으므로, ① 국적이 서로 다른 기업들 간에 기업거래가 이루어질 때, ② 어느 국가의 법률이 그런 기업거래에 적용되는지를 판단해야만 하는 등, 글로벌경영자들은 법률문제를 빈번히 해결해야 하기 때문이다.

2) 글로벌경영활동 관련 국제경제기구차원 · 지역블럭차원 · 국가차원의 공통적 잠재적 법률문제

EU · NAFTA 같은 지역시장블럭들과 지구촌국가들의 법체제(legal system)는 각기 상이하지만, 글로벌경영자들이 글로벌경영활동 · 지역별 경영활동 · 국가시장별 현지경영활동을 할 때에 빈번히 당면하는 잠재적 법률문제들(potential legal problems)에는 아래와 같이 공통점들도 많다.

선진국들일수록, 아래와 같은 법률을 강력히 집행하고 또한 비관세장벽으로 활용하고 있고, 또한 아래와 같은 법률을 WTO · OECD 등이 집행하고 있는 글로벌경쟁 규범 · 규칙에 이미 포함시키고 있다.

(1) 공정거래(fair trade)를 증진시키고, 적정경쟁(reasonable competition)을 조성(shaping)하는 데 목적을 둔, 기업들간의 ① 단합(collusion), ② 구매자와 지역에 따른 차별행위(personal and local discrimination), ③ 마케팅촉진방법, ④ 차등(별)가격, ⑤ 시장의 분할과 특약적 판매, ⑥ 덤핑(dumping) 등을 규제하는 경쟁의 규칙(rules of competition)(예증 7-7 참조).

예증 7-7 '담함 협의' LG디스플레이 EU, 3300억 과징금 부과

유럽연합(EU)의 공정거래 감독당국이 LCD패널 관련 LG디스플레이의 담합 혐의를 인정, 2억 1,500만유로(약 3,300억원)의 과징금을 부과했다. 함께 조사받은 삼성전자도 담합에 가담한 것으로 드러났으나, 혐의를 최초로 자진 신고한 덕에 과징금을 100% 면제받았다.

EU집행위원회는 2010년 12월 8일 LG디스플레이, 삼성전자와 치메이 이노룩스를 비롯한 4개의 대만 기업 등 모두 6개 기업이 LCD패널 시장에서 가격 담합 등 불공정 거래를 한 혐의에 대해 조사한 결과를 발표했다. 집행위는 자진 신고한 삼성전자를 제외한 5개 기업에 총 6억4,900만유로의 과징금을 부과했다. 치메이 이노룩스가 3억유로의 과징금을 물게 돼 가장 액수가 컸고, 또 다른 대만업체인 AU옵트로닉스는 1억 1,680만유로를 부과받았다.

조사 결과 이 기업들은 2001년 10월부터 2006년 2월까지 4년여에 걸쳐 최저가격 설정 등 가격담합을 했으며, 이 밖에도 미래 제품 개발계획과 공장가동률 등 영업상 중요한 정보를 공유함으로써 소비자에게 피해를 입힌 것으로 드러났다. 이들은 특히 조사대상 기간에 주로 대만의 호텔에서 60회 가량 회의를 갖고 담합을 한 것으로 드러났다고 집행위는 설명했다.

집행위의 결정에 이의가 있는 업체는 유럽 1심 재판소에서 항소할 수 있으나 이에 관계없이 일단 정해진 시한에 맞춰 과징금을 납부해야 한다.

자료: 한국일보

(2) 제조업체 · 유통업체의 수직적 가격유지(vertical price maintenance)를 규제하는 법률

(3) 제조업체의 일방적인 해약행위를 규제하는 데 목적을 둔 유통계약 · 도매계약 등의 해약에 관한 법률

(4) 제품의 품질 · 규격 · 안전 · 효력 · 성능 등에 관한 법률과 통제

(5) 제품의 內味(net content), 포장, 레이블링(labeling), 국산화율에 관한 법률

(6) 제품의 보증과 서비싱(servicing), 결함제품 보상 등에 관한 법률

(7) 제품/서비스/전자상거래 등과 관련된 가격통제, 이익 마진 제한, 가격조건, 신용판매, 불공정 가격 등에 관한 법률

(8) 일반소비자 보호, 청소년 보호, 아동보호 등에 관한 법률

(9) 특허, 브랜드 네임, 트레이드 마크, trade dress, 판권, 번역권, 영업비밀 등 지적재산권에 관한 법률

(10) 제품/서비스 · 원자재와 부품 · 소싱 · 생산공정 · 생산시설 · 공장입지 · 환경보호시설 · 공장 용수 및 폐수 그리고 소음과 분진과 매연 · 공장폐기물 및 제품폐기물 등의 환경적 평가와 환경보호에 관한 법률

(11) 산업표준 및 환경표준(industrial and environmental standards 등)에 관한 법률

(12) 종업원의 채용 · 성차별 · 인종차별 · 연령차별 · 해고 · 임금 · 작업조건 등 근로기준에 관한 법률과 노동조합 관련 법률

(13) 상품의 수출입 · 외국인 기업활동 · 외국인 로비활동 등과 관련된 신고, 등록, 신청, 구비서류, 절차 등에 관한 법률과 규정

(14) 외국인 투자기업에게 행정 · 조세지원을 하는 데 목적을 둔 법률 또는 외국인기업에게 차별대우를 하고 강제수용권과 국유화권을 발동할 수

있도록 만들어진 법률

⒂ 주로 미국 · EU 국가들이 행사하는 것으로서, 교역상대국에 대해 DHE(democracy, human right, environment)정책을 적용하는(DHE를 침해하는 국가들에 대해 통상제재를 가하는 정책을 적용하는 것을 뜻함) 법률

⒃ 국내 및 외국에서의 공무원 및 정치인 등의 부정부패방지 · 뇌물방지 · 검은돈 세탁방지 등에 목적을 둔 뇌물/부패방지법, 돈세탁방지법, 비윤리적 기업 행동방지법 등

위의 리스트는 모든 해외시장들에서 발생 가능한 모든 법률문제를 커버하는 모든 법률을 포함시킨 것이 아니다. 그러므로 우리나라기업들과 그 글로벌경영자들은 법률전문성이 부족할 경우, 돈 몇 푼 아끼려다가 망신당하거나 막대한 손해배상을 지불하지 말고, fee를 내고 법률전문가의 조언을 받는 것이 현명하다.

2. 국가시장별로 독특한 법체제 분석

대부분 국가시장들의 법체제(legal system)는 크게 아래의 세 가지 중 어느 하나에 기초(foundation)를 두고 있다. 몇몇 과거 식민지 국가들(예컨대, 말레이시아)에서는 관습법과 이슬람법을 사안에 따라서 같이 활용하기도 한다. 그러므로 글로벌경영자들은 해당국가시장이 어떠한 법체제를 채택하고 있는지도 파악하여 현지경영활동에 활용하도록 해야 한다.

1) 관 습 법

⑴ 영국에서 발달하기 시작한 관습법(Common Law)은 영국 · 미국 · 캐나다 · 오스트레일리아 · 뉴질랜드 등 영어를 국어로 사용하는 국가들이 주로 채택하고 있다. 싱가포르 · 홍콩 · 말레이시아 등 영국의 식민지였던 국가들에서도 관습법의 영향을 발견할 수 있다.

⑵ 관습법은 포괄적(all-inclusive)인 법이 아니며 전통, 과거의 관례 · 법령 · 법률, 과거의 판결에 대해 법원이 해석한 법적 판례 등에 기반을 두고 있다.

2) 성 문 법

(1) 로마법(Roman Law, Civil Law)에서 비롯된 법전법(Code Law)은 문서화된 성문법(Written Code of Law)을 모두 포함하는 법체제에 기초를 두고 있다. 한국 · 일본 · 대부분의 유럽 대륙 국가들은 법전법을 활용하고 있다.

(2) 법전법은 세 가지 별개의 법전인 상법(commercial law), 민법(civil law), 형법(criminal law)으로 이루어지는데 국가별로 상당한 차이가 있을 수 있다.

3) 이슬람법

지구촌 인구 중 어느 종교보다도 이슬람교를 믿는 사람들이 가장 많다. 이슬람국가로 분류되는 국가들이 57개라고 한다. 인도네시아 · 파키스탄 · 말레이시아 등이 대표적인 이슬람국가들이다. 그런 가운데서 사우디아라비아, 인도네시아, 말레이시아 등 중요 이슬람국가들이 글로벌경영에서 점점 많은 비중을 차지해 감에 따라, 이슬람 세계의 특유한 법적 쟁점들(legal issues) 역시 점점 더 중요해지고 있다.

이슬람에서 가장 신성한 경전인 코란(Koran)은 대부분의 인구가 이슬람 종교를 믿는 국가들의 법체제의 바탕이다. 이슬람법(Islamic law)은 신정법으로서, 이 법의 근거는 이슬람교의 경전인 코란과 예언자인 마호메드의 생활과 언행에 바탕을 둔 하디스(Hadith)이다. 코란에 포함된 지침과 명령들은 성문법에 비유할 수 있으며, 하디스는 관습법에 해당된다고 할 수 있다.

비교적 생소한 이슬람국가들에서, 특히 중동지역에서, 현지기업활동을 하는 우리나라기업들과 그 글로벌경영자들은 국가별로 그리고 종파별로 다른 점이 많은 이슬람법과 이 법이 경영활동에 미치는 영향에 대해 기본적인 지식이나마 갖출 필요가 있다.

3. 국제상사분규 발생시의 관할권

글로벌경영활동을 할 때 빈번히 당면하는 문제 중의 하나는 국적이 서로 다른 거래당사자간에 국제상사분규(international commercial disputes)가 발생했을 때, 어느 국가시장정부의 관할권(jurisdiction)하에 있는 법체제를 적용할 것인가이다.

1) 존재하지 않는 국제상법 및 국제상사재판소

⑴ 많은 사람들은, ① 국제 무역 · 기타 기업활동과 관련된 서로 다른 국가의 국민/기업체 사이에 발생하는 상사문제에 적용할 수 있는 "국제상법"(international commercial law)이 존재하고, ② 또한 그런 "국제상법"을 취급하는 "국제상사재판소" 같은 것이 존재하는 것으로 이해하고 있다. ③ 그러나 그것은 사실과 전연 다르다. 네덜란드 Hague에 있는 국제재판소는 국가간의 영토분쟁만 다룬다.

⑵ 그래서 ① 1995년부터 WTO규범/규칙이 "국제상법"의 역할을 대신하고 있는 것이다. ② 그리고 준사법적 해결절차를 도입하고서 WTO가 분쟁해결을 담당하는 상설기구로 운영하고 있는 분쟁해결기구(Dispute Settlement Board)가 "국제상사재판소"의 역할을 대신하고 있는 것이다. 그렇지만 그런 분쟁해결기구는, WTO회원국 정부들간의 분쟁만을 취급한다.

2) 사적 국제법률적 분규의 재판지

⑴ 그와 같이 "국제상법"과 "국제상사재판소"는 전연 존재하지 않는데도 글로벌경영활동을 수반하는 사적 개인들/기업들간의 국제상사분규는 항상 발생한다. 그러므로 분규당사자들인 사적 개인들/기업들에게는 소속국가들 중 어느 국가의 법체제하에서 분규를 해결할 것인가가 중요한 문제이다.

⑵ 분규당사자들은, 사적인 개인간 · 기업간의 분규를 뜻하는 사적 국제법률적 분규(private international legal disputes)를, 아래의 세 가지 재판지(venue) 중에서 하나를 선택하여 해결하도록 해야 한다.

① 해당 계약에 명시된 관할조항에 의거하여(on the basis of jurisdictional clauses included in the contracts),

② 해당 계약이 체결된 국가가 어딘가에 따라서(on the basis of where a contract was entered into),

③ 해당 계약조항을 실제로 이행한 국가가 어딘가에 따라서(on the basis of where provisions of the contract were performed).

우리나라기업들의 입장에서는, 합의장소 및 분규 발생시의 재판지를 대한민국으로 한다는, 다음과 같은 관할권 조항을 계약서나 기타 법적 문서에 포함시키는 것이 바람직하다.

That the parties hereby agree that the agreement is made in the Republic of Korea and that any question regarding this agreement shall be governed by the law of the Republic Korea.

3) 본사국법의 관할권

(1) 글로벌경영자들이 고려해야 할 국제법률 환경요소들 중의 하나는, 그들이 소속국가의 법적 국경(legal boundary)을 넘어서서 활동하더라도, 그들은 국적국가 법률의 적용으로부터 반드시 면제되는 것은 아니라는 사실이다.

(2) 따라서, ① 우리나라기업의 글로벌경영자들은 우리나라 국경 밖의 어느 나라에서 기업활동을 하든지간에, ② 그들은 우리나라 시민으로서 우리나라 법을 지켜야 하는 동시에 그들이 활동하는 국가시장들의 현지법 역시 지켜야 하는 것이 원칙이다.

4. 국제상사분규 해결을 위한 법적 수단

(1) 글로벌경영자들은 수출계약 · 합작투자계약 · 전략적 제휴계약 등 국제상사계약(international commercial contract)을 체결할 때에, 계약서에 반드시 ① 계약당사자들의 책임을 명시하고(spell out responsibility of each party), ② 계약에 따른 책임을 만족스럽게 이행하도록 촉구할 수 있는 법적 청구권(provide for legal recourse to obtain satisfaction)을 명시해야 한다.

(2) 그런 조항을 계약서에 명시했음에도 불구하고, 한쪽 계약당사자가 위약(breach of contract)할 때, 위약자를 상대로 다른 계약당사자가 법적 청구권을 집행할 수 있는 수단들은 아래와 같다.

1) 타협 · 화해 · 중재

가장 평화적으로 국제상사분규를 해결하는 방법으로는 타협(conciliation) · 화해(meditation) 및 중재(arbitration) 등이 있다. 이들 방법을 최우선적으로 활용하는 것이 바람직하다.

(1) 타협과 화해

① 타협과 화해는 분규당사자들이 비공식으로 또는 자발적으로 합의하여 해결하도록 하는 방법으로서, 중개자(intermediary)의 역할이 필요하다. ② 중개자는 공정을 지킬 수 있는 제 3 자로서 타기업체 · 무역협회 · 대한상공회의소 · 국제상공회의소 또는 당사자들이 수락하는 어떤 개인 등 여러 분야에서 선정할 수 있다.

(2) 중　재

① 타협과 화해로 국제상사분규가 해결되지 않을 경우, 그 다음 방법으로 중재방법을 활용할 수도 있다. 중재는 막대한 비용, 긴 기간 등 소송의 단점을 극복할 수 있기 때문에, 오늘날 대부분의 국제상사분규는 중재에 의해 해결되고 있다. 공식중재기관으로는 파리에 본부를 둔 국제상공회의소(International Chamber of Commerce)에 소속된 국제중재위원회(International Arbitration Association) 및 당사국의 중재위원회 등이 있다. 한국에는 중재위원회(Korean Arbitration Association)가 대한상공회의소에 소속되어 있다.

② 중재의 기본원칙은, 당사자들과는 전연 이해관계가 없고 분규의 초점이 된 과제에 대하여 전문성(expertise)이 뛰어난 제 3 자를 중재자로 선정하고 심판관 역할을 하도록 하며, 심판관의 결정에 모든 당사자들이 따르도록 하는 것이다.

③ 중재는, 분규해결을 위한 결정이 신속하고, 소요경비도 적으며, 비공개적(비공식적)으로 할 경우 해당 기업들의 성가나 대중관계의 측면에서 피해를 최소화할 수 있다. 또한 중재는, 관습법 · 성문법 · 이슬람법 채택국가간의 차이점을 최소한으로 억제하는 장점도 있다. 그래서 대부분의 국가에서는 중재에 의한 판결을 법적으로 강행(legally enforce)할 수가 있다.

④ 우리나라기업들의 입장에서는, 국제상사계약에 아래와 같은 중재조항(arbitration clause)을 포함시킴으로써, 대한상공회의소 중재위원회를 중재기관으로 지정하는 것이 바람직하다.

Any controversy or claim arising out relating to this contract, or the breach thereof, shall be settled by arbitration in accordance with Rules of Korea Chamber of Commerce Arbitration Association, and judgement upon the award rendered by the Arbitrator(s) may be entered in any court having jurisdiction thereof.

⑤ 실제 분규발생시, 중재의 첫 단계는 중재자단(panel of arbitrator)을 지명하는 것이다. ⓐ 경우에 따라서 각 당사자는 각각 1명씩 2명의 중재자를 선정하고, 그 2명은 제 3 의 중재자를 선정토록 하든지, 아니면 중재기관에 위촉하여 제 3 의 중재자를 선정할 수도 있다. ⓑ 또 하나의 방법은 중재기관에 중재자의 선정을 전적으로 위임하는 것이다. 일단 중재자단이 선정되었으면, 그들은 분규에 대한 당사자들의 의견과 주장을 청취한 다음, 판결을 내린다.

2) 소　송

(1) 국제상사분규를 해결하는 가장 마지막 단계이고 공식적이고 집행력이 있는 법적인 수단은 소송(litigation)이다. 그러나 글로벌경영자들은 국제상사분규를, 소송을 통하기보다는, 가급적 타협 · 화해 · 중재로 해결하는 것이 바람직하다.

(2) 그 이유는 ① 소송은 오랜 시간이 걸리고 제품 재고 · 자본 등이 동결(tie up)되고 거래가 정지될 수 있으며, ② 코스트가 상당히 발생할 뿐 아니라, 고객과의 관계 및 대중관계의 측면에서도 손상을 초래할 수 있고, ③ 외국법정에서 재판을 할 경우, 판결에 차별대우를 받을 가능성이 있기 때문이다.

그러므로 우리나라기업들과 그 글로벌경영자들은 소송을, 모든 다른 방법이 실패했을 경우, 마지막으로 사용하는 수단으로 여겨야 한다. 만일 외국법정에서 승소했더라도, 손해배상을 받을 수 없거나 막대한 코스트가 들었다면, 실속 없는 승리가 되기 때문이다(예증 7-8 참조).

예증 7-8 우리나라의 국제상사전담 재판부

우리나라 사법사상 처음으로 국제간 소송을 담당하는 국제상사 전담 재판부가 서울민사지방법원에 설치되어 1994년 3월부터 운영되고 있다.

늘어나는 국제소송에 효과적으로 대처하기 위하여 설치한 국제상사 전담 재판부는 국제 해상운송, 보험, 회사관계, 증권, 수출입, 직접투자 등 글로벌경영거래에서 발생하는 분쟁의 심리를 맡고 있다.

CHAPTER08

국가시장별 **사회-문화** 환경이 글로벌경영에 미치는 영향

제1절 국가시장들의 사회-문화 환경을 형성하는 공통적 "키"요소들

예증 8-1 "異문화 관리"가 글로벌기업의 생산성 높인다

우리나라에도 침투하여 운영하는 어떤 글로벌 자동차기업의 한 임원은 "다양한 국적과 문화 배경을 가진 임직원들을 채용했다. 그 결과 아이디어도 다양하게 나오고 기업내 커뮤니케이션도 활성화됐다. 프랑스 · 한국 · 일본 등 이(異)문화적 요소의 결합은 기업 경쟁력을 높이는 결과를 가져왔다"고 말했다.

SK건설의 어떤 부장은 "쿠웨이트 건설 현장에서 이슬람교도인 노동자들을 위해 기도를 할 수 있는 이슬람사원을 지어 줬다. 그랬더니 노동자들이 훨씬 잘 따라주고 생산성도 높아졌다."

어떤 글로벌 생명보험회사 CEO는 "한국인들의 진취성과 근면성은 높이 살 만하다"면서도 "한국경제와 기업이 글로벌경쟁력을 가일층 강화하려면 한국인들이 세계의 다른 문화에 대해 관심을 갖고 이해하는 자세를 보여야 한다"고 말했다.

유럽의 어떤 교수는 성공적으로 해외에 진출하기를 바라는 한국기업들을 위해 인터넷을 이용한 이문화 교육 프로그램을 활용해보라고 권고했다. 그는 또한 "기업의 요구를 충족시킬 수 있는 특정 지역 문화 전문가가 한국에는 많지 않다"

면서 "전문가 등을 활용하는 것보다 인터넷 등 공용매체를 이용해 체계적으로 이문화 교육 프로그램을 마련하여 활용하는 것이 경제적이며 더욱 효과적인 수단이 될 수 있다"고 말했다.

자료: 중앙경제

국내경영과 글로벌경영 사이의 가장 크게 다른 점의 하나는, ① 경영활동에 영향을 미치는 국가시장별로 이질적인 경영환경이고, ② 국가시장별 경영환경 중에서도 사회－문화 환경이 가장 다르다.

그러므로 글로벌경영자들은, ① 국가시장별 침투전략과 현지 운영전략을 결정·집행하는 데 반영시키기 위해서도,

② 침투하는 국가시장별로 아래의 공통적인 "키"요소들을 중심으로 현지 사회－문화 환경(local socio-cultural environment) 역시 분석·파악해야 한다.

(1) 언어 및 기타 문화적 특성

(2) 문맹률과 교육수준(예증 8-2 참조)

(3) 기업경영, 경제, 과학, 첨단기술 등 전문분야 교육기관의 가용성과 수준 및 그런 전문분야 고급인력의 가용성

(4) 종교의 종류와 종교간의 관계, 동일종교일지라도 종파간의 관계 등

(5) 가족제도와 사회기구의 특성

(6) 경제·사회계층의 구조와 이동성 정도

(7) 도시화의 정도와 도시·농촌간의 인구이동 정도

예증 8-2 유대인 교육법, 뭐가 특별한가

역대 노벨상 수상자의 22%, 아이비리그 학생의 23%, 미국 억만장자의 40%를 차지하는 이들, 유대인이다. 전세계적으로 1700만 명에 불과하지만, 그 파워는 인구 비례에 견줄 게 아니다. 이들 가정에는 "안돼"라는 말이 없다. 아이들에게 끊임없이 질문하고 선택하게 한다. 10살만 돼도 영어·히브리어·이디쉬어 등 3개 국어에 능통하게 된다.

자료: 중앙경제

(8) 인종(race) · 민족(nationality) · 부족(tribe)의 수와 그들간의 관계 등 특성

(9) 국가주의(nationalism at nation-state level) · 민족주의(nationalism at nationality level) · 부족주의(tribalism at tribe level) 감정의 강도 및 상호 갈등 정도

(10) 사회변동률

(11) 국가주의 · 민족주의 · 부족주의 · 출신지역 · 출신학교 · 출신직업 · 출신정당 등에 바탕한 connection과 relationship 등이 경제 · 정치(군사포함) · 사회문화 등 제도적 변화에 미치는 영향

제2절 국가시장별 언어가 글로벌경영에 미치는 영향

1. 국가시장 문화들간의 가장 뚜렷한 차이점은 언어

(1) 현재 지구촌에 살아남은 언어는 6,000여 가지에 불과하다. 이 중 3,000개는 어른들은 사용하지만 어린이들이 더 이상 배우지 않아 소멸위기에 처해 있다. 추가적으로 400개 정도는 극소수 노인들만이 사용하고 있다. 어떤 언어는 사용자들이 2~3명 또는 150명에 불과하다.

최근 인터넷 발달이 언어 소멸에 큰 영향을 미치고 있다. 현재 영어는 인터넷에서 사용하는 언어의 3분의 2를 차지하고 있다.

그러니 지구촌 국가수가 240여개임을 감안할 때, 국가들(동일국가내에도 여러 언어를 포함한 여러 문화들이 공존하는 경우가 허다하기 때문에) · 문화들 사이에 존재하는 가장 뚜렷한 차이점은 언어(language)이다(그림 8-1 참조).

(2) 따라서 침투하는 모든 국가시장들을 상대로 글로벌경영활동을 성공으로 이끌려면, 글로벌경영자들은 지역 · 국가 · 민족 · 부족 사이에 그리고 그들의 문화들 사이에 존재하는 언어장벽(language barriers)을 효과적으로 극복할 수 있어야 한다. 이유는 아래와 같다.

① ⓐ 예컨대 미국 영어와 같은 특정 언어(a particular language)는, 미국

그림 8-1 지구촌의 주요 언어 사용인구

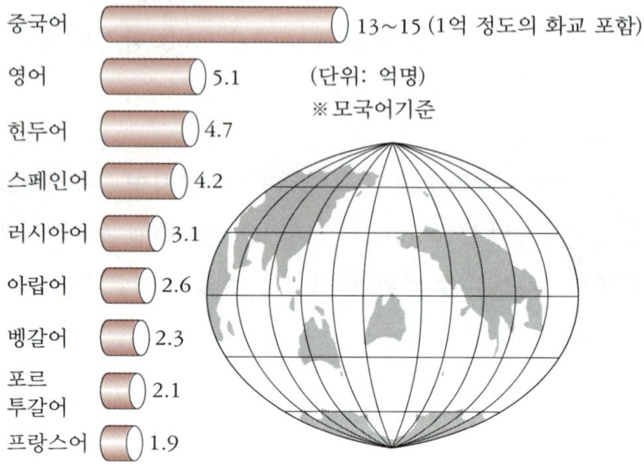

문화와 같은 특정 문화(a particular culture)의 모든 측면과 직접적으로 밀접하게 연계되어 있다. 그렇기 때문에 특정 언어는 그 언어를 만들어 낸 특정 문화의 특성과 가치관(charateristics and values)을 반영한다.

ⓑ 그런 상황하에서, 한 나라의 언어가 한 가지라는 전제하에, 240여개 지구촌 국가들의 국민들이 각기 자국국어들(national languages)만 사용할 경우, 240여개 국가시장 국민들 상호간에는 효과적인 커뮤니케이션이 거의 불가능하기 때문이다. 다만 예외는 아랍어를 사용하는 중동의 아랍국가들이다.

② 복수 國語들과 기타 소수 언어들이 공존하는 수많은 국가시장들의 내부에서는, 어느 한 언어만 가지고는 같은 국가내의 국민들 사이에도 원활히 커뮤니케이션할 수가 없기 때문이다.

ⓐ 인도, 중국, 독립국연합(CIS), 과거의 유고슬라비아 등은, 여러 이질적인 민족 · 종교로 구성되고 다양한 언어를 사용하는 나라들의 몇몇 예에 불과하다.

ⓑ 인구가 12억명으로 추정되는 인도를 예로 들면, 12개의 주요언어가 있고 200여개에 달하는 주요 방언이 있다(그림 8-2 참조). 영국에서 독립 후에 국어를 영어에서 힌디(Hindi)어로 대체했지만, 상이한 민족 · 부족 · 지

그림 8-2 인도의 주요언어별 인구비율(단위: %)

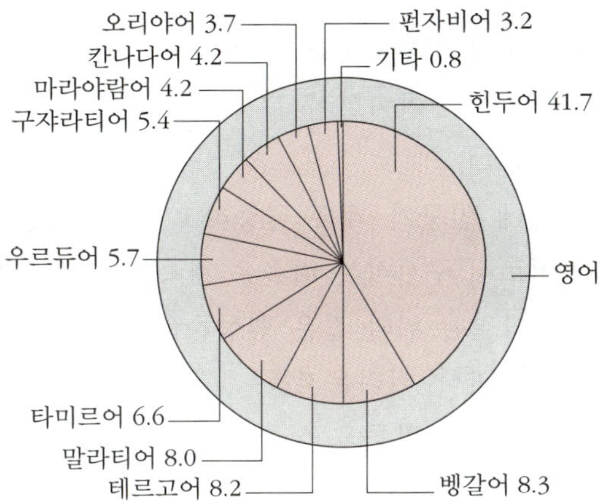

역 · 사회경제 계층 · caste 출신들 사이의 커뮤니케이션은 영어로만 가능하다. 그렇지만 전체인구의 아주 적은 비율만이 영어를 구사할 수 있으므로, 인도에서는 영어를 사용하더라도 상이한 민족 · 부족 · 지역 · 사회경제 계층 · caste 출신들을 대상으로 하는 커뮤니케이션에는 많은 제약과 어려움이 따를 수밖에 없다(예증 8-3 참조).

③ ⓐ 서로 다른 국어를 사용하는 외국인들끼리 영어와 같은 공통 글로벌비즈니스언어(common global business language)를 사용하는 경우에도, 그들 사이의 커뮤니케이션 역시 어려움이 많고(외국어들 상호간에는 완벽한

예증 8-3 삼성전자가 제정한 타고르 문학상

2010년 1월 25일 인도 뉴델리 시내 한 호텔, 아시아인으로 처음 노벨문학상을 받은 인도 문인(文人) 타고르를 기념하는 '제1회 타고르 문학상' 시상식이 열렸다. 이날 시상식에서는 인도에서 통용되는 8개 언어로 된 문학작품을 각각 선정, 8명의 수상자에게 상패가 주어졌다. 이 문학상은 삼성전자가 인도 문화부와 공동 제정했다. 삼성이 단순히 물건을 파는 기업이 아니라 인도 사회에서 존경받는 브랜드가 되겠다는 것이다.

자료: 조선일보

번역이나 재번역 또는 통역이나 재통역은 불가능하니까) 정확성이 결여될 수밖에 없다. ⓑ 그런 외국인들 대부분에게는, 영어가 국어가 아닌 외국어 또는 제 3 국어이기 때문이다. ⓒ 지구촌 인구 중에서 공통 글로벌비즈니스언어인 영어를 제 1 또는 제 2 언어로서 구사하는 비율은 현재에 7% 정도이기 때문이다(예증 8-4 참조).

비영어권의 세계 인구가 계속 급증하고 있는 경향에 비추어, 영어를 제 1 또는 제 2 언어로서 구사하는 비율은 계속 감소할 것으로 전망된다.

④ ⓐ 언어와 직결된 위와 같은 현상들은 글로벌경영자들이 언어장벽을 극복하는 것이 얼마나 어려운지를, ⓑ 동시에 언어장벽을 성공적으로 극복하는 것이 글로벌경영활동을 성공으로 이끄는 데 얼마나 중요한지를, 다 같이 가르쳐 준다(예증 8-5 참조).

예증 8-4 뉴욕은 '멸종위기 언어의 천국' – 이민자 많아 차르딕어 등 수십종 공존

미국 뉴욕의 퀸스에 사는 발네아 스밀로비치(Smilovic, 59) 씨는 92세인 어머니와 블라슈키라는 말로 대화한다. 블라슈키는 크로아티아 일부 산악지대에서 사용되는 말로, 유네스코가 심각한 멸종위기에 처했다고 규정한 언어다. 스밀로비치 씨가 몇 년 전 뉴욕에서 블라슈키어를 쓰는 사람들을 모아봤더니 거의 100명이 모였다. 인터내셔널 헤럴드트리뷴(IHT)은 800개가 넘는 언어가 공존하고 있는 뉴욕은 전세계 멸종위기 언어의 보고(寶庫)라고 보도했다. 뉴욕시립대 언어학 대학원의 대니얼 카우프만(Kaufman) 교수 등이 뉴욕 시민들을 모아 조직한 '멸종위기 언어 연합(ELA)' 에 따르면, 뉴욕에서 사용되는 희귀 언어는 셈족이 쓰는 아라마익어 · 차르딕어 · 만다익어, 우즈베키스탄 거주 유대인들이 써온 부카리어, 마리아나 군도의 일부 주민이 사용하는 차모로어 등 수십 종에 달한다.

뉴욕에 멸종위기 언어가 많은 까닭은 민족 분쟁이나 정부 탄압 등으로 고향을 떠난 많은 이민자가 '기회의 도시' 뉴욕에 자리 잡았기 때문이다. ELA에서 활동하는 언어학자 줄리엣 블레빈스(Blevins) 씨는 "세계화의 영향으로 언어가 사라지는 속도가 점점 빨라지고 있다. 희귀언어들을 보전하기 위해 이 언어들을 기록하고 녹음해두는 작업이 필요하다"고 말했다.

자료: 조선일보

예증 8-5 글로벌경영자들의 해외경영활동이 어려운 정도

저자가 직접 조사한 바에 의하면, 프랑스 · 폴란드 등 비영어권에서 한국기업들의 경영자들이 현지 투자기업들을 운영하는 것은 한국에서 기업을 운영하는 것에 비하여 언어의 측면에서 10배 정도 어렵다고 한다. 그 이유는 예컨대 한국인 임직원끼리 일요일에 만나 월요일에 있을 회의에 대해 한국어로 논의하고, 월요일에는 현지인 임직원과 영어로 회의를 하고, 회의가 끝난 후에는 한국인 임직원끼리 만나 한국어로 회의 성과를 평가하고 미래를 계획해야 하는 과정을 밟아야 한다. 프랑스 · 폴란드 · 한국 등의 입장에서는 영어가 제 3 국 언어이기 때문이다.

2. 외국어(특히 영어)는 글로벌경영자에게 필수적인 요건인 동시에 큰 자산

(1) 현재/미래 글로벌경영자들은, 평상시에도 영어 등 관심있는 주요 외국어들을 익히는 것에 추가하여, 어느 국가시장들에서 어떤 성격의 글로벌경영활동에 참여할 것이라는 것을 미리 알고 있을 때는, 어떤 방법으로든지 미리부터 해당 국가시장들에서 사용하는 언어(oral and written language)의 문제를 극복하는 노력을 해야 한다(예증 8-5 참조).

(2) 모든 글로벌경영자들은 예외 없이 몇 가지 이상의 외국어를 배우고 또 유창하게 구사해야 한다는 식의 원칙은 없다. ① 그러나 소속 기업체의 해외경영활동이 주로 또는 전적으로 어느 한 특정 국가시장(예: 러시아 또는 중국)에만 집중되어 있다면, ② 그 글로벌경영자들로서는 그 특정 국가시장의 언어(예: 러시아어 또는 중국어)를 미리 배워 두는 것이 이용가치도 많고 필수적일 수도 있다. ③ 글로벌경영자에게 외국어 구사능력은 필수적인 큰 자산(big asset)이기 때문이다. 글로벌화시대에 일반인들에게도 외국어 구사능력은 필요한 자산이다(예증 8-6 참조).

(3) 글로벌경영자들이 외국어 교육 · 훈련을 받을 때는, 글로벌경영 실무를 맡아 수행하는 데 특별히 필요한, 예컨대 영어의 경우, 상업영어 · 무역영어 · 마케팅영어 · 법률영어 · 기술영어 등의 실력을 쌓는 것을 강조할 필요가 있다.

예증 8-6 EU English, Eurospeak(EU 영어 사용법)

5억 인구의 유럽연합(EU)은 27개 회원국의 의사소통을 위해 공용어인 영어 사용법에 대해 고민이 많다. EU 회원국가들 대부분 영어가 모국어가 아니기 때문에 공문서나 서신 보고서 등에서 제각각 표기도 다르고 용례도 달라 애를 먹기 때문이다.

EU에서 2010년 내놓은 Style Guide를 보면 전체 영문 표기는 영국과 아일랜드 영어에 기초를 두고 있고 세계 영어를 감안하여 논란의 여지가 있는 표현은 특별 주석을 달고 있다. 이들은 또 EU English가 Real English 혹은 원어민 영어와 차이가 나는 것을 염려하고 EU 영어가 결국 변방 영어로 전락하지 않기를 바라고 있다. 가령 Program은 영국식 표기로는 programme이지만 미국식 program이 세계화되면서 양쪽을 모두 사용하자는 식이다.

한 가지 좋은 예가 ILO표기다. 국제노동기구는 UN 산하 기구이고 세계적 기관인데 영국식 표기로는 분명히 International Labour Organisation인데 이 기관의 website에 가보면 그들의 공식 영어 명칭은 International Labour Organization으로 되어 있다. 즉 가운데 단어 Labour는 영국식이고 마지막 단어 Organization은 미국식으로 한 셈이다. 이러한 혼동을 줄이고자 되도록 일관된 표기를 하자는 게 EU 영어의 지침이다.

자료: 한국일보

3. 글로벌경영자가 국가시장들의 언어를 배우는 것은, 국가시장들의 문화도 배우는 길

1) 단일언어 사용 국가시장들의 경우

(1) 지구상에서 단일언어를 사용하는 국가들은 한국 · 몽골 · 일본 등 정도에 불과하다.

(2) 글로벌경영자들이 특정 국가시장의 언어(예컨대 미국 영어)를 철저히 배우는 것은, 그 국가시장(예컨대 미국의 실용주의 철학, 철저한 법과 질서, 입헌민주주의 등)의 문화와 문화 환경을 배우는 올바른 길이다. ① 특정 언어의 단어나 문장은 특정 문화를 생성시킨 문화적인 컨셉트와 아이디어 등을

반영하고 설명해 주기 때문이다. ② 또한 언어는, 특정 국가시장의 문화를 이해하는 열쇠일 뿐만 아니라, 그 문화권에서 경영 커뮤니케이션하는 데 필요한 중요한 수단이기 때문이다.

(3) 따라서 침투하는 단일언어사용 국가시장들의 국어와 문화를 철저히 배우게 되면, 글로벌경영자들은 그런 현지국가시장들에서 맡은 바 경영과업을 효과적으로 수행할 수 있는 능력을 결과적으로 강화할 수가 있다.

(4) ① 현지국의 정치지도자 · 정부관료 · 종업원 · 공급업자 · 고객 · 노조간부 등과 원활히 의사소통할 수 있고 상호이해를 증진시킬 수 있어서, 현지경영활동을 원활히 할 수 있기 때문이다. ② 또한 그들로부터 가치 있는 정보와 협력을 쉽사리 제공받을 수도 있고, 기업경영을 위한 협상으로부터 계약의 체결까지 그리고 계약의 이행까지 능률적으로 이끌어 갈 수 있기 때문이다.

2) 복수언어 사용 국가시장들의 경우

(1) 지구상에서 단일언어를 사용하는 국가들은 3, 4개 정도이다. 그러니 특정 국가시장 내에서 둘 또는 그 이상의 주요 언어들이 공용되고 있다면, 둘 또는 그 이상의 문화들이 공존하고 있다는 증거이다. 그렇기 때문에, 글로벌경영자들이 언어사용면에서 현지인화(go-native)하는 것은 더욱 어려워진다.

예컨대, 캐나다에서는 ① 영어와 프랑스어를 다 같이 국어로 공용하고 있다. ② 그런 캐나다시장을 전국적으로 커버하는 글로벌경영자는, 영어와 프랑스어를 모두 구사해야 하고, 예컨대 전국적 광고를 실시할 때도 영어와 프랑스어 두 가지 언어를 모두 사용해야 한다.

(2) 둘 또는 그 이상의 언어를 사용하는 복수언어국가들은 유럽(예: 스위스 3개, 벨지움 4개), 중동, 아시아, 아프리카에 더욱 많다. 그러므로 글로벌경영자가 그런 복수언어사용 국가시장들에서 현지경영활동을 수행할 때는, 더욱 언어와 기타 문화적 측면에서 적응을 해야만 한다.

4. 글로벌경영자는 국가시장들의 표음언어와 몸짓언어를 다 같이 익혀야

1) 표음언어

⑴ 글로벌경영자들이 특수한 언어문제에 당면할 수 있는 지역은 중동 · 아프리카 · 아시아 · 중남미(브라질만 포르투갈어를 사용하고 나머지 국가들은 스페인어 사용)의 일부이다. 예컨대, ① 아프리카의 많은 국가들은 각기 여러 이질적인 부족들(tribes)로 구성되어 있다. 예컨대 영국의 식민지였던 나이지리아는 450여개 부족들로 구성되어 있다. ② 거기다가 그들 부족들의 언어는 서로 다를 뿐만 아니라, 표기언어(written languages)가 아닌 말로만 표현하는 표음언어(spoken languages)인 경우가 많다.

⑵ 그렇기 때문에, 특정 국가시장 내에 거주하는 부족들간의 커뮤니케이션이나 인접국가시장들간의 커뮤니케이션은, ① 토착부족언어들(native tribal languages)보다는 과거 식민종주국의 언어들인 영어 · 프랑스어 · 스페인어 등으로 번번이 이루어지고 있다. ② 따라서 그런 국가시장들에서 현지 경영활동을 할 때는, 영어 · 프랑스어 · 스페인어 · 독일어 · 포르투갈어 등을 사용해야 하는 경우가 많다.

2) 非구술언어/몸짓언어

⑴ 지구촌의 어느 국가 · 민족 · 부족 · 문화에 소속되어 있든간에, 모든 사람들은 상호 커뮤니케이션할 때, ① 표기언어/표음언어뿐만 아니라 ② 非구술언어(non-verbal languages) 내지 몸짓언어(body languages)를 사용하는데, ③ 평균적으로 70% 정도는 〈그림 8-3〉과 같은 몸짓언어로 이루어지는 것으로 조사됐다.

⑵ 그런 현상이 글로벌경영자들에게, ① 현지경영 커뮤니케이션 문제뿐만 아니라 ② 그 이외의 심각한 외교 · 종교 · 인종 등의 문제까지 안겨줄 수 있는 이유는 다음과 같다.

① 모든 사람들은 커뮤니케이션할 때, 구술언어(verbal language)보다도 얼굴표정 · 몸짓표현 등 비구술 표현방법을 더 많이(약 70% 정도) 활용하기 때문이다.

그림 8-3 몸짓언어의 다섯 가지 형태

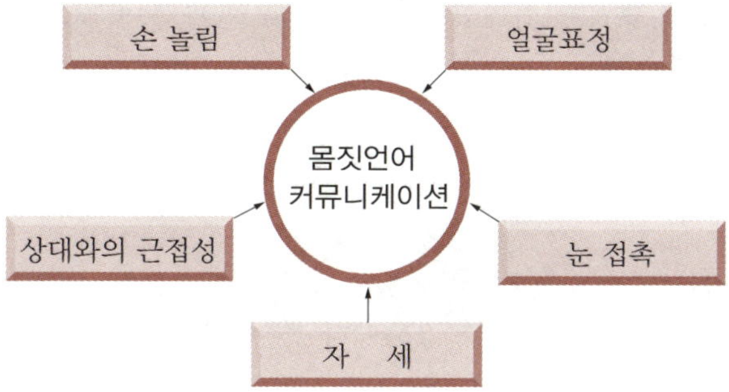

② 非구술언어는, 국가별 · 민족별 · 부족별 · 문화별로 상당히 다를 뿐만 아니라, 똑같은 표현일지라도 전연 상반된 뜻을 지닌 경우도 많기 때문이다(예증 8-7 참조).

예증 8-7 몸짓-손짓언어

예컨대, 머리를 앞으로 끄덕이는 것은 대부분의 국가들에서는 "Yes"를 뜻하지만 불가리아와 그리스에서는 "No"를 뜻한다. 엄지손가락과 집게손가락으로 형성하는 원형은 전통적으로 "Okay"(좋다)를 뜻하고 프랑스에서는 무가치(worthless)를 뜻하고 브라질, 독일, 러시아에서는 외설적 제스처를 뜻한다.

또한 예컨대 인도 · 파키스탄 등 서남아국가들 및 이라크를 포함한 아랍국가들에서 공통적으로 발견할 수 있는 행위언어/몸짓언어로는 왼손은 더러운 손으로 여겨져 식사 · 악수 등에 오른손을 사용한다. 특히 아랍인들의 경우, 악수 후 오른쪽 손바닥을 가슴에 대는 것은 상대방에 대한 존경과 감사를 표시하며, 한 손으로 심장부분을 1~2회 두드릴 경우 "충분하다"라는 뜻이다.

반면 구두밑창이 상대방을 향하거나 양발을 꼬는 행동은 무례한 행동이며, 오른 주먹으로 왼쪽 손바닥을 치는 행위는 경멸하는 것, 손가락이나 도구로 사람을 가리키는 것은 위협을 가하는 뜻으로 받아들일 수 있다. 이슬람교도들은 알라신에게만 90도 이상으로 허리를 숙여서 절을 하는데, 이슬람교도들에게 90도 이상으로 허리를 숙여서 절하는 것은 개종을 부탁하는 모욕적인 것으로 받아들인다. 이슬람교도들은 다른 사람이 자신의 머리를 만지는 것을 불쾌하게 여긴다. 따라서 귀엽다고 아랍어린이들의 머리를 쓰다듬지 않도록 해야 한다.

> 이탈리아 사람들은 말을 할 때 입만 쓰지 않는다. 다양한 '손짓언어'를 동원해야 의사소통이 제대로 이뤄진다. 이미 1832년 나폴리에서 손짓언어 사전이 나왔을 정도다. 한쪽 주먹으로 다른 손바닥을 세게 때리면 "아, 기억이 났다"를 뜻한다. 두 집게손가락을 맞붙여 손등이 보이게 하고 배꼽 부근에 갖다대면 "두 사람이 서로 이해했다"는 소리다. 손바닥을 수직으로 펴서 가슴 높이에서 흔들면 "못 참겠다"가 된다.
>
> 손짓언어는 나라마다 다르다. 영국에선 승리의 V자 사인을 할 때 손바닥이 보여야 한다. 손등을 보인 V자는 쌍욕이다. 거꾸로 터키와 그리스에선 손바닥을 보인 V자가 욕설이다. 한국에선 새끼손가락을 꼽으면 '애인'을 뜻하지만 네팔에선 "화장실에 가고 싶다"는 뜻이다. 술을 마시자고 할 때 독일에선 맥주잔을 뜻하는 주먹을 입가에 올리지만, 보드카를 즐기는 러시아에선 손가락으로 목젖을 퉁긴다.
>
> 자료: 조선일보

(3) 그러므로 글로벌경영자들은, ① 출장가는 또는 주재하는 국가시장들의 구술어와 더불어 비구술언어/몸짓언어까지 배우고 익힐 필요가 있다. ② 충분히 익히지 못한 상태에서 실수를 최소화하려면, 글로벌경영자는 현지인 외국인들과 커뮤니케이션할 때에 양손을 앞으로 모으는 등 비구술언어 사용을 최소화해야 한다.

5. 글로벌경영자의 현지언어 불통 극복방법

(1) 글로벌경영자들은 국가시장들의 현지언어를 모르는 경우라도, 글로벌경영의 교량역할을 하는 사람들과 조직들을 잘 활용한다면, 어느 국가시장에서도 어느 정도 원활히 경영거래를 할 수 있다.

(2) 왜냐하면, ① 국가시장들의 현지기업들은 우리나라기업들을 포함한 외국인 기업들의 글로벌경영자들과 공통언어(예, 영어)로 커뮤니케이션할 수 있는 경영자들을 채용하고 있을 가능성이 높고, ② 그렇지 않을 경우에는 유능한 통역을 채용하면 된다.

(3) 그렇지만 위 방법들은 최선의 방법들이 아니다.

6. 글로벌기업으로 발전하기 위해서도, 영어를 회사공식언어로 채택해야

(1) 명실공히 글로벌기업으로서 글로벌경영을 하는/하려는 우리나라기업들은, Internet · Intranet · eBusiness 등의 사용증가 때문에도 그리고 글로벌경영을 확대하기 위해서도, 영어를 회사공식언어(company official language)로 채택하는 것이 필수적이다.

(2) 왜냐하면, ① 회사운영이 글로벌화할수록, 글로벌 커뮤니케이션 언어로서 영어가 가장 활용가치가 많으며, ② 해외지사 · 자회사들을 늘리고 현지인 · 제 3 국인들을 점점 더 많이 채용하여 활용할수록, 본사와 해외지사 · 자회사들간에 그리고 해외지사 · 자회사들 상호간에는 글로벌 공통비즈니스언어인 영어로 밀접한 커뮤니케이션 채널을 유지해야 하고, ③ 해외지사 · 자회사들이 담당 지역시장 또는 국가시장 현지의 거래선 · 공급업체 · 노동조합 · 정부기관 · 일반대중 등과 밀접한 관계와 커뮤니케이션을 유지하는 데 있어서도, 현지언어 다음으로는 글로벌 공통언어인 영어가 가장 쓸모가 있기 때문이다(예증 8-8 참조).

예증 8-8 영어공용화 앞둔 日회사, 식당메뉴도 영어로

일본에서 가장 큰 인터넷 상거래회사 라쿠텐(樂天)의 구내식당 메뉴는 영어로 돼 있다. 직원들은 '화폐로 정하다(monetize)' '기능적인(functional)' 등 '필수 영단어 5000개'를 외우느라 난리다. 회사에서 마련한 퇴근 후 영어 강좌에도 220명이나 등록했다. 월스트리트저널(WSJ)은 "2012년까지 영어를 공용화하겠다는 미키

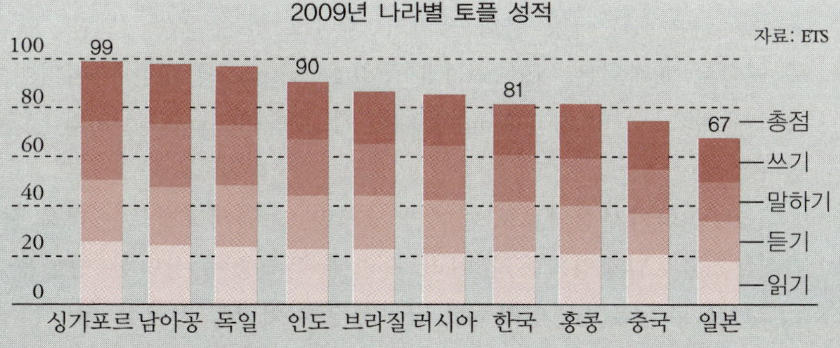

> 타니 CEO의 방침으로 라쿠텐의 6000여명 직원들이 고전하고 있다"고 전했다.
> 하버드대 경영대학원을 졸업한 미키타니 CEO는 '미국 인터넷 쇼핑몰 아마존(Amazon)과 경쟁할 만한 일본 사이트를 만들겠다'며 1997년 라쿠텐을 창업, 큰 성공을 거뒀다. 그는 "라쿠텐은 이제 글로벌기업으로 성장해야 하는데 지금의 영어 실력으로는 부족하다"며 영어 공용화를 선언했다. 일본은 IMF(국제통화기금)가 정한 선진국 34개국 중 토플(TOEFL) 점수가 가장 낮다.
> 자료: 조선일보

(3) 우리나라기업들로서 현지언어의 장벽을 줄이는 방법으로는, ① 영어를 회사공식언어로 활용하는 것에 추가하여, ② 한국서 파견하는 한국인 임직원들의 영어 · 현지어 실력을 높이는 것, ③ 영어실력을 갖춘 현지인들을 많이 채용하고, ④ 본사국인 한국의 언어 · 생활양식 · 경영관습 · 경영관리방식 등에 비교적 익숙한 해외현지대학 한국어과 졸업생 · 현지교포 등 현지인들 및 현지유학생 출신 한국인들을 해외지사 · 자회사들의 경영자 · 기술자로 많이 채용하는 것을 들 수 있다.

제3절 국가시장별 미학이 글로벌경영에 미치는 영향

(1) 국가시장별 사회–문화 환경을 구성하는 한 요소인 미학/심미학(aesthetics)은, ① 특정 문화/국가가 지니고 있는 음악 · 그림 · 연극 · 무용 등 예술로 표현되는 미(beauty)와 풍취(good taste)에 대한 아이디어이며, ② 특히 색채(color) 및 형태(form)에 대한 감상/음미(appreciation)와 깊은 관련이 있다.

(2) ① 국가시장별로도 차이가 크지만, 지역시장별로는 더욱 큰 미학적 차이는, 글로벌경영활동의 여러 측면에 은연중에 상당한 영향을 미친다. ② 그러므로 글로벌경영자들은 국가시장별 미학적 차이를 분석 · 파악하여, 국가시장별 현지경영활동에 활용하도록 해야 한다.

1. 디자인과 색채

1) 디 자 인

(1) 글로벌화되어가는 시대에 디자인과 브랜드 네임은 글로벌기업들에게 가장 중요한 자산 중의 두 가지이다. 그런 가운데서도 국가시장별로 차이가 있는 미학적 측면의 하나는 디자인(design)이다. ① 물론 디자인 역시 글로벌화되고 글로벌유사성(global similarity)이 증가하고 있는 것이 사실이다. ② 그런 상황하에서 동시에 글로벌性(globality)과 현지性(locality)을 추구해야 하는 우리나라기업들로서는, 소싱-생산-마케팅할 제품과 그 포장·물류용 포장 등 및 건설할 생산공장·사무실빌딩·저장시설 등을 디자인할 때, 가급적 국가시장별 문화의 미학적 기호에 맞도록 하는 것이 바람직하다(예컨대 서울에 있는 미국대사관저는 한국식 기와집이다).

(2) 즉, 코스트효율성이 있고 문화적으로 타당성이 있을 때에 한하여(whenever it is cost effective and culturally feasible), 국가시장별 현지인들의 기호(tastes)에 맞고 마음에 들도록 디자인을 적응시켜야 한다는 뜻이다. 예컨대 삼성전자는 미국과 영국에서 판매되는 마이크로오븐을 냉동식품을 녹이는 데 유용하도록 디자인하고, 이탈리아에 판매되는 마이크로오븐은 조리하는 데 유용하도록 디자인하고 있다. 이탈리아 여성들은 조리하는 데 긍지를 갖고 있기 때문이다.

2) 색 채

(1) 전세계적으로 유행하는 색채는 매년 달라지고 있고 전세계적으로 공통성이 증가하고 있다. 그런 가운데서도 지역시장별 또는 국가시장별 문화에 따라서, 색채들(colors)에 대한 감상·기호·뜻 등이 서로 다르며 정서적 반응 역시 다르다(예증 8-9 참조). 전세계적으로 유행하는 색채에 영향받아 같은 국가시장에서도, 유행하는 색채는 매년/계절별로 달라지는 경향이 있다.

(2) ① 그와 같이 지역시장별 또는 국가시장별 문화에 따라 색채들에 대한 정서적 반응이 다르고 색채별로 특이한 뜻을 내포하고 있는 것은, 종

예증 8-9 아프리카 상징은 초록!

'아프리카' 하면 블랙(black), 즉 검은색이 떠오른다. 하지만 아프리카를 조금만 유심히 들여다보면 대륙 전체에 드리워진, 아프리카의 상징 색깔은 블랙이 아니라 그린(green · 초록색)이라는 사실을 알 수 있다. 우선 아프리카 대륙 53개국 중 42개국이 국기에 초록색을 넣어 사용하고 있다. 이는 사하라 남부 아프리카에서 유일하게 유럽 열강의 식민 지배를 받지 않았던 에티오피아의 영향이 컸다. 에티오피아 국기의 3색(초록색 · 노란색 · 빨간색)은 1960년대에 독립한 여러 아프리카 국가가 범아프리카 민족주의를 염원하며 국기의 기본 색으로 채택했다. 특히 녹색은 생명력과 자연의 풍요로움을 상징하는 가장 중요한 색깔이다. CAF(아프리카 축구연맹)의 엠블럼을 보더라도 아프리카 대륙 전체가 초록색으로 그려졌음을 알 수 있다.

아프리카 대륙에서 처음 개최된 2010년 남아공월드컵에서 '그린 아프리카'의 대표 주자격인 사하라사막 남쪽의 네 나라가 출전권을 따냈다는 점도 눈에 띈다. 서부 아프리카 중심부의 나이지리아(B조) · 가나(D조) · 카메룬(E조) · 코트디부아르(G조)이다.

이들 국가가 위치한 지역은 열대우림과 건기와 우기가 뚜렷한 열대초원인 사바나와 이어져 강우량이 충분하고, 토양도 농업에 적합한 실제 녹색지대이다.

2010년 월드컵에 출전했던 아프리카 6개국 중 가나를 제외하고는 모두 유니폼에서 녹색을 사용했다. B조에서 한국과 상대한 나이지리아의 상징인 '수퍼 이글스(Super Eagles)'는 '그린 이글스'로도 불린다. 북한과 같은 G조에 속했던 코트디부아르의 상징은 녹색 코끼리이며, E조 카메룬의 상징인 '불굴의 사자'도 녹색이 기조 색이다.

'그린 아프리카' 4개국에서 농업에 종사하는 인구의 비율을 나이지리아가 70%, 카메룬 70%, 코트디부아르 68%, 가나 56%에 이른다. 주요 농산물 중의 하나인 카카오 생산량의 경우 2009년 전 세계 생산량(약 416만 1600t)의 60% 이상을 코트디부아르(138만4000t · 1위), 가나(61만5000t · 3위), 나이지리아(50만t · 4위), 카메룬(17만9000t · 6위)이 생산했다.

자료: 조선일보

교 · 애국 · 미학 등의 영향 때문이다. 예컨대 전통적으로 흰색을 좋아하는 것은 한국 · 일본 · 대만 등 아시아인이고, 파란색을 좋아하는 것은 미국 ·

독일인이고, 갈색을 좋아하는 것은 서구인들이다. ② 그런 가운데서도, 일반적으로 말한다면 전세계적으로 고급색채로 여기는 것은 회색, 백색, 황금색 등이다.

(3) 따라서 글로벌경영자들은 각종 제품 · 포장 · 광고 등을 계획할 때에, 글로벌차원에서 또는 지역시장별 또는 국가시장별로 색채들에 대한 기호 및 반응이 각기 다르다는 사실을 인식하고, 코스트 효율성과 문화적 타당성이 있는 범위내에서 색채들을 국가시장별 기호에 맞추어 적응시켜야 한다(예증 8-9 참조).

2. 음악과 브랜드 네임

1) 음　악

(1) 전세계적으로 유행하는 음악의 영향을 받는 가운데서도 지역시장별 또는 국가시장별 문화에 따라서, 음악에 차이점이 많다. ① 특히 전통적인 토착음악(native music)에 차이점이 많다. 국가시장별 토착음악도 현대화하는 경향이 높다. ② 서양식 현대음악은 시시각각으로 그 유행이 바뀌기도 하고, 전체지구촌으로 즉시 퍼져 나가는 경향이 있다.

(2) 그런 상황하에서 글로벌경영자들이, 문화간 음악의 차이 및 유행음악을 파악하는 것은, 음악을 상업음악(commercial music)의 형태로 이용하여 광고메시지를 크리에이트(create)할 때에 특히 중요하다.

(3) 그러므로 글로벌경영자들은, 국가시장별로 또는 같은 국가시장 내에서도 표적소비자들이 어떤 연령층 · 사회경제계층 · 종교집단 · 민족집단 · 부족집단 등에 속하느냐에 따라서, ① 광고음악으로 어떤 유형의 토착음악을 또는 어떤 유형의 서양식 음악을 활용하는 것이, ② 아니면 예컨대 사우디아라비아에서와 같이 광고음악을 전연 활용하지 않는 것이, 가장 바람직한지를 판단해서 집행해야 한다.

2) 브랜드 네임

(1) 글로벌경영자들은 판매하는 제품 · 서비스에 어떠한 브랜드 네임(brand name)을 부착 · 사용할 것인가를 결정할 때, ① 지역시장별 또는 국

가시장별로 상이한 미학적인 요소뿐만 아니라 ② 언어 · 법 등 다른 요소도 고려해야 한다.

(2) 때때로 가장 바람직한 브랜드 네임은, 해당 국가시장의 언어를 사용함으로써 그 소비자들에게 호감을 주는 것일 수도 있다. 그렇지만 글로벌기업들은 최대한 글로벌표준 브랜드(global standard brand name)를 사용해야 한다.

(3) 그와 같이 글로벌표준 브랜드 네임을 활용하는 많은 글로벌기업들은, ① 어떤 특별한 의미를 지니지 않았지만(경우에 따라서는 아무런 뜻도 없지만) 글로벌시장 어디서나 쉽게 발음할 수 있는 단어를 찾든지(예, Firestone, Bridgestone) 창조하여(예, Kodak, Kleenex, Xerox, Sony, Coca Cola) 브랜드 네임으로 사용하고 있다. ② 창업자의 姓을 브랜드 네임으로 사용하는 경우도 많은데, Benz · Ford · Toyota 등은 유명한 성공적인 예이다.

(4) 우리나라 계통 글로벌기업들의 이름은 외국어로 발음하기가 어려운 것도 있지만, 국내시장과 해외시장에서 유명해진 Samsung · Hyundai · KIA · LG · SK · LOTTE · POSCO 등을 글로벌 브랜드 네임으로 활용함으로써 국가의 브랜드 이미지를 높이면서 국가이미지까지 크게 향상시키고 있

예증 8-10 삼성硏 "한국 국가브랜드 18~19위"

'실체 · 이미지' 두 기준 조사 2009년보다 한 계단씩 상승

우리나라의 국가브랜드가 2009년보다 상승했다는 조사 결과가 나왔다.

삼성경제연구소는 대통령 직속 국가브랜드위원회와 공동 개발한 '국가브랜드지수' 조사에서 2010년 우리나라의 국가브랜드가 조사 대상 50개국 가운데 '실체'는 18위, '이미지'는 19위로 집계됐다고 밝혔다. 이번 조사는 26개국의 오피니언리더 1만3500명을 대상으로 이뤄졌다.

조사 결과에 따르면 실체 기준의 국가브랜드에서 1위는 미국이 차지했으며 독일, 영국, 프랑스, 일본 순이었다. 이미지 기준의 국가브랜드는 독일이 1위였고 캐나다, 일본, 미국, 영국 순이었다.

세부 항목별로는 우리나라는 실체 순위에서 과학 · 기술(4위), 현대문화(9위), 유명인(9위) 등 3개 부문에서 10위권에 들었다.

자료: FOCUS

다(예증 8-10 참조).

그런 가운데서도 새로운 글로벌 브랜드 네임을 결정하려는 우리나라 기업들은 ① 글로벌시장을 겨냥하고 서브하고 만족시켜야 하는 이상, ② 우선적으로 표준 영어(standardized English)로 된 단일 브랜드 네임을 채택하여 단일 글로벌 브랜드 네임으로 기르는 것이 가장 바람직하고, 필요에 따라서 예외적으로 지역시장 또는 국가시장별로 별도의 브랜드 네임을 활용하도록 해야 한다.

(5) 우리나라기업들이 글로벌표준 브랜드 네임의 가치를 향상시키려면, 우리나라의 국가브랜드(national brand)의 가치 역시 획기적으로 향상시켜야 한다(예증 8-10 및 8-11 참조).

예증 8-11 국가브랜드 획기적으로 개선한 사례

'오바마 효과' 美 7위서 1위로 도약

스페인, 올림픽 후 "관광 · 문화 강국"

한 국가에 대한 이미지는 장기간에 걸쳐 형성되므로 단기간에 크게 바뀌지 않는 게 보통이다. 하지만 국가브랜드를 획기적으로 개선시킨 사례도 없지 않다.

대표 사례가 미국이다. 미국은 2009년 10월 안홀트-GMI가 발표한 국가브랜드지수(NBI)에서 1위를 차지해 2008년 7위에서 6계단이나 뛰어 올랐다. 한달 후 퓨처브랜드가 발표한 국가브랜드지수(CBI)에서도 미국은 전년도 3위에서 1위로 올라섰다.

미국의 순위가 급격히 오른 것은 '오바마 효과' 때문이었다.

연도별 국가브랜드 순위

순위	2005	2007	2009
1위	호주	영국	미국
2위	캐나다	독일	프랑스
3위	스위스	캐나다	독일
4위	영국	프랑스	영국
5위	스웨덴	스위스	일본
6위	이탈리아	호주	이탈리아
7위	독일	이탈리아	캐나다
8위	네덜란드	스웨덴	스위스
9위	프랑스	일본	호주
10위	뉴질랜드	네덜란드	스페인 스웨덴
한국순위	25위	32위	31위

자료: 안홀트-GMI

일본도 비교적 최근에 브랜드 이미지가 크게 상승한 경우에 속한다. 안홀트-GMI의 순위에서 2005년 일본은 14위였지만 2007년에 9위, 2008년에 5위까지 뛰어올랐고, 2009년에는 5위를 유지했다. 이처럼 일본의 국가 이미지가 바뀐 데는 2005년 일본 정부가 국가브랜드 이미지를 강화하기 위해 주창한 '신일본양식'(Japaneseque Modern)운동의 영향이 컸다. 신일본양식이란 일본의 전통문화가 갖는 매력에 첨단 기술 등을 결합시켜 일본이라는 국가 브랜드를 현대적이고 세련된 방식으로 재창조하는 것을 말한다.

자료: 한국일보

제4절 국가시장별 교육이 글로벌경영에 미치는 영향

1. 교육은 국가시장별 사회문화적 환경요소의 하나

(1) 국가시장별 사회－문화 환경을 구성하는 요소들 중 하나인 교육(education)은 ① 기존의 문화와 전통을 다음 세대에게 전파(transmit)시키는 기능, ② 문화적 변화(cultural change)를 일으키는 기능 등을 수행한다(예증 8-2 참조).

(2) 국가시장별 교육수준은 ① 문자해독률(literacy rate)/문맹률(illiteracy rate)과 ② 취학률(school enrollment ratio)을 기준으로 평가를 하는데, 교육수준은 국가시장별로 상당한 격차가 있는 것이 사실이다.

(3) 그래서 글로벌경영자들은 표적국가시장들이 각기 ① 어떤 목적으로 교육제도를 운영하고 있는지, ② 어떤 수준의 국민교육을 시키고 있는지를 분석 · 파악하여 현지경영에 활용해야 한다.

2. 표적국가시장별 교육시스템, 국민교육의 수준을 분석 · 파악해야 하는 이유

(1) 표적국가시장별로 국민이 소비자/고객으로서 어떤 특성을 지니고 있고 어느 정도로 세련(sophistication)되어 있는지를 파악하여, 현지경영－마케팅활동에 활용하기 위해서이다.

(2) 국민교육수준은, 국가시장별로 현지경영활동에 활용할 수 있는 인

적자원이 어느 정도 가용한지를 판단할 때에, 고려해야 할 중요한 요소 중의 하나이기 때문이다.

(3) 만일 대부분의 소비자들이 문맹자라면, 광고프로그램과 포장 label 등을 현지시장의 여건(context)에 맞도록 적응(adapt)시킬 필요가 있기 때문이다. 예컨대, 문자로 된 브랜드 네임을 사용하되, 심볼로 된 트레이드 마크를 강조해야 한다.

(4) 대부분의 부녀자를 공식교육에서 제외하고 있는 국가시장들에 대해서는 현지경영활동 프로그램을, 남녀를 중등학교 수준이나 그 이상으로 다 같이 공식교육시키는 국가시장들을 대상으로 할 때와, 달리해야 할 필요가 있기 때문이다(그림 8-4 참조).

(5) 구두 및 인쇄물을 통한 소비자들과의 효과적인 커뮤니케이션이 어렵고, 자격 있는 조사연구원들조차 구하기 어려운 국가시장들에서는, 소비자 조사 등 현지경영조사를 실시하는 것이 타당하지 않을 수도 있기 때문이다.

(6) 제품을 생산하는 데 복잡한 기술을 활용해야 하고, 또 생산되는 제

그림 8-4 이슬람권 여성 문자해독률과 개발지수

(1) 이슬람권 여성 문자해독률
(단위: %, 15세 이상)

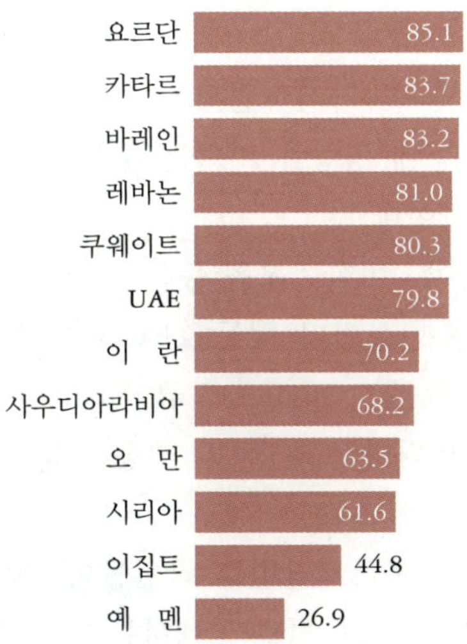

(2) 이슬람권 여성개발지수(GDI)
GDI: 평균수명, 문자해독률, 취학률 등의 남녀평등 정도를 측정한 지수

국 가	순위 (전체 144개국)
바레인	40
쿠웨이트	45
UAE	49
사우디아라비아	68
레바논	70
오 만	71
요르단	75
이 란	86
시리아	93
이집트	99
예 멘	127

자료: 유엔개발계획보고서.

품이 기술적으로 복잡하여 문서화된 취급지침을 그 제품에 꼭 첨부해야만 판매할 수 있다면, ① 교육수준과 기술수준이 다 같이 낮은 국가시장들에서는 그런 제품의 생산 · 판매를 포기하든지, ② 아니면 낮은 교육수준 · 기술수준에 적합하도록 그런 제품의 생산공정을 단순화시키고 제품 자체도 단순하게 개조(modify)할 필요성이 있을 수도 있기 때문이다.

(7) ① 현지유통기구들로부터 협력을 얻고 상호의존관계를 유지할 수 있는 정도 역시, 유통기구를 운영하는 사람들의 교육수준에 따라서 부분적으로나마 판가름되기 때문이다. ② eBusiness의 활용 여부 또는 정도 역시, 그런 것들에 의해 부분적으로 판가름되기 때문이다.

(8) 국가시장들에서 경영 및 기술 컨설팅 · 산업교육훈련 · 광고대행사 등 서비스기관들에 종사하는 인적자원의 성격 및 수준 역시, 국가시장별 교육제도가 그런 서비스직무를 담당할 수 있는 인적자원을 어느 정도 능률적으로 교육시키느냐에 달려 있기 때문이다.

제5절 국가시장별 종교가 글로벌경영에 미치는 영향

(1) 종교(religion)는, 글로벌 · 지역별 · 국가시장별 · 동일국가내의 지역별 또는 종파별 대상으로 하는 경영활동에 영향을 미치는 문화적 · 인간적 환경을 구성하는 중요한 요소들 중 하나이다.

(2) ① 물질문명(경제, 기술 등) · 언어 · 미학 · 교육 등은 특정 국가시장 문화에서 관찰가능한 겉으로 나타나는 현상이며 행동(behavior)인 반면에, ② 종교 · 신앙(beliefs) · 사상(ideology) · 태도(attitude) · 금기(taboo) · 미신(superstition) 등은 관찰가능한 겉으로 나타나는 현상 및 행동을 낳게 하는 관찰불능한 기초(foundation)에 해당된다.

(3) 그러므로 글로벌경영자들은, ① 국가시장별로 국민들이 소비자로서 어떤 제품 · 서비스를 얼마만큼 어떤 이유/동기로 구매하는지, 직장인으로서 어떤 작업태도(job attitude)를 가지고 얼마나 열심히 일하는지 등을 파

악하여 현지경영활동에 활용하기 위해서도, ② 국가시장별로 문화의 종교적 측면도 분석 · 파악해야 한다.

1. 종교가 해외출장 및 해외현지 경영활동에 미치는 영향

(1) ① 글로벌경영자들이 직무수행상 해외출장을 갈 때는, 여행일정계획(itinerary)을 짤 때부터, 종교적 휴일과 공휴일도 고려해야 한다. ② 지역시장별 또는 국가시장별로 현지경영활동을 전개할 때도, 마찬가지로 해야 한다.

(2) 일반적으로 말한다면, ① 기독교국가들의 경우에, 일요일은 상당한 종교적 의미를 지니며, 일요일과 종교적 휴일이 겹치고 그렇지 않은지에 따라서, 종교적 휴일의 수가 결정되는 경우가 많다.

② 한편 이슬람국가들에서는, 금요일이 종교적으로 중요한 공휴일이고 일요일은 공휴일로 취급되지 않는 경우가 있으며, 1개월간의 Ramadan(이슬람력으로 9월을 뜻함)은 거의 모든 목적에서 종교적 공휴일이다.

③ 유태교를 믿는 이스라엘국민들과 기타 유태인들에게도 금요일은 종교적으로 중요한 날인 것은 사실이나, 휴무 여부는 일정치 않다.

④ 한국 · 중국(홍콩 포함) · 대만 등에서는, 신년 공휴일을 양력 또는 음력으로 정하느냐에 따라서(한국, 중국, 홍콩, 마카오, 대만은 음력 설을 쇠고 있음), 신년 공휴일이 언제부터 얼마 동안인지가 결정된다. 인종적 중국인들은 중국 · 홍콩 · 마카오 · 대만 이외의 국가들에 살더라도, 음력으로 신년과 추석을 여러 날씩 노는 경향이 있다.

(3) 그러므로 글로벌경영자들은, ① 지역시장별 또는 국가시장별로 서로 다른 종교적 휴일 · 기타 공휴일 · 인종별 휴일 보내기 패턴 등을 사전에 파악하여, ② 해외출장과 현지경영활동을 지역시장별 또는 국가시장별로 적응시켜야 한다(예증 8-12 참조).

예증 8-12 30년 만에 UAE 국빈방문 – '아랍권 껴안기' 발벗고 나선 英여왕

영국 엘리자베스 2세 여왕의 2010년 11월 아랍에미리트(UAE) 국빈방문이 주목받고 있다. 영국 언론은 5일간 과거 식민지였던 UAE와 오만을 방문하는 여왕의 행보를 관심있게 보도했다. 중동에 진출해 있는 영국 기업들의 사업과 중동 국가들의 협력 강화에 큰 도움이 될 것으로 전망했다.

AP연합뉴스

아부다비 방문… 스카프 두른 英여왕 2010년 11월 아랍에미리트의 아부다비를 방문한 엘리자베스 2세 영국 여왕이 셰이크 자이드 그랜드 모스크에 들러 내부를 둘러보고 있다. 이슬람 관습에 따라 머리에 스카프를 둘렀다. 여왕은 영국과 긴밀한 관계를 유지해온 걸프지역 아랍국가들과 친목을 다지기 위해 이날부터 5일간 지역 순방을 시작했다.

1971년 영국으로부터 독립한 UAE에는 영국 회사 5,000개가 진출해 있는 중동투자의 주요 거점으로 체류 영국인만 10만명이 넘는다.

1979년 국빈방문 이후 다시 UAE를 찾은 여왕은 이날 아부다비에 위치한 최대 모스크 셰이크 자이드 대모스크를 방문했는데 발목까지 내려오는 금빛드레스와 머플러를 둘렀다. 아랍 여성들의 부르카처럼 보이는 옷차림으로 예의를 표현한 것. 셰이크 모하메드 빈자이드 알-나흐얀 왕세자도 여왕을 직접 안내하며 30년 만의 방문을 반겼고 아랍언론들도 호의적으로 보도했다.

이번 순방이 아랍권을 껴안을 최고의 외교로 평가받으면서 왕실의 역할론이 다시 힘을 얻는 모습이다.

자료: 한국일보

2. 종교가 소비자행동과 소비패턴에 미치는 영향

(1) ① 종교가 국가시장별로 다를 경우에, 그리고 인도 · 인도네시아 · 말레이시아 · 스리랑카 · 필리핀 · 중국 · 독립국연합국가들(CIS) · 구 유고슬라비아 연방국가들 · 미국 등 동일 국가 내에서도 여러 종교들이 성행할 경우에(예증 8-10 참조), ② 이란 · 이라크 · 아프가니스탄 등과 같이 같은 이슬람국가인데도 여러 종파들이 존재하고 분규 · 내전이 발생할 경우에, ③ 국

가시장별 국민/소비자들의 구매행동과 소비패턴은 서로 다른 종교적 니즈와 금기(religious needs and taboo) 등 때문에 상당히 다를 수 있다.

(2) 원리주의(fundamentalism)에 따라 많은 이슬람국가들에서는 술 마시는 것이 금기이기 때문에, 술종류의 판매는 금지되거나 제한된 반면에, 생수 · 과일주스 · 청량음료수 · 비알코올 맥주 등에 대해서는 좋은 시장을 제공하는 것도 예이다. 힌두교인들 중에는 채식주의자들이 많기 때문에, 그런 채식주의자들에게 닭고기 · 양고기 · 염소고기를 판매하는 것은 어려운 것 역시 예이다. 이슬람교도들과 일부 힌두교인들은 돼지고기를 먹지 않는다.

(3) 그러므로 글로벌경영자들은, 종교와 관련된 소비자들의 구매행동 및 소비패턴 역시 분석 · 파악하여, 국가시장별 침투전략 및 현지 운영전략 결정 · 집행에 반영시켜야 한다(예증 8-13 및 8-14 참조).

예증 8-13 아시아 종교 분포 : 이슬람 · 힌두교 우세, 불교는 세 줄어

인도는 불교의 발상지이지만 현재는 전통종교인 힌두교가 다수(82.6%)이고 불교는 이제 가장 세력이 약한 종교(0.7%) 중 하나가 되었다. 인도의 이슬람교는 16세기 무굴제국 때부터 번성, 중세문화를 이끌었는데 시크교는 바로 이때 이슬람과 힌두교의 절충형으로 탄생했다.

파키스탄은 인도의 이슬람교도들이 1차대전 이후부터 분리운동을 펼친 끝에 1956년 3월 '영연방내 파키스탄이슬람공화국'으로 태어난 나라답게 국민 대다수(97%)가 이슬람교, 소수의 기독교와 힌두교 신자가 있는 정도이다.

인도네시아는 언어와 습관이 다른 문화권만도 19개 정도지만 전반적인 사회 분위기는 국민 88%가 믿고 있는 이슬람교적이다. 하지만 자바 신비주의 등 다양한 종교적 색채가 있으며, 기독교도 그 중 일부이다.

이 밖에 태국 · 미얀마 · 스리랑카 등은 불교, 몽골 · 네팔 · 티베트는 라마교, 아프가니스탄 · 방글라데시 등은 이슬람교, 네팔은 힌두교가 큰 세력을 이루고 있다. 아시아 지역에서 필리핀만 천주교가 다수(83%)를 차지하고 있다. 최근 개혁 · 개방정책으로 종교의 자유를 형식적으로 보장한 중국에도 각종 종교 신도수가 3천만 명 이상으로 추정되고 있다.

자료: 조선일보

예증 8-14 "2조 달러 규모 할랄 시장 잡아라" – 메카 콜라 등 이슬람 허용 제품 중동서 인기

'할랄(Hallal)' 시장이 빠르게 크고 있다. 할랄은 이슬람 율법에 따라 허용되는 것을 뜻하며 돼지고기나 알코올 성분이 없어야 하고, 소 · 닭 등 허용된 고기도 할랄식으로 도살한 것만 인정된다.

KOTRA가 발간한 '16억 할랄(Hallal) 시장을 잡아라' 라는 제목의 보고서에 따르면 할랄 산업이 식품류에만 그치지 않고 의약품 · 화장품 · 관광 · 물류 등으로 확대되고 있다. 시장 규모만 2조 달러에 달한다.

할랄 산업의 주류를 이루는 식품 분야는 최근 할랄 인증을 받거나, 할랄 기준을 적용한 제품들이 속속 나오고 있다. 특히 할랄 인증을 받은 재료에서 추출한 타우린 성분을 활용한 메카 콜라(Mecca Cola)가 큰 인기다.

또 돼지고기 등에 포함된 콜라겐 등 동물성 성분과 알코올이 들어 있지 않은 할랄 화장품이 무슬림 여성들로부터 큰 호응을 얻고 있다. 할랄 화장품은 시장 초기 단계인데도 시장규모가 5억6,000만 달러에 달하는 것으로 보고서는 분석했다. KOTRA는 "세계 최대 쇼핑몰 두바이 몰의 할랄 화장품 매장이 호황"이라며 "중동 지역에 부는 할랄 비즈니스에 주목해야 한다"고 말했다.

이외에 유통과 보관 등 전 과정에서 할랄 제품만을 독점 취급하는 물류 산업이 말레이시아를 중심으로 커지고 있다고 보고서는 밝혔다.

급성장하는 할랄 시장을 선점하기 위해 글로벌기업들의 움직임도 빨라지고 있다. 네슬레는 1992년부터 할랄 제품 개발을 시작해, 현재 전 세계 85개 공장과 154개 제품이 할랄 인증을 받았다. 버거킹, KFC, 까르푸, P&G 등 글로벌기업들은 중동과 동남아 이슬람 나라뿐만 아니라 유럽 내 무슬림을 겨냥해 할랄 인증을 나서고 있다.

KOTRA는 "할랄 시장에 진출하기 위해서는 할랄 인증 획득이 필수"라며 "할랄 인증은 물론 제품 개발과 적극적인 마케팅을 통해 시장 진출을 서둘러야 할 것"이라고 조언했다.

한국의 초코파이가 이슬람 국가들로 수출이 잘 안 되는 가장 큰 이유는 초코파이 속에 들어가는 돼지고기에서 추출된 콜라겐(즉 할랄 식품이 아니기) 때문이라고 한다.

자료: 한국일보

3. 종교가 여성의 사회-경제적 역할에 미치는 영향

(1) 국가시장별 문화에 따라서 여성의 사회-경제적 역할 · 사회경제적 지위 · 사회진출 정도가 상당히 다른데(높거나 낮다는 뜻), 이는 종교적인 요인에서 비롯되는 경우가 많다.

(2) 글로벌경영자들이 여성의 사회-경제적 역할 · 사회경제적 지위 · 사회진출 정도에 미치는 종교의 영향을 국가시장별로 분석 · 파악해야 하는 이유는, 기타 모든 조건이 같다고 가정할 때에, 여성의 사회-경제적 역할 · 사회경제적 지위 · 사회진출 정도가 다 같이 높은 국가시장들인 선진국들일수록 여성들의 구매력 역시 높아서 보다 좋은 시장기회와 이익기회를 제공하기 때문이다.

4. 종교가 현지인 채용 · 활용에 미치는 영향

(1) 국가시장별로, ① 종교에 바탕을 둔 세습적인 계급제도(예: caste system), ② 종교와는 관계가 있을 수도 없을 수도 있는 친척등용주의(nepotism) 등을 따르는 정도는 각기 다르다. 그런 가운데서도, 카스트 시스템을 실행하는 대표적인 예는 인도이고, 친척등용주의가 성행하는 예로는 북한 · 베트남 · 이라크 · 쿠웨이트 · 사우디아라비아 · 한국 및 동남아와 중남미 및 아프리카의 여러 나라 등 주로 非선진국들이다.

출신지, 종교, 학연, 직업, 혈연 등에 바탕한 connection과 relation(특히 중국)을 강조하는 것도 주로 비선진국들이다.

(2) 카스트 시스템 · 네포티즘 · 관계 등이 성행하거나 잔존하는 국가시장들에서, 그런 것들은 국가시장별 현지 경영활동에 상당한 영향을 미칠 수 있다. 특히 외국계 글로벌기업의 현지마케팅자회사 · 생산자회사가 현지인들을 채용 · 배치 · 승진시킬 때에, 인사 · 조직운영 등에 걸쳐 외국인기업의 현지자회사 경영자들에게 특수한 문제들을 안겨 줄 수가 있다.

(3) 그러니 글로벌경영자들은, 그런 국가시장들에서 현지경영활동을 수행할 때는, 현지인 채용 · 활용을 현지적응시키는 것이 필요할 수도 있다.

5. 종교 조직 · 단체 등의 현지경영활동에 미치는 영향력

(1) 국가시장별 종교계통의 공식조직 · 종교단체 등도, 국가시장별 현지 경영활동에 상당한 영향을 미칠 수 있다. ① 국가시장들에 따라서는 이슬람사원 · 교회 · 종교단체 등이, 종교적인 이유를 내세워, 외국으로부터 신제품이나 새로운 기술의 도입을 그리고 특히 외국인기업의 직접투자침투를 어렵게 만들거나 제지시킬 수도 있다.

② 반면에 그런 도입 · 침투가 사원 · 교회 · 그 신자들에게 실질적인 편익을 줄 수 있다고 믿는다면 또는 많은 뇌물을 준다면, 도입 · 침투를 적극적으로 촉진시킬 수도 있다.

(2) 그런 종교적 환경하에서 글로벌경영자들은, 충분한 시장수요가 있기 때문에 특정 국가시장에 침투하고 현지경영활동을 벌일 때도, 그 국가시장의 사원 · 교회 · 종교단체 등의 관점 · 태도 등을 사전에 세밀히 분석 · 파악하고서 고려에 넣어야 한다(예증 8-14 참조).

6. 여러 종교가 성행할 경우의 현지경영 파급효과

(1) 특정 국가시장에서 여러 종교들이 성행하고 있고, 또는 같은 종교일지라도 여러 종파들이 성행하고 종파간에 특히 무력분규가 발생하고 있을 경우에는, 현지경영활동을 하는 데 글로벌경영자들에게 특별한 문제를 안겨 줄 수도 있다.

① 더욱이 여러 종교간에, 또는 같은 종교의 여러 종파간에, 집단적인 반목/무력투쟁이 있을 경우, 그런 국가시장은 세분화될 수밖에 없다. ② 그러므로 글로벌경영자들은 그런 국가시장에서 여러 세분시장들을 상대로 각기 다른 현지경영전략을 수립 · 집행해야만 한다.

(2) 특히 인도 · 스리랑카 · 레바논 · 이라크 · 아프가니스탄 · 구 유고슬라비아 · 아르메니아 · 그루지아 등과 같이, ① 여러 종교의 신자들 사이에 반목 · 차별행위 · 폭력 · 전투 등이 난무하는 국가시장에서는, ② 현지경영활동을 하는 데 필요한 현지인을 채용하는 것으로부터 유통업자들을 선정하고 광고활동 등을 벌이는 데 이르기까지 심각한 문제를 일으킬 수 있으

며, ③ 그에 따라 현지 경영활동 코스트 역시 지나치게 많이 발생할 수도 있기 때문이다.

제6절 국가시장별 태도와 가치관이 글로벌경영에 미치는 영향

(1) 어느 국가시장들에서나 인간의 거의 모든 행동들(behaviors)은 태도와 가치관(attitude and values)에서도 비롯된다. ① 인간의 가치관은, 종교적인 바탕 위에서, Adam Smith와 Karl Marx 시대부터는 정치 · 경제적 사상에 의해서도(냉전종식 후 Marx의 영향력은 사라짐), 형성되는 경향이 많다. ② 그런 가치관은, ⓐ 어떤 사항 · 상태 · 체제 등에 대해 용납 · 인정 · 거부하는 등 도덕적 · 사상적 판단을 하는 준거의 틀로 많이 쓰이고, ⓑ 인간이 선악을 판단할 때에도 준거의 틀로 사용한다.

(2) 경제활동 · 경영활동과 관련된 인간의 태도에는, ① 작업 · 직장 · 성취 · 이익 · 사유재산 · 윤리 · 투명성 · 계약 · 과학적 의사결정 방법 · 내 것과 네 것 등에 대한 태도들이 포함되며, ② 글로벌경영에 대한 그리고 외국인기업들에 대한 태도들도 물론 포함된다(예증 8-15 참조).

(3) ① 그러한 태도와 가치관은 국가시장별로 이질적인 경향이 많아서, 국가시장별 현지경영활동에도 상이한 영향을 미칠 수 있다. ② 그렇기 때문에 글로벌경영자들은, 침투하는 국가시장별로 그 관료 · 소비자 · 경영자 · 기업가 등의 태도와 가치관을 분석 · 파악하여, 현지경영전략에 반영시켜야 한다.

예증 8-15 한국인(경영자)은 이렇다

한 예로서, EU에서 EU 글로벌경영자들을 위해 만들어진 한국에 대한 경영 안내서에 나타난 한국인(경영자)의 태도와 가치관을 요약 제시하면 아래와 같다.

- 사업차 한국을 방문할 때는 최고급호텔에 투숙하라.
- 가급적 어두운 색의 정장을 입어라.
- 한국인의 계급의식에 맞게 명함 직급을(의식적으로라도) 높여 적어라.
- 한국업체를 처음 접촉할 때는, 자신이 직접 소개하는 것보다는 한국내 저명인사나 로비전문업체를 통해 접촉하라.
- 한국인들은 외모나 직위를 중요시하여 그에 상응하는 대우를 하고, 룸살롱과 고급요정을 경영상담 장소로 선호하니, 그런 데서 접대하고, 향후 비즈니스를 확실히 보장받으려면 한국인들에게(윤리적으로 부패했으니까) 정기적으로 선물 · 촌지 · 뇌물을 주라고 권유.

그런가 하면 영어로 대화할 때 한국인들은 전체내용 중 일부분만 이해하면서도 알아듣는 척하고, 알아듣지 못하는 것을 수치스럽게 여긴다고 설명.

특히 한국인들은, 기분으로 상담이나 협상을 결정하는 경향이 있으며, 계약서 작성과정에서도 법적으로 완벽한 것보다는 「약, 대략, 비슷하게」 등 애매하고 추후 변경 소지가 큰 용어들을 선호한다는 점을 주의해야 한다고 지적.

저자의 주(note)

한국인 경영자들이 지닌 태도와 가치관에 대한 위와 같은 일반론적 설명내용은, 한국의 (윤리적으로도 부패한) 정부관료와 국회의원 등 정치인들이 지닌 태도와 가치관의 대부분까지를 잘 설명해 준다고 본다.

저자의 코멘트

경영거래에서도 서양에서는 계산과 실리(calculation and pragmatism)가 主(primary)이고 인간관계(human relations)는 從(secondary)이다. 그런데 동양에서는 전통적으로 인간관계, 즉 의리(사람으로서 지켜야 할 도리)가, 그리고 명분이 主이고 계산, 즉 합리성(능률성, 효과성, 경제성)은 從이다. 한국에서도 아직은 대체적으로 그렇다고 본다.

그래서인지, 서구경영자들은 경영거래에서 우선 논리성과 합리성을 추구하고, 끈끈한 인간관계는 그 다음이다. 이에 비해 한국경영자들은, 우선 한잔 나누면서 돈독한 인간관계로 정이 통하기를 바라고, 상담 · 계약체결 · 계약이행 · 계약불이행에 따르는 문제의 해결 등에 걸쳐 추후에 「인간적으로」 추진 · 집행 · 해결하려는 경향이 짙다.

서구식 태도 · 가치관 등이 반영된 WTO규범 · OECD규칙 등이 점점 더 글로벌무역 · 경영활동을 지배하는 global standards(law and order)로 굳혀가는 환경하에서 한국기업들의 글로벌경영자들은, 글로벌경영거래에서 피해를 보지 않고 이익을 보기 위해서도, 당연히 "Promise is promise" "Business is business" "Contract is contract" 등으로 표현되는 글로벌화시대에 걸맞은 가치체계를 主로서 받아들이고 인간관계나 의리는 從으로 취급하면서 글로벌경영활동을 수행해야 할 것이다.

1. 국가시장별 국민의 상업 · 기업활동에 대한 태도와 가치관

(1) 지구촌의 동 · 서양을 막론하고 고대로부터 현대에 이르기까지 상업(commerce) · 판매활동 · "장사"는 사회로부터 일종의 필요악으로 취급되어 왔는데, 어느 정도로 천시되었는가는 국가에 따라서 물론 달랐다. 19세기 초에 프랑스와 영국이 전쟁을 할 때에 나폴레옹은 천박하다는 뜻으로 영국을 "a nation of shopkeepers"라고 부른 것이 한 예이다. 고리대금업(usury)은 중세유럽에서 금지되었을 뿐만 아니라 코란은 아직도 이를 금지하고 있다.

우리나라에서도 사 · 농 · 공 · 상이라는 사고와 실제가 존재했던 적이 있다.

(2) 2010년대 현재에도 ① 상업 · 기업활동 등을 사회적으로 저속하게 생각하는 국가시장들에서는, 현지인들이 상업 · 기업활동을 등한시하여 미개발되어 있을 확률이 높다. 경제개발의 정도가 낮은 국가시장들일수록, 그러하다. 유능한 인재는 대체적으로, 기업분야에 진출하지 않고, 관직 · 정치 등에 진출하는 경향이 또한 높다.

② 그래서 상업 · 기업활동은 사회적으로 낮은 특수계층과 외국인출신들이 담당 또는 지배하는 경향이 높다. 동남아 국가시장들 모두에서 인종적 중국인들이 현지 기업 파워를 지배하는 것, 옛날에 대영제국의 식민지들이었던 서부 아프리카 국가시장들에서 인종적 인도인/파키스탄인들이 현지 기업활동에 막대한 영향력을 행사하는 것 등이 그 대표적인 예들이다.

(3) 물론 선진국들과 신흥공업들에서일수록, 위와는 거의 반대되는 현상을 발견할 수 있다.

2. 국가시장별 국민의 물질적 부에 대한 태도와 가치관

1) 자본주의 국가 국민들의 태도와 가치관

(1) 미국 자본주의식 사고방식 · 태도 · 가치관 등이 전체 지구촌으로 확산되고 있는 가운데도, 재산 · 물질적 소득 · 구입(acquisition) 등 물질적 부(material wealth)에 대한 국가시장별 국민들의 상이한 태도 · 중요시하는 정도 등 역시, 국가시장별 현지경영활동에 막대한 영향을 미친다.

(2) 예컨대, ① 물질주의 · 중산층 지향적 · 레저 중시 등의 사회적 태도와 가치관을 지닌 미국 · 유럽 · 일본 · 한국 등은 '풍요한 사회' (affluent society), '성취적 사회' (achieving society), '구입적 사회' (acquisitive society) 등으로 불리고 있는데, 이들 표현은 그 사회의 동기적 가치관(motivating values)을 반영하는 것이다.

② 즉, 그런 나라들에서는 부와 구입을 성공과 성취의 척도로 삼는 경향이 많다는 뜻이다. 그런 구입 동기적 가치관은, 여타 선진국들은 물론, 아시아 국가들 중에서는 고소득 신흥공업국으로 급속도로 확산되고 있다. 그러므로 그런 국가시장들은 대규모이고 또한 성장하는 시장들이라 할 수 있다.

(3) 구입한 제품을 알뜰하게 오래 사용하는 데도, 국가시장별로 차이가 있다. 예컨대, 미국인은 한국인보다 더 "알뜰"하다고 한다. 그래서 "알뜰"도 국가시장별 현지경영활동과 관련된 제품개발 · 판매활동 · 애프터서비스 등에 시사해 주는 바가 크다.

2) 종교적 및 열대지방국가 국민들의 태도와 가치관

(1) 대조적인 현상으로서 일부 힌두교 및 불교 국가시장들의 일부 국민들은 無念(wantlessness)을 하나의 이상으로 삼고 있기 때문에(경제적 형편이 원래부터 나빠서 종교적으로도 국민들의 물질적 욕구를 억제할 필요성 등이 있기 때문에), 그런 국민들은 생산과 소비를 하려는 동기가 비교적 결핍되어 있다. 그러므로 글로벌경영자의 입장에서 볼 때, 태도와 가치관이 서구화된 다수 고소득층(예컨대 인도, 중국 등)을 제외하고는 그런 국가시장들은 풍부

한 시장도 그리고 침투하기 쉬운 시장도 아니라고 말할 수 있다.

(2) 종교적 이유가 아니더라도 열대지방에 위치한 국가시장들의 국민들은, 일반적으로 일을 열심히 하여 문명의 산물인 새로운 각종 제품과 서비스를 구입 · 소비 · 활용하려는 동기가 부족한 편에 속한다. 그러니 일부 열대국가시장들도, 일반적으로 소득과 더불어 구입 동기적 가치가 결여되어 있어서, 풍부한 국가시장들이라고는 할 수 없다.

3. 국가시장별 국민의 변화 및 리스크에 대한 태도

1) 변화에 대한 태도

(1) 국가시장별로 국민의 변화에 대한 태도(attitude toward change)가 다르다. ① 미국 등 선진국시장들에서는 일반적으로 소비자들이 변화를 잘 받아들이고 또한 기대한다. 그래서 'new' 라는 단어를 호의적으로 받아들이기 때문에, 제품 · 기술 등의 개선을 위한 변화를 촉진시키고, 실질적인 개선이 따르지 않는 변화라 하더라도, "새로운" 제품들("new" products)은 소비자들의 호기심을 불러일으켜서 생산 · 판매가 촉진되는 경향이 높다.

② 글로벌경영자들의 입장에서 볼 때, 그런 선진국시장들과 한국 등 일부 신흥국들은 상대적으로 좋은 이익창출기회를 제공한다.

(2) 반대로 변화를 싫어하는 비교적 보수적인 국가들도 지구상에는 많다. ① 변화에 대한 국민의 보수성이 많은 국가시장들일수록, 생산 및 소비활동에 대한 태도가 과거/전통 지향적인 경우가 많다. ② 그런 국가시장들에서도 근대화의 물결 때문에 생산 · 소비 패턴에 변화가 일고 있지만, 변화 속도가 느릴수록 좋은 잠재적 국가시장들이라고 할 수는 없다.

2) 리스크에 대한 태도

리스크 부담(risk–taking)에 대한 국민의 태도 역시, 국가시장별로 차이가 많다.

(1) 최종소비자들은 예컨대 신제품을 구입할 때에, ① 그 제품이 광고 · 선전한 바와 같이 또는 각자가 기대하는 바와 같이 성능 · 효력 · 효과를 낼 수 있을까(즉 경제적 리스크), ② 그 제품을 구입하여 활용할 경우에

가족 · 친척 · 동료 · 이웃사람 등이 어떻게 생각할 것인가(즉 사회적 리스크) 등에 대해 생각하지 않을 수 없는데, 국가시장별로 소비자들의 그런 생각에 차이가 많다는 뜻이다.

(2) ① 중간상인/유통업체들은 이미 취급하고 있는 제품 이외의 제품을 새로이 취급할 경우, ② 제조업체들은 새로운 공급업체들로부터 원자재 · 부품 등을 조달하여 생산활동에 투입할 경우, ③ 일반 소비자가 부담하는 것보다 더 많은 리스크를 부담하게 된다. ④ 그래서 보수적인 국가시장의 중간상인 · 제조기업들일수록, 그런 리스크를 부담하지 않으려는 경향이 많다.

(3) 그러므로 글로벌경영자들은, ① 관심 있는 국가시장별로 소비자 · 중간상인 · 제조업체 등의 리스크부담에 대한 태도를 분석 · 파악하고서, ② 광고 · 소비자교육 · 보증의 활용 · 신용(외상)의 제공 · 수선유지 서비스 제공 등의 방법을 적절히 혼합하여 국가시장별로 그들의 리스크 부담을 최소화시키는 노력을 해야 한다.

제7절 글로벌경영외교와 이문화간 경영협상

(1) 협상행위(negotiating/bargaining)는, 기본적 · 포괄적 인간행위 중 하나이며, 사람들의 일상 활동 · 결혼 · 노사관계 · 국제정치관계 · 국내 기업간 거래 · 글로벌경영활동 등에 흔히 사용되고 있는 하나의 과정(a process)이다.

(2) 기업들의 경우, 그 활동의 범주와 정도가 점점 더 글로벌화함에 따라서, 글로벌기업들일수록 국가시장들의 정부 등을 상대로 글로벌경영 관련 외교활동을 벌이고 정부 · 금융기관 · 공급업체 · 구매업체 · 투자자 등과 수출입으로부터 직접투자사업 등 광범위한 분야에 걸쳐 이문화간(국경초월) 국제협상을 하는 빈도 역시 급증하고 있다.

(3) 그러므로 글로벌경영자들은, 글로벌경영 외교술 및 이문화간 협상기법(global business diplomacy and cross-cultural negotiation technique)에 관한

전문성도 갖추고서 실제로 글로벌경영활동에 적용해야 한다.

우리나라계통 글로벌경영자들이 가장 부족한 전문성 중의 하나는 이문화간 협상능력이다. 정부공무원들과 공기업 임직원들도 이문화간 협상능력이 대단히 부족한 것은 마찬가지이다. 이유는 이문화간 협상에 대한 지식 · 관점 · 경험 등이 부족하고 전문가 채용을 등한히 했기 때문이다.

1. 이문화간 경영협상의 특성

아래와 같은 협상의 특성(characteristics of negotiation)/협상상황(negotiation situation)이 존재할 때만, 이문화간/글로벌경영협상은 글로벌경영활동과 관련된 갈등(conflict)을 해결하는 하나의 효과적인 방법이 될 수 있다.

(1) 둘 또는 그 이상의 협상 당사자들이 존재할 때

둘 또는 그 이상의 개인들 · 집단들 · 기업들 · 정부들을 뜻하는 둘 또는 그 이상의 협상 당사자들(negotiation partners)이 존재해야만, 협상은 이루어진다.

(2) 둘 또는 그 이상 당사자들간의 이해갈등이 존재할 때

한쪽 당사자가 원하는 것은 반드시 다른 당사자가 원하는 것이 아닐 수도 있어서, 당사자들은 반드시 갈등을 해결하는 방법을 찾아야만 할 때, 협상은 이루어진다.

(3) 영향력행사로 보다 나은 거래조건 획득을 기대할 수 있을 때

당사자들은, 다른 한쪽 당사자가 자발적으로 주려는 것을 단순히 받아들이는 것보다도, 보다 나은 거래조건(a better deal)을 획득하는 데 어떤 형태로든 영향력을 행사할 수 있다고 믿을 때, 협상은 이루어진다.

(4) 합의모색에 대한 선호가 존재할 때

당사자들이, 적어도 당장은, 공개적으로 다투거나, 한쪽을 굴복시키거나, 접촉을 영구적으로 끊거나, 해결을 위해 그들의 이해충돌을 정부기관 · 법원 등 관련당국으로 끌고가기보다는, 합의 모색에 대한 선호(preference)가 존재해야만 협상은 이루어진다.

(5) 타협에 대한 기대가 존재할 때

협상할 때 당사자들은 타협(give-and-take)/윈-윈(win-win)을 기대한

다. 그러므로 당사자들 양측이 원래의 주장 · 요구를 어느 정도 수정하고 양보해야만, 협상은 이루어진다.

2. 이문화간 글로벌경영협상을 국내경영협상과 현저하게 다르게 만드는 요소들

국내경영협상과 비교하여, 글로벌/이문화간 경영협상을 현저하게 다르게 그리고 어렵게 만드는 요소들은 아래와 같다.

(1) 정치적 및 법적 다원주의

① 특정 국가소속 기업의 글로벌경영자들이 국경초월 경영거래를 모색할 때, 그들은 여러 국가들의 정치적 및 법적 다원주의(political and legal pluralism)와의 접촉을 회피할 수가 없다.

② 그러므로 글로벌경영협상을 할 때에도, 글로벌경영자들은 협상 상대의 소속 국가별 특유 정치적 · 법적 시스템을 분석 · 파악하고서 고려에 넣어야 한다.

(2) 국제통화 변동 및 외환통제

① 글로벌경영자들이 국경초월 글로벌경영 거래를 모색하는 상대 국가들의 통화들과 기타 주요 국가 통화들 및 Euro화의 가치는 당연히 변동하게 마련이므로, 또한 많은 국가들이 국경을 넘어 이동하는 외환을 어떤 형태로든 통제하고 있다. ② 그러니만큼 글로벌경영자들은 그런 통화가치 변동 및 외환통제도 고려하여 어떤 통화를 기준으로 협상할 것인지 등을 결정해야 한다.

(3) 해당 외국 · 본사국 정부와 그 관료주의

① 기업과 그 활동을 규제하는 정도는 국가시장별로 큰 차이가 있다. 정부관료의 관료주의가 기업과 그 경영활동을 간섭하고 제한하는 정도 역시 국가별로 다르다.

② 그러므로 글로벌경영자들은 글로벌경영협상을 할 때, 협상 상대의 (그리고 본사국의) 정부 및 그 관료주의와 부정부패도 고려해야 한다.

(4) 경제적 · 정치적 · 사회–문화적 불안정성

① 경제적 불안정성 · 정치적 불안정성 · 사회–문화적 불안정성 등 여

러 형태로 나타나는 불안정성(instability)은, 국가시장별로 차이가 많다. 그런 가운데서도, 특히 과거/현재의 공산국가시장들과 저개발국가 시장들에서 흔히 발견할 수 있다. 예컨대 정치적 불안정성은 쿠데타 · 갑작스러운 정부정책 변경 · 지속되는 인종적 종교적 폭동 등을 포함하는 것을 뜻한다.

② 그러므로 글로벌경영자들은, 국경초월 경영 협상을 하고 거래관계를 결정할 때, 협상 상대가 소속한 국가시장들에 현존하는 그리고 예견되는 불안정성/안정성 역시 정확히 분석 · 파악하여 고려에 넣어야 한다.

(5) 이념적 갈등

① 일반적으로 미국 등 선진국 소속 기업들의 협상자들은, 개인의 권리 · 사적인 투자와 기업의 우월성 · 기업활동에서의 이익창출 중요성 등에 대한 강력한 신념을 포함한 공통적인 개인주의 및 자본주의 이념을 공유하고 있다.

② 대조적으로 일부 여타 국가들의 대부분 협상자들은, 개인의 권리보다는 집단(예컨대, 정부 · 소속 공기업 등)의 권리 · 사적 투자보다는 공공투자 등을 더욱 강조하고, 이익을 창출하고 배분하는 방법에 대해 견해를 달리하는 경우도 있다.

③ 정치 · 경제 · 종교 등에 걸친 그런 이념적 갈등(ideological conflict)은, 국경초월 협상당사들간의 효과적 커뮤니케이션을 어렵게 만들고 무엇을 협상할 것인지부터 불일치(disagree)하게 만들 수도 있다.

④ 그러므로 글로벌경영자들은 협상상대와의 이념적 갈등 역시 고려하면서 국경초월 협상에 임해야 한다.

(6) 문화의 영향

① 문화는 최소한 아래와 같은 방식으로 국경초월 경영협상에 영향을 미칠 수 있다. 즉, 협상자들이 소속한 국가들간의 문화적 이질성은, 협상자들이 ⓐ 협상을 정의하는 것부터, ⓑ 협상 언어, ⓒ 협상자 선정, ⓓ 협상의례, ⓔ 협상 커뮤니케이션, ⓕ 협상시간, ⓖ 리스크 성향, ⓗ 집단 또는 개인 강조, ⓘ 합의의 성격 등에 이르기까지 상이한 영향을 미칠 수 있다는 뜻이다.

② 문화적 이질성 때문에 협상의 정의(definition of negotiation)에 대해 관점을 달리하는 예로서, ⓐ 미국인들은 협상하는 것을 일종의 "오퍼와 카

운터오퍼의 경쟁적 과정"(a competitive process of offers and counteroffers)으로 보는 경향이 있고, ⓑ 일본인들은 협상을 일종의 "정보공유기회"(an opportunity for information-sharing)로 보는 경향이 있다는 것이다.

③ 문화적 이질성이 합의의 성격(nature of agreements)에 미치는 영향의 예로서, ⓐ 미국기업들은 협상을 통해 도달한 합의는, 보편적으로 논리(logic)를 바탕으로 하고, 대개 공식화하고, 상대방의 합의 불이행시는 손해배상청구 등 법적 행동을 통하여 강행시키려 한다. 다른 서방선진기업들의 경우도, 마찬가지이다.

ⓑ 그렇지만 다른(非서양) 문화권에 속하는 기업들의 경우는 합의가, 법정을 통해 강행할 수 있는 협상의 성공적인 완성을 뜻할 수도 있고, 관계를 공식화하고 상호간 부탁하고 절충하는 핵심적인 협상을 시작한다는 신호일 수도 있고, 이로우면 지키고 불리하면 안 지킬 수도 있다는 뜻 등, 여러 가지 다른 뜻을 지닐 수도 있다. 그래서 국경초월 합의는 빈번히 혼란과 오해를 불러일으키고 일방적인 손실을 초래할 수도 있다.

④ 그러므로 글로벌경영자들은, 국가시장들간에 존재하는 이질적인 문화는 국경초월 경영협상에 서로 다른 영향을 미칠 수 있음을 철저히 인식하고서, 글로벌/이문화간 경영협상에 임해야 한다.

3. 이문화간 경영협상 과정

1) 협상 플래닝

(1) 어떤 성격의 글로벌/이문화간 경영협상을 하든간에, 협상과정에서 나타날 수 있는 잠재적 결점을 회피하고 협상을 성공으로 이끌려면, 협상자들은 각기 실제로 상호작용하기 전에 아래와 같이 협상 플래닝(negotiation planning)을 해야 한다.

① 명확한 협상 목적들을 설정한다/주요 문제들을 정의한다.

② 자신의 입장을 지지하는 또는 상대방의 논거를 반박하는 설득력 있는 논거를 마련한다.

③ 플래닝단계부터 술수를 부리는 행동, 재주 부리는 것, 지절거리는 것, 능변을 피한다.

⑵ 플래닝 단계에서는 아래에 대한 숙제도 철저히 해야 한다.

① 주요 이슈들을 정의하는 것.

② 협상 이슈들을 모으고 협상아젠다들(negotiation agendas)을 정의하는 것.

③ 관심사(예컨대 가격이나 합작투자비율 같은 경제적 · 재무적 이슈, 분규를 해결하는 방법, 쌍방간의 관계유지 여부, 쌍방이 수용가능한 원칙들)를 정의하는 것.

④ 당사 최고경영층, 사내외 이해관계자 및 전문가, 협력업체 등과 협의하는 것.

⑤ 목표설정(goal-setting)을 매니징(managing)하는 것.

⑥ 당사와 상대 협상자의 한계점을 규명하는 것.

⑦ 지지 논거를 개발하는 것.

⑧ 상대방 조직(정부, 정부기업, 민간기업 등) 및 그 협상자의 협상능력 · 부패성(corruptableness) 등을 분석하는 것.

2) 협상 진행

(1) 토탈제안패키지 제시

① 글로벌/이문화간 경영협상은 일반적으로 협상당사자들이 각기 열거된 제안들을 제시하는 것으로부터 시작한다.

ⓐ 그런 토탈제안패키지(total package of proposals)에는, 한쪽이나 다른 쪽이 완전히 포기하거나 절충할 수 있는 조항들을 포함시키도록 해야 한다. 협상진행중 어느 시점에서, 양쪽이 각기 어떤 하나를 얻기 위해 다른 하나를 마지못해 양보(즉, trade-off)한다고 주장할 수 있도록 흥정의 표시로 사용하기 위해서이다.

ⓑ 또한 양보를 받아냈다고 주장(만족)할 수 있게 상대방의 면목을 세우는(face-saving) 수단으로도 사용하기 위해서이다.

② 양쪽이 처음부터 그런 토탈제안패키지를 제시했다면, 또는 어느 한쪽이나 양쪽이 어떤 이유로든지 예기치 않은 양보심을 발휘한다면, 어느 한도까지는 양쪽 상호간에 양보와 절충이 이루어지다가 그 이상의 절충은 있음직하지 않은 상황에 도달할 수도 있다. 예컨대 MU(memorandum of understanding)에 합의한 것이 반드시 합작계약 · 직접투자계약 등으로 이어

지지 않는다는 뜻이다.

(2) 수락 존

① 협상당사자들에게는 다 같이, 제시된 제안들에 대한 ⓐ 수락 존(acceptance zone)과 ⓑ 非수락 존(nonacceptance zone)이 있게 마련이기 때문이다. ② 만일에 협상당사자들의 수락 존들이 최대한으로 겹친다면, 합의가 가능하다. ③ 그렇지만 양쪽의 수락 존 사이에 겹치는 데가 없거나 적으면, 더 이상의 긍정적 협상은 가능하지 않을 수도 있다.

(3) 협상 결렬 또는 최종합의

① 협상 결렬

ⓐ 글로벌/이문화간 경영협상은 일종의 갈등관리 과정(a conflict management process)이기 때문에, 그리고 모든 갈등상황들은 해결되지 않을 수도 있는 잠재성이 있기 때문에, 일단 시작된 협상은 언제나 결렬될 수도 있다.

ⓑ 협상 결렬(negotiation breakdowns)의 요인으로는, 협상당사자들이 화를 내는 것, 당초 입장을 고수하는 것, 필요한 커뮤니케이션을 하기보다는 상대방을 나무라고 비난하는 것, 왜곡된 지각을 갖고 있는 것, 편견을 바탕으로 판단하는 것, 합의도달을 불능케 하는 협상스타일을 사용하는 것, 합의에 도달할 수 있는 中道(a middle ground)를 찾지 못하는 것 등을 들 수 있다. 그런 파괴적인 요인들이 작용할 때, 당사자들은 더 이상 협상을 진행시킬 수가 없다.

② 최종합의

ⓐ 최종합의는, 협상자들 각기의 협상 능력, 협상 강점, 그리고 상대방에 대해 양보하는 정도에 의해서 판가름되게 마련이다. ⓑ 그렇지만 협상과정에서 협상자들은 각기 상대방이 어느 정도까지 양보할 의사가 있는지를 추측(speculate)할 수밖에 없었으므로, 최종합의에 도달한 다음에도, 협상자들은 각기 상대방으로부터 최대한의 양보를 받아냈는지 여부를 확신할 수가 없다.

PART 4

글로벌경영전략의 결정과 집행

제 9 장
해외시장 진입-침투 전략 결정과정

제10장
국제무역

제11장
국제협력전략

제12장
해외 직접투자전략

제13장
국제합작투자전략 및 M&A전략

제14장
글로벌 연구개발-소싱-제조-마케팅 네트워킹전략

제15장
글로벌마케팅전략

제16장
글로벌제조전략

제17장
글로벌재무관리전략

제18장
글로벌경영 조직화 및 인력관리 전략

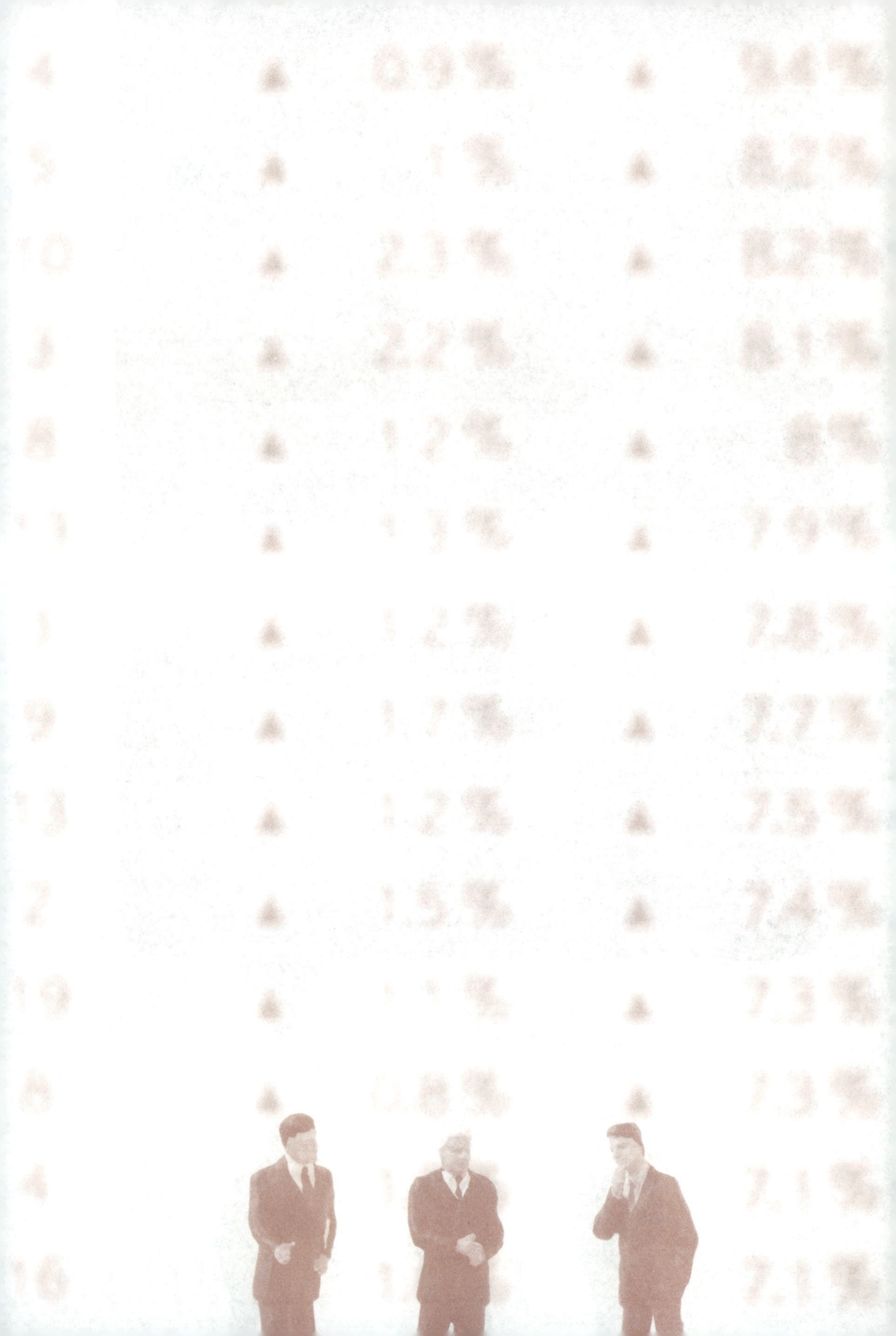

CHAPTER09

해외시장 진입-침투 전략 결정과정

제1절 최우선적으로 결정해야 하는 글로벌경영 철학과 사명

(1) 제 4 부 제 9 장에서는 글로벌기업들과 그 글로벌경영자들이 제각기 선택하는 구체적 글로벌경영목적들을 성공적으로 추구하고 또한 실제로 실현하는 데 필요요건들(necessary requirements)인 ① 제각기 고유한 글로벌경영 철학과 사명의 결정, ② 글로벌경영 철학과 사명을 이행(implement)하는 데 필요한 글로벌기업화 정도의 결정, ③ 4개 차원 해외시장들에 대한 진입-침투 우선순위의 결정, ④ 결정한 우선순위에 따라 선정된 표적해외시장별로 최적 진입-침투전략믹스를 결정 · 집행하는 데 대해서 우선 설명한다.

(2) 이어서 제10~18장에서는 글로벌경영자들이 활용가능한 해외시장 진입-침투전략들(overseas/foreign market entry and penetration strategies)의 대안/옵션(alternatives, options)들 하나하나에 대해 자세히 설명한다.

1. 글로벌경영 철학 · 사명은 글로벌경영활동 전체를 결속시키는 구심력

1) 글로벌경영 철학 · 사명의 가치

글로벌경영활동에 몰입하는 모든 기업들은 반드시 그들의 중추(backbones)에 해당하는 글로벌경영 철학 · 사명(global business philosophy and mission)을 갖고 있어야 하고 또한 적절히 활용을 해야 한다. 그런 글로벌기업들이 제각기 고유하게 책정해야 하는 글로벌경영 철학(글로벌경영의 이념(ideology) · 신조(creed)라고도 함)과 사명은, 해당 기업들 각기를 위하여 아래와 같은 가치를 발휘하기 때문이다.

(1) 특정 글로벌기업의 본사에 소속된 여러 사업부서들과 지구촌 여러 곳에 위치한 해외지사 · 해외자회사들에 산재(disperse)해 있는 수백 명에서 수십여만 명에 이르는 최고경영자와 임직원 전체를 결속(binding)시키는 구심력(centripetal force)으로서의 가치를 발휘한다.

(2) 특정 글로벌기업의 본사에 소속된 사업부서들과 해외지사 · 자회사들 및 그들의 구성원들이 ① 공통 사명과 가치관 등을 공유(share)하면서, ② 공통전략을 집행하고, ③ 상호협조하고 따르도록 하는 일종의 지침(a guideline)으로서의 가치를 발휘한다.

(3) 그리고 구심력과 지침으로서의 아래에 설명하는 "역할" 등 여러 가지 실용적 가치(pragmatic value)를 발휘한다.

2) 글로벌경영 철학의 역할

(1) 본사와 해외자회사 등이 공통적 사명 · 가치관 · 목표 등을 공유하도록 하는 역할

특정 글로벌기업의 본사와 해외자회사 등이(사실상 그 임직원들이) 다 같이 인식하고 공유하고 따를 수 있는 공통적 임무 · 가치관 · 목표 · 의사결정 지침 · 전략(common mission, value, goals, decision guide, strategy) 등을 제공하기 위해서도, 고유한 글로벌경영 철학 · 사명이 절대적으로 필요하다.

(2) 해외자회사 등에게 자율적 경영을 허용하는 역할

① 특정 글로벌기업이 전략적 글로벌경영 계획에 입각하여, 축적한 기

업자원을 지구촌 방방곡곡으로 이동시키면서 이익을 창출하면서 성장을 거듭하기 위해서는, 수많은 지리적(지역 · FTA · 국가) 시장들에 산재해 있는 해외자회사들과 지사 등의 최고경영자들 각자에게 책임과 권한을 대폭적으로 위임하여 그들이 각기 자율적 기업체(autonomous firm)로서 운영토록 허용해야 한다.

② 해외자회사 · 지사 등에게 그와 같이 자율적 경영을 허용하고 또 고무하기 위해서도, 글로벌경영 철학 · 사명이 절대적으로 필요하기 때문이다.

2. 글로벌경영활동을 통제하는 구심점 역할

(1) 특정 글로벌기업이 본사(모기업)차원에서 수많은 지리적 시장들에 산재해 있는 해외자회사 등의 활동들을 중앙집권적으로 통제할 수 있으려면, 아주 강력한 구심점(centripetal point)이 필요하다. 그런 구심적 역할을 하기 때문에도 글로벌경영 철학 · 사명이 절대적으로 필요하다.

(2) 해외자회사 · 지사 등이 수적으로 늘어나고 그들의 운영 규모와 복잡성이 증폭되고 있는데도, 만일에 본사(모기업)의 구심점이 약하거나 약화된다면, 특정 글로벌기업은 고유한 강점과 특징(inherent strengths and features)을 상실하게 되어 글로벌경영 효율을 높이기가 어려울 수 있기 때문이다.

제2절 글로벌경영 철학 · 사명에 바탕한 전략적 글로벌경영 계획 결정

1. 전략적 글로벌경영 계획의 컨셉트와 특성

1) 전략적 글로벌경영 계획의 컨셉트

(1) 글로벌경영 철학 · 사명에 바탕을 두고 또한 글로벌경영 철학 · 사명을 실천으로 옮기기 위하여 수립하는 전략적 계획이 바로 전략적 글로벌

경영 계획(strategic global business plan)이다. 이는 글로벌경영전략(global business strategy)이라고도 부른다.

(2) 그런 전략적 글로벌경영 계획은, 아래와 같은 일종의 전략적 계획을 말한다.

즉, 특정 글로벌기업이 ① 글로벌세분시장 · 지역시장 · FTA시장 · 국가시장 등 4개 차원 지리적 시장의 경영환경변화에 따라서 변화하는 경영기회 · 위협/리스크를 고려에 넣고,

② 글로벌(전체 지구촌)차원에서 경영철학 · 사명을 실행하고 기업목적 달성을 최대화하는 데 목적을 두고,

③ 全社/글로벌 차원에서 가용 기업자원을 글로벌세분시장별 · 지역시장별 · FTA시장별 · 국가시장별 등 4개 차원 지리적 시장별로 적절히 배분하여 집행하는,

④ 그리고 동시에 4개 차원 지리적 시장별 경영 실적(business performance)에 대한 통제의 기준으로 활용하는 것을 말한다.

2) 전략적 글로벌경영 계획의 특성

(1) 어느 글로벌기업에서나 최고경영자는 전략적 글로벌경영 계획을, 그 중요성을 감안하여, 직접 책임지고 최종결정하고 중앙집권적으로 집행해야 한다.

(2) 그래야만 전략적 글로벌경영 계획에 따라 각급 글로벌경영자들이 수행하는 글로벌경영 활동은, ① 글로벌제품 세분시장들 · 지역시장들 · FTA시장들 · 국가시장들 차원에서 제각기 개별적으로 수행하는 경영활동 실적의 단순합계(a simple sum)를 최대화하는 것보다는, ② 전사/글로벌차원 경영 실적(corporate/global level business performance) 최대화에 목표를 두고서 전개될 수 있기 때문이다.

(3) 또한 그렇게 한 결과로 전사/글로벌차원 경영실적이 추구하는 기업목적대로 실제로 최대화될 수 있기 때문이다.

2. 전략적 글로벌경영 계획의 포함항목과 용도

전략적 글로벌경영 계획에는 아래와 같은 용도(uses)로 활용할 수 있도록 아래와 같은 항목들(items)을 포함시켜야 한다.

1) 미래 성장 · 발전의 주력방향과 실천지침

미래를 스스로 조성(shaping)해 나가는 데 필요한 성장 · 발전의 주력방향(major direction)을 각급 글로벌경영자들에게 제시하여 의사결정지침(decision guideline)으로 삼도록 하기 위해서도, 글로벌기업들의 전략적 글로벌경영 계획은 필수적으로 아래의 항목들을 망라(encompass)해야 한다.

2) 전략적 글로벌경영 계획기간에 걸친 성장 · 발전의 주력방향

전략적 글로벌경영 계획기간에 걸쳐, 해당 글로벌기업이 달성하고자 하는 핵심역량에 바탕한(core competences-based) ① 글로벌화, ② 기술발전, ③ 주력업종에서의 시장리더십, ④ 시장커버리지, ⑤ 매출규모, ⑥ 현금유입규모 및 이익규모, ⑦ 자산규모 등으로 표시한 성장 · 발전 주력방향.

3) 글로벌경영 목표 중 강조하고자 하는 우선순위

① 매출액 · 시장점유율 · 자산규모 · 기술개발수준 · 고객만족도 등을 기준으로 한 성장(growth), ② 이익성(profitability), 현금이익(cash profit), 현금유입(cash inflow), 유동성(liquidity), ③ 자기자본회수율(rate of return on equity capital), ④ 글로벌화(globalization) 등의 글로벌경영 목표 중에서 강조하고자 하는 우선순위.

4) 해외시장 진입-침투 우선순위 결정지침

① 글로벌 세분시장별 · 지역시장별 · FTA시장별 · 국가시장별로 현존하는 그리고 전망되는 경영의 ⓐ 기회, ⓑ 위협/리스크 등 2개 요소의 상대적 균형이나 불균형(relative balance or unbalance)을 고려하여 또는 기타 합리적인 기준을 사용하여, ② 진입-침투하고자 하는 글로벌제품 세분시장들 · 지역시장들 · FTA시장들 · 국가시장들을 평가 · 분석하고, ③ 그 진

입 · 침투 우선순위를 결정하는 전략적 접근방법 또는 지침.

5) 표적시장별 진입-침투전략 결정지침

① 글로벌 세분시장별 · 지역시장별 · FTA시장별 · 국가시장별로 진입-침투하는 우선순위를 일단 결정한 다음에, ② 결정한 하나하나의 표적시장을 대상으로 수출입활동, 기술과 경영노하우의 국제이전활동, 해외현지마케팅과 제 3 국마케팅 활동, 해외직접투자를 통한 해외생산-마케팅활동, 전략적 제휴 등을 믹스한 진입-침투전략들(entry and penetration strategies)을 결정하는 기준 또는 지침.

6) 표적시장별 기업자원 조달 · 배분 · 투자 결정지침

① 선정한 모든 표적시장들을 대상으로 위와 같이 진입-침투전략들을 동원하는 글로벌경영활동을 전개할 때에, ② 기업자원을 조달하고 배분하고 투자하는 계획 · 시기 · 입지 등에 대한 결정기준 또는 지침.

7) 해외자회사 · 지사 등의 신설 · 매수 · 소유권 전략 결정지침

해외자회사 · 지사 등 자체소유 해외기구들의 신설과 매수 및 소유권 전략의 결정 기준 또는 지침.

8) 전략의 글로벌 표준화 또는 적응화 결정지침

① 소싱/생산 · 마케팅 등 운영전략들을 글로벌하게 표준화(globally standardization)할 것인가, ② 아니면 글로벌 세분시장별 · 지역시장별 · FTA 시장별 · 국가시장별로 그런 전략들을 적응(adapt)시킬 것인가, ③ 또는 양자를 절충(compromise)할 것인가에 대한 결정기준 또는 지침.

9) 진입-침투하고 있는 4개 차원 해외시장들의 환경분석 지침 및 적응 · 대응 전략 결정 지침

① 이미 진입-침투하고 있는 글로벌 세분시장들 · 지역시장들 · FTA시장들 · 국가시장들의 경영 환경변화를 주기적으로 평가 · 분석하는 방법 또는 지침. ② 그런 평가 · 분석에 의거하여 적응전략 및/또는 대응전략(adaptation and/or counteracting strategy)을 강구하는 방법 또는 지침.

제3절 글로벌경영 철학 · 사명을 실천하는 데 필요한 기업의 글로벌화 결정

1. 기업의 국제화 → 다국적화 → 글로벌화 단계들

앞의 제 2 절 "2"에서 설명한 바와 같이, 전략적 글로벌경영 계획에서 중요한 위치를 차지하는 것 중 하나가 해당기업체가 달성하고자 하는 핵심역량에 바탕한 다국적화/글로벌화(multinationalization/globalization)이다.

1) 일반적인 기업의 글로벌화 단계들

(1) 일반적으로 기업의 글로벌화는 ① 내수시장 지향 단계 → ② 수출시장 지향 단계 → ③ 해외시장 현지 마케팅단계 → ④ 해외시장 현지 생산단계 → ⑤ 지역통합 또는 글로벌 통합생산-마케팅 단계 등 5단계를 밟아서 진행된다.

(2) 위의 5단계를 거치는 것은, 개별기업체가 사전에 결정한 글로벌경영 철학 · 사명을 실행으로 옮기는 데 목적을 두고서, ① 여러 대안의 해외시장진입-침투용 글로벌경영 전략들 중에서 어느 전략들을 어떤 배합(combination)으로 믹스하여 포괄적 글로벌경영전략들(comprehensive global business strategies)로 활용하는가와 ② 그 기업체의 글로벌화 단계들(stages of globalization) 사이에는, 밀접한 상호의존적인 관계가 있기 때문이다.

그러므로 특정 기업체는 특히 해외직접투자전략을 주축전략으로 활용하는 포괄적 글로벌경영전략들의 믹스를 실제로 활용해야만, 비로소 글로벌기업의 단계까지 발전할 수 있다.

2) 기업이 글로벌화하는 "전통적 단계"와 "비약적 단계"

(1) 〈그림 9-1〉의 왼쪽에 있는 ①에서 ⑧까지 표시한 "전통적 단계"

그림 9-1 기업 다국적/글로벌기업화의 단계들

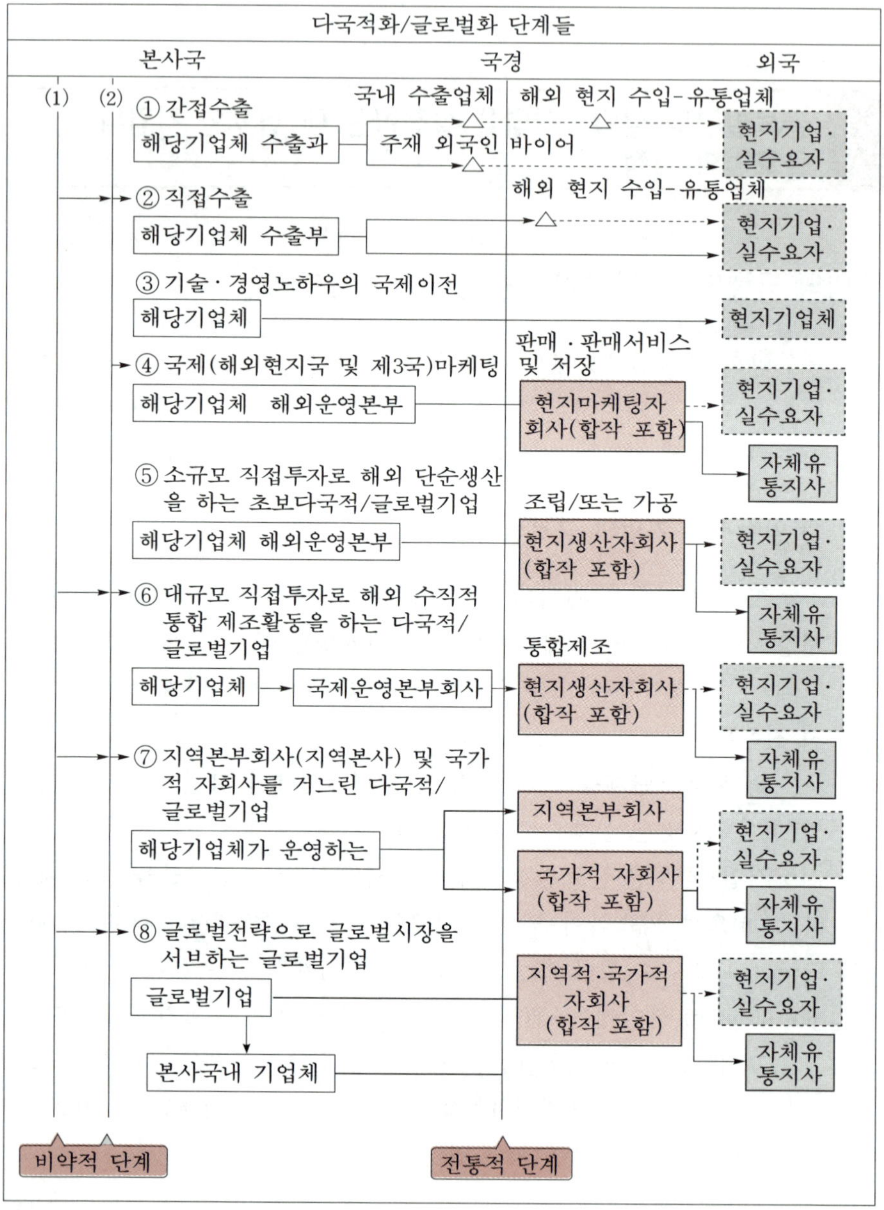

주: 국제라이슨싱 · 국제기술제공 · 국제경영계약 등 기술 · 경영노하우의 국제이전전략을 활용하는 것은, 특정 기업체가 순수하게 국내시장만을 서브하는 단계부터 다국적/글로벌기업화의 모든 단계들에서 가능하고 또한 타당성이 있음.

(traditional stages) 부분은, 특정 국가의 국내시장 지향기업으로 출발한 특정 기업체가 해외시장 진입-침투용 경영전략들의 배합을 단계적으로 높여 가면서(<그림 9-1>에서는 아래로 이동하는 것이 그것을 가리킴) 궁극적으로 국제기업 → 다국적기업 → 글로벌기업으로 전환(shift, transform)하고 발전하는 가장 논리적인 전통적 단계들을 보여 주고 있다.

(2) 위에 제시한 "전통적 단계"는, 주로 미국 · 서유럽 제조/자원개발계통기업들이 다국적/글로벌기업으로 발전한 과거 경험을 토대로 만든 일반론(generalization)에 불과하다. 즉 예외도 얼마든지 있다는 뜻이다.

기업들은 제각기, ① 처해 있는 환경조건, ② 보유한 기업자원, ③ 추구하는 회사목적, ④ 전략적 의도(strategic intent)와 동원하고자 하는 해외시장 진입-침투전략 등을 고려하여, ⑤ 나름대로 독자적인 다국적화/글로벌화단계들을 결정하여 집행할 수도 있기 때문이다.

(3) ① 특히 다국적화/글로벌화에 상대적으로 상당히 뒤져 있는 한국 · 중국 · 인도 등 신흥공업국들의 해당기업들로서는, ② 그리고 최근에 급발전중인 정보통신기술 분야의 Internet business-marketing과 같은 eBusiness-Marketing 기업들 중에서 하루빨리 글로벌시장을 진입-침투하려는 기업들 역시, 빠르게 다국적/글로벌기업으로 부상(emerge)할 수 있는 "비약적 단계들"(rapid stages)을 채택하는 것이 바람직할 수도 있다.

<그림 9-1>의 가장 왼쪽에 있는 "비약적 단계" 부분에 제시한 (1) 본사국(국내시장) → ② → ④ → ⑥ → ⑦ → ⑧, (2) 본사국(국내시장) → ⑥ → ⑦ → ⑧ 등 전통적 단계들보다 훨씬 단축시킨 단계들이 그 예이다.

(4) 그와 같이 다국적화/글로벌화 단계들에는, 관심 있는 기업들이 취사선택 가능한 타당성 있는 대안들(feasible alternatives)이 많다.

2. 글로벌기업으로 발전하기 위한 공통 필수요건들

선진국계통 다국적/글로벌기업들은, 이미 아래와 같은 공통 필수요건들(common requirements)을 갖추고 있다. 따라서 어느 나라의 어느 기업이건간에, 다국적/글로벌기업의 지위(status)까지 성장 · 발전하고자 한다면, 아래와 같은 공통요건들을 하루 속히 갖추어야 한다.

또한 특정 기업이 다국적/글로벌기업인가 아닌가를 판단할 때도, 아래와 같은 공통 필수요건들을 공통기준들(common criteria)로 활용하도록 해야 한다(제 3 장 참조).

(1) ① 글로벌정보망을 갖춘 글로벌 탐지능력(global scanning capability)·글로벌조직·글로벌 통합관리시스템 등을 네트워킹하고 조정·통제하여, ② 글로벌 세분시장·지역시장·FTA시장·국가시장 등 4개 차원의 지리적 시장들에서 경영활동을 전개해야 한다.

(2) 제품·기술과 경영노하우·기타 서비스의 수출전략만 활용해서는 안 되고 아래와 같은 글로벌경영전략들을 함께 활용해야 한다.

① eBusiness를 포함한 모든 해외시장 진입-침투 전략들과 해외시장에서도 eBusiness포함 운영전략들(operations strategies)을 균형 있게 그리고 적절히 믹스하여 활용해야 한다.

② 동시에 다국적기업들/글로벌기업들만이 보유가능한 ⓐ 기술적 리더십, ⓑ 막강한 브랜드네임, ⓒ 경제규모 우위, ⓓ 첩보·정보 탐지능력, ⓔ 뛰어난 마케팅전문성, ⓕ 전략적 제휴 및 합병·매수 능력, ⓖ 글로벌 네트워킹 능력과 글로벌경영 네트워크 활용, ⓗ 독특한 운영특성 등 고유 강점에 바탕한 글로벌경영전략들도 활용해야 한다.

(3) ① 제조·자원 계통 다국적/글로벌기업들은, 해외증권투자(foreign portfolio investment)는 부수적으로 할 수도 있지만, 주로 연구개발·제조시설·자원개발을 위한 시설·마케팅활동에 필요한 시설 등 물리적 자산(physical assets)을 확보하기 위한 해외직접투자(foreign direct investment)를 반드시 실시해야 한다.

② 해외직접투자는, 단독 또는 합작으로 하되, 해외투자기업에 대해 경영권(management control)을 장악하거나 능동적 경영참여(active management participation)를 하는 데 목적을 두어야 한다. 해외투자기업은 현지법인(local corporation)으로 설립·운영해야 한다.

③ 은행·증권 등 금융서비스계통의 다국적/글로벌기업들은, 당연히 해외증권 투자를 주축으로 하는 동시에, 금융업을 수행해야 할 사무실빌딩 등 물리적 자산에 대한 직접투자도 해야 한다. 기타 서비스업 계통 다국적/글로벌기업들도 그런 직접투자를 해야 한다.

(4) ① 다국적/글로벌기업들은 글로벌 현금흐름(현금유입>현금유출), 유동성, 이익성, 이퀴티투자회수 등을 최대화하는 데 목적을 두어야 한다. ② 이런 목적을 달성하기 위해 경영층의 안목 · 정신성 · 사고 · 의사결정 · 전략(management perspectives, mentality, thinking, decisionmaking, strategy) 등은, 국내시장 지향적(ethnocentric)이어서는 안 되고, 최소한 해외시장국지향적(polycentric)이어야 하고, 좀더 바람직하게는 지역시장지향적(regiocentric)이어야 하고, 가장 바람직하게는 글로벌시장지향적(지구시장지향적: geocentric)이어야 한다.

③ 그리고 서브하는 글로벌 세분시장 · 지역시장들 · FTA시장들 · 국가시장들을 발안싱(balancing)해야 하기 때문에, 경영층은 경영활동의 글로벌화(globalization)와 아울러 지역화(regionalization) 및 현지화(localization)도 동시에 강조해야 한다(그림 9-2 및 예증 9-1 참조).

(5) 회사 총자산, 총매출액, 총이익, 총종업원 등의 상당한 비율(substantial portion)을 글로벌경영 활동에서 창출하고 차지해야 한다.

(6) 원칙적으로 경영자들은 국적보다는 능력 중심으로 충원해야 한다.

그림 9-2 글로벌회사의 컨셉트

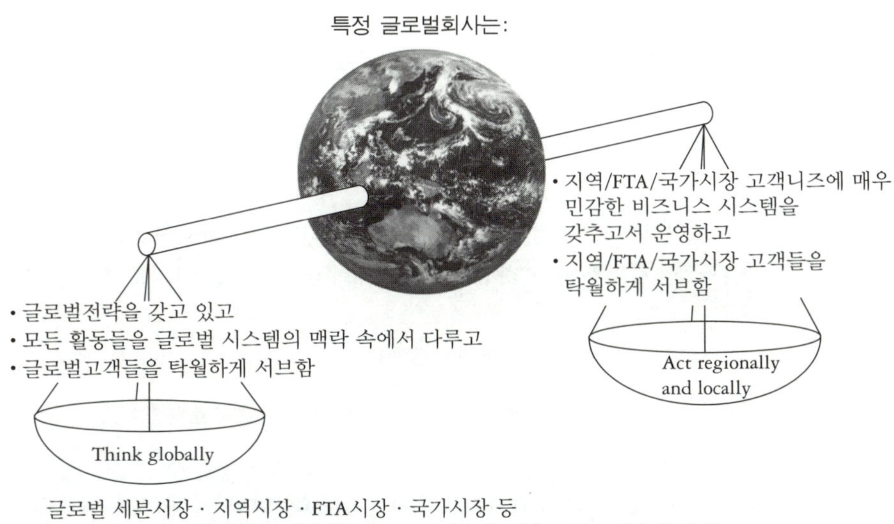

예증 9-1 "글로벌 · 현지화 동시추진이 경쟁력의 비결"

"우리는 오래 전 아주 작은 스위스 시장에서 시작했을 때부터 창립 5개월 만에 모든 유럽국가에 진출했을 만큼 글로벌화와 현지화를 동시에 추진해 왔다."

세계 1위 식품회사 네슬레를 최고경영자(CEO)로 11년간 이끌고 현재는 이사회 회장으로 경영의 멘토 역할을 하고 있는 피터 브라벡-레트마테 네슬레 회장이 밝힌 경영전략이다. 그는 네슬레가 이미 성숙단계에 접어든 식품사업으로 110조원(2009년 기준)의 연 매출을 올리며 삼성전자 못지않은 경쟁력을 자랑하는 비결을 이같이 설명했다.

1867년 설립, 세계 공통 브랜드와 일부 국가에서만 사용하는 브랜드를 혼용해 가며 시장을 넓혀 온 네슬레는 현재 8,000개가 넘는 브랜드 제품을 생산하고 있다. 브라벡 회장은 "네슬레 제품은 전 세계에 널리 퍼져 있다"며 "생수 브랜드 산펠레그리노나 미국에서 유통되는 냉동식품 브랜드 스토퍼처럼 소비자가 네슬레로 인식하지 못하는 브랜드도 많다"고 말했다.

그는 네슬레의 또 다른 성공 비결로 꼽히는 과감한 기업 인수 · 합병(M&A)을 통한 사업다각화도 언급했다. "자금조달에 문제가 없고 헬스케어와 물 사업에서 리더가 되고자 하는 네슬레의 전략과 일치하면서 문화까지 맞는 기업을 찾는다면 M&A에 나설 수 있다"는 설명이다.

무엇보다 네슬레는 사회적 책임을 강조하는 것으로 유명하다. "사회적 책임은 기업의 통합 경영전략의 일부"라고 말했다.

"자선과 사회적 책임은 엄연히 다르다. CEO는 공공의 가치와 돈의 주인인 주주들의 가치를 동시에 창출할 수 있어야 한다. 개발도상국에 공장설립 계획이 있는 경우 이 지역 인력개발과 인프라 등에 투자하는 것은 공공의 가치를 높이는 동시에 네슬레의 초기 진출 비용을 줄이는 셈이 된다. 따라서 네슬레는 영양, 건강, 식품의 글로벌 리더로서 2008년부터 '공동가치창조' (CSV: Creating Shared Value)라는 이름으로 물, 영양, 지역개발을 키워드로 한 사회공헌활동을 펼치고 있다."

자료: 한국일보

예증 9-2 한국적 해외(필리핀)현지화

"해외현지화란 열과 성의를 다해 말과 문화 · 풍습을 익히는 게 우선입니다. 그러나 그것으로 다가 아니에요. 그 사람들과(즉, 한국 기업으로서는) 한국의 문화를 섞어 더 나은 결과를 만드는 수준까지 올라서야 합니다."

이원주(56) 케이리패션 대표는 한국에서 쌓은 경험과 노하우를 1980년대부터 필리핀에 접목, 연간 매출 4000만 달러(약 443억원)를 올리고 있다. 그가 만드는 의류는 모두 바나나리퍼블릭 · 제이크루 · 앤테일러 등 미국 유수 브랜드에 주문 제작(OEM)으로 납품된다. 꾸준한 품질과 납기 준수율을 인정받았다.

그가 아무 연고 없는 필리핀에서 견실한 기업가로 일어서기까지는 말 못할 어려움이 있었다.

"1980년 의류회사에서 직장생활을 시작했지만, 높은 인건비 때문에 장기적으로 한국에서 할 사업은 아닌 것으로 봤어요."

고민 끝에 그는 83년 필리핀 마닐라로 주거지를 옮기고 87년 의류 전문 하청업체를 시작했다. 그동안 모은 돈에 빚까지 25만 달러를 투자한 '올인' 이었다. 그는 "망하면 끝이라는 생각에 낮에는 공장을 지키고, 밤이면 서류를 처리했다"며 "숙소도 공장으로 옮기고 부인이 직원들 배식을 맡았다"고 했다.

첫 번째 고비는 89년 필리핀 민주화 소용돌이 속에 자금난이 닥친 것, 90년대 후반에는 아시아 경제위기가 닥치면서 의류산업 전체에 구조조정의 회오리가 몰아쳤다. 첫 위기는 열심히 뛰어 이겨냈다.

"15만달러 신용장을 개설하려면 15만달러를 예치하라고 했습니다. 예전에는 5만달러면 개설할 수 있었는데요." 그는 열흘 동안 매일 은행을 찾아가 매달렸다. "결국 담당자가 '조금만 더 써보라' 고 힌트를 주더군요. 6만달러를 예치하겠다고 약속하고 신용장을 겨우 열었습니다."

두 번째 고비는 훨씬 더 힘들었다. 90년대 후반 아시아 의류산업 전체가 위축돼 본질적인 생산성을 높이지 않으면 생존 자체가 어려웠다. 그는 2000년 무렵, 고도성장에 들어간 한국 전자업체들에서 답을 찾았다.

"LG전자가 혁신 활동으로 생산성을 크게 높였더군요. 그래서 한국 컨설팅업체들을 불러 직접 배워보기로 했어요." 그 결과 수많은 낭비 요인이 드러났다. 예를 들면 작업라인이 바뀔 때 제대로 부품이 전달되지 않으면 제품 손실(loss)이 일어나는데, 현장 직원들은 당연히 손실이 생기는 것으로 여기고 있었다는 것.

"현장 직원들의 반발도 있었지만 '한국 기업들은 이런 낭비 요인을 줄여서 성과를 냈다' 고 설득했습니다." 몇 년이 지나면서 서서히 성과가 나왔다. 그는 "눈에 보이는 생산성 향상만 30%가 넘었다"며 "다른 업체와 확실히 비용구조를 차별화할 수 있었다"고 말했다.

그는 자신의 경험을 통해 '현지' 의 경험과 한국의 노하우를 결합하면 더 좋은 성과를 낼 수 있다고 했다.

이 대표는 "한국 기업들도 이제 세계적 노하우를 갖고 있는 만큼, '한국적 현지화'가 해외 진출 기업인에게 하나의 '해답'이 될 수 있을 것"이라고 말했다.

자료: 조선경제

제4절 해외시장 진입-침투 순위결정과 순위결정시 고려요소들

1. 표적해외시장 진입-침투 순위결정전략

1) 해외시장 진입-침투 순위결정전략은 기업자원 배분결정의 통합된 일부

(1) 글로벌기업들과 그 글로벌경영자들로서는, 제 2 절 "2"에서 설명한 바와 같은 전략적 글로벌경영 계획에 포함된 (1)~(8)에 걸친 "결정지침"(decision guidelines)에 따라서, 진입-침투하고자 하는 해외시장(들)을 필수적으로 타게팅(targeting)해야 한다.

설명의 편의상, 아래에서는 "해외시장"의 범주를 좁혀서 "국가시장/시장국"이라는 뜻으로 사용함을 독자들에 알려둔다.

(2) ① 지구촌에는 국가시장들(national markets)/시장국들(country markets)만도 240여개에 달하는데, 모든 국가시장들에 존재하는 모든 제품 · 서비스의 모든 경영기회들을 동시에 이익적으로 활용하기에 충분한 기업자원과 전문성을 보유한 기업체는 지구상에 하나도 없다.

② 그래서 대부분 기업들의 경우, ⓐ (특히 제 6 장 제 4 절 "해외시장들의 규모와 활동성이 글로벌경영에 미치는 영향"을 참조하여) 시장규모가 크고 시장활동성이 뛰어난 제한된 국가시장(들)만을 선정하여 진입-침투하는 데 가용한 정보 · 인적 · 기술적 · 재무적 자원 등 기업자원을 커미팅(committing)할 수밖에 없으며, ⓑ 나머지 국가시장국(들)에 대해서는 당분간 진입-침투

를 보류하거나 포기할 수밖에 없다.

(3) 바로 그런 이유로 특정 기업체의 글로벌경영자는, 글로벌경영을 성공으로 이끄는 데 필수적인 표적해외시장 진입-침투 순위 결정전략(target overseas market entry and penetration sequencing strategy)을 합리적으로 결정하여 집행해야 한다.

(4) 그렇기 때문에 특정 기업체의 최고경영자와 글로벌경영자는 ① 어떠한 진입순위(entry order or sequence)로 ② 수출 및 해외현지마케팅활동은 어느 국가시장들을 상대로 전개하고 ③ 해외직접투자를 통한 해외현지생산-마케팅활동은 어느 국가시장/지역시장들에서 전개할 것인가 등을 결정할 때는, 보유한 기업자원과 글로벌경영 전문성을 가장 유리하게 배분하고 활용하는 결정의 테두리 속에서 그렇게 결정해야 한다.

2) 표적국가시장 진입-침투 순위결정전략이 중요한 이유

(1) 글로벌기업들은, ① 어떤 진입-침투 순위로, ② 어느 국가시장들에 수출하고, ③ 어떤 국가시장들에서 현지마케팅을 하고, ④ 어떤 국가시장/지역시장들에서 직접투자로 현지 생산-마케팅할 것인지를 반드시 결정해야 하기 때문이다.

① 어떤 우리나라기업체가 예컨대 미국시장 → 캐나다시장 → EU시장 등의 진입-침투 순위로 제품을 판매하기로 결정한다면, 판매하는 제품의 생산장소를 예컨대 한국 → 제 3 국들(멕시코 · 동유럽 · 중국 등 third countries) → 현지국가시장들(미국 · 중국 · 인도 등 local countries)로 변경시킬 수 있는 등 생산상의 지리적 대안들(geographic alternatives)은 많다.

② 그러므로 어떤 우리나라기업체가 ⓐ 어떤 국가시장들을 어떤 순위로 진입-침투할 것인가를 결정하게 되면, ⓑ 그런 국가시장들을 서브하기 위한 생산시설을 어느 국가들에 어떤 진입-침투 순위로 입지시킬 것인가를 합리적으로 결정해야 하기 때문이다.

(2) 표적국가시장 진입-침투 순위 결정을 잘못하게 되면, ① 부적당한 국가시장에 진입을 시도한 데서 발생하는 실패코스트(failure cost)가 엄청날 뿐만 아니라, ② 성공확률이 높은 다른 국가시장에 진입-침투할 수 있는 기회의 상실에 따르는 관련 기회코스트(opportunity cost)도 엄청날 수 있기

때문이다.

(3) 올바른 표적국가시장들 및 올바른 진입-침투 순위를 선택하는 것은, 글로벌 경쟁력 강화에 목적을 둔 글로벌 경쟁전략의 통합된 일부이기 때문이다.

(4) 소득 · 문화 · 정치적 안정성 등을 포함한 경영환경은 국가시장별로 대단히 다양하므로, ① 진입-침투하는 국가시장들을 직감적으로 결정하는 것을 회피하기 위해서도, ② 진입-침투 순위 결정전략이 중요하기 때문이다.

2. 표적국가시장 진입-침투 순위결정시 고려요소들

글로벌기업들의 글로벌경영자들은, ① 제 6 및 7 장을 참고하면서, ② 아래 요소들을 고려하여 수출활동으로부터 해외직접투자에 의한 해외 생산-마케팅활동 등의 국가적 배치(national placement)에 대한 우선순위 결정을 해야 한다.

1) 시장의 현재규모와 잠재성

(1) 특정 글로벌기업이 국가시장들에 대한 진입-침투 순위를 결정할 때, ① 우선 고려할 것은 자사제품에 대한 시장별 현재규모와 미래잠재성(present market size and future potentiality)이다. 어떤 국가시장들에 어떤 진입-침투 순위로 직접수출을 하고 현지마케팅자회사 및 현지생산자회사에 대한 직접투자를 할 것인가를 결정할 때는, 특히 그렇게 해야 한다. ② 물론, 자사제품을 코스트 이상의 가격에 판매를 할 수 있고, 따라서 이익을 창출할 수 있다는 가정하에서이다.

(2) 국가별 시장의 현재 규모와 잠재성을 가리키는 인디케이터들(indicating indicators)은, ① 인구와 그 성장률, GDP와 GNI 및 그들의 성장률, 소득분포에 비추어 본 중산층의 규모, 지하경제의 규모, 산업화 수준 등, ② 해외로부터 라이슨스된 제품(licensed products) 및 수입제품의 판매 증가율, ③ 외국인기업들의 현지 생산 · 판매 증가 패턴, ④ 특정 기업체의 입장에서는 과거와 현재의 수출판매통계 등이다.

(3) 그러므로 글로벌경영자는, 국가시장들에 대한 진입-침투 순위를 결정할 때, 그런 인디케이터들을 우선적으로 고려해야 한다(예증 9-3 참조).

예증 9-3 "목표? '생활용품업계 삼성전자' 될 것"

이주연 피죤 부회장

"생활용품업계의 삼성전자가 되는 것이 목표입니다. 한국의 대표 기업이 아니라 글로벌 대표 기업으로 올라서는 게 목표입니다."

요즘 생활용품업체 피죤 이주연 부회장의 시선은 중국 대륙에 꽂혀 있다. 피죤은 2010년 6월 중국 톈진(天津) 빈하이(濱海)신구에 연간 2만 5000여t 규모의 섬유유연제·액체세제 제품을 생산하는 공장을 준공했다.

피죤은 2014년까지 중국에서 1조원 매출을 올린다는 계획이다. 2010년으로 설립 33년째를 맞는 피죤은 중국에서 제2의 도약을 이룬다는 목표를 세웠다.

중국에서의 성공을 발판으로 중동·남미·동남아·인도로 진출한다는 청사진이다. 샴푸·린스·비누 등으로 제품 영역도 넓힐 예정이다.

이 부회장은 피죤의 창업주 이윤재 회장의 1남1녀 중 장녀로 2007년 부회장으로 승진했다.

"피죤의 주력 제품인 섬유유연제는 국민 소득이 어느 정도 올라가야 잘 팔리는 제품이죠. 중산층이 빠른 속도로 늘어나는 중국은 엄청난 기회의 땅입니다."

그는 "까다로운 한국 소비자에게 30여 년간 사랑받아 온 제품이라면 중국에서도 충분히 승산이 있다고 생각한다"고 말했다.

이 부회장은 손이 거칠어 보였다. 그는 "틈날 때마다 화장실 청소도 해야 하고 설거지도 몇 번씩 해야 하는데 손톱 관리를 받을 시간이 없어서…"라고 말했다. 섬유유연제와 세제 등 각종 생활용품을 만드는 경영자로서 자사와 경쟁사 제품을 직접 써보는 게 무엇보다 중요하다고 했다. 잘 씻기는지 보기 위해 설거지할 때는 고무장갑을 끼지 않는다.

피죤이 2005년 국내에서 처음 출시한 액체 세제 '액츠'는 이 부회장이 생활 속에서 얻은 아이디어를 바탕으로 개발했다. 그는 기존 세제가 가루가 날리고 세탁 후 옷에 잔여물이 남는 단점에 착안, 제품 개발을 진행했다. 이후 다른 대기업들도 액체 세제시장에 뛰어들었지만 액츠는 액체 세제시장 점유율 1위를 달리고 있다.

이 부회장은 서강대에서 영문학을 전공했고 미국에서 미술을 공부했다. 업계에서는 이 부회장이 디자인과 감성 마케팅을 강조한 결과 제품의 품질과 조화를 잘 이루며 상승효과를 거두고 있다고 평가한다. 프랑스 파리의 야경(夜景)에서 영감을 얻어 향과 제품 패키지를 만든 한정판 피죤제품의 경우, 2010년 1월 출시돼 2개월 만에 10만개가 팔릴 만큼 좋은 반응을 얻었다.

많은 대기업이 섬유유연제시장에 진입했지만 피죤의 아성을 무너뜨리지 못했다. 30년 넘게 시장에서 1위 자리를 지키는 비결은 뭘까?

"비결이라는 건 없어요. 지름길이 있어 쉽게 정상에 올랐다면 그 길을 따라 다른 회사도 손쉽게 1등을 할 수 있겠죠. 생활용품은 기본에 충실하면서 차곡차곡 소비자의 점수를 따는 수밖에 없어요."

자료: 조선경제

2) 현지운영의 쉬움 및 적합성

(1) 글로벌기업들은 국가시장들에 대한 진입-침투 순위를 결정할 때는, 현지운영의 쉬움 및 적합성(ease and compatibility of local operations)도 국가시장별로 파악하여 고려해야 한다.

(2) 일반적으로 아래와 같은 환경요소들이 존재하는 국가시장들일수록, 현지운영의 쉬움 및 적합성이 양호하다고 말할 수 있다.

① 지리적으로 가까운 것을 뜻하는 지리적 근접성(geographic proximity) 및 언어를 포함한 문화 · 경제-비즈니스 시스템 · 정치-법적 시스템 등 문화적 근접성(cultural proximity)이 높은 국가시장들

② 현지정부의 경제-기업 활동에 대한 직접적인 참여, 민간 기업활동에 대한 규제, 관료주의적 비능률적 행정 및 부정부패 등이 적은 국가시장들

③ 특정 기업체의 능력 및 정책과 잘 어울리는(fit, suitable) 경영환경을 지닌 국가시장들

④ 특정 기업체의 현지운영에 필수적인 원자재 · 부품 · 생산시설 · 생산인력 · 경영인력 · 자금 · 기술 · 토지 등 생산요소, 사회간접시설, 상업하부구조 등을 충분히 그리고 저렴하게 공급하는 국가시장들

3) 이퀴티투자회수 전망

(1) ① 글로벌기업들은 투자자본에 대한 이익회수율을 뜻하는 투자회수 전망이 뛰어난 국가시장들에 최우선적으로 진입-침투하는 것이 바람직하다. ② 그러니만큼 기대되는 이퀴티투자회수(expected return on equity investment) 역시 국가시장별로 추정하여 진입-침투 순위 결정에 반영시켜야 한다.

(2) 기대되는 투자회수를 수반할 것으로 예견되는 위협/리스크의 정도를 분석할 때는, 따라서 투자회수의 불확실성 정도를 분석할 때는, 경쟁적 리스크 · 재정적 리스크 · 정치적 리스크를 분석해야 한다.

① 경쟁적 리스크란, 예컨대 직접적으로 경쟁적인 막강한 현지 기업들이나 제 3 국계통 글로벌기업들이 현지시장을 이미 지배하고 있는 국가시장들에 침투함으로써, 특정 외국인기업으로서는 보유한 경쟁우위를 이익적으로 활용하지 못하는 데서 비롯되는 리스크를 말한다.

② 재정적 리스크란, 특정 외국인기업이 직접투자로 국가시장들에 침투하는 경우, 투하자본을 재량껏 회수 · 활용할 수 없든지 외환율변동 때문에 소득이 감소되든지 등에서 비롯되는 리스크를 말한다.

③ 정치적 리스크는 특정 외국인기업의 현지경영을 악화시키는 방향으로 정치적 환경이 비호의적으로 변화하는 데서 비롯되는 리스크이다.

제5절 표적해외시장 진입-침투 전략 믹스의 실제결정과 집행

1. 기본적 해외시장 진입-침투 전략들 및 각기의 특성과 장단점

(1) 글로벌기업들은, ① 서브하고자 하는 표적국가시장들을 선정한 다음에, ② 각기 추구하는 全社 차원의 글로벌경영목적을 가장 잘 달성할 수 있는 최적으로 믹스한 해외시장 진입-침투전략들을 표적 국가시장별로 결

정해야 한다.

(2) 기업들이 표적 국가시장들에 진입-침투하는 데 활용할 수 있는 기본적 해외시장 진입-침투 전략들(basic foreign market entry and penetration strategies) 및 그들의 특성들은 〈표 9-1〉과 같이 여러 가지이다. 해외시장 진입-침투 전략들은 각기 장점과 단점을 지니고 있다(표 9-2 참조).

(3) 그러므로 글로벌경영에 종사하는 특히 제조기업들은, ① 해외시장 진입-침투 전략별 특성과 장 · 단점을 철저히 고려하여, ② 뒤에서 자세히 설명하는 여러 대안적 해외시장 진입-침투 전략들 중에서 어느 하나 또는 그 이상의 믹스(mix, combination)를 표적 국가시장별로 결정하여 집행해야 한다.

표 9-1 기본적 해외시장 진입-침투 전략들 및 그들의 특성

진입-침투 전략들	자산 또는 비자산	합의기간	자원과 권리의 이전	이전방법	보편적 보상방법
1. 글로벌 eBusiness	비자산	무제한/계약에 의해 제한	적음	시장	이익
2. 수출	비자산	제한적	포괄적	社外	이익
3. 국제라이슨싱	비자산	계약에 의해 제한	제한된 범위	혼합됨	로얄티
4. 국제프랜차이징	비자산	계약에 의해 제한	제한된 지원	시장	로얄티
5. 국제경영계약	비자산	계약에 의해 제한	제한됨	시장	피이, 일시불
6. 국제기술제공	비자산	제한됨	적음	시장	피이, 일시불
7. 국제턴키운영계약	비자산	제한됨	시간적으로 제한	시장	일시불
8. 국제계약적 합작경영	비자산	제한됨 구체적으로 명시	계약에 의해	혼합됨	사업, 기업, 지배적 파트너의 코스트 및 수익 경영 변동에 달려 있음
9. 국제하청청산	비자산	제한됨	적음	시장	마크업
10. 국제전략적 제휴	비자산	계약에 의해 제한	제한적 지원	혼합됨	마크업
11. 국제합작투자	자산	무제한/계약에 의해 제한	광범위할 수도 있음	社外	지분에 따른 이익배당
12. 해외전소유자회사	자산	무제한	광범위	社外	이익
13. 국제 M&A	자산	무제한	광범위	社外	이익

표 9–2 기본적 해외시장 진입–침투 전략별 장점과 단점

진입–침투 전략들	장 점	단 점
글로벌 eBusiness	• cyber business space활용 • 매일 24시간 거래 • 시장 범위가 global market • 진입장벽 및 비용이 낮음 • virtual value chain형태 • 경쟁력기반이 무형적 자산(정보, 서비스, 신용 등) • 자산활용에 수확(익)체증의 법칙 작용	• 고객의 제품 · 서비스 선택 폭이 급증 • 고객의 구매선 변경 급증 • 원격접촉에 따른 신뢰성문제 : 고객과의 친밀성 저하 • 고객의 유치와 보존의 비용증가(광고 · 판촉 · 배송 · 서비스 비용) • 정보홍수 및 과부하 유발 • 기본상품 노후화 가속 • 고객정보 유출/악용 가능성 • 이익을 보장할 수 있는 수익창출 모델의 개발지연
수 출	• 입지경제 및 경험곡선 경제의 실현능력 보유	• 높은 물류코스트 • 무역장벽들 • 현지 수입업자 · 마케팅 에이전트와의 문제들
국제라이슨싱	• 관련 코스트가 낮고 리스크가 적음 • 추가적 이익 실현	• 기술에 대한 통제력 결핍으로 핵심역량에 속하는 특수기술의 도용 가능성 • 입지경제 및 경험곡선경제의 실현 불능 • 글로벌 전략적 조정에 통합시키기가 불능
국제프랜차이징	• 관련 코스트가 낮고 리스크가 적음 • 추가적 이익 실현	• 품질에 대한 통제력 결핍 • 글로벌 전략적 조정에 통합시키기가 불능
국제경영계약–마케팅 계약	• 관련 코스트 및 리스크가 적음 • 추가적 이익 실현	• 핵심역량에 속하는 특수 경영기법 도용가능성 • 글로벌 전략적 조정에 통합시키기가 불능
국제턴키계약	• 해외직접투자가 제한된 국가들에서 가공/처리 기술로부터 이익 등 회수능력을 지님	• 결과적으로 효율적인 경쟁업체들 육성 • 장기적 시장침투가 어려움

국제전략적 제휴	• 기존/잠재적 경쟁업체들과 相生을 목적으로 team up함으로써 경쟁력 강화, 코스트 절감, 리스크 감소	• 相生("win-win")목적에 기여할 제휴파트너 발견 어려움 등 제휴관리의 어려움 • 제휴파트너를 강력한 경쟁자로 기를 수도 있음
국제합작투자를 통한 해외합작회사 운영	• 현지파트너의 노하우에 대한 접근 용이 • 관련 코스트 및 리스크 공유 • 정치적 수용성 높음	• 기술에 대한 통제력 행사가 어려움 • 글로벌 전략적 조정에 통합시키기가 어려움 • 입지경제 및 경험곡선 경제의 완전한 실현이 불능
해외단독투자를 통한 전소유자회사 운영	• 기술의 보호 • 글로벌 전략적 조정에 통합시키기가 쉬움 • 입지경제 및 경험곡선 경제의 실현능력 보유	• 해외직접투자 및 전소유자회사운영관련 코스트와 리스크가 다 같이 많음
국제 M&A	• 해외직접투자로 新생산시설 등을 건설하는 데 따르는 긴 소요시간을 대체 • 신속한 신시장 침투수단 제공 • 규모 및 범주의 경제 확대 제공	• 불확실성이 높고 리스크가 큼

2. 표적국가시장별 진입-침투 전략 결정시 고려요소들

1) 해외시장 진입-침투 전략들 상호간의 상쇄는 불가피하다는 것도 고려

(1) 해외시장 진입-침투 전략들은 제각기 장점과 단점을 지니고 있다. 그렇기 때문에, 국가시장별로 진입-침투 전략 믹스를 결정할 때는, 진입-침투 전략들 상호간의 상쇄(trade-off)는 불가피하다는 점을 우선 고려해야 한다.

(2) 예컨대, 경영환경면에서 대단히 불안정한 국가시장에 진입-침투를 고려할 때는, ① 일반적으로 말할 때, 단독 해외직접투자로 100% 소유 현지자회사를 소유 · 운영하기보다는, 현지 파트너와의 합작투자 또는 수출이 더 나은 대안일 수 있기 때문이다. ② 반대로, 불안정한 현지 경영환경을

극복할 수 있는 돌파적 전략(breakthrough strategy)을 적용할 수만 있다면, 단독 해외직접투자가 더 나을 수도 있기 때문이다.

(3) ① 해외시장 진입-침투 전략들 상호간에는 상쇄가 "불가피"하다는 위의 언급에서, 예외가 될 수 있는 단 하나의 해외시장 진입-침투 전략이 있는데, 그것은 바로 글로벌 eBusiness전략이다.

② 특정 기업체는 ⓐ 글로벌 eBusiness전략만을 활용하면서 복수의 국가시장들과 지역시장들을 그리고 지구촌시장의 대부분을 진입-침투하여 서브할 수도 있고, ⓑ 글로벌 eBusiness 전략과 나머지 해외시장 진입-침투 전략들의 일부 또는 전부를 적절히 믹스하여 복수의 국가시장들과 지역시장들을 그리고 지구촌시장의 대부분을 진입-침투하여 서브할 수도 있기 때문이다.

2) 핵심역량도 고려해야

(1) 글로벌기업들은, ① 그들이 보유한 핵심역량(core competences)에 속하는 뛰어난 브랜드 명성, 뛰어난 회사 명성, 뛰어난 eBusiness · 정보 · 경영노하우 · 특허 · 기술 · 소싱 · 생산 · 제품 · 마케팅 등의 전문성을 해외시장에 이전시키는 방법으로, ② 보유 핵심역량을 해외시장에서 최대한 이익적으로 활용하기 위하여, 글로벌경영활동을 확대하는 경우가 많다(예증 9-3 참조).

(2) 최적인 진입-침투 전략(optimal entry and penetration strategy)은 어느 정도나마 핵심역량의 성격에 따라서도 판가름된다. 그러므로 글로벌기업들은, 보유한 핵심역량의 성격도 고려하고서, 아래와 같이 최적인 국가시장별 진입-침투 전략을 선택해야 한다.

① 법적 보호기술에 바탕한 핵심역량인 경우

ⓐ 만일에 특정 글로벌기업체가 보유한 핵심역량이 특허 등 법적으로 보호받을 수 있는 기술(proprietary technology)에 바탕을 둔 것이라면, ⓑ 그런 기업체는 그 기술을 상실할 리스크가 내재된 국제라이슨싱과 국제합작투자를 회피하고, 해당 제품을 본사국에서 생산하여 직접수출로 해외시장을 서브하거나 해외 단독직접투자를 실시하여 전소유해외생산자회사를 설립하여 해외시장 현지에서 직접 생산-마케팅활동을 전개하는 것이 최적의 해외시장 진입-침투 전략이다.

② 경영노하우에 바탕한 핵심역량인 경우

ⓐ 제조업체들도 법적으로 보호받는 핵심역량을 많이 보유하고 있지만, 특히 종합무역 · 종합금융 · 글로벌 엔지니어링-건설 · 특급호텔 등 분야의 많은 글로벌 서비스기업들은 주로 경영노하우(management knowhow)에 바탕을 둔 핵심역량을 더욱 많이 보유하고 있다.

ⓑ 그런 글로벌기업들에게, 해외의 라이슨시 · 프랜차이지 · 합작투자파트너 등에게 핵심역량인 경영-마케팅기법 등에 대한 통제권을 상실할 리스크는, 그리 크지 않다. 핵심역량이면서 경제적 가치가 높은 자산은 그들의 회사명들(상호들)과 브랜드 네임들이고 그런 것들은 법적으로 보호되기 때문이다.

ⓒ 그러므로 그런 글로벌 서비스기업들에게는, 특정한 국가시장들이나 지역시장들을 운영범위로 삼고서 프랜차이지들을 통제하려 할 때, 국제프랜차이징과 전소유 또는 합작소유 해외자회사들의 운영방법을 믹스하는 것이 최적의 해외시장 진입-침투 전략일 수도 있다.

3) 코스트 삭감 압력도 고려해야

(1) 코스트 삭감(cost reduction)을 하도록 받는 압력이 강할수록, 해당 글로벌기업들일수록 수출전략과 해외마케팅목적 그리고/또는 해외생산목적의 전소유자회사운영전략을 적절히 혼합하여 활용하는 것이, 최적의 해외시장 진입-침투 전략일 수도 있다.

(2) 생산요소조건이 최적인 국가들에서 노동력 · 원자재 · 부품 · 반제품 등을 생산/소싱하여 나머지 지구촌시장에 수출을 하면, 원자재 · 부품 · 반제품 등의 생산과 마케팅에 있어서 상당할 정도로 입지의 경제(economy of location)와 경험곡선경제(experience curve economy)를 실현할 수도 있다.

그렇게 실현되면, 최저코스트로 생산이 가능한 국가들에 생산자회사들을 입지시키고(제품에 따라서 중국 · 베트남 등이 좋은 예임) 그런데서 생산한 완성제품을, ① 코스트경쟁력에 바탕을 둔 가격경쟁력을 가지고 생산국들에서 현지마케팅을 할 수 있고, ② 또한 여타 국가시장들에 위치한 현지마케팅자회사들에 수출하여 역시 코스트 경쟁력을 가지고 현지마케팅을 할 수 있기 때문이다.

CHAPTER 10

국제무역

제1절 국제/세계무역의 변화패턴이 글로벌경영에 미치는 영향

(1) 제 1 절에서는 고전적 무역이론들을 우선 설명한 다음, 글로벌경영 환경변화에 적응 · 대응하면서 어떤 유형의 기업들이 가장 중요한 경영 주체들(business entities)로서 세계무역에 참여/몰입하고 있고 또한 세계무역을 지배하고 있는지를 설명한다. 그 답은 물론 글로벌기업들이다.

(2) 제 1 절에서 설명하는 내용은, 제 2, 3, 4, 5 절에서 설명하는 "수출전략, 수입소싱전략, 대응무역, 해외판매자회사 운영전략"을 실제상황하에서 글로벌경영자들이 어떻게 합리적으로 결정 · 집행해야 하는지를 돕는 데 목적을 둔 일종의 사전 환경적 브리핑(a foreground environmental briefing)이다.

1. 고전적 무역이론

1) 비교우위이론(Theory of Comparative Advantage)

(1) 절대우위이론(Theory of Absolute Advantage)

아담 스미스(Adam Smith)에 의해 제기된 절대우위이론은 한 상품의 생산에 소요되는 실제 노동시간을 실질비용(real cost)으로 정의하고 각국은 두 가지 상품 중에서 무역상대국보다 더 낮은 실질비용으로 생산할 수 있는 상품의 생산에 전문화를 하고 수출함으로써 세계 전체적인 부(wealth)의 증대가 가능하다고 주장하였다. 그리고 각국의 무역으로부터 얻는 혜택은 한 재화를 국내에서 직접 생산하는 것보다 무역을 통하여 보다 낮은 비용으로 수입할 수 있는 데서 얻어진다고 주장하였다.

(2) 비교우위이론(Theory of Comparative Advantage)

리카르도(David Ricardo)는 절대우위이론을 한층 더 발전시켜 비록 한 국가가 무역상대국에 대하여 모든 상품에 있어서 절대우위 또는 절대열위에 있다고 하더라도 상대적으로 생산의 효율성이 더 높은 상품에 전문화를 함으로써 두 국가가 모두 무역으로부터 혜택을 얻을 수 있다고 주장하였다.

예를 들어, 포르투갈과 영국 두 나라에서 각각 옷감과 포도주 한 단위를 생산하는 경우 단위당 생산비가 다음과 같다고 가정하자. 여기서 생산비는 한 시간 동안 몇 명의 근로자가 생산에 동원되는가로 표시하기로 한다.

구 분	포르투갈	영 국
옷 감	90명	100명
포도주	80명	120명

위의 표에 의하면 포르투갈은 옷감과 포도주 두 상품의 생산에 있어서 영국에 비해 모두 단위당 생산비가 저렴하므로 절대우위를 지니고 있다고 할 수 있다. 그러나 포르투갈이 가지는 절대우위의 정도는 옷감의 경우보다 포도주의 경우가 더 큰 것을 알 수 있다. 즉,

포도주	옷감
80/120	90/100

이러한 경우 리카르도는 포르투갈은 포도주의 생산에 비교우위(Comparative Advantage)가 있다고 정의하고 반면 영국은 옷감의 생산에 비교우위를 가진다고 말한다.

비교우위이론에 따르면 포르투갈은 두 상품에 모두 절대우위를 가지고 영국은 두 상품 모두 절대열위를 가지지만 포르투갈은 비교우위가 있는 포도주의 생산에 전문화를 하고 반면 영국은 비교우위가 있는 옷감의 생산에 전문화를 한 후 서로 무역을 한다면 두 나라 모두가 무역을 통한 혜택을 얻게 되며 세계 전체적인 부(wealth)도 증가한다고 주장하였다.

2) 요소부존이론(Heckshfurther-Ohlin Theory)

(1) 비교우위이론의 문제점

리카르도의 비교우위이론에 의하면 각국은 두 가지 상품 중에서 무역상대국에 비하여 비교우위를 갖고 있는 상품을 수출한다고 한다. 다시 말하면, 비교적 더 효율적으로 생산할 수 있는 상품을 수출하는 것을 말하는데 위의 예에서 포르투갈은 포도주의 생산에 비교우위가 있으므로 포도주를 수출한다는 것이다.

그러나 만약 "왜 포르투갈은 포도주의 생산에 비교우위가 있는가?" 하고 묻는다면 비교우위이론은 만족한 대답을 줄 수가 없다. 비교우위이론에서는 포르투갈이 옷감보다 포도주를 상대적으로 더 효율적으로 생산할 수 있다고 가정할 뿐 그 이유에 대하여는 언급을 하지 않고 있다. 따라서, "비교우위는 어떻게 발생하는가?" 또는 "왜 포르투갈은 옷감이 아니라 포도주를 비교적 더 효율적으로 생산할 수 있는가?"라는 의문에 답하기 위해서는 새로운 무역이론이 요구됨을 알 수 있다.

(2) 요소부존이론(Hecksher-Ohlin Theory)

스웨덴의 경제학자인 Hecksher와 Ohlin은 비교우위가 발생하는 이유가 각국마다 생산요소의 부존상태가 다르기 때문이라고 주장하였으므로 이들이 주장한 이론을 요소부존이론이라고 부른다. 요소부존이론은 리카르도의 비교우위이론과는 달리 노동 이외에 자본을 생산요소로서 추가하고 한

국가가 다른 국가에 비하여 어떤 생산요소를 더 풍부하게 보유하고 있는 경우 그 생산요소의 가격은 상대적으로 저렴하게 되므로 각국은 풍부하고 저렴한 생산요소를 많이 사용하는 상품 또는 산업에 전문화를 함으로써 비교우위를 확보하게 된다고 주장하였다.

예를 들어, 기계의 생산에 있어서는 직물 생산의 경우보다 비교적 자본이 많이 사용되고 반대로 직물의 생산에 있어서는 기계 생산의 경우보다 비교적 노동이 많이 사용된다면 기계는 자본집약적 상품 그리고 직물은 노동집약적 상품이라고 부르기로 한다. 그리고 A국은 자본이 상대적으로 풍부하기 때문에 자본의 가격이 비교적 저렴하며 B국은 노동이 상대적으로 풍부하기 때문에 노동비용(임금)이 비교적 저렴하다고 가정하자.

이러한 경우 요소부존이론은 자본이 상대적으로 풍부한 A국은 자본집약적 상품인 기계의 생산에 전문화를 하여 기계를 수출하게 되고 노동이 상대적으로 풍부한 B국은 노동집약적 상품인 직물의 생산에 전문화를 하여 직물을 수출하게 된다고 주장한다.

(3) 요소부존이론의 문제점

위에서 살펴본 리카르도의 비교우위이론과 요소부존이론은 매우 비현실적인 가정을 바탕으로 전개되는 이론이다. 즉, 한정된 수의 국가, 상품, 생산요소만을 가정하고 있으며, 생산기술에 관한 정보의 국제적 이동에 대한 아무런 제약이 없다고 가정하며, 시간의 흐름에 따라 나타날 수 있는 무역패턴의 변화 및 기술의 진보를 전혀 고려하지 않는 등 현실세계를 설명하기에는 지나치게 비현실적인 가정과 단순한 모형에 의존하고 있다는 약점을 가지고 있다.

그럼에도 불구하고 리카르도의 비교우위이론에 대한 실증적인 검증 결과는 긍정적으로 나타났으나, Leontief가 실시한 요소부존이론에 대한 실증적인 검증 결과가 이론이 제시하는 방향과 반대의 결과가 나타나자 보다 현실적인 가정을 바탕으로 무역에 대한 동태적(dynamic) 설명이 가능한 종합적인 이론이 요구되게 되었다.

3) 제품수명주기이론(Product Life Cycle Model)

1960년대에 Harvard 경영대학원의 Vernon과 Wells에 의해 정립된 제품수명주기이론은 신제품이 출현하고 나서 시간이 경과함에 따라 이 제품의 수명이 여러 단계를 거치는 과정에서 생산과 소비 및 산업조직 면에 나타나는 주요 변동내용을 오직 무역패턴(trade pattern)의 동태적 변화로 설명하려는 시도를 하였다.

제품수명주기이론은 전통적 무역이론과는 달리 현실 세계를 보다 잘 설명하기 위하여 새로운 가정들을 도입하고 있다. 즉, 첫째, 신제품 생산기술 등에 관한 정보(information)의 국제적 이동은 상당 기간 동안 제약될 수 있으며, 둘째, 제품의 생산방법은 시간이 경과함에 따라 예측가능한 방향으로(예를 들어, 숙련노동 및 기술집약적 생산방법으로부터 단순 노동 및 자본집약적 생산방법으로 변하는 등) 변동하게 되며, 셋째, 생산공정에는 규모의 경제(economies of scale)현상이 지배적으로 나타난다는 등의 가정을 하고 있다.

제품수명주기이론은 새로 개발된 제품이 도입기 → 성장기 → 성숙기의 각 단계를 거치면서 생산지(production location)의 국제적 분포가 변동하는 과정을 설명하고 있는데 제품수명주기 각 단계별로 나타나는 특징적인 현상들을 살펴보면 다음과 같다.

(1) 도 입 기

소득수준이 높고, 연구 · 개발요소가 풍부한 최고 선진국(예컨대 미국)에서 신제품이 최초로 개발되며 신제품의 생산지도 역시 최고 선진국이 되는데 그 이유는 다음과 같다. 첫째, 신제품 생산의 초기단계에 있어서는 수요자들과의 긴밀한 접촉이 필요하며, 둘째, 초기단계에 있어서는 제품이 갖는 독점적 성격 때문에 수요의 가격 탄력성이 비교적 작으므로 생산비가 비싸도 큰 문제가 되지 않고, 셋째, 초기단계에 있어서는 생산공정이 아직 확정되어 있지 않다는 점 등으로 인해 해외직접투자를 통한 해외생산보다는 국내생산을 선호하게 된다는 것이다. 따라서 최고 선진국 국내시장을 상대로 한 국내생산을 행하게 되며 또한, 그 제품을 기타 선진국에 수출하게 된다.

(2) 성 장 기

최고 선진국(예컨대 미국)으로부터 기타 선진국(예컨대 독일, 영국, 프랑스, 일본 등)으로 신제품 생산기술이 점차 확산되고 기타 선진국에서도 그 제품에 대한 수요가 증가하므로 기타 선진국 기업들이 그 제품의 생산을 개시하게 되어 최고 선진국의 수출품과 경쟁을 시작한다. 그렇게 되면 최고 선진국으로부터 기타 선진국으로의 수출품은 물류비 그리고 관세 및 비관세 장벽 때문에 기타 선진국 기업들이 생산하는 제품과 비교하여 점차적으로 불리하게 된다. 이에 대한 타개책으로 최고 선진국의 신제품 개발 기업은 기타 선진국 내 현지생산을 위한 해외직접투자를 단행하고 기타 선진국 내에서 생산활동을 시작하게 되므로 최고 선진국으로부터의 수출은 감소한다.

(3) 성 숙 기

대량생산을 위한 대규모 해외직접투자를 합리화할 수 있을 정도로 해외현지 수요가 증대되고 제반 불확실성의 정도가 감소하므로 생산공정의 표준화가 이루어진다. 즉, 특정 제품을 개발한 특정국(특정 미국기업)의 기술상의 우위가 소멸된 것을 의미한다. 이 표준화 단계에서는 투입노동력 중에서 미숙련노동이 차지하는 비중이 상당히 크기 때문에 임금이 낮은 지역이 생산자로서의 우위를 가진다. 특히 이 단계에서는 수요의 가격탄력성이 매우 크기 때문에 저렴한 미숙련노동을 풍부하게 갖고 있는 후진국이 생산지로서의 우위를 갖게 되므로 후진국으로부터 최고 선진국 또는 기타 선진국으로 역수출된다.

이제 제품수명주기이론이 주장하는 바에 따라 비교우위의 국가간 차이를 살펴보면 다음과 같다. 첫째, 최고 선진국은 신제품 생산에 비교우위를 가지며 성장기 제품과 표준화된 제품을 수입한다. 둘째, 기타 선진국은 성장기 제품 내지 표준화 초기단계에 있는 제품의 생산에 비교우위를 가지며 신제품을 주로 수입한다. 셋째, 후진국은 표준화가 상당히 진전된 제품의 생산에 비교우위를 가지고 성장기 제품 및 표준화 초기단계에 제품을 주로 수입한다.

2. 세계무역을 실제로 지배하는 주체는 글로벌기업

1) 세계무역의 대부분은 글로벌기업들의 상호간무역과 社內무역으로 이루어짐

(1) 위에서 설명한 고전적 무역이론들(classical trade theories)은, 아마도 제품수명주기이론을 제외하고, 무역을 어렴풋이나마 이해하는 데 도움이

될 수 있을지는 몰라도 현실성이 거의 없다고 말할 수 있다.

(2) 그래서 1970~1980년대에 와서는 경제학계 안팎에서까지 고전파 국제무역이론들에 대한 불만이 터져나오기 시작했다. 경제학자들은 제 2 차 세계대전 이후 국제무역의 폭발적인 증가가, 선진국과 후진국 사이에서가 아니라, 기술과 생산자원의 부존량이 아주 비슷하게 풍부한 선진국들 사이의 국제무역에서 발생하기 시작했다는 사실에 당혹했기 때문이다.

(3) 경영학 분야에서는, 특히 국제경영학 분야에서는, 이미 1970~1980년대 이전부터 고전파 무역이론들과 그들의 가정들은, 국제무역의 현실(reality)과 맞지 않는다고 판단했었다. 그러니 2010년대 세계무역의 현실과는 더더욱 맞지 않는다고 판단할 수밖에 없다.

왜냐하면, ① 2010년대 현재 세계무역의 5분의 3 정도는 전체 지구촌 시장을 상대로 경영활동을 하는 글로벌기업들의 모회사들과 그들이 소유·통제하는 수많은 해외자회사들 상호간에 社內무역(intra-company trade)으로 이루어지기 때문이다. ② 그래서 세계무역의 主體는, 더 이상 국가들이 아니라 기업들이기 때문이다.

(4) ① 글로벌기업 모기업들 및 그들이 소유·통제하는 해외자회사들과 소유권 측면에서 非관련(unaffiliated)글로벌기업 모기업들 및 그 해외자회사들 사이에 이루어지는 社外무역(extra-company trade)도, 세계무역의 5분의 2 정도에 가깝다. ② 그러므로 오늘날 글로벌기업들은 社內무역 및 社外무역의 형태로 세계무역의 90% 이상을 차지하고 있다. ③ 나머지 10% 정도는 주로 수출입기업들을 뜻하는 기타 모든 非글로벌기업들간에 이루어지고 있다.

2) 세계무역에서 차지하는 글로벌기업들의 社內무역비중이 계속 증가하는 이유

(1) 모든 글로벌기업 모기업들과 그 해외자회사들은, 글로벌경영 목적을 최대화하기 위해서, 그들의 기술·연구개발·정보·특허·브랜드·디자인·소싱·생산·마케팅·로지스틱스·경영관리 등 기업자원을 글로벌 경쟁우위를 확보할 수 있는 지구촌의 어디로나 지속적으로 이동(shifting)시키면서 활용하고 있기 때문이다.

그 뛰어난 예는 제품디자인에 핵심역량(core competences)이 있는 Nike

이다. Nike는 그런 핵심역량에 바탕한 글로벌경쟁우위 확보 · 활용을 강조하면서, 자체공장 하나 없이 계속적으로 OEM 생산/아웃소싱기지들을 지속적으로 최저코스트 국가들로 이동시킴으로써 스포츠화분야 글로벌경쟁력 1위를 지키고 있다.

(2) 국경 없는 무한경쟁과 그에 따른 "one globe, one global market"을 심화시키고 있는 WTO체제하에서 세계무역은 점점 더, 국가간 무역이 아니라, 글로벌기업들의 社內무역 및 社外무역으로 변환되고 있기 때문이다.

위의 예증들은 점점 더 글로벌기업들의 지배하로 들어가고 있는 세계무역의 현실들(realities of world trade)을, 이제까지 세계무역에 대해 이론적으로 설명을 시도했던 고전적 무역이론들에 비하여, 훨씬 명확히 설명해 주고 있다.

3) 어느 나라 기업들이 세계무역을 지배하나?

(1) ① 특정 국가의 세계 수출 순위가 올라가고 내려가는 것은, 그 특정 국가의 기업들이 전체적으로 수출경쟁력(export competitiveness)을 얼마나 골고루 갖추고 수출을 잘하느냐 또는 못 하느냐에 달려 있다. ② 그러므로 수출에 뛰어나서 세계수출순위가 높은 국가들의 대표적인 수출 기업들일수록, 전반적으로 골고루 높은 수출경쟁력을 갖추고 있어서 수출에서 지배적 역할(dominant roles)을 하고 있다고 말할 수 있다. ③ 그런 대표적인 수출기업들이란, 곧 삼성전자, 현대 · 기아차 등 글로벌기업들이다.

예증 10-1은 2009년도 세계 무역을 지배하는 나라들을 보여 주고 있다. 우리나라는 2009년도에 수출이 세계 9위였다.

(2) ① 연도별 세계 TOP 10개 또는 15개 수출국들의 순위는, 연도별 세계 10개 또는 15개 TOP 수입국들의 순위와 거의 같다. 그와 같이 TOP 수출국들과 TOP 수입국들의 순위가 거의 같은 것은, 더 많은 수출상품산출(export product/merchandise output)을 원할수록, 더 많은 수입자원 투입(imported resource input)이 필요하기 때문이다. ② 그러므로 세계 TOP 수출국가들과 수입국가들에 소속한 글로벌기업들이, 세계무역의 대부분을 지배하고 있다고 말할 수 있는 것이다.

예증 10-1 우리나라 2009년 수출 세계 9위 진입

우리나라의 2009년 수출액이 3,560억 달러를 돌파, 세계 수출순위 9위를 기록, 역대 최고 기록이었던 1985년의 10위보다 한 단계 높은 것이다.

2009년 하반기 우리나라 수입은 1,825억 달러로 74억 달러의 흑자를 기록했다. 상반기에 수출 1,661억 달러, 수입 1,445억 달러로 총 216억 달러의 흑자를 올린 점을 고려하면 2009년 한 해 동안 290억 달러의 무역흑자가 발생하는 셈이다.

2009년 수출순위 (단위: 억 달러, %)

순위	국가(2008년 순위)	수출규모	전년비증감
1	중국(2)	1조1,586	−18.9
2	독일(1)	1조1,344	−22.3
3	미국(3)	9,694	−24.1
4	일본(4)	5,091	−34.9
5	프랑스(5)	4,559	−25.0
6	이탈리아(7)	3,824	−29.1
7	네덜란드(6)	3,796	−29.9
8	벨기에(8)	3,703	−22.4
9	한국(12)	3,560	−15.6
10	영국(11)	3,407	−26.9

자료: 한국 수출 전망치는 무역협회, 그 외는 EIU

주요 품목별로는 2009년 하반기에 액정장치 수출이 131억8,000만 달러로 전년 동기보다 45.8% 늘어나고, 선박(27.5%), 무선통신기기(13.3%), 반도체(14.5%)도 증가세를 보였다. 반면 자동차(−31%), 철강(−21.9%), 석유제품(−43.5%), 일반기계(−33.1%) 등은 하반기에도 높은 폭의 감소세를 보였다.

자료: 한국일보

3. 기업의 수출경쟁력 결정 요소들

(1) 지구촌기업들이 활용하는 해외시장침투전략들(overseas market penetration strategies) 중에서, 수출전략(export strategy)은 가장 기초전략이다.

(2) 우리나라 같은 특정 국가와 그 내국인기업들의 경우도, 수출 측면에서의 국제경쟁우위(international competitive advantage) 내지 수출경쟁력 우월성(export competitiveness superiority)이 있어야만, 이익을 올리면서 수출을 할 수가 있다. 그런 수출경쟁력우월성은 아래 요소들에 의해 판가름/결정된다.

1) 상품에 대한 해외시장 수요의 존재

(1) 해당 기업이 해외시장에 이익적으로 수출을 할 수 있으려면, 해당 상품에 대한 해외시장수요가 우선 충분히 존재해야 하고, 해당 기업 상품은 충분한 해외시장성(overseas marketability)이 있어야 한다.

(2) 상품의 해외시장성은 ① 브랜드 · 디자인 · 스타일 · 품질 · 제품의 시장가치, ② 가격경쟁력, ③ 생산-소싱하는 기업체와 생산국의 이미지 정도 등에 의해 일반적으로 판가름된다.

2) 생산요소 부존과 상품생산능력

(1) 해외시장에 이익적으로 수출을 할 수 있으려면, 국내에 국제경쟁력 있는 생산요소 부존(production factors endowment)과 상품생산용 물리적 입지/시설(physical location/facilities)을 보유하고 있어야만 한다.

(2) 특히 원유 · 원목 · 철광석 · 원면 등과 같은 원자재(raw materials)나 일차상품(primary goods)을 수출할 수 있으려면, 국내에 그런 부존자원이 풍부하고 또한 기술 · 자본 · 인력 등을 투입하여 그런 원자재나 일차상품을 경제적으로 생산할 수 있어야 한다.

우리나라는, 위 예와 같은 부존자원이 없어서, 그 원자재나 일차상품을 수출할 수가 없다. 오히려 100%까지 수입해야 한다.

(3) 해당 기업이 글로벌경쟁력을 보유한 제조품(manufactured goods)이나 공산품(processed goods)을 수출할 수 있으려면, 그 기업은 아래와 같은 능력을 갖추어야 한다.

① 즉 해당 기업은 그런 수출제품을 세계 최초의 원초적 기술로 생산하기 시작했든지 또는 세계 최초로 상업생산(commercial production)하기 시작했든지,

② 추종을 불허하는 뛰어난 브랜드제품 · 특허로 보호된 제품 · 원초제품(original product)을 독점 또는 비교우위를 가지고 생산하고 있든지,

③ 해외시장수요에 적합하고 브랜드 · 디자인 · 원가 · 가격 · 품질 · 규격 등에 걸쳐 글로벌경쟁력 있는 제품을 연구개발 · 생산 · 마케팅할 수 있는 능력(capability)이 있든지,

④ 국내에 부족한/없는 주요 노동력 · 원자재 · 일차상품을 해외에서 소싱(sourcing)해다가, 해외시장수요에 적합하도록 브랜드 · 디자인 · 원가 · 가격 · 품질 · 규격 등에 걸쳐 글로벌경쟁력 있는 제품을 연구개발 · 생산 · 마케팅할 수 있어야 한다.

(4) 한국산 제조품/공산품들의 수출경쟁력은 전반적으로 약화되는 경향을 보이고 있다. ① 그 가장 큰 국내 환경적 이유는 「고비용(높은 금융비용 · 노임 · 공장부지 가격/임대료 · 원유와 기타 원부자재 가격 · 물류비용 · 관료비용 · 정치비용 등) 저효율(높은 부정부패에 반비례하는 낮은 정부행정효율) 구조」이고, ② 제한된 수의 주력 수출제품들이 수출경쟁력을 잃어가고 있고, ③ 높아지는 원화절상, ④ 변화하는 해외시장수요를 충족시킬 수 있는 신수출제품의 개발이 뒤처지고 있는 것 등도 이유이다.

3) 수출생산성 정도

수출생산성은 한 나라의 총 수출액과 특정 교역재의 수출액, 특정 교역재의 소득 · 생산성을 이용해 산출을 한다. 우리나라가 수출경쟁력을 높이려면, 반도체 · 정밀기계 · 정밀화학 · 일반기계 · 승용차 등 높은 생산성을 지니고 있는 수출품목을 중심으로 구조변화를 해야 한다.

4) 관련/지원 산업들의 충분도

(1) 해당 기업이 해외시장에 이익적으로 수출을 할 수 있으려면, 수출상품을 효율적/경제적으로 생산하는 데 필요한 특허 · 기술 · 원자재 · 부품 · 반조립품 · 포장재 · 시설재 공급업체 등 관련/지원 산업들(related or sup-porting industries)이 국내에 충분히 발달해 있어야 한다.

(2) 우리나라에는 아직도 관련/지원 산업들이 충분히 발달하지 못하여, 수출하기 위해서도 높은 가격을 지불하고 특허 · 기술 · 원자재 · 부품 · 생산시설 등을 해외에서 수입해 와야 하기 때문에, ① 수출품의 원가 · 가격 · 품질 경쟁력이 떨어지는 경우가 많고, ② 수출을 하더라도 수출품의 채산성이 떨어지거나 없는 경우도 많다(예증 10-2 참조).

예증 10-2 부품산업 경쟁력 강화가 미래 한국경제의 살 길이다

한국의 산업구조는 여전히 핵심부품, 제조설비를 일본에 의존하고 있으며, 이는 곧 대일 무역적자로 연결되고 있는 것이 현실이다.

2005년 대중 무역수지 흑자는 230억 달러인 반면, 대일 무역적자는 240억 달러에 달했다. 중국에서 벌어들인 만큼 일본에서 손해를 본 것이다. 특히, 대일 무역적자의 66%인 161억 달러는 부품소재 분야에서 발생했다. 2000년부터 2005년까지 6년간 쌓인 대일 무역적자가 1,039억 달러였으며, 이 중 부품소재 분야의 적자는 794억 달러로 76.4%를 차지했다. 2009년의 대일 무역적자는 277억 달러였다.

한국의 부품소재 산업은 1980년대 이후 양적인 성장을 이루면서 생산 및 수출 등에서 차지하는 비중이 커졌다. 하지만, 자세히 들여다보면 아직도 직원 50명 이하의 소규모 업체가 80% 이상을 차지하고 있다. 이러한 소규모 업체의 경우 독자적 기술개발이 어려워 핵심부품이 아닌 범용 부품 위주로 생산하는 악순환이 이어지게 마련이다. 그나마 우리나라가 강세를 보여 왔던 범용 부품소재에서도 중국이 거세게 추격해오고 있다.

2010년 기준 한 · 일 경제 비교는 아래와 같다.

자료원: 월간 전경련

한 · 일 경제 비교 (단위: 달러)

구 분	한 국	일 본
국내총생산(GDP, 2008년)	9,287억	4조9,107억
1인당 국민총소득(GNI, 2009년)	1만9,231	3만9,726
수출액(2009년)	3,635억	5,866억
무역수지(2009년)	404억	304억
상대국에 대한 무역수지(2009년)	−277억	+277억

자료: 기획재정부 · 지식경제부 · 무역협회

5) 수출상품의 수송성/물류비

(1) 수출경쟁력 여부는 수출하려는 상품의 수송성(transportability of goods)에 의해서도 판가름된다. ① 크기(size), 무게(weight), 부패가능성(perishability), 물류비(physical distribution cost) 등에 의해 결정되는 특정 제품의 수송성은, ② 그 제품의 판매성(marketability, salability)을 국내시장으로만 국

한시킬 수도 있고 전체 글로벌시장에 판매할 수 있는 능력을 부여할 수도 있기 때문이다.

(2) 우리나라의 수출상품은, ① 일반적으로 기술함유 정도가 비교적 낮아서 수송성에서 불리한데다가, ② 도로 · 항만 · 항공 등 국내 사회간접시설이 부족하고, ③ 남북이 분단되고, ④ 사회간접시설에 종사하는 노동자들의 강성활동으로 국내물류비 부담이 커서, ⑤ 지속적으로 글로벌시장 판매성이 떨어지고 있다.

6) 외국 및 지역시장블럭의 무역정책과 무역장벽

(1) 특정 국가 및 그 기업들이 경쟁력을 가지고 상품을 수출할 수 있는 정도는, 개별해외국가시장, FTA시장들, EU · NAFTA 등 지역시장블럭들의 수입과 직결된 무역정책과 무역장벽에 의해서도 판가름된다.

(2) 그런 무역장벽을 극복하는 가장 좋은 방법은, 우리나라기업들이 해외직접투자 확대를 통하여 글로벌화하고 주요국가시장들 및 지역시장블럭들에서 현지생산－마케팅을 확대하는 것이다. 더욱 많은 국가들과 FTA를 체결하는 것도 또 하나의 방법이다.

7) 기업의 글로벌경영 전략 · 구조 · 경쟁상황

(1) 단순수출전략(simple exporting strategy)에 대체적으로 많이 의존하고 있는 우리나라기업들의 경우, 불리한 요소부존과 생산능력 · 낮은 수출생산성 · 부족한 관련/지원 산업들 · 불리한 상품의 수송성/물류비 · 해외시장국들 · FTA시장들 · 지역시장블럭들의 무역정책과 무역장벽 등 때문에, 수출경쟁력은 약화되든지 상실될 수도 있다.

(2) 그러나 우리나라기업들이 수출로부터 해외직접투자에 이르는 다양한 해외시장침투전략들을 적절히 믹스(mix)하여 활용하는 글로벌기업으로 발전하여 주요국가시장들 · FTA시장들 · 지역시장블럭들을 해외운영기지(overseas operating bases)로 삼고 글로벌 생산－마케팅 등을 전개하게 되면, 아래와 같은 편익을 얻을 수 있다.

① 주요 지역시장 · FTA시장 · 국가시장들에서 현지의 저렴한 인력 · 원부재 · 기술 등의 활용으로 경쟁우위를 확보할 수 있는 동시에 각종 무역

장벽까지 극복할 수 있다.

② 해외 자회사 · 지사 등 여러 해외 운영기지들을 거점(bases)으로 활용하여 제 3 국 수출경쟁력을 상당 수준까지 강화할 수 있다.

③ 위에 추가하여 해당기업은 수출과 국제마케팅 경쟁력을 포함한 글로벌경영경쟁력까지 강화할 수 있다.

그래서 저자들은 우리나라기업들에게 하루빨리 글로벌화하라고 제안하는 것이다.

우리나라기업들이 그렇게 글로벌화하려면, ① 그 최고경영자를 위시한 글로벌경영자들의 안목 · 시야 · 오리엔테이션 · 전략결정 등이, ② 그리고 그 기업조직구조(business organization structure) 역시, 필수적으로 국내시장지향적(ethnocentric) → 해외시장국지향적(polycentric) → 지역시장지향적(regiocentric) → 글로벌시장지향적(geocentric)으로 바뀌어야 한다(예증 10-3 및 예증 10-4 참조).

예증 10-3 우리나라의 수출액과 세계 순위: 무역 1조 달러시대 진입

(단위: 달러, 괄호안은 순위)

자료: 무역협회

예증 10-4 한국, 무역의존도 G20 중 1위

수출의존도 美의 6배… 수입의존도 브라질의 4.5배

우리나라 경제의 무역의존도가 주요 20개국(G20) 회원국 중에 가장 높은 것으로 조사됐다. 특히 수출의존도는 미국의 6배, 수입의존도는 브라질의 4.5배에 달했다.

국제통화기금(IMF), 경제협력개발기구(OECD) 등 주요 국제기구들이 공동 작성한 'G20 주요 경제지표(PGI)'에 따르면 2009년 우리나라 국내총생산(GDP)에서 수출입이 차지하는 비중인 무역의존도는 82.2%로 G20 국가 중 압도적 1위를 기록했다. 2위인 독일(61.6%)과는 20%포인트 이상 격차가 났고, 멕시코(54.3%), 캐나다(48.0%), 남아공(47.1%) 등이 뒤를 이었다.

G20 주요국 무역의존도

(단위: % · GDP 대비)

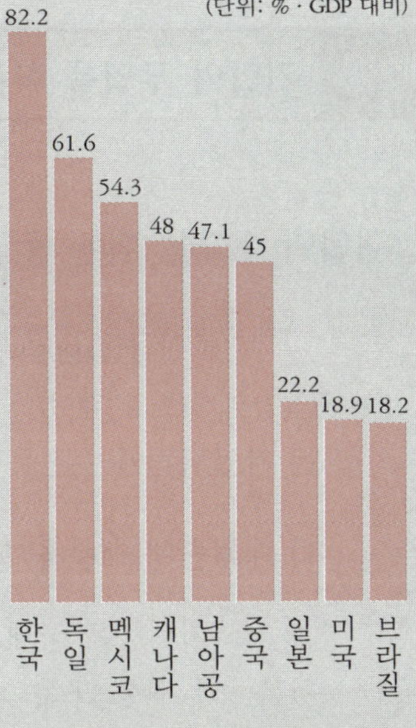

G20 국가 중 무역의존도가 낮은 나라는 브라질(18.2%), 미국(18.9%), 일본(22.2%) 등으로 이들 국가의 무역의존도는 우리나라의 4분의 1 수준에 불과했다. 수출입별로 보면 2009년 GDP 대비 수출 비중은 43.4%. G20 중 수출비중이 가장 낮은 미국(7.5%)의 6배에 육박했다. 우리나라의 수출비중은 33.7%(2005년) → 34.2%(2006년) → 35.4%(2007년) → 45.3%(2008년) 등 매년 급등하다 2009년에 다소 주춤한 상태. 우리나라 다음으로는 독일(33.6%)과 멕시코(26.2%), 중국(24.5%), 러시아(24.4%) 등이 높은 비중을 보였다.

수입 비중 역시 우리나라가 38.8%로 G20 국가 중 1위를 차지했다. 자원이 부족하고, 원천기술이 적은 현실을 반영하고 있는 것. 수입 비중도 2005년 30.0%에서 2008년 46.7%로 급등했다가 2009년에 다소 줄어들었다. 우리나라 다음으로는 멕시코(28.1%), 독일(28.0%), 남아프리카공화국(25.4%) 등이 높은 수입 비중을 보였고, 수입의존도가 가장 낮은 나라는 브라질(8.5%)이었다.

기획재정부 관계자는 "가파른 수출입 증가로 경제성장을 일궈내기는 했지만, 글로벌 경제에 위기가 오면 직격탄을 맞을 수밖에 없는 경제구조"라며 "위기 안전판을 마련하기 위해서는 서비스업 선진화 등 내수 확대가 절실한 상황"이라고 말했다.

자료: 한국일보

제2절 기업이 무역을 하는 동기

1. 기업이 수출을 하는 동기

수출활동(exporting)과 수입활동(importing)은 무역활동(trading)의 양면(동전의 양면과 같이)에 해당된다. 단순수출업체 · 글로벌기업 등 수출을 하는 기업체들이 수출을 하는 동기는 아래와 같다.

1) 해외판매 처분을 통한 잉여생산용량의 이익적인 활용

(1) 기업들은 국내시장 수요가 부족하여 과잉생산품을 해외시장에 판매처분하기 위한 또는 과잉생산시설을 이익적으로 활용(profitably utilize)하기 위한 동기로도, 수출을 한다. (2) 이런 동기의 수출은 성격상 수동적 수출(passive exporting)이며 재무리스크(financial risk) 역시 가장 작은 방법이다.

2) 특유한 해외이익기회 활용

(1) 해외시장들이 제공하는 「특유한 이익기회」(unique profit opportunity)를 활용하려는 동기로도, 수출을 한다.

(2) 「특유한 이익기회」란, ① 어떤 제품에 대하여 국내시장 수요는 저조하거나 존재하지 않으나 해외시장에는 이익을 올리면서 판매할 수 있는 충분한 수요가 존재한다든가 또는 ② 국내시장과 해외시장에서 그 제품에 대한 수급균형이 바뀌어 국내시장에 판매하는 것보다 수출함으로써 더 많은 이익을 올릴 수 있는 경우 등을 뜻한다.

3) 규모의 경제 실현을 통한 단위당 생산코스트 절감

(1) 제철 · 자동차 · 반도체 · 대형선박 등 장치산업(과점적 산업)에 속하는 기업들은 생산시설 등에 막대한 고정투자를 해야 하므로 총 생산코스트 중에서 차지하는 고정코스트의 비중이 상당히 높아서 규모의 경제(economy

of scale) 역시 상당히 많이 발생한다.

(2) 그러므로 그런 장치산업에 속하는 기업들은 생산시설 등의 가동률을 높여서 단위당 생산코스트를 삭감하여 결과적으로 이익을 증대시키려는 동기로 생산량을 늘리고 수출을 늘리기도 한다.

4) 경영 리스크를 분산시키는 수단으로 활용

(1) 기업들은 해외에 직접투자를 하고 인력을 침투시킬 경우에 초래될 수도 있는 경영 리스크(business risks)를 부담하지 않으면서 「새로운 시장으로 침투하는 한 수단으로」(as a means of penetration into new market) 활용하려는 동기로도, 수출을 한다.

(2) 기업들은 수출을 하게 되면 극심한 국내시장불황 등으로부터 초래될 수도 있는 경영 리스크를 분산시킬 수도 있기 때문에도, 수출을 한다.

5) 협소한 국내시장 극복

(1) 국가 경제규모가 작고 따라서 국내시장마저 협소(narrow)한 나라들(예컨대, 한국, 대만, 싱가포르, 중국의 홍콩, 스위스, 네덜란드, 스웨덴 등)의 기업들 중에는 국내에서 글로벌 규모로 경제적인 생산활동을 전개하기 위한 하나의 전제조건으로서, 수출로 해외시장을 개척 · 침투 · 유지하는 것이 불가피한 경우도 있다.

(2) 그래서 규모의 경제가 작용하는 제철 · 자동차 · 반도체 · 선박 · 석유화학 등 중공업계통의 기업일수록, 국내시장의 협소성에서 비롯되는 경영제약(business constraints)을 극복하려는 동기로도, 수출을 한다. 실제로 직접 수출을 해보지 않고서는, 시장 잠재성을 정확히 판단할 수 없기 때문이다. 더 나아가서 해외직접투자도 해야 한다.

6) 해외시장 잠재성 탐색

특정 지역시장 · FTA시장 · 국가시장의 시장잠재성(market potential)을 탐사/시험(exploring or testing)하려는 동기로, 수출을 하는 기업들도 많다.

2. 기업이 수입을 하는 동기

우리나라기업들 역시 WTO가 선도하는 상호 시장개방화 · FTA체결국가들의 증가 등 급변하는 세계무역환경변화에 맞추어서, 아래와 같은 건전한 동기로 수입 역시 강조해야 한다. 그러니만큼, 과거에 그랬던 것과는 달리, 우리 모두는 더 이상 특허 · 기술 · 원자재 · 반제품 · 완제품 등의 수입 · 수입마케팅을 무턱대고 죄악시하지 말아야 한다.

1) 국내외 시장용 제품의 저코스트 · 고품질 생산요소 조달

(1) 국내외 시장용 제품의 국내생산활동에 활용할 저코스트/고품질 원자재, 특허, 부품, 준조립품, 제품 · 시설 · 기술 등을 조달하려는 동기로도 수입을 한다. (2) 그렇게 함으로써 국내제조업체들이 완성제품의 생산코스트를 낮추거나 품질을 향상시킬 수 있으면, ① 국내시장 경쟁력을 강화할 수도 있고, ② 그리고/또는 수출시장에서 보다 효과적으로 경쟁할 수도 있기 때문이다.

2) 판매하는 제품라인 보완

(1) 현재 판매하는 기존 제품라인을 보조 · 보완(complement and supplement existing product lines)하려는 동기로도 외국산제품을 수입한다. (2) 그렇게 함으로써 제조업체 · 유통업체들은, 더 많은 제품/상품을 판매할 수도 있고, 확보하고 있는 유통망과 판매인력을 보다 효율적으로 활용할 수 있기 때문이다.

3) 경영 리스크 분산

(1) 경영 리스크를 분산시키려는 동기로도 수입을 한다. (2) 제조업들과 유통업체들은, 국내공급소스들에 추가하여 대안적인 해외공급소스들까지 개발하여 수입선을 다변화하게 되면, 천재지변 · 파업 등으로 인한 공급부족에서 비롯되는 리스크를 분산시킬 수 있기 때문이다.

3. WTO출범 이후에도 각국 정부·FTA·지역시장블럭들이 부과하는 무역제한이 많음

(1) 1995년 WTO출범 이후에 세계무역은 증가적으로 자유화된 무역(increasingly freer trade)으로 변모하는 패턴을 보이고 있다. (2) 그렇지만 아래와 같은 용도(uses)와 정책수단(policy instrument)을 동원하여 각국 정부들·FTA들·지역시장블럭들이 무역제한조치들(trade restriction measures)을 취하고 있다. (3) 비록 계속 크게 완화되고는 있더라도, 세계무역자유화를 계속적으로 제한하는 한, 현재에도 그리고 앞으로도 세계무역이 명실공히 그리고 완전히 자유무역(free trade)이 되기는 어렵다고 본다.

1) 무역정책

(1) WTO출범 이후에도 특정 국가의 특정 기업이 ① 본사국을 홈기지(home base)로 삼고 경쟁력을 갖고 수출할 수 있는 기회는, 그리고 ② 여타 국가시장들·FTA시장들·지역시장블럭들을 해외운영기지들(overseas operating bases)로 삼고 성공적으로 제 3 국 시장에 수출을 할 수 있는 기회는, ③ 또한 글로벌생산-수출마케팅을 할 수 있는 기회 등등은, 아직도 여타 해외시장들의 무역정책(trade policy)과 표면적·이면적 무역간섭에 의해서도 많은 영향을 받는다.

(2) 특정 기업은, 표적시장들(target markets)로 삼은 국가시장들·FTA시장들·지역시장블럭들이 외국인기업들의 위와 같은 활동들을 허용하고 허가(allow and permit)해 주어야만, 그런 기회를 이익적으로 활용하는 것이 가능해지기 때문이다.

(3) 역사적으로 지구상의 모든 정부들·FTA체결국가들·지역시장블럭들은, 제품/서비스의 수출과 수입을 제한해 왔다. 특히 그들은 아직도 아래 이유로 특히 수입에 대해 많은 제한(restriction)을 가하고 있다.

① 국내산업의 발전을 장려하고,

② 특정 외국에 대해 정치·경제적 차별을 하고,

③ 국내소비자들이 특정 물품(예컨대, 마약, 밀수품, 남의 브랜드네임을 도용한 상품 등)을 입수하거나 사용하는 것을 방지 내지 봉쇄하고,

④ 불공정무역(unfair trade)에 의한 수입품으로부터 국내산업을 보호하고,

⑤ 특정 외국정부의 정책(예컨대, 자체의 국내시장은 충분히 개방하지 않고 수출을 지나치게 강조하는)에 대해 보복(retaliation)하기 위해서 등.

2) 관세장벽

(1) 자유무역(free trade)을 제한하는 무역장벽(trade barriers) 중에서, 관세에 의거한 장벽을 관세장벽(tariff barriers)이라고 한다.

(2) 과세할 수 있는 기회를 기준으로 관세를 분류하면, 크게 ① 수입관세(import tariff)와 ② 수출관세(export tariff)가 있다.

(3) ① 대부분의 지역시장블럭 · FTA · 국가들은 수출관세를 부과하지 않는다. ② 일부 선진국들과 EU는 지구촌 50개 정도의 최빈국에 대해 관세와 수입쿼터를 없앤 바 있다. 한국은 70여 개의 최빈국에 대해 수입관세를 없앤 바 있다.

(1) 수입관세의 기능/용도

수입관세는 다음과 같은 기능을 발휘한다.

① 수입되는 상품에 관세를 부과하면, 해당 상품의 수입가격과 수입하는 국가 · FTA · 지역시장에서의 판매가격이 높아져 수요를 감소시킴으로써, 결과적으로 국가 · FTA · 지역시장 내에서의 생산을 장려하고 해당 산업들을 보호하는 기능을 발휘한다.

② 수입관세는 정부의 재정수입을 증대시키는 데에도 큰 역할을 한다.

③ 수입상품에 관세를 부과하게 되면, 수입을 억제하는 기능을 발휘한다. 그래서 결과적으로 외화유출을 줄여 국제수지를 개선하는 기능도 발휘한다.

④ 수입관세는 수입대체산업들을 발전시키고 그들의 수출경쟁력을 배양하여, 결과적으로 국제수지를 개선하는 기능도 발휘한다.

(2) 반덤핑관세 및 보복관세

많은 국가시장들 · FTA시장들 · 지역시장블럭들은, ① 전통적인 수입관세만으로는 수입을 억제하기 어렵다고 판단하면, ② 추가로 반덤핑관세(anti-dumping tariffs) · 보복관세(retaliatory tariffs)와 같은 특수관세를 부과

한다.

3) 비관세장벽

많은 국가시장들 · FTA시장들 · 지역시장블럭들이, WTO 출범을 계기로, ① 수입관세장벽을 낮추는 동시에 ② 비관세장벽(non-tariff barriers)/눈에 보이지 않는 장벽(invisible barriers)을 교묘히 높이고 있다. 그것도 전통적 비관세장벽보다는, 새로운 유형의 비관세장벽을 높이는 데 치중하고 있다.

(1) 전통적 비관세장벽

① 양적 기준(quantitative basis)에 의거하여, 외국에서 수입되는 재화의 수량(amount of goods)을 제한하는 쿼터(quota)

② 외환통제를 통한 수입제한, 수입하는 품목 · 목적에 따라 상이한 환율적용을 통한 수입억제

③ 일정한 관세영역 또는 국가 · FTA · 지역블럭 경계선을 단순히 통과하는 물품에 대해 정상적 관세에 추가하여 부과하는 통과세(transit tax) · 국경세(border tax) 등

④ 상품수입을 제한하기 위한 예치금제도(import deposit requirement)

⑤ 복잡하고 까다로운 수입면허규정(import license regulations)

⑥ 국영무역기관(state trading agencies)을 통한 수입의 독점

⑦ 수입상품에 대한 번거롭고 까다로운 통관절차(customs clearance procedure) 등 까다로운 행정절차

⑧ 수입상품에 대해 선별적으로 가하는 광고제한 조치(restrictions on advertising)

⑨ 정부 · 정부기업 등의 국산품구매우선정책(buy home policy)과 외국상품에 대한 소비자구매 저항

⑩ 수출국에 대해 수출을 자율적으로 규제 내지 제한하도록 가하는 압력

(2) WTO출범 후에 높아가는 비관세장벽 유형

특히 WTO출범 후에 높아가는 비관세장벽 유형은 아래와 같다.

① 국가공업표준(National Industrial Standards)에 의거한 수입의 제한 및 방지

② 현지산율요건(Local (National and Regional) Content Requirements)에 의

거한 수입의 제한과 방지 또는 수입관세부과

③ 국제표준기구(International Standard Organization)의 공업표준 · 환경표준 · 윤리표준 등의 인증제도에 의거한 수입의 억제 내지 방지

④ 1만여 개에 달하는 EU공업표준에 의거한 수입규제

⑤ 국제환경협약 등에 바탕한 개별국가의 환경정책, 환경보호법, 지구환경보호에 목적을 둔 국제통상규제. 이것은 그린라운드 협상에 포함됨.

⑥ 선진국 등 개별국가정부의 일방적인 DHE(Democracy, Human Rights, Environment) 정책 및 비즈니스 윤리 기준(business ethics standards)에 의거한 통상압력과 수입규제. 이들은 그린 · 노동 · 기술 · 경쟁 라운드 협상에 포함됨.

제3절 수 출 전 략

1. 수출전략의 성격과 활용 특징

1) 수출의 전략적 성격

수출과 수입으로 구성되는 무역활동(trading)은 글로벌경영활동 중에서 가장 오래되고 현재에도 가장 흔히 활용되는 형태이다(예증 10-5 참조). 수출전략(export/exporting strategy)의 성격은 아래와 같다.

(1) 수출전략은, 수출기업 · 글로벌기업들이 활용가능한 해외시장 침투전략들 중에서, ① 대체적으로 가장 최초전략으로 활용한다는 뜻의, ② 그리고 글로벌화한 후에도 항상 가장 기초 전략으로 활용한다는 뜻의, 가장 기초전략(the basic strategy)이다.

(2) 수출전략은, 글로벌화가 안된/덜된 특히 개도국기업들에게 가장 중요한 해외시장 침투전략이다. 개도국기업들은, 여타 해외시장침투전략들의 활용능력이 부족하여 수출전략을 가장 흔히 활용하고, 또한 외화벌이의 75% 정도를 수출에 의존하고 있기 때문이다(예증 10-5 참조).

예증 10-5 돛단배 수출선 기억하시나요

부두에 정박한 중국 전통 돛단배인 정크선에 흰 옷을 입은 인부들이 나무상자를 싣는다. 상자 안에는 오징어 · 한천 등 수산물이나 중석 등의 광물이 담겨 있다. 변변한 공장은커녕 국적선 한 척 없던 해방 직후 인천항 모습이다. 1946년 한국 수출액은 350만 달러. 당시 아프리카 카메룬의 절반 수준에 불과했다. 수출국은 중국과 일본 단 두 나라, 수입국은 미국을 합쳐서 세 나라가 전부였다.

60여 년이 지난 2009년 한국은 세계 9위 수출대국이 됐다. 수출입을 합한 무역 규모는 아프리카 대륙 53개국 전체보다 많아졌다. 옛 소련권 12개 국이나 중남미 전체 무역 규모와 비슷한 수준이다. 1964년 1억 달러를 넘긴 수출은 1977년 100억 달러, 1995년 1,000억 달러를 돌파한 데 이어 2005년 2,800억 달러를 기록했고 2009년에는 3,600억 달러를 기록했다. 2010년에는 5,000억 달러를 기록했다. 1946년 105개였던 수출기업도 6만 8,000개로 늘어났다. 1961년만 해도 철광석과 생사 · 무연탄 등 1차상품 일색이던 수출품목은 반도체 · 자동차 · 휴대전화 · 선박 · 석유제품 등 첨단제품으로 바뀌었다. 경제성장에서 차지하는 수출 기여도는 80년대 20%대에서 90년대 후반 43%, 2010년대 80%로 커져 왔다.

자료: 중앙일보

(3) 수출전략은 특정 기업이 글로벌세분시장 · 지역시장 · FTA시장 · 국가시장 등 4개 차원 해외시장들의 경계선을 초월하여 ① 사내거래 또는 외부자와의 거래에, ② 해외제조업체들에 대한 원자재 수출, ③ 해외조립 · 가공업체들에 대한 부품 · 컴포넌트 수출, ④ 해외 유통업체들과 기구고객들에 대한 완제품 수출 등에 활용된다(예증 10-6 참조).

예증 10-6 풍산: 세계 소전시장의 절반 이상 차지

중견기업인 풍산은 세계틈새시장인 동전시장을 전문적으로 공략하여 2010년대 현재 미국 · EU · 동남아 · 중동 등 전세계 60여 개국에 소전을 공급하고 있다. 물론 한국의 동전도 풍산제품이다. 그래서 소전 세계시장의 절반 이상을 풍산이 차지하고 있다.

풍산은 국내외시장용 구리제품 및 탄약 · 전자부품 · 동관 · 기계 · 탄약신관과

센서 등도 생산하고 있다.

풍산의 주요계열사 중에는 미국시장을 공략하기 위해 1989년에 아이오와주에 설립한 미국 현지 생산법인(PMX)도 포함된다.

자료: 중앙경제

2) 수출전략 활용상의 특징

(1) ① 수출전략은, 기업들이 글로벌경영에 몰입하는 가장 기초전략으로서, 가장 단순하고 신속한 해외시장 침투수단(the simplest and quickest foreign market penetration mode)이다.

② 수출전략을 선택할 경우, 소요되는 관리적 · 재무적 자원의 투자가 대단히 낮아서, 자원 커미트먼트(resource commitment) 및 리스크 수준을 다 같이 최소화할 수 있다.

③ 그래서 해외시장에 처음으로 침투하는 기업들의 거의 모두는, 수출전략을 최초의 침투수단(the first penetration mode)으로 활용한다.

④ 수출전략은 크게 간접수출전략(indirect exporting strategy)과 직접수출전략(direct exporting strategy)으로 나눌 수 있는데, 처음으로 수출하기 시작하는 기업들은 흔히 간접수출단계를 거쳐서 직접수출단계로 옮겨 간다.

(2) ① 수출전략은, 국내시장만을 서브하던 기업들이 국제화 → 다국적화 → 글로벌화하는 전략의 연속선상의 시발단계(initial stage)에 해당한다. ② 궁극적으로 글로벌기업으로 발전하려는 기업들도, 수출전략부터 활용하기 시작해야 한다는 뜻이다.

(3) ① 수출전략은 대단히 용도가 넓은 해외시장 침투전략이다. 그러니만큼 기업들은 흔히 수출전략을 여타 해외시장 침투전략들과 믹스(mix)해서 함께 활용할 수 있다. ② 글로벌화한 기업들일수록, 더욱 그렇게 활용한다.

(4) 글로벌화한 다음에 기업들은, ① 본사국(home country)으로부터의 해외시장 침투전략으로, ② 자체소유 해외생산자회사들로부터(물론 현지시장 판매도 하면서) 제 3 국시장들(third country markets)에 대한 침투전략으로도, 수출전략을 활용할 수 있다.

2. 수출전략을 선택하는 상황

기업들은, 아래와 같은 상황이 우세할 때, 해외시장 침투전략으로서 수출전략을 흔히 선택한다.

(1) 자산규모와 운영규모가 다 같이 작고, 글로벌경영 경험도 많이 부족하고, 차별적 제품의 개발능력도 부족하여, 해외합작투자나 단독해외직접투자를 하기에는 자원이 부족한 경우.

(2) 표적국가시장들이 정치적 리스크가 많은, 정치적 불안정성이 높은, 매력이 부족한 국가시장들이어서, 상당한 규모의 자본 · 기술 · 생산시설 등 자원커미트먼트가 현명치 않은 경우.

(3) 표적국가시장들로부터 현지 제조활동을 전개하도록 가해오는 정치적 · 경제적 압력이 없거나 그리 강하지 않을 경우.

(4) 사내에 아래의 변수들이 존재할 경우

① 수출이 기업성장에 미치는 효과가 클 것이라는 최고경영층의 기대

② 국내시장수요가 급감할 때, 최고경영층이 체계적으로 수출에 대한 가능성을 탐색하고 계획을 해왔을 때

③ 수출을 증대시킬 경우, 생산－판매 등에 걸친 규모의 경제 등에서 비롯되는 차별적 경쟁우위를 확보할 수 있을 때

④ 기업성장과 해외시장 확보에 대한 경영층의 강력한 열망이 있을 때 (예증 10-6 참조).

3. 수출전략 선택시 조사하고 고려해야 하는 사항

수출을 해외시장 침투전략으로 고려하는 기업들은, 아래 사항들을 철저히 조사 · 확인하고서 수출전략 결정에 반영시켜야 한다.

(1) 해당기업의 수출잠재력 평가

수출하고자 하는 해당 기업은, ① 활용가능한 자사제품 · 서비스의 수출기회와 동원가능한 기업자원 · 수출노하우 · 무역실무 노하우 등을 조사함으로써, 자체의 수출잠재력(export potential)을 평가해야 한다. ② 그리고 평가결과에 따라 수출할 것인가 여부를 결정해야 한다.

(2) 수출제품의 적응 필요성 여부

① 국가시장별 시장수요에 맞추어서 제품적응(product adaptation)을 해야 하는지, 안 해도 되는지, 해야 한다면 어느 정도 해야 하는지를 조사·확인해야 한다. ② 그리고서 필요하다면 적절한 제품 적응조치를 취해야 한다.

(3) 생산시설 충분도 여부

① 기존 생산시설이 수출로 인해 증가할 해외수요를 즉각적으로 충족시키기에 충분한지, 아니면 생산시설을 확장해야만 하는지를 조사·확인해야 한다. ② 그리고서 필요하다면 적절한 확장조치를 취해야 한다.

(4) 해외시장 잠재성 조사

① 수출하고자 하는 제품의 해외시장 잠재성(foreign market potentiality)이 충분히 존재하는지 여부도, 조사·확인해야만 한다. ② 물론, 시장잠재성이 충분히 존재한다고 확인될 때만, 수출을 긍정적으로 고려해야 한다.

(5) 수출·유통기구 등의 가용성 조사

① 수출하고자 하는 제품의 국내 수출대행기구 및 수출시장국들에 위치한 유통기구들과 판매점들의 가용성도, 조사·확인해야 한다. ② 그런 것들이 충분히 가용할 때만, 효율적으로 수출활동을 전개할 수 있기 때문이다.

(6) 해외시장국 산업표준, 규제, 비관세장벽 조사

① 수출하고자 하는 제품에 적용되는 수출시장국별 및 국제표준기구(ISO)의 산업표준·규제 및 비관세장벽 등도, 조사·확인해야 한다. ② 이들은 해당 수출제품에 대해 수출장벽으로 작용할 수도 있기 때문이다.

(7) 수출금융, 수출가격, 결제방법 조사

① 수출하고자 하는 제품과 직결된 수출금융(export financing), 외환율(exchange rates)(예증 10-7 참조), 수출가격과 그 조건(export price and its conditions), 결제방법(payment methods), 받을어음의 금융(financing of receivables) 등에 대해서도 조사·확인해야 한다. ② 그리고서 필요한 사전준비를 해야 한다.

예증 10-7 원화환율 10% 절상되면 수출업체 3.6% 감소

99년 이후 8800개 기업 감소

노무현 정부 들어 수출을 포기하는 기업의 숫자가 급증하고 있다. 2006년 상반기 현재 수출 실적이 있는 기업의 수는 2만3176개로 2005년 같은 기간보다 1516개(6.1%) 감소했다. 이 같은 숫자는 국내에서 수출기업 수가 가장 많았던 1999년의 3만1992개보다는 무려 8816개가 줄어든 것이다.

특히 수출기업 수는 노무현 정부 출범 첫해인 2003년만 해도 3만1525개를 기록했으나 이후 2004년 3만645개, 2005년 2만8542개 등 지속적으로 감소하고 있다.

또 2006년 1월부터 5월까지 수출단가지수는 2000년을 100으로 두었을 때 91.0에 그쳐 2005년 같은 기간의 92.6보다 떨어졌다.

수출제조업체의 영업이익률(매출액 중에서 영업이익이 차지하는 비율)도 2004년 1분기 13.3%에서 2005년 1분기 6.4%, 2006년 1분기 5.6% 등으로 급격하게 떨어지고 있다.

산자부는 "1988년부터 2005년까지의 환율과 수출업체 수의 추이를 분석한 결과 환율이 10% 하락하면(즉 원화가 10% 절상되면) 수출업체의 수는 3.6% 감소하는 것으로 나타났다"며 "수출 채산성 악화로 가격 경쟁력을 상실한 기업들이 수출을 포기하고 있다"고 설명했다. 그래서 수출채산성이 떨어지면, 해외판매 자회사 운영전략을 채택해 볼 만하다.

자료: 조선경제

제4절 수입소싱전략과 대응무역

1. 수입소싱전략

1) 수입소싱의 전략적 성격 및 목적

(1) 변화하는 수입소싱의 전략적 성격

① 수입(import/importing)/수입소싱(import sourcing)은, 수출과 더불어,

무역활동의 통합된 일부이다. 한 나라의 수출은, 곧 다른 나라의 수입이기 때문이다.

② 그럼에도 특히 우리나라의 언론들과 무역/글로벌경영 서적들은, 수입을 상대적으로 소홀히 다루고 혹평하여 왔다. 그 이유는 우리나라에서 그동안 팽배했던 국산제품들과 국내생산자들을 위협하고 국제무역수지를 악화시킨다 등, 수입에 붙어다니는 오명(stigma) 때문일 수도 있다. 과거에 유행했던 "수출 아니면 죽음"(export or die)이란 표현이 있었듯이, 우리나라에서는 정부 차원에서 수출촉진을 일방적으로 강조해 왔기 때문일 수도 있다.

③ 그렇지만 경제 · 시장 · 기업 등이 글로벌화하고 국내시장에서도 국경 없는 무한경쟁(borderless infinite competition)이 심화되고 있는 시대에, 우리나라기업들은 수출전략과 수입전략을 동등하게 중요시하고 또한 강조해야 한다. 이유는 아래와 같다.

ⓐ 연구개발비는 계속 상승하는데도 제품수명주기는 계속 단축되고 있다. 그런 상황하에서 기업들이 연구개발 → 소싱 → 생산 → 마케팅 등을 글로벌 네트워킹(global networking)하게 되면, 규모의 경제 · 능률의 경제 · 시너지효과 등을 상당히 실현할 수 있기 때문이다.

ⓑ 그러므로 수입소싱을 포함한 글로벌소싱(global sourcing)을 효율화하는 것 역시, 우리나라 제조업체들 · 유통업체들 · 무역업체 등의 생존 및 국내외경쟁력 강화에 필수적이기 때문이다.

(2) 수입소싱의 전략적 목적

그러니만큼, 국내의 순수 수입업자 · 유통업체 · 제조업체 등은 공통적으로 국내시장 경쟁력 및 글로벌시장 경쟁력을 강화하는 데 궁극적 목적을 두고서, 아래에 제시한 것들 중에서 어느 하나 또는 그 이상에 구체적인 목적을 두고서 수입소싱을 합리적으로 관리해야 한다.

① 해외에서 생산된 완제품의 경우, 순수 수입업자 · 유통업체 · 제조업체 등은 수입해다가 국내시장에 있는 각종 구매자들(buyers)에게 저렴하게 판매할 목적.

② ⓐ 해외에서 생산된 원자재 · 부자재 · 공급품 · 부품 · 컴포넌트 · 기계 등의 경우, 순수 수입업자는 국내시장에 있는 각종 구매자들에게 판매할 목적, ⓑ 제조업체는 국내시장에 있는 각종 구매자들에게 판매할 목적

또는 국내외시장용 제품의 자체생산에 활용할 목적.

③ 글로벌 연구개발 → 소싱 → 생산 → 마케팅 네트워크 운영의 글로벌소싱 측면을 효율화할 목적.

2) 수입소싱 관련 조사 · 평가 사항

(1) 해외로부터 소싱을 하게 되면, 순수 수입업자 · 유통업체 · 제조업체 등은 무역제한 조치 · 통화가치 변동 · 해외소스의 비교우위 및 경쟁우위 변동 등 글로벌경영 환경변화에 따른 높은 소싱코스트와 큰 폭의 소싱코스트 변동 등의 리스크에 노출되게 마련이다.

(2) 그러므로 그런 기업들은, 국내시장 소싱과 비교한 수입소싱의 상대적 코스트와 편익(relative costs and benefits)을 아래와 같은 방법으로 계속 조사 · 평가하고서 적절한 조치를 취해야 한다.

① 국내시장 밖에 있는 생산업체들의 코스트-편익을 기준으로 하는 비교우위와 경쟁우위에 대한 조사 · 평가.

② 해외생산업체 제품으로 공급공백(supply gap)을 메울 수 있는 국내의 시장들과 세분시장들을 탐색하기 위한 국내시장 수요 · 공급 변화에 대한 조사 · 평가.

③ 해외생산자들을 국내 구매자들 및 자사를 포함한 제조업체들과 연결하는 것을 방해하는 또는 촉진시키는 요소들에 대한 조사 · 평가.

④ 해외생산자들과 국내 구매자들 · 제조업체들을 연계시키는 데 활용할 수 있는 유통경로들에 대한 조사 · 평가.

3) 수입소싱기업이 갖추어야 하는 요건

특정 제품류를 수입소싱하고자 하는 순수 수입업자 · 유통업체 · 제조업체 등은, 특히 특정 제품의 소싱을 글로벌화하기 원하는 기업들일수록, 아래와 같은 필수 요건들을 갖추고서 활용해야 한다.

① 특정 제품류의 국내시장에 대한 전문적 지식

② 특정 제품류의 국내유통경로들에 대한 소유권 취득의 손쉬운 방법

③ 특정 제품류의 정부 수입규제에 대한 평가 전문성

④ 특정 제품류의 국내시장 비즈니스 실무에 대한 전문성

⑤ 특정 제품류의 국내생산업체들과 주요 외국생산업체들에 대한 지식과 전문성

⑥ 특정 제품류의 글로벌 생산 능력에 대한 지식 및 전문성

⑦ 특정 제품류의 自社 및 국내외 경쟁업체들의 연구개발 → 소싱 → 생산 → 마케팅 네트워크 운영에 대한 지식과 전문성(예증 10-8 참조).

예증 10-8 종합무역상사들 수출입중개기능+해외자원개발+해외직접제조업 증가중

수출입 중개무역을 본연의 업무로 하는 우리나라 종합무역상사들이 해외자원개발에 이어서 FDI를 통해 해외에서 직접 제조업에 뛰어드는 경향이 부쩍 늘고 있다. 종합상사들은 무역중개만으로 돈벌기 힘들어지는 상황에서 해외자원개발과 해외제조활동이 수지를 증대시키는 효자 노릇을 톡톡히 하고 있기 때문이다.

종합상사, 해외서 어떤 제조업 하나

회사	사업 내용
대우인터내셔널	산동시멘트(중국 산동성), 목단강제지(중국 흑룡강성), 리스마르대우어패럴(인도네시아), 우즈베키스탄 면방법인, 베트남 · 호주 · 멕시코 코일센터
삼성물산	오텔리녹스 스테인레스 가공공장(루마니아), 중국 광저우 코일센터
현대종합상사	청도 현대조선(중국 산둥성), 현대인니공단(인도네시아)
SK네트웍스	중국 장자강 · 동광 코일센터, 호주 코일센터

자료: 중앙경제

2. 대응무역

(1) 1990년경까지의 냉전시대에 서방국가들과 공산국가들간의 경제교류는 주로 무역거래를 통해서 이루어졌다. 무역거래도 주로 정부간에 체결된 무역협정에 따른 협정무역, 수입과 수출을 연계시킨 바터무역(barter trade) 내지 대응무역(countertrade) 등의 형태로 이루어지고 무역규모도 적었던 것이 특징이었다.

⑵ 그러다가 냉전종식 이후부터는 정치적 이념과는 상관없이, 서방국가들의 기업들과 과거 공산국 기업들간 및 선진국 글로벌기업들과 개도국 정부 · 기업들간에, 아래와 같은 형태로 대응무역이 성행하고 있다.

⑶ 대응무역의 규모는 총세계무역규모의 25~30% 정도를 차지할 정도로 크다. 그러므로 글로벌경영을 할 때는 무역활동의 일환으로서 아래의 대응무역방법들도 적절히 활용해야 한다.

(1) 바터무역

바터무역(Barter Trade)은, 교역당사자간에 화폐의 교환이 없이 상호간 물품으로 대금지불을 하는 물물교환 형태의 무역을 말한다.

(2) 보상무역거래

보상무역거래(Compensation Deal)는, 수출액의 일부만으로 혹은 전부로 상대방의 물품을 구매해 주는 것을 조건으로 이루어지는 무역형태를 말한다. 이는 ① 수출액의 일부만으로 상대방의 물품을 구매해 주는 부분보상거래, 및 ② 수출액의 전부로 상대방의 물품을 구매해 주는 완전보상거래 등 두 가지로 형성된다.

(3) 대응구매

대응구매(Counterpurchase)는, 특정 국가의 수출업체가 수출계약을 체결할 때, 일정기간 내에 상대방 제품을 어느 정도 구매하겠다는 구매계약을 동시에 체결함으로써 이루어지는 무역거래방법을 말한다.

(4) 선 구 매

선구매(Advance Purchase)는, 특정 국가의 수출업체가 다른 국가에 수출하기에 앞서 그 국가로부터 먼저 제품을 수입하는 무역거래방법으로서, 수입국 역시 수출기업의 구매에 상응하여 어떤 제품을 어떤 기간 내에 수입하겠다는 약속을 해야만 이루어질 수 있는 것이다.

(5) 제품 재구매거래

제품 재구매거래(Product Buy-back Deal)는, 플랜트 · 장비 · 기술 등을 수출할 때, 수출기업들이 그들이 수출한 플랜트 · 장비 · 기술로 생산된 제품을 수출대금으로 쳐서 받겠다는 조건하에 성립하는 무역거래를 말한다.

(6) 삼각무역

삼각무역(Triangular/Switching/Swap Trade)은, 바터무역과 대응무역을

촉진시키는 데 활용할 수 있는 일종의 메커니즘이다. 삼각무역은, 교역 당사자들 중의 하나가 거래 대상 재화의 전부를 인수할 의사가 없을 경우, 전문적인 스위치무역업자(switch trader)나 은행이 바터무역이나 대응무역에 개입하여 거래재화를 제 3 자에게 커미션을 받고 판매를 중개함으로써, 무역거래를 촉진시키는 메커니즘 역할을 하기 때문이다. 그래서 결과적으로 삼각무역이 이루어지게 한다.

(7) 무관세수출가공지대

무관세수출가공지대(Duty-free export processing zones)는 특정 국가들이 수출을 촉진시키는 데 목적을 두고서, 완성품의 전량 또는 합의된 일정부분을 수출한다는 조건으로, 가공지대 입주기업들에게 원료 · 부품 · 반제품 · 기계시설 등을 무관세로 수입을 허용하는 일종의 보세지역을 말한다.

제5절 해외판매자회사 운영전략

직접수출전략만으로 해외시장국들을 서브해 온 우리나라기업들은 아래와 같은 목적을 달성하기 위해서도, 수출전략을 지속적으로 계속 활용하면서도, 수출전략보다 한 단계 더 발전한 그리고 소규모/중규모 해외직접투자가 소요되는 해외판매자회사(foreign/overseas sales/marketing subsidiary)를 설립 · 운영하는 전략을 채택하여 활용할 필요가 있다(그림 10-1 및 예증 10-9 참조).

(1) 침투하는 지역/FTA/국가시장들에서 현지마케팅활동과 제 3 지역/제 3 국 마케팅활동을 강화하려는 목적

(2) 해외매출액과 해외이익을 증대시키려는 목적

(3) 해외판매서비스(overseas sales services)를 개선시키려는 목적

(4) 수송 · 저장 · 재고기능 등 해외에서의 물적 유통기능을 개선시키려는 목적

(5) 해외현지 유통경로와 경로기구들을 철저히 관리하려는 목적

(6) 궁극적으로 해당 기업체의 이익성(profitability)과 이익의 안정성(profit stability)을 개선시키려는 목적

그림 10-1 해외판매법인 포함 주요 한국기업의 아프리카시장 진출 현황

자료: KOTRA.

예증 10-9 Lotte Mart의 Vietnam 유통시장 침투전략

Lotte그룹은 '쇼핑기업 세계톱 10'을 추구하고 있다. 그에 앞장 서고 있는 사람이 국내 최고유통전문가로 자타가 공인하는 이철우 사장(롯데리아 사장과 롯데마트 사장을 거쳐 현재 롯데백화점 대표이사 사장)이다. 이 사례는 이철우 사장이 롯데마트 사장일 때 추진한 것이다.

Lotte Mart는 유통의 glocalization(globalization과 localization을 합친) 전략의 일환으로 베트남시장에서 베트남 기업인 "민반무역제조사"(Minh Van Trade Manufacture

Private Enterprise)와 합작투자계약을 체결하고 롯데가 1,500만 달러(약 140억원)를 투자하여 80%의 지분을 갖고 "롯데 베트남 쇼핑"을 설립하고 호찌민시에 1호점을 건설했다. 한국 롯데측은 베트남 합작법인인 "롯데 베트남 쇼핑"과 fee, royalty 등의 소득을 추가적으로 실현하기 위해 경영계약 · 라이슨싱계약 · 기술지원계약도 체결했다.

'또 하나의 용' 베트남

국제무대서 부상하는 베트남

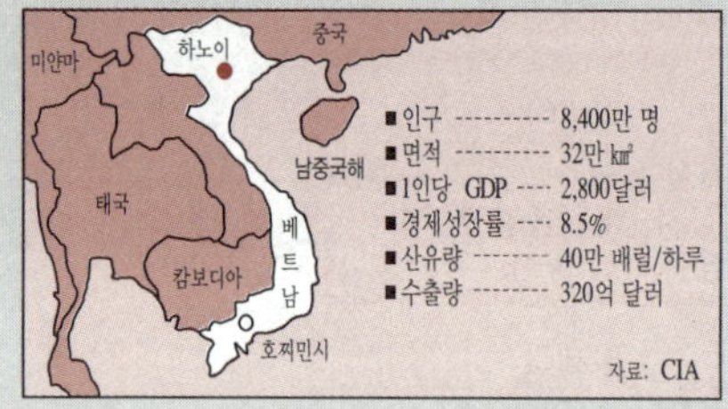

- ▶ 유엔 안보리 진출
  - 2006년 말 아시아 50개국 대표로 안보리 비상임 이사국 진출
- ▶ 세계무역기구(WTO) 가입
  - 2006년 11월 7일 150번째 회원국으로 가입. 국제 통상무대에 정식 데뷔
- ▶ 대형 국제회의 유치
  - 2006년 11월 18~ 19일 아태경제협력체(APEC) 정상회의 개최
  - 2004년 10월 제5차 아시아 · 유럽 정상회의(ASEM) 개최
- ▶ 31년 만에 대미 관계 복원
  - 도널드 럼즈펠드 미 국방장관, 2006년 6월 베트남 방문해 군사협력 합의
- ▶ 중국과도 손잡아
  - 농득마인 베트남 공산당 서기장, 2006년 8월 중국에 가서 후진타오 주석과 회담
  - 4월에는 양국 해군, 합동 해상 순찰 합의
- ▶ ASEAN 10개국의 하나로 한국과 FTA 체결

1. Lotte Mart의 베트남 유통시장 진출 목적

(1) 자본회수율 최대화

① 한국 유통시장이 성숙/포화 단계로 이행하고 있어서 향후 국내 신규투자자본의 ROI(return on investment)가 하락 예상됨(기존 투자분의 ROI는 15% 이상 → 미래 투자분 10% 수준 또는 그 이하로 예상됨).

② 성장성 · 수익성 · 안정성을 갖춘 중국 · 베트남 · 러시아 · 인도 등 신흥국가 시장들을 개척함으로써 신규투자자본의 회수율 최대화(15~20% 수준)

(2) 유통기업경영 노하우의 글로벌시장에서의 이익적 활용 확대

지난 30년간 축적된 "롯데 유통 노하우 및 Multi-Format(대형 할인점 · 백화점 · 수퍼마켓 · 편의점 · Fast Food · 시네마 · Family Restaurant · Credit Card Business 등)"의 글로벌 시장에서의 이익적 활용 확대

(3) 유통은 입지산업이기 때문에 개발초기단계시장에 최초로 진출함으로써 시장선점효과 향유

베트남의 경우 고속성장 신흥경제국가 중에서 유통시장에 대한 외국자본의

침투정도가 상대적으로 낮아 향후 몇 년간 시장선점의 적기로 평가됨

(4) Pan-Asia 교호적 상품 Sourcing Network의 구축

한국-중국-홍콩-베트남-기타 동남아국가 등의 교호적 상품 Sourcing Network의 구축 · 활용을 통한 원가 경쟁력 최대화(한국 본사와 베트남 현지법인의 가격 등에 걸친 경쟁력을 동시에 최대화)

2. 베트남정부의 승인과 관련된 행정적 장벽의 이유

(1) 베트남 유통산업은 전통적인 중 · 소형 유통기업들로 형성되어 있어서 외국인 소유 대형할인마트의 진출에 대한 경계심과 저항이 많음.

(2) 외국기업의 소매업 투자허가에 대한 명확한 법적, 행정적 기준이 미비함. 즉 베트남의 현행법률상, 소매유통산업에 대한 외국인 직접투자(FDI)는 원칙적으로 불가하며, 사안에 따라서 행정부 수상의 특별허가를 받아야만 가능한 특례사항임

(3) 2006년 말 WTO에 가입했지만 정부 부처간에 사안별로 판단기준이 상이하고 혼선이 많음. 즉 "소매시장 완전개방 Roadmap"이 이미 결정되었음에도, 외국인 기업이 베트남 유통업에 진출하려면, "개별사안"으로 베트남 정부와의 협상을 통하여 예외적으로 인허가를 받았음.

롯데마트가 추진해 온 합작투자(롯데마트 지분 80%, 현지인 지분 20%)도 위와 같은 과정을 밟아 예외적으로 2006년 10월 25일에 허가를 받았음.

3. 투자의 형태와 규모 및 예상 매출액과 경상이익

(1) 롯데마트는 합작투자 방식으로 베트남 유통시장에 침투함

이유 ①은 단독투자도 정부와의 협상 여부에 따라 가능하지만, 사업 허가 및 개시까지 상당기간이 소요될 것으로 예상되고, ② 베트남 유통시장 선점을 위해 현지 우수합작파트너와의 협력이 필수적이라고 판단했기 때문임.

(2) 2008~17년에 걸쳐, 10년간 총 5,000억원의 투자를 실시하여 총 매출액 5~6조원 및 경상이익 2,000억원 수준을 기대하고 있음(예상 베트남투자 내부수익률(IRR) 15% 전망)

점포 FORMAT은 한국 "롯데마트"를 모델로 하고, 베트남 유통시장 및 고객 Needs에 맞는 새로운 Format(창고형 도매 회원제 매장, 복합 쇼핑몰 등)을 병행하는 전략을 채택

4. 베트남 점포 네트워크 계획

롯데마트는 베트남시장내 점포 네트워크로 제 1 단계에는 호찌민지역(구 사이

공인 호찌민시와 동나이성)에 이미 점포를 설립 · 운영중이고, 이어서 2010년에는 제 2 단계점포를 하노이지역(하노이시와 하이퐁지역)에서 운영개시했다.

5. 롯데마트가 베트남 진출시 고려한 사항들

(1) 시장선점을 통한 현지 "Leading company" 도달 가능성

(2) 중국에 이은 제 2, 제 3 의 Global Sourcing Network/Channel 구축 가능성 및 이를 통한 Global 물류 시스템 최적화 달성 가능성

(3) ASEAN 시장의 BLOC화에 대한 최적 대응 가능성(롯데마트 베트남 현지 합작법인은 ASEAN 기업 자격이 있음)

(4) 선진화된 한국상품, 유통설비 등의 베트남 시장으로의 공급을 통한 추가적 부가가치/이익 창출 가능성(한국 협력업체들의 동반진출 또는 현지 협력기업체들과의 협력 등을 통하여)

(5) 유통산업분야 현지 고용창출, 교육을 통한 우수 인재 POOL확보 및 향후 국가간 유통인력 이전을 통한 원가 · 서비스 경쟁력 강화 가능성 등

6. 베트남 유통환경이 독특해서 우려되는 현지운영의 어려움 등

(1) 유통관련 법률, 제도적 정비 미비

(2) 편향적 개방정책 및 정부 주도의 선택적 자산배분의 영향으로 경제수준보다 높은 자산가격(특히 부지가격 등)으로 예상 투자비 증가 우려

(3) 유통업의 해외진출 성공의 제 1 원칙은 "localization" 임

따라서 투자사업 초기 필수인력을 제외하고는 현지 법인의 운영은 현지인으로 충원하고 관리하도록 임직원의 localization이 필수적이라고 판단하고 있음. 그러나 현재 베트남 현지 유통산업이 후진적이고 유통관련 경험인력이 매우 부족한 관계로, 초기 현지화 전략을 실행할 현지 우수인력 확보에 애로가 예상됨.

자료: 롯데마트

1. 해외판매자회사의 역할과 장점

비록 소규모/중규모의 해외직접투자가 소요되기 때문에 수출전략보다는 내재된 비즈니스 리스크가 크긴 하지만 해외판매법인인 마케팅자회사는, 수출전략만 활용할 때와는 대조적으로, 아래 기능과 역할을 수행할 수 있다. 그렇기 때문에 위에 제시한 해외시장 판매/마케팅 목적들을 보다 효

과적으로 달성할 수 있는 능력(capabilities)을 발휘할 수 있다(예증 10-9 참조).

1) 현지마케팅 및 제 3 국 마케팅활동을 직접적으로 통제

(1) 특정 기업체가 수출전략만으로 해외시장국에 침투할 때는, 수출제품의 소유권이 해외현지수입-유통업체들(overseas local importer-distributors)에게 이전되기 마련이다. 그래서 그들이 수입제품의 현지마케팅을 스스로 담당하기 때문에, 그 특정 수출업체는 해외현지 마케팅 기능을 사실상 포기할 수밖에 없다.

(2) 그러나 그 특정 기업체가 소규모/중규모의 해외직접투자로 해외마케팅자회사를 현지법인체(local corporation)로 설립 · 운영하게 되면, 그 마케팅자회사는 아래와 같은 기능을 직접적으로 담당 · 수행할 수 있다.

① 그 마케팅자회사는 현지국가시장 및 인접국가시장들을 포함한 제 3 지역/제 3 국가시장들을 대상으로 국제마케팅기능을 직접적으로 전개할 수가 있다.

② 그래서 특히 주요 마케팅 믹스인 제품 · 가격 · 유통 · 촉진 등을, 4개 차원 해외시장별 환경에 맞추어 적응시키고 또한 거의 직접적으로 통제할 수가 있다.

2) 세 가지 대안적 공급원에서 제품소싱

(1) 단독 해외직접투자 또는 합작 해외직접투자로 운영하는 해외마케팅자회사는 재판매(resale)할 제품을 ① 본사국(본사와 다른 기업체들), ② 현지지역/국가, ③ 여타 제 3 지역/국가 등 적어도 세 가지의 대안적 공급소스들(three alternative supply sources)로부터 소싱할 수 있다.

(2) 그렇기 때문에, 시장성(marketability)이 높은 제품만을 골라서 경제적으로 적시에 소싱하여 판매하는 장점을 활용할 수 있다.

3) 세 가지 대안적 시장을 상대로 마케팅활동 전개

(1) 해외마케팅자회사는 세 가지의 대안적 공급소스들로부터 소싱한 제품을 ① 현지지역/국가시장, ② 무수히 많은 제 3 지역/국가시장, ③ 본사국시장 등 세 가지의 대안적 시장들(three alternative markets)을 상대로 국

제마케팅을 할 수 있다.

(2) 그러므로 지역/국가시장별로 이질적인 마케팅 환경에 적응하면서, 이익적인 국제마케팅활동을 전개할 수 있는 장점을 활용할 수 있다.

4) 해외시장 현지에서의 단순생산활동으로 마케팅효율성 향상

(1) 해외마케팅자회사들은 소싱한 제품을 변형 없이 재판매(전매)하는 것이 일반적이다. 그렇지만 필요하다고 판단하면 해외마케팅자회사는 판매할 제품을 해외시장 현지에서 ① 단순조립(partial knockdown으로 수입한 주요부품에다가 예컨대 몇 개의 나사못을 끼워서 완성품을 만드는 등의 simple assembly), ② 몇 가지 성분이나 원료를 배합(mixing, blending)하는 단순가공(simple processing), ③ 벌크(bulk)로 수입한 제품을 개별적으로 재포장(repackaging)하는 등의 단순한 생산활동을 전개할 수도 있다.

(2) 그렇게 함으로써 해외마케팅자회사는 ① 제품원가, ② 수입관세, ③ 국제물적유통비 등을 절감하면서, ④ 해외시장별로 서로 다른 수요 조건에 맞추어 판매할 제품을 어느 정도 개선(modify) · 개량(improve) · 단순화(simplify)할 수 있어서, ⑤ 해외시장별로 수행하는 마케팅의 효율성(marketing effectiveness)을 최대한 높일 수 있어서 현지마케팅경쟁력을 최대화시킬 수 있다.

5) 해외시장 현지 판매가격 직접통제 강화

(1) 특정 기업체가 본사국에서 수출만을 할 때는, 공장도수출가격(ex factory export price) 내지 f.o.b.(free on board) 수출가격 정도만 통제할 수 있고, 해외현지시장 판매가격을 통제할 수 없다.

(2) 그러나 해외마케팅자회사는, ① 해외시장별로 현지판매가격(local sales prices)과 양적할인 · 현금할인 · 신용판매 등 가격조건(terms of price)까지 상당히 통제할 수 있다. ② 그래서 시장수요와 경쟁상태 등 해외현지시장 환경변화에 현지시장판매가격을 효과적으로 적응시킬 수 있다.

6) 해외시장 현지유통활동 직접통제 강화

(1) 해외마케팅자회사는, 현지마케팅목적을 최대한 달성할 수 있도록 해외시장들에서, ① 자체의 유통지사들(own distribution branches)만을 활용

할 수도 있고, 아니면 ② 자체의 유통지사들과 현지유통기구들을 함께 활용함으로써, 현지유통활동을 부분적으로나마 통제할 수 있고 현지 물적유통활동 역시 부분적으로나마 직접 관리할 수 있다.

(2) 그 결과로 해외마케팅자회사는 해외현지유통비용을 절감하면서 해외현지유통효율성을 높이고 해외현지유통경쟁력을 강화할 수 있다.

7) 해외시장 현지촉진 효율성 향상

해외마케팅자회사는, (1) 국가시장별로 상이한 경제 · 정치 · 문화 · 교육 · 종교 등 마케팅환경에 부합하는 소구력 있는 메시지(message)를 갖춘 광고와 판매촉진활동을 전개하고, 판매서비스를 제공할 수 있어서, (2) 해외현지마케팅촉진(overseas local marketing promotion)의 효율성을 높일 수 있다.

8) 신속하고 정확한 해외마케팅 조사 수행

(1) 해외마케팅자회사는 침투하는 해외시장별로 제품조사 · 소비자조사 등을 포함한 해외마케팅조사(overseas marketing research)를 정확하고 신속하게 경제적으로 수행할 수가 있다.

(2) 또한 현지에서 수집 · 분석한 해외마케팅정보는, 현지마케팅활동을 전개하는 데 유익하게 활용할 수 있을 뿐만 아니라, 본사에 피드백함으로써 본사에게도 국제마케팅 정보의 수집 · 분석 · 활용 등에 걸쳐서 많은 편익을 제공할 수가 있다.

9) 해외시장 현지고객서비스 향상

(1) 특정 기업체가 자동차 · 컬러TV · 셀폰 · 에어컨 등 내구성소비재를 그리고 건설장비 · 지게차 등 산업재를 해외판매할 경우, 해외마케팅자회사를 설립 · 운영하게 되면, 판매 후 서비스 제공 · 부품의 공급－판매 · 소비자금융을 통한 신용판매 등의 효율성을 높일 수 있다. 그래서 고객만족을 최대화시킬 수 있다.

(2) 생산자와 해외고객간 직거래되는 공장 · 항공기 · 선박 등을 제외한, 기타 산업재를 대규모로 해외현지마케팅하는 경우에도, 해외마케팅자회사가 있어야만, 애프터서비싱을 통해 고객을 만족시킬 수 있다.

10) 해외마케팅자회사는 본사를 위한 해외활동도 전개

(1) 해외마케팅자회사는, 본사를 대신(represent)하고 또한 본사를 위하여 여러 가지 해외현지경영활동을 전개할 수 있다. 본사가 필요로 하는 자금을 조달하기 위한 해외기채(overseas debt financing)를 하는 것, 해외에 있는 잠재적인 거래선과 합작선 등을 본사를 위해 접촉하고 협상하는 것 등이 그 예이다.

(2) 추가적으로 해외마케팅자회사는, 해외시장현지에서 구축한 시장기반을 바탕으로, 본사가 글로벌경영전략을 수출단계 → 해외판매자회사 운영단계 → 해외생산자회사 운영단계로 전환 · 발전시키도록 하는 중요한 계기를 마련해 줄 수 있다. 사실상 그것이 해외마케팅회사를 운영하는 중요한 목적 중의 하나이다.

2. 해외판매자회사의 설립과 운영

1) 해외판매자회사의 설립 방법

해외판매자회사를 설립할 때는, 아래의 대안적 방법들 중에서 최적인 것을 선택하면 된다.

(1) 해외지사를 해외판매자회사로 승격시키는 방법

특정 기업체는 기존 해외지사의 자원규모(자본, 인력 등), 마케팅 및 기타 기능, 커버하는 시장지역 등을 확대시켜 해외마케팅자회사로 승격시킬 수도 있다.

그런 경우, 승격시킨 해외마케팅자회사에 대해 100% 소유권을 보유하는 것이 바람직하다. 그것이 어려울 경우는, 현지파트너와 합작투자를 하여 공동경영을 할 수밖에 없다.

(2) 해외의 현지수입-유통업체를 매입하여 해외판매자회사로 전환시키는 방법

특정 기업체는, 주요 해외시장에서 그 기업체의 제품을 많이 수입하여 판매해 온 현지수입-유통업체(local importer-distributor)를 매입하여, 전소유의 해외마케팅자회사로 만들 수도 있다.

(3) 해외의 현지수입-유통업체와 합작판매회사를 설립하는 방법

특정 기업체와 해외의 현지수입-유통업체의 상호이익을 증진시키기 위해서, 또는 현지국정부가 합작투자를 강요할 때는, 양자가 합작투자로 현지마케팅회사를 설립할 수도 있다.

(4) 신규투자로 해외판매자회사를 신설하는 방법

신규 단독투자로 전소유 해외판매자회사를 신설할 수도 있고, 현지파트너와의 합작투자로 합작판매회사를 설립할 수도 있다(예증 10-9 참조).

2) 해외판매자회사 소요투자와 운영 규모

해외마케팅자회사 설립 · 운영에 소요되는 직접투자규모는, 계획된 자회사 운영규모 및 단독투자 또는 합작투자를 하느냐와 깊은 관계가 있다. 그래서 아래 요소들을 고려에 넣고서, 해외판매자회사별로 운영규모 및 그에 따르는 소요투자를 결정해야 한다.

(1) 해외마케팅법인체의 등기비와 운영비는 별도로 고려해야

① 영어가 국어이면서 관습법을 채택하고 있는 미국 · 영국 등과 조세피난처들에서는 법인기업체(주식회사)를 설립 · 등기하는 그 자체에는 경비 · 시간 · 노력 등이 대단히 적게 든다. 전문변호사에게 몇백 달러나 몇천 달러만 지불하면, 등기된 법인기업체 자체를 신설/매입할 수 있기 때문이다.

② 반대로 대체적으로 대륙법을 채택하고 있는 국가들에서는 법인기업체 자체를 설립하는 과정과 조건이 까다롭고 시간과 비용이 많이 들 수도 있다.

③ 글로벌기업들이 설립/매입하는 해외법인체인 현지마케팅자회사의 자본금과 운전자금은, 계획된 자회사운영규모에 따라서 수십만 달러에서 수천만 달러에 이를 수도 있다. 그러므로 해외마케팅자회사를 설립 · 운영하려는 기업들은, 법인체의 설립 · 등기비와 자본금 · 운전자금을 구분하여 판단하고 결정해야 한다.

(2) 해외마케팅하려는 제품특성 · 마케팅특성 · 시장커버리지 등도 고려해야

① 해외마케팅자회사의 운영규모와 소요투자는 ⓐ 마케팅하려는 제품의 특성(product characteristics) 및 그에 따른 제품의 마케팅 특성(marketing characteristics), ⓑ 커버하려는 시장(market coverage), ⓒ 집약적 · 선별적 · 배타적 유통정책 중에서 채택하는 유통정책(distribution policy) 등도 고려하여 결정해야 한다.

② 예컨대, ⓐ 고가의 산업재를 마케팅하려 한다면, 몇 명의 유능한 세일즈 엔지니어들(sales-engineers)이 해당 해외마케팅자회사의 주축이 되면 충분하다. ⓑ 가공식품 · 소비성공산품 등을 광범한 해외시장지역에 걸쳐 집약적/침투적 유통(intensive or penetrative distribution)을 하려 한다면, 해당 해외마케팅자회사에 수십 명의 판매요원이 필요할 수도 있다.

(3) 동원가능한 글로벌마케팅 인력의 양과 질도 고려해야

① 해외마케팅자회사에 배치가능한 글로벌마케팅인력(global marketing manpower)의 양과 질을 특별히 고려해야 한다.

② "글로벌우량기업"이 되겠다고 하는 우리나라 대기업들 중에도, 글로벌마케팅인력의 질적 · 양적 부족 때문에, 이미 설립한 해외마케팅자회사들을 제대로 운영하지 못하고 있거나 해외마케팅자회사들을 신설하는 데 애로를 겪는 경우가 많기 때문이다. 해외백화점의 글로벌화를 위한 설립 · 운영에 대해서는 예증 10-10을 참조하기 바란다.

예증 10-10 롯데백화점 "해외점포 31곳 추가 개설"

'2018년 글로벌 톱10 백화점'의 비전을 선포한 롯데백화점(대표이사 사장 이철우)이 중국, 러시아, 인도네시아, 베트남 4개국에 31개의 백화점을 신설하는 내용의 해외 출점 계획을 마련했다.

롯데백화점은 국내 17조원, 해외 5조원의 2018년 매출 목표를 달성하기 위해 2010년 현재 2개인 해외점포 수를 총 33개로 늘릴 계획이라고 밝혔다.

지역별로는 2008년 베이징에 1호점을 연 중국의 경우 이미 계획이 확정된 텐진(2011년)과 선양(2014년)에 이어 2018년까지 20개 점포를 추가할 계획이다. 칭다오, 다이롄, 창춘, 상하이, 난징 등이 고려 대상이다. 또 러시아는 2007년 1호점을 연 모스크바에 2호점을 열고 상트페테르부르크, 블라디보스토크, 예카테린부르크에도 각각 점포를 낼 전망이다.

롯데백화점은 또 이 같은 본격적인 글로벌 시장 공략을 위해 해외사업본부를 신설하는 등 조직개편을 2010년초 단행했다. 기존 해외사업부문을 확대한 해외사업본부 산하에는 해외, 중국, 러시아, 베트남, 인도네시아의 5개 사업부문을 뒀다. 롯데백화점 이철우 사장은 "롯데백화점 해외사업이 이제 시장조사 단계를 넘어 본격적인 시장 개척 단계에 접어들었다"고 말했다.

자료: 한국일보

CHAPTER 11

국제협력전략

제1절 국제협력전략의 증가이유, 장·단점, 성공판가름 요소

1. 국제협력/제휴전략이 증가하는 주요 이유

(1) 주로 글로벌기업들이 앞장서고 여타 글로벌경영에 몰입하는 기업들도 점점 더 많이 국제/글로벌 제휴/협력 전략(international/global strategic alliances/collaborative strategies)을 강조하고 있다. 그 이유는 ① 해외시장침투전략들 중의 하나인 국제협력전략을 확대활용하고, ② 그럼으로써 글로벌 경쟁력(global competitiveness)을 가일층 강화하기 위해서이다.

(2) 1980년대 후반부터 꾸준히 증가해 온 글로벌 제휴전략은 특히 1995년 WTO출범 이후부터, "team-up" "sleep with the enemy" "win-win strategy" 등의 표현이 유행할 정도로, 아래 이유로 두드러지게 증가하는 경향을 보이고 있다.

① 1995년부터 WTO는 국가간 경제-기업 활동을 자유화시키는 데 목적을 둔 자유화정책(liberalization policy)과 그것이 필수전제조건인 국가간 개방시장정책(open market policy)을 강력히 추진중이다. 그에 따라 WTO회원

표 11-1 기업간 국제협력/제휴전략의 목적/이점

리스크 분산	• 제품포트폴리오의 다각화를 통한 이익의 안정 • 고정비용의 분산-경감 • 신속한 시장진입 및 투자자금회수
규모의 경제/코스트 삭감	• 생산량증대를 통한 평균생산코스트 삭감 • 제휴기업의 저코스트능력 활용에 따른 코스트삭감
기술 확보	• 디자인, 신제품, 신공정 등의 공동연구 · 개발을 통한 해외기술의 효율적 확보 • 기술적 시너지효과의 증대 • 특허 및 그 활용지역의 교환
시장경쟁 지위 강화	• 제휴를 통한 마케팅 경쟁 감소 • 해외현지국 시장점유율 증대
정부규제 및 무역장벽 극복	• 해외현지국 기업과의 합작을 통한 해당국기업으로서의 영업활동 수행 • 해외현지국 원자재 · 부품 및 제품 조달 책무 충족
준수직적 통합을 위한 제휴기업의 경쟁우위활용	• 저렴한 해외 원자재에 대한 접근 용이성 • 저렴한 해외 기술습득 용이성 • 저렴한 해외 노동력 획득 • 저렴한 해외 자본획득 • 본사국 정부규제 회피 • 해외시장 현지 유통경로에 대한 접근 용이성 • 해외시장 현지 상품인지도 제고 • 해외시장 현지 구매자들과의 연계관계 구축

국들(2010년 말 150개)의 국내시장들에서, 따라서 글로벌시장에서도, 국경 없는 무한경쟁이 심화되고 있다.

② 그래서 결과적으로, WTO회원국들의 국내시장들을 단일 글로벌시장(a single global market)에 통합시키는 동시에, WTO회원국들의 국내기업들로 하여금 해외시장 침투 확대를 통하여 글로벌경영을 확대하도록 촉진시키고 있기 때문이다.

(3) ① 그런 글로벌경영 환경변화 속에서 개별기업들은 능률(efficiency) 향상보다는 경쟁력(competitiveness)을 강화하는 목적에 불가피하게 초점을 맞추어야 한다. ② 그럼에도 만일에 개별기업들이 각기, 적절한 파트너들을 골라서 team-up하지 않고, 자체의 비교우위(own comparative advantages)

만으로 글로벌 경쟁력을 강화하려고 꾀하는 개별주체(individual entity)로 존속하는 한, 그런 기업들은 국내시장과 글로벌시장에서 다 같이 경쟁열위(competitive disadvantage)를 모면(escape)하기 어렵기 때문이다.

2. 국제협력전략의 컨셉트와 형태

1) 국제협력전략의 컨셉트

위와 같은 이유/동기로 이루어지는 국제 전략적 제휴는, 서로 다른 국가들에 소속된 실제적/잠재적 경쟁기업들이 구체적으로 합의하는 사항(예컨대, 기술개발 · 브랜드 · 마케팅 노하우 · 공동마케팅 · 공동제조활동 등)에 한하여 서로 협력(cooperate/collaborate)하겠다는 자유의사를 가지고 체결하는 협력적 협약(cooperative/collaborative agreements)을 뜻한다.

2) 국제협력전략의 형태

넓은 뜻의 국제협력전략에는, 단독해외직접투자 이외의 모든 해외시장 침투전략들을 포함시킬 수 있다.

즉, (1) 서로 다른 국적을 가진 둘 또는 그 이상의 기업들이 투자파트너로서 자본지분(equity shares)을 가지고 합작투자기업을 공동으로 설립 · 운영하는 데 목적을 두고 공식적으로 계약을 체결하는 합작투자형태로부터,

(2) 국제 라이슨싱 · 프랜차이징 · 경영계약 · 기술제휴 · 턴키운영 등 비

표 11-2 국제협력전략의 형태와 형태별 제휴목적

	제 휴 형 태	제 휴 목 적
기업규모에 따른 분류	대기업간 제휴	경쟁제한 목적
	소기업간 제휴	경쟁력 강화 목적
	대기업과 소기업간의 제휴	자원 보완 목적
기술에 따른 분류	기술개발 제휴, 공동연구개발	리스크분산/경험보완
	생산-공급업체 제휴	규모의 경제/시장진입
	마케팅-판매 서비스 제휴	잠재적 경쟁자 시장진입방지

교적 중 · 장기적인 계약적 협약(contractual agreements)의 형태뿐만 아니라,

(3) 예컨대 특정 신제품을 공동으로 연구 · 개발하거나 특정 해외시장을 공동으로 침투하는 데 협력하기로 하는 단기 계약적 협약의 형태까지.

그렇지만 본장에서는 범위를 좁혀서 비자본 지분(협약당사자들이 자본투자를 하지 않기 때문에 자본지분 역시 갖지 않는 것을 뜻하는 non-equity share) 형태의 주요 국제협력전략들에 대해서만 설명한다.

3. 국제협력전략의 장점과 단점

1) 국제협력전략의 장점/우위

(1) 국제협력전략은, 특정 해외시장(국가시장/FTA시장 그리고/또는 지역시장)으로의 침투를 촉진시킨다.

(2) 협력전략은, ① 신제품 · 신생산공정 등을 개발하는 데 소요되는 대규모 고정비 및 ② 대규모 고정비 투입에 따르는 리스크 쉐어링(여기서는 여럿이 분담 · 부담 · 공유한다는 뜻의 risk sharing)을 허용한다.

(3) 협력전략은, ① 협약당사자들 모두가 각기 자체적으로는 쉽게 개발할 수 없는 보완적 기술과 기법(complementary technology and skills) 및 ② 상호보완적 제품과 서비스 및 자산(assets)을 결합시키는, ③ 투자비가 많이 소요되는 사업프로젝트를 공동으로 착수 · 운영하는, 좋은 방법을 제공한다.

2) 국제협력전략의 단점/리스크

국제협력전략은 ① 기술 등을 제공하는 기업들에게 단기적으로는 이익을 가져다 줄 수 있을지라도, 장기적으로는 낮은 비용으로 새로운 기술을 획득하고 새로운 국내외시장으로 침투하는 수단을 경쟁기업들에게 제공할 수도 있다. ② 그 결과로 기술 등을 제공하는 기업들은, 글로벌시장에서 경쟁적 우위를 상실할 수도 있다.

4. 국제협력전략의 성공을 판가름하는 요소들

① 특정 기업체가 국제협력전략으로부터 실제적인 편익/이득(real

benefits/gains)을 어느 정도 올릴 수 있는가를 판가름하는 요소들(determining factors)은, ② 동시에 국제협력전략을 관리하는 과정들은, 아래의 세 가지이다.

1) 좋은 국제협력파트너 선정

(1) 특정 기업체가 국제협력전략을 통하여 실제 편익을 얻으려면, 우선 적합하고도 좋은 협력 파트너/동맹자(partner/ally)를 선정해야 한다.

가장 좋은 협력파트너란 ① 특정 기업체가 그 전략적 목표(예컨대 새로운 해외시장 침투, 신제품개발의 비용 및 리스크 쉐어링 등)를 달성하는 데 도움을 줄 수 있는 핵심역량·핵심사업을 보유하고 있고, ② 협력전략을 체결하는 목적과 비전을 특정 기업체와 쉐어(공유)하고, ③ 협력전략을 기회주의적으로 자체의 목적달성만을 위하여 활용할 가능성이 희박한 동맹자를 말한다.

(2) 그런 특성을 지닌 좋은 동맹자를 선정할 수 있으려면, ① 협력관계를 맺기 전에 특정 기업체는 잠재적 국제협력 후보기업들에 대해 포괄적인 조사를 실시하고, ② 상급경영자들간의 대면 회합(face-to-face meetings) 등을 통하여 후보기업들에 대해 최대한으로 정확히 분석하고 파악해야만 한다.

2) 최적 국제협력구조 디자인

(1) 파트너/동맹자를 선정한 다음에는, 특정 기업체는 최적의 협력구조(optimal alliance structure)를 디자인하여 협력파트너가 협력관계를 기회주의적으로 활용(예컨대 기술·시장 등의 도둑질 포함)하지 못하도록, 안전장치(safeguards)를 마련해야 한다.

(2) 즉, 특정 기업체는 ① 국제협력협약에 명시된 기술이전 대상 이외의 기술이 이전되는 것을 어렵게 또는 불가능하게 만드는 장치, ② 기타의 안전장치 조항을 협약에 명시하는 것, ③ 특정한 기술·지적재산권 등의 상호교환을 협력 파트너들이 사전에 합의해 두는 것, ④ 상대방의 기회주의적 행동에서 비롯될 수 있는 리스크를 더욱 감소시키기 위하여 예컨대 합작투자사업에 공동참여한다는 조항을 국제협력협약에 포함시키는 것 등

의 안전장치를 내재시킨 제휴구조를 디자인하여 국제협력협약에 포함시켜야 한다.

3) 합리적 국제협력관리

일단 국제협력파트너를 설정하고 국제협력구조에 합의했다면, 특정 기업체는 국제협력전략으로부터 최대한의 편익을 얻어낼 수 있도록, 아래와 같은 방법으로 협력관계를 합리적으로 관리해야 한다.

(1) 우선, ① 특정 기업체는 협력파트너와의 사이에 존재하는 문화적 차이(cultural differences)에 대한 철저한 인식을 바탕으로, 중요한 문화적 차이점에 대한 민감성(sensitivity)을 기르도록 해야 한다.

② 협력파트너가 따르는 경영관리스타일 같은 것에 차이가 있는 것은 문화적 차이에서 비롯되는 경우가 많기 때문에, 특정 기업체의 경영자들은 협력파트너측 경영자들과의 거래 관계에서 그런 문화적 차이를 참작해 줄 필요가 있기 때문이다.

(2) ① 특정 기업체는 협력파트너와 신뢰(trust)를 조성해야만 한다. ② 특히 특정 기업체의 경영자들은 협력파트너의 경영자들과 돈독한 개인 대 개인 관계(interpersonal relationships)를 통해 상호신뢰를 구축해야만 한다. ③ 그래야만 국제협력전략은 비로소 성공가능성이 높아지기 때문이다.

(3) ① 특정 기업체는 협력파트너로부터 최대한 배워야 한다. ② 국제협력전략으로부터 특정 기업체가 얼마만큼 이득(gains)을 볼 수 있는가는, 협력파트너로부터 기술 · 노하우 · 시스템 등을 철저히 배울 수 있는 능력 및 배운 것을 특정 기업체의 운영에 효과적으로 적용할 수 있는 능력에 따라서 판가름되기 때문이다.

제2절 국제라이슨싱 전략

1. 국제라이슨싱 전략의 특성과 활용방법

1) 국제라이슨싱 전략의 특성

(1) 해외시장 침투전략들 중의 하나인 동시에 국제협력전략들 중의 하나인 국제라이슨싱 전략(international licensing strategy)의 특성은 아래와 같다.

즉, ① 돈·현물 등 어떤 형태이든지 대가(代價)를 받는 데(for a consideration) 목적을 둔다.

② 라이슨서(라이슨싱을 해 주는 기업체: licensor)가 외국에 있는 라이슨시(라이슨싱을 해 가는 외국의 개인, 기업체, 정부기관 등: licensee)에게 특허(patent), 노하우, 트레이드 마크(trade mark), 브랜드 네임(brand name), 트레이드 드레스(trade dress), 기타 자산(other assets) 등 경제적 가치가 있는 지적재산권/공업소유권(proprietory rights/industrial property rights)의 사용권을 허가하는 것을 말한다.

(2) 국제라이슨싱 전략의 대상에는 또한 ① 제조기법(manufacturing techniques), ② 가공처리 노하우(process knowhow), ③ 경영관리 기법과 절차(management techniques and procedures), ④ 특약유통권(exclusive distribution rights), ⑤ 기업기밀(소유자만이 알 수 있는 製法 · 공구 · 장치나 복합물, 소유자로부터 배운 것으로 특허는 받지 않았으나 경제적 가치가 있는 상품제조에 사용하는 비법 등: trade secret), ⑥ 영업상 · 경영상의 기술정보와 유형의 문서에 표현된 내용이나 사람의 머리 속에 기억된 것 또는 개인의 기능이나 경험으로 습득한 것 등, ⑦ 라이슨서가 어떤 방법으로든지 독자적인 통제권을 행사하는 모든 형태의 무형자산(intangible assets)도 포함된다.

(3) 컴퓨터 소프트웨어(컴퓨터 프로그램, 프로그램 디스크립션, 지원자료로 구성되는 computer software), eMail주소, eBusiness DOT COM, 저작물의 판권(copyrights) · 복제권(reprint rights) · 번역권(translation rights) 등 지적재산

권(intellectual property)도 물론 국제라이선싱의 대상이다.

(4) ① 일반적으로 라이슨서(licensor)는, 위와 같은 지적재산권을 외국의 라이슨시(licensee)에게 이전(transfer)해 주든지 사용권을 허가(permit)해 주는 대가(for a consideration)로서 로얄티(royalty) · 피이(fee) 등을 받는다. ② 즉, 파는 것이 아니라 계약기간 동안만 빌려 주고 서비스피이(service fees)를 받는다는 뜻이다. 한국기업들은 라이슨서보다는 주로 라이슨시 입장에 있다.

2) 국제프랜차이징 전략의 특성과 활용방법

(1) 국제라이슨싱 전략의 한 형태인 국제프랜차이징 전략(international franchising strategy) 역시, 기업들이 해외시장 침투전략들의 하나로서 그리고 국제협력전략들 중의 하나로서 활용할 수 있는 것이다.

(2) 국제프랜차이징 전략은 ① 프랜차이즈(franchise: 독점판매권, 가맹권)를 허가해 주는 한 나라의 프랜차이저(franchisor)가 (예컨대) 표준화된 제품 · 원자재 · 경영시스템 · 경영서비스 등과 상호 · 브랜드 네임 등을 일괄 제공하고, ② 다른 나라에 있는 프랜차이지(franchisee: 가맹점, 계약연쇄점)는 (예컨대) 자본 · 시설 · 현지마케팅 노하우 등을 제공하여, 양자가 다 같이 프랜차이지 기업체의 경영에 참여하는 전략을 말한다.

(3) 오늘날 국제프랜차이징 전략은 국경을 초월한 수직적 시장통합(vertical market integration)을 하는 수단으로서 글로벌기업들이 주로 글로벌마케팅활동에 많이 활용하고 있다. 그 대상 제품 · 서비스에는 ① 청량음료 · 패스트 푸드 · 패션 의류 및 장신구 등과 같은 비내구성 소비재, ② 가전제품 · 스포츠 용품과 같은 내구성 소비재, ③ 호텔 · 패밀리 식당 · 헬스 센터 등과 기타 서비스 업종, ④ 기계 · 시설 등과 같은 생산재 등이 포함된다.

3) 국제라이슨싱 전략의 활용방법

기업들은 아래와 같은 방법으로 국제라이슨싱 전략을 활용할 수 있다.

(1) ① 해외시장에 상품수출 · 직접투자 등을 할 능력이나 의사가 없는 기업체는, 국제라이슨싱만을 활용하여 해외시장(지역시장, FTA시장, 국가시장)에 침투할 수 있다. ② 국제라이슨싱 전략과 국제기술제휴 전략 및 국제

경영계약 전략을 함께 활용하여 해외시장에 침투할 수도 있다.

(2) 해외시장에 적극적으로 침투하는 것을 고려하는 기업체는, 특정 해외시장의 시장잠재성(market potential)을 적은 비용으로 테스트(test)하는 방법으로도 국제라이슨싱 전략을 활용할 수 있다.

(3) 상품 수출에 중점을 두어 온 기업체는, 회수불능한 투자(irretrievable investment)가 될지도 모를 해외직접투자를 통한 해외생산-마케팅단계로 돌입하기 바로 앞 단계의 중간전략(an intermediate strategy)으로서, 해외라이슨싱 전략을 활용할 수 있다.

(4) 특정 기업체는, ① 받은 라이슨싱 로얄티를 해외현지에 축적했다가 스스로 신규 이퀴티 자본투자(new equity investment)를 하지 않고도, ② 외국의 기업체와 합작투자(joint investment)를 하고 더 나아가서 외국에 위치한 합작기업체에 자본참여(equity participation)를 하는 수단으로도, 해외라이슨싱 전략을 활용할 수 있다.

(5) ① 단독 해외직접투자로 설립한 전소유 해외자회사 또는 해외합작투자로 설립한 합작기업체를 해외에서 운영하고 있는 특정 기업체는, ② 그런 해외자회사들에게 이전한 기술 · 특허권 · 제품생산공정 등 지적재산권의 자산가치(asset value)를 책정하고서 fee, royalty 등을 받으면서 보호하는 법적 근거(legal basis)를 마련하는 수단으로도 해외라이슨싱 전략을 활용할 수 있다.

2. 국제라이슨싱 전략을 활용하는 이유

1) 라이슨시가 국제라이슨싱 전략을 활용하는 이유

라이슨시(licensee)기업체가 국제라이슨싱 전략을 활용하는 이유는 다음과 같다.

(1) 잠재적 라이슨시의 입장에서는 라이슨시가 되어야만, 비로소 라이슨서인 외국기업들이 보유한 지적재산권을 합법적으로 활용할 수 있기 때문이다.

(2) 특정 기업체가 필요로 하는 특정 기술을 ① 그 복잡성 때문에 자체능력으로 개발하는 것이 불가능하거나, ② 개발 가능하더라도 막대한 비용

과 기간이 소요되든지, ③ 외국기업체가 취득한 특허에 의해 보호되어 있어서 다른 방법으로는 취득할 수 없다면, ④ 그런 특정 기술은 국제라이슨싱해다가 활용해야 하기 때문이다.

(3) ① 외국기업체가 보유하고 있는 트레이드 마크, 브랜드 네임, 비즈니스기밀 등을 활용하고 싶은 기업들 역시, 라이슨시로서 국제라이슨싱에 몰입해야 하기 때문이다. ② 아니면, 라이슨시로서 라이슨싱을 해오는 것이 불가능할 경우, 그런 지적재산권을 보유한 외국기업들을 매입인수(acquisition)하는 비싼 대안을 택하는 것도 고려해야 한다.

2) 라이슨서가 국제라이슨싱 전략을 활용하는 이유

(1) ① 라이슨서(licensor) 기업체가 국제라이슨싱 전략을 활용하는 첫째 이유는 라이슨시로부터 받는 대가 등 추가이익을 추구하기 위해서이다. ② 국제라이슨싱 전략은, 수출 · 해외직접투자 등 다른 해외시장 침투전략들을 활용하는 데서 비롯되는 이익과는 별도로, 라이슨서에게 추가이익의 소스(source of additional profit)를 제공하기 때문이다.

(2) ① 글로벌마케팅의 도구의 하나로서 국제라이슨싱 전략을 활용하기 위해서이다. ② 예컨대, 특정 해외시장의 라이슨시에게 라이슨서의 트레이드 마크 · 브랜드 네임을 부착한 규격제품을 현지생산-마케팅하도록 라이슨싱해 주게 되면, 라이슨서는 그 해외시장에서 회사와 제품에 대한 폭넓은 명성(reputation)과 인기(popularity)를 쌓아올릴 수 있기 때문이다. ③ 그렇게 되면, 여타 제품라인들(product lines)까지도 그 해외시장에 수출하기가 쉬워지기 때문이다.

④ 라이슨서는 라이슨시와의 라이슨싱계약이 끝남과 동시에 해외직접투자를 실시하여 그 해외시장에서 직접 현지생산-마케팅활동에 몰입할 수도 있기 때문이다.

(3) 원자재, 부분품, 반조립품 등의 해외현지 조립 활동을 돕는 방법으로 수출을 증대시킬 목적으로 국제라이슨싱 전략을 활용할 수도 있다.

(4) 라이슨싱 로얄티에 추가하여 국제 기술제공 전략 등의 활용에 따른 용역료(fees)를 올리기 위하여, 국제라이슨싱 전략을 활용할 수도 있다.

(5) ① 외국의 라이슨시가 보유하고 있는 기술 · 산업정보 · 현지시장운

영 노하우 등을 활용함으로써 편익을 얻기 위해, 국제라이슨싱 전략을 활용할 수 있다.

② 만일에, A기술을 외국에 있는 특정 기업체에게 라이슨싱해 주어야만, 그 기업체로부터 B기술을 라이슨싱해 올 수 있다면, 그런 기업들은 상호라이슨싱(cross-licensing)에 몰입해야만 하기 때문이다.

(6) 더욱 많은 해외시장들에 침투하여 글로벌경영을 확대할 목적으로도 국제라이슨싱 전략을 활용할 수도 있다.

(7) 해외직접투자를 하는 데 필요한 자본을 해외에 축적하는(즉 받은 라이슨싱 로얄티를 특정 국가시장에 축적하는) 수단으로도, 국제라이슨싱 전략을 활용할 수 있다.

(8) ① 지적재산권을 보호하는 동시에 이익적으로 활용할 목적으로, 국제라이슨싱 전략을 활용할 수도 있다.

② 특히 지적재산권 국제협정에 가입하지 않은 국가들에 대해서는, 또한 가입했어도 잘 지키지 않는 국가들에 대해서는, 라이슨싱을 해 주는 것만이 지적재산권을 보호하는 동시에 이익적으로 활용할 수 있는 효과적인 방법이기 때문이다.

제3절 국제기술제공 전략

1. 국제기술제공 전략의 특성

(1) 해외시장 침투전략들 중의 하나인 동시에 국제협력전략들 중의 하나는, 기술제공계약(technical assistance contract) · 기술제휴협약(technical tie-up agreement) · 기술서비스협약(technical service agreement) 등으로 표현되는 기술적 정보와 노하우의 해외이전 전략(overseas transfer strategy of technical information and know-hows)이다.

(2) ① 여기서는 그들을 통틀어 국제기술제공 전략(international technical

assistance strategy)이라고 부르겠는데, ② 이는 당사자간에 사전 결정된 로얄티나 다른 형태의 피이(fees)를 받고 한 나라의 기업체(정부기관 · 개인 등도 포함)가 다른 나라의 기업체(정부기관, 개인 등도 포함)를 위하여 특정한 기술적 · 운영적 기능(technical and operational functions)을 수행하는 것을 말한다.

(3) 국제기술제공 전략 역시 국가간 및 기업들간에 존재하는 기술적 · 경영적 노하우 격차를 메우는 중요한 방법의 하나이다. 국제기술제공 흐름의 패턴과 방향은 국제라이슨싱의 경우와 거의 같다.

(4) 한국기업들의 입장에서 볼 때, 국제기술제공 전략은 특히 기술후진국들을 대상으로 하는 국제협력전략들 중에서 가장 유망하고 또한 강조해야 하는 전략이다.

2. 국제기술제공 전략의 활용방법

(1) 특정 기업체는 국제기술제공 전략만을, 해외시장 침투전략으로 활용할 수도 있다.

(2) 특정 기업체는 국제기술제공 전략과 생산기술 · 브랜드 네임 등에 대한 국제라이슨싱 전략을 혼합하여 해외시장에 침투할 수도 있다.

(3) 특정 기업체는 스스로 생산-마케팅하고 있는 기계 · 공장시설 등 자본재의 수출판매촉진 수단으로도 국제기술제공 전략을 활용할 수도 있다.

(4) 특정 기업체는, 실제로 자본투자(equity investment)는 하지 않고, 국제기술제공 전략만을 활용하여(즉 제공하는 기술의 경제가치를 화폐단위로 환산한 액수만큼을 현물투자 형식으로 투입하여) 외국기업체와 공동으로 설립하는 해외합작투자기업에 자본참여(equity participation)를 할 수도 있다.

(5) 해외에 전소유 자회사나 합작투자기업체를 보유하고 있는 특정 기업체는, 그런 해외기구들에게 이전한 기술이나 제공한 기술서비스 등의 자산가치(asset value)를 책정하고서 fee, royalty 등을 받는 법적 근거(legal basis)를 마련하는 수단으로도, 국제기술제공 전략을 활용할 수 있다.

(6) 특정 기업체는 특정 완제품(예컨대 음향제품, 승용차, 컬러 TV, 핸드폰 등)을 조립생산하는 데 필요한 부품 · 반조립품을 키트(한벌: kit)로 수출하는 수단으로도, 조립노하우 중심의 국제기술제공 전략을 활용할 수 있다.

(7) 특정 기업체는 자체적으로 연구개발한 신물질 · 신기술 · 신제품 등을 해외시장에서 상품화하는 수단으로도, 국제기술제공 전략을 활용할 수도 있다.

예컨대 신약을 연구 · 개발하여 상품화하는 데는 10여년 정도와 수억 달러가 소요된다. 그래서 신약품을 개발하는 데 필수적인 신물질을 개발한 국내(한국)제약회사들은 신물질에 대한 특허를 글로벌제약회사들에게 매각하고, 그들에게 신물질에 대한 기술적 노하우를 제공하기도 한다.

3. 국제기술제공 전략의 범위

국제기술제공 전략을 실행하는 협약(agreements)의 범위는, 기술적 노하우를 제공하고 받아들이는 해당기업들간의 합의에 따라 달라질 수 있지만, 대체적으로 다음과 같다.

(1) 특화된 산업시설 · 농업시설 · 담수시설 · 기타 공장시설의 계획과 시공(facility planning and construction)

(2) 기존생산시설의 현대화(plant modernization)

(3) 광물자원의 탐사와 생산을 포함한 자원개발프로젝트(resource development projects)

(4) 기계 및 기기의 공급(supply of machineries and equipment)

(5) 기계의 가설(installation of machineries)

(6) 시설의 수선유지(repair and maintenance of facilities)

(7) 시설의 운영(operation of facilities)

(8) 시설 및 생산제품의 시험(testing of facilities and products)

(9) 기술자 · 경영자 · 기능공 등에 대한 산업훈련(industrial training)

제4절 국제경영계약 전략

1. 국제경영계약 전략의 특성

(1) 해외시장 침투전략들 중의 하나인 동시에 국제협력전략들 중의 하나인 국제경영계약 전략(international management contract strategy)은, ① 소유권과 경영권의 분리(separation of ownership and management)를 통하여 전문경영자들(professional managers)에게 기업경영을 위임하는 오늘날의 경향을 글로벌경영에 적용한 것으로서, ② 특정 기업체가 국제합작경영(international joint venture)에 몰입할 수 있게 하는 중요한 수단/방법의 하나이다.

(2) 국제경영계약의 기본원칙은, ① 한 나라에 소속된 기업체의 운영시설(operating facilities)은 그 나라의 소유권자가 경영관리를 담당해야 한다는 전통적인 경영관리개념을 배제하고, ② 유능한 글로벌전문경영자들(global professional managers)에게 그런 기업체의 경영관리를 위임함으로써 소유권자는 더 많은 투자회수를 실현할 수 있다는 추론(reasoning)에 근거를 두고 있다.

2. 국제경영계약 전략의 활용방법

국제경영계약 전략만으로, 또는 이와 다른 해외시장 침투전략들을 적절히 믹스하여, 글로벌경영에 몰입하는 방법들은 아래와 같다.

(1) 자본투자(equity investment)를 하지 않고도 외국기업체의 경영관리를 책임 맡아 경영서비스를 제공하여 경영관리피이(management fee)만을 받는 방법으로도 활용할 수 있다. 이때에 생산공장 · 호텔 등 운영시설은 물론 외국의 소유자가 제공한다.

(2) 해외직접투자를 하여 외국의 현지파트너와 설립한 합작투자기업체의 경영권(management control)을 장악하기 위한 수단으로도, 합작투자계약

에 경영권을 위임한다는 조항이 들어 있을 때에 한하여, 국제경영계약 전략을 활용할 수 있다.

(3) 외국의 정부기관 · 기업체 · 개인 등이 신규투자사업을 맡아서 경영관리해 달라고 의뢰해 왔을 때도, 특정 기업체는 국제경영계약 전략을 활용하여 그 국가시장에 침투할 수도 있다.

(4) 외국의 기업체가 경영관리상의 어려움을 겪고 있을 때 또는 파산지경에 있을 때, 그 기업체를 정상상태로 회복 내지 육성해 달라고 그 소유자가 의뢰해 왔을 때도, 특정 기업체는 국제경영계약 전략을 활용하여 그 국가시장에 침투할 수도 있다.

경영관리피이의 유형 · 액수 · 지급방법 등에 대해서는 국제경영계약에 미리 명시할 필요가 있다. 그렇게 해야만 당사자간의 분규를 사전에 방지할 수 있다. 국제경영계약의 유효기간 역시 국제경영계약에 명시해 두어야 한다.

CHAPTER12

해외 직접투자 전략

제1절 세계직접투자의 변화패턴이 글로벌경영에 미치는 영향

(1) 제 1 절에서 설명하는 세계직접투자(world direct investment)는 글로벌경영 환경변화에 공격적으로 대응하기 위하여 기업들이, ① 수행하는 글로벌경영활동 중에서 가장 중요한 핵심전략이며, ② 활용하는 해외시장 침투전략들(foreign market penetration strategies) 중에서도 가장 중요한 핵심전략이며, ③ 글로벌화하는 데 있어서도 필수적으로 확대해야 하는 핵심전략이다.

(2) 제 1 절의 세계직접투자에 대한 설명내용은, 본장의 1~6절과 제13장에서 설명하는 국제합작투자전략, 국제 M&A전략 등을 실제 상황하에서 글로벌경영자들이 합리적으로 결정 · 집행하는 것을 돕는 데 목적을 둔 일종의 事前환경적 브리핑(a foreground environmental briefing)이다.

1. 해외직접투자이론

1) 독점적우위이론(Theory of Monopolistic Advantage)

해외직접투자를 통하여 해외현지국에 진출하는 외국기업은 현지국 기업과 비교하여 여러 가지 면에서 불리한 점이 많다고 할 수 있다. 즉, 외국기업은 현지국의 관습, 법률 체계, 현지국 소비자의 선호 등에 대하여 익숙하지 못하기 때문에 현지국 기업에 비해 불리하며 또한 외국기업은 본사와 현지 자회사가 서로 다른 나라에 위치하므로 원거리 경영에 따르는 의사전달 및 통제(control)상의 추가적인 부담도 있게 되는데 이러한 불리한 점들을 외국성(性)비용(cost of foreignness)이라고 부른다.

그러므로 해외직접투자를 하는 외국기업은 이러한 불리한 점들을 상쇄하기 위해서 현지국 기업이 가지고 있지 않은 독점적인 경쟁우위(monopolistic advantage, 또는 competitive advantage)를 확보해야 하는데, 이러한 경쟁우위의 원천이 될 수 있는 것은 다음과 같다.

(1) 규모의 경제(economies of scale): 해외직접투자 등을 통하여 기업활동을 확대하고 대기업이 된 글로벌기업들은 생산, 마케팅, 재무관리, 연구개발 등 전반적인 기업활동 분야에서 규모의 경제로부터 오는 이점을 누릴 수 있다.

(2) 탁월한 지적자산: 글로벌기업들은 특허, 기술, 경영, 브랜드, 마케팅 등의 측면에서 탁월한 기업특유 지적자산(firm-specific proprietary asset)을 확보하고 있다.

(3) 재무적인 우위(financial advantages): 대규모의 글로벌기업들은 현지국 기업에 비하여 자금조달원천이 전세계적으로 다양할 뿐만 아니라, 여러 국가에서 기업활동을 하기 때문에 위험을 분산시킬 수 있으므로 보다 저렴한 비용으로 자금을 조달할 수 있다.

(4) 제품차별화(product differentiation): 글로벌기업들은 연구개발비와 마케팅비용에 막대한 투자를 하여 자기 기업체가 생산하는 제품의 차별화를 달성하여 기업특유의 경쟁우위를 확보할 수 있다.

이러한 것들 중에서 특히, 기업특유의 경쟁우위를 확보하게 해주는 기업 특유 지적자산은 이미 과거의 투자를 통해서 형성되었기 때문에 추가적으로 그 지적자산을 활용하는 데 드는 한계비용이 매우 적은 데 반하여, 이를 갖지 못한 현지국 기업이 그러한 지적자산을 자체적으로 확보하려면 많은 비용이 든다. 그러므로 글로벌기업은 이러한 지적자산을 잘 활용하고 제품의 차별화를 달성함으로써 현지국 기업보다 더 높은 가격을 받거나 더 많은 매출을 올릴 수가 있게 되므로 외국기업으로서의 불리한 점들을 상쇄시킬 수가 있게 된다.

2) 내부화이론(Internalization Theory)

특허, 기술, 경영, 브랜드, 마케팅상의 지적자산 등은 기업 외부의 시장을 통하여 거래하기가 어려운 경우가 많다. 즉, 지적자산의 국제간 거래에 있어서는 거래 상대방을 발견하기가 어려울 뿐만 아니라 거래가격에 관한 쌍방의 합의를 도출하기도 어렵게 된다. 만약, 기업 외부의 시장보다 기업 내부에서 이러한 지적자산의 국가간 이전이 더 효율적으로 수행될 수 있다고 한다면 기업은 이를 내부화(internalization)하는 것이 더 유리하게 될 것이다.

따라서 이러한 경우 기업은 지적자산의 국가간 이전을 함에 있어서 기업 외부의 시장을 통한 거래라고 할 수 있는 라이슨싱 등의 방식보다는 내부화 방식이라고 할 수 있는 해외직접투자를 택함으로써 자신이 확보하고 있는 지적자산을 외국에서 활용하고자 할 것이다. 그렇게 함으로써 기업은 그 지적자산을 모든 가능한 해외시장에서 활용할 수 있고 또한 그 지적자산이 타 외국계기업에 의하여 사용되는 것을 배제할 수 있게 된다.

3) 과점적경쟁이론(Oligopolistic Reaction Theory)

과점적 산업(oligopolistic industry)에서는 기업체수가 소수이기 때문에 상호 의존성이 높으며, 경쟁기업의 움직임에 직접적인 영향을 받게 된다. 따라서 한 기업이 먼저 해외직접투자를 하면 다른 기업들도 방어적인 전략으로 해외직접투자를 하게 된다. 이 결과 특정국에 대한 해외직접투자가 한데 몰리는 현상(bunching 또는 bandwagon effect)이 나타나기도 하고, 새로운 경쟁자의 출현을 막기 위하여 원료원천을 선점하여 진입장벽(entry barriers)을 구축하기 위하여 해외직접투자를 하는 경우도 많다.

2. 세계투자의 일환인 세계직접투자의 컨셉트

1) 국제장기자본이동과 국제단기자본이동의 비교

자본 · 기술 · 원자재 · 부품 · 지적재산권 · 경영 노하우 · 인적자원 등 생산요소들/기업자원들(factors of production/corporate resources)의 국제적 이전의 일환인 국제자본이동(international capital movement)은 크게 아래의 두 가지로 나눌 수 있다.

(1) 국제단기자본이동

당초의 만기가 1년 이하인 신용수단(신용대부, 채권, 예금 등을 포함한 credit instrument)이 국경을 초월하여 이동하는 것이 국제단기자본이동(international short-term movement)이다.

국제단기자본이동은 ① 국가간에 이자율이 다르기 때문에 이자율이 낮은 국가로부터 높은 국가로의 자금이동, ② 국내의 정치적 불안정 때문에 정치적으로 안정된 나라로의 자본도피(capital flight), ③ 부정부패한 정부관료 · 정치인 · 기업인 등의 재산해외도피, ④ 외환율의 변동에서 비롯되는 환차손(foreign exchange loss)을 회피하고 환차익(foreign exchange gain)을 올리려는 행동, ⑤ 특정 국가 증권시장에서의 단기차익 실현 목적 등 때문에 일어난다.

그와 같은 국제단기자본이동은, 해당 국가들의 국제수지에 단기적 변동만을 초래한다.

(2) 국제장기자본이동

당초의 만기가 1년 이상인 신용수단과 출자자본(주식, 제품생산시설, 지적재산권과 같은 현물자산 등 만기가 없는 것도 포함)이 국경을 초월하여 이동하는 것이 국제장기자본이동(international long-term capital movement)이다.

국제장기자본이동에는 해외직접투자(foreign direct investment)와 해외간접투자(foreign indirect investment, international portfolio investment)가 속한다. 그런 국제장기자본이동은 해당국가들의 경제발전 · 기업의 발전 · 국제수지 등에 가장 중대한 장기적 영향을 미친다.

지구촌에서 이루어지는 모든 해외직접투자와 모든 해외간접투자를 합친 것을 세계투자(world investment)라고 한다. 그리고 지구촌에서 이루어지는 모든 해외직접투자의 총계를 세계직접투자(world direct investment)라고 부른다.

2) 해외직접투자의 컨셉트 및 정의

(1) 추구목적에 입각한 해외직접투자의 컨셉트

① 해외직접투자는 글로벌경영 환경변화에 대한 가장 공격적인 대응전략(the most aggressive counteracting strategy)이다. 즉 해외직접투자는 기업들이, ⓐ 보유기업자원(자산)을 본사국보다는 해외에서 더욱 이익적으로 활용(profitably utilize)하는 데 목적을 두고서, ⓑ 동시에 해외에서 신설/매입 인수하는 기업들의 경영통제권(managerial control)을 장악/지배하는 데 목적을 두고서, ⓒ 자본(단지 capital만이 아니라 여타 생산요소들/기업자원들을 화폐가치로 환산하여 현물출자하는 것도 포함)을 국경을 초월하여 이동시키는 것을 말한다.

② 그와 같이 해외직접투자의 가장 중요한 목적은 해외 기업들의 경영통제권을 장악/지배(dominate)하는 데 있다. 그러니만큼, 해외직접투자를 하는 기업들에게는 아래와 같은 대안들이 있는데 그 중에서 침투하는 해외시장에 따라 어느 한 가지 또는 두 가지 모두를 선택할 수 있다.

ⓐ 단독투자(sole investment)를 통해 해외의 신설/매입인수 기업들에 대해 단독소유권(sole ownership)을 확보하여 단독경영통제권(sole managerial control)을 장악하든지,

ⓑ 아니면 합작투자(joint investment)로 공동소유권(joint/shared ownership)을 확보하여 공동경영통제권(joint/shared managerial control)을 행사하는 것.

(2) 해외직접투자의 정의

좀더 구체적으로, 해외직접투자의 정의(definition)에는 투자하는 기업들의 다음과 같은 투자행동(investment behaviors)을 포함시킬 수 있다.

① ⓐ 경영참여(management participation)를 목적으로 외국에 있는 기존 기업체의 주식을 상당부분(100% 이하) 취득하는 것 및 ⓑ 단독경영통제권을

장악을 목적으로 기존 외국기업체가 보유한 주식을 100% 매입인수(acquisition)하는 것

② ⓐ 단독투자로 외국에 전소유(100%, 완전소유)자회사를 신설하는 것 또는 ⓑ 합작투자로 합작투자업체를 신설하고 그 주식을 보유하는 것

③ ⓐ 해외프로젝트수행(overseas project implementation)을 목적으로 프로젝트용 실물자산(예컨대, 해외건설 · 플란트건설 등의 경우 건설용 중장비 등)을 취득하는 것, ⓑ 자체소유 지사 · 자회사 · 생산공장 등을 신설하는 것, ⓒ 타인소유 기존의 공장 등을 매수하는 것, ⓓ 기존의 자체소유 지사 · 자회사 · 공장 등을 확장하는 것 등.

④ 외국에 있는 자체소유 또는 타인소유의 기존 기업체에게 장기차관(long-term loan)을 해 주더라도, 대차관계에 경영참여를 허용하는 조건이 포함되어 있으면, 해외직접투자에 포함시킬 수 있다. A국에 위치한 모회사(parent company)가 이미 경영권을 행사하고 있는 B국에 위치한 자회사(subsidiary)에게 장기차관을 제공하는 것이 그런 해외직접투자의 예이다.

⑤ 또한 해외기업체의 주식을 매입하는 경우에도, 과반수 이하를 소유하는 소주주(minority shareholder)가 되더라도, 경영참여에 목적을 두고 주식을 구입하는 것은 해외직접투자에 해당된다.

그렇지만 해외간접투자(해외증권투자)와 해외직접투자의 경계선이 항상 명확한 것만은 아니다.

예컨대 국가들에 따라서는 자국계통 기업들이, 외국기업들의 자본지분/주식을 25% 이상 소유해야만 해외직접투자에 포함시키는가 하면, 외국기업들의 자본지분/주식을 10% 이상만 소유해도 해외직접투자에 포함시키는 경향이 있기 때문이다.

3) 해외간접투자/국제증권투자의 컨셉트

(1) 해외간접투자(foreign indirect investment) 내지 국제증권투자(international portfolio investment)는 외국에서 기업체 주식을 사고 파는 것, 외국의 공채 · 사채를 발행시에 응모하여 사는 것 또는 다른 사람으로부터 사는 것을 말한다.

(2) ① 일반기업체나 투자자의 입장에서는, 금융 자산을 단지 유리하게

활용하는 하나의 수단으로서 국제증권투자를 활용할 수도 있다. ② 그러나 글로벌증권회사 · 글로벌은행 등 글로벌금융기업들에게는 국제증권투자가 가장 중요한 글로벌경영전략이다.

3. 해외직접투자의 일반론적 필요성

일반론적으로 설명한다면, 아래 이유로 전체 지구촌 · 개별시장블럭들 · 개별 FTA국가들 · 개별국가들 · 개별기업들의 차원과 입장에서 해외직접투자는 절실히 요구되고 또한 필요하다. 그래서 글로벌기업들의 입장에서는 글로벌경영 환경변화와 그에 따른 글로벌시장변화를 이익적으로 활용하기 위해서도, 해외직접투자를 계속 확대해나갈 필요가 있다.

1) 국가별 요소부존비율 격차

(1) 지역별 · FTA별 · 국가별로 특허 · 자본 · 정보 · 기술 · 경영관리 노하우 · 지하자원 · 인적자원 등 생산요소부존비율(resource or production factor endowment ratio)에는 격차가 많기 때문이다.

(2) 따라서 요소부존비율이 상대적으로 높아서 자본 등 생산요소들에 잉여가 있는 국가들(surplus countries) 등은, 잉여자본 등을 효율적으로 활용하기 위해서도, 그들의 기업들을 통하여 잉여자본 등 자본 포함 생산요소들이 부족한 국가들(shortage countries) 등에게 해외직접투자 등의 형태로 이전시킬 필요성이 있다.

(3) 한편, 요소부존비율이 상대적으로 낮은 국가들 등은, 자본 포함 부족한 생산요소들을 어떤 형태로든 외국과 외국인기업으로부터 유치하여 활용할 필요성이 있다. 그렇기 때문에도, 지구촌 차원에서 해외직접투자가 절실히 필요하다.

2) 요소부존비율 제약을 넘어선 속도의 산업화 · 경제성장 · 기업성장

(1) 지구촌 국가들 중에는, 자국의 요소부존비율에서 오는 제약(constraints)을 넘어선 속도로 산업고도화 · 경제성장과 기업성장을 추진하는 국가들 등이 있기 때문이다. 한국도 그런 국가들 중의 하나로서 외채 · 특

허 · 기술 등을 도입하고 외국인직접투자도 받아들이는 동시에 스스로도 해외직접투자를 증대시키고 있는 것이다.

(2) 그렇기 때문에도, 지구촌 등의 차원에서 해외직접투자가 절실히 필요하다.

3) 국내외 자원개발 필요성

(1) 국내자원과 해외자원을 개발할 필요성이 있기 때문이다. 그래서, 예컨대, 우리나라기업들도 ① 원유 등 국내자원을 탐색 · 개발하기 위해 외국으로부터 자본과 기술을 도입하고 있고, ② 원유 · 유연탄 · 철광석 등 해외자원을 개발 · 도입하기 위해 해외직접투자를 하고 있다(그림 12-1 참조).

(2) 그렇기 때문에, 지구촌 등의 차원에서 해외직접투자가 절실히 필요하다.

4) 국가별 기술 등 노하우 격차

(1) 국가별로 보유하고 있는 특허 · 기술 · 정보 · 경영 · 기타 분야 노하우에 격차가 있기 때문이다. 그래서 그런 노하우의 부국들(have nations)은 그들의 기업들을 통해 빈국들(have not nations)의 기업들에게 국제라이슨

그림 12-1 한국 업체들 어디서 해외자원 개발하나

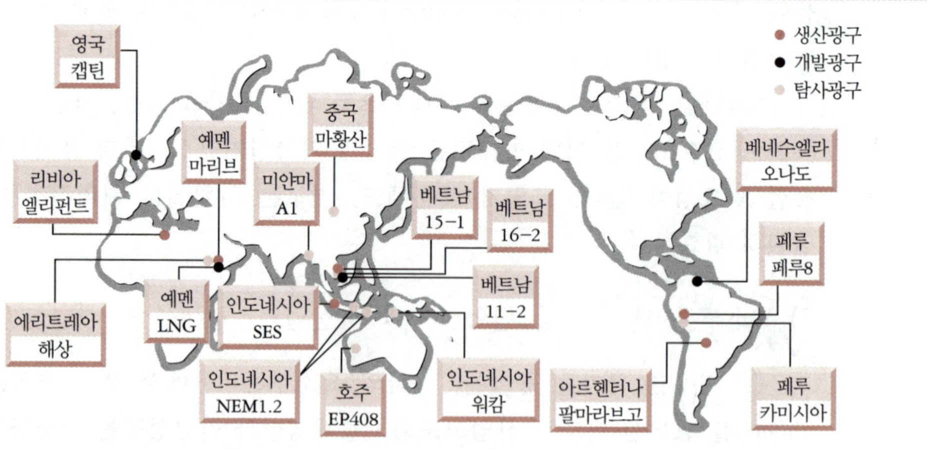

주: 해가 갈수록 우리나라 기업들의 해외자원 개발은 여기에 표시한 것보다 훨씬 많이 늘어나고 있다.

싱 · 국제기술제공 · 국제경영계약 · 국제턴키운영 · 해외단독투자 · 해외합작투자 등을 통하여 그런 노하우를 이전하고 있다.

(2) 그중에서도 국제기술이전의 가장 중요한 수단은, 단독 및 합작의 해외직접투자이다. 그렇기 때문에도, 지구촌 등의 차원에서 해외직접투자가 절실히 필요하다.

5) 기술발전성과 · 신제품 등의 이익적 활용

(1) 국가별로, 실현한 특허 · 기술진보 · 신제품을 기업의 해외직접투자를 통하여 이익적으로 활용하기 위하여 해외시장을 개척할 필요가 있든지, 외국 및 외국인기업으로부터 특허 · 기술 · 신제품 등을 도입 · 흡수할 필요성이 있기 때문이다. 전자의 경우에는 해외직접투자를 해야 하며, 후자의 경우에는 외국인직접투자를 받아들여야 한다.

(2) 그렇기 때문에도, 지구촌 등의 차원에서 해외직접투자가 절실히 필요하다.

6) 시장 · 경쟁 · 기업활동 등의 글로벌화

(1) 글로벌경영 환경변화에 공격적으로 적응 · 대응하기 위해서도, 기업들은 해외직접투자를 계속 확대해야 하기 때문이다.

(2) 1990년대에 들어서서부터, ① 구공산국가들의 급속한 시장체제화와 개방화, ② 북미주 · 서유럽 · 아시아 등 3대 경제대권(Economic Triad)의 확대, ③ EU와 NAFTA 등의 가동, ④ 세계무역기구(WTO)의 출범과 New Rounds 협상진행 등, 기업들의 글로벌경영(global business)에 박차를 가하도록 막대한 영향을 미치는 수많은 사건들(events)이 계속 발생하고 있다.

(3) 그런 사건발생의 연쇄작용으로 지구촌 국가경제들의 지역차원 및 글로벌차원 상호의존성(regional and global interdependence of national economies)이 계속 높아 가고 있어서, 결과적으로 ① 글로벌경제통합이 급진전되면서 ② 전체지구촌이 단일글로벌시장으로 변환되고 있다.

(4) 그에 따라 기업활동의 무대인 시장의 글로벌화(지구촌화) → 국경없는 무한경쟁으로 표현되는 기업간 경쟁의 글로벌화 → 기업과 그 활동 · 사업(연구개발 · 기업자원 소싱 · 생산 · 브랜드 · 마케팅 · 재무 등)의 글로벌화 →

경영 실적(매출액 · 이익 · 시장침투 등) 창출장소의 글로벌화 등이 빠른 속도로 진행되고 있다.

(5) ① 그런 글로벌경영 환경변화 속에서 점점 많은 기업들은, 단일화되어 가는 글로벌시장을 공격적으로 서브하기 위해서도 해외직접투자 확대를 통하여 글로벌기업으로 발전해야 할 뿐만 아니라, ② 글로벌기업으로서 글로벌시장을 더욱더 효과적으로 서브하기 위해서도 해외직접투자를 더욱더 확대하지 않을 수 없기 때문이다.

4. 투자국 및 투자수입국 입장에서 본 해외직접투자의 비용-편익

(1) 기업들의 해외직접투자활동은, 그들의 본사국들(home countries)인 투자국들(investing countries) 및 투자수입국들(投資收入國들; investment recipient countries)에게, 아래와 같은 각각 서로 다른 비용-편익(costs-benefits)을 제공한다.

(2) 그러므로 해외직접투자를 하는 우리나라기업들의 글로벌경영자들은 그런 비용-편익을 파악하고 예견하면서 해외직접투자전략을 수립 · 집행해야 한다.

1) 투자국의 입장에서 본 해외직접투자의 비용-편익

(1) 투자국에 제공하는 장기적 편익

아래는 왜 국가들이, 특히 선진국들이, 그들 기업의 글로벌화를 그리고 글로벌경영활동을(선진국들의 경우는 적극적으로) 지원하는지에 대한 설명이기도 하다.

① 소속 글로벌기업들이 해외직접투자로 운영하는 해외자회사들로부터의 과실(이익, 이익배당, 이자)송금, 로얄티 및 피이 소득, 제품 · 서비스의 저가수입, 해외자회사들과 해외시장에 대한 고가수출 등으로, 투자국과 소속 글로벌기업들은 자본 · 정보 · 기술 · 경영 노하우 등 보유기업자원의 효율적 활용을 통하여 국내에서보다도 높은 수익성(이익성)을 실현하고, 국민소득 · 산업생산 등의 측면에서도 이득(gains)을 실현한다.

② 소속 글로벌기업들을 통하여 해외수입(海外收入; overseas revenue)이

증대됨에 따라서, 투자국의 국제경상수지를 개선시킨다.

③ 소속 글로벌기업들을 통하여 늘어나는 해외소득(overseas income)에 대한 과세(taxation)로 투자국의 정부수입을 증대시킨다.

④ 해외직접투자에 따른 국가간 노동분업화로 비록 저임금 · 저기술 직책들은 해외로 수출/이전되더라도, 수준 높은 고임금 전문직 · 관리직 등에 대한 수요는 오히려 증가하여, 투자국의 노동력 배분을 대폭 개선시킨다.

(2) 투자국에 주는 단기적 비용

① 해외직접투자가 증가할수록, 직장의 수출(export of jobs)로 생산근로자들은 물론이고 전문직 근로자들까지도 실업이 증가하여, 투자국의 고용수준이 낮아진다는 주장이 있다. 그런 주장은 단기적으로만 타당성이 있다.

② 특허 · 자본 · 정보 · 연구개발 · 기술 · 제조시설 등의 해외이전으로 투자국의 국내생산기반의 글로벌경쟁력 약화를 뜻하는 자본 및 기술의 경쟁적 우위(competitive advantages of capital and technology)가 잠식될 수도 있다. 달리 표현하면, 투자국의 산업 空洞化(industry hollow out)가 심화될 수도 있다. 만일 투자국이 새로운 첨단기술 산업을 발전시키게 되면, 공동화를 방지할 수도 있다.

③ 조세피난처(tax havens) 활용, 이전가격(transfer prices) 조작, 투자수입국이 제공하는 조세유인(tax incentives) 활용 등을 통한 소속 글로벌기업들의 절세/탈세 행위 때문에, 투자국 정부들의 조세수입이 감소될 수도 있다. 투자국 정부들이 탈세행위 등을 철저히 막으면, 조세수입의 감소를 막을 수도 있다.

2) 투자수입국 입장에서 본 외국인직접투자의 비용-편익

투자수입국(예컨대 한국 포함)이 외국인 기업의 직접투자를 유치할 때도, 그리고 외국인 기업(예컨대 한국기업 포함)이 잠재적 투자수입국에 직접투자를 할 때도, 아래와 같은 비용-편익을 반드시 고려해야 한다.

(1) 자원이전으로 경제 · 기업성장과 안정성에 기여

① 외국계통 글로벌기업들은 직접투자를 통하여 투자수입국들에게 특허 · 자본 · 정보 · 기술 · 경영노하우 등 다양하고도 큰 규모의 기업자원을 일종의 패키지(a package)로 이전/공급함으로써, 투자수입국들의 경제와 기

업을 성장시키고 안정시키는 등의 편익을 제공한다.

② 투자수입국들이 자원이 부족한 개도국들일수록, 얻게 되는 그런 편익은 상대적으로 많다고 할 수 있다.

(2) 국제수지에 미치는 영향

① 외국계통 글로벌기업들의 직접투자로 인한 자본유입(capital inflow)은, 단기적으로는 투자수입국들의 국제수지를 개선시킬 수도 있다.

② 그렇지만, 외국인 투자기업들에 의한 원리금 · 이익배당 · 피이 · 로얄티의 해외상환(overseas remittances) 및 해외로부터의 자본재 · 중간재 · 원자재 수입증가로 인한 자본유출(capital outflow) 때문에, 장기적으로는 국제수지를 악화시키는 등 투자수입국들에게 비용을 부담시킬 수도 있다.

(3) 경쟁에 미치는 영향

① 외국계통 글로벌기업들과 효과적으로 경쟁할 수 있기 위해서도 자체 경쟁력을 강화해야만 하기 때문에, 구조조정 · 기술혁신 · 생산성 향상 · 기타 경영혁신을 통하여 투자수입국 현지기업들의 경쟁력이 실제로 강화되는 편익이 초래될 수도 있다.

② 그렇지만 경쟁력 강화에 실패한 투자수입국 기업들 중에는, 외국계통 글로벌기업들과의 경쟁에 패배하여, 도산하는 것들이 늘어날 수도 있다. 경쟁력을 완전히 상실한 몇몇 현지 산업들은, 완전히 몰락할 수도 있다.

(4) 주권의 손상

① 직접투자를 통하여 외국계통 글로벌기업들이 침투를 확대하게 되면, 따르는 비용의 일부로서 투자수입국들의 주권(sovereignty)은 손상될 수 밖에 없다는 견해가 많다.

② 글로벌 이익 최대화에 목적을 둔 글로벌기업들의 글로벌경영전략 및 기타 주요 의사결정은 투자국들에 위치한 모기업들에서 이루어지므로, 모기업들은 투자수입국들의 권익(interests)을 등한히 하고 주권을 실제로 침해하는 경우도 많기 때문이다.

(5) 비용-편익 평가시의 고려 사항

① 외국계통 글로벌기업들의 해외직접투자가 투자수입국들에 미치는 긍정적 · 부정적 파급효과를 평가할 때에 빼놓을 수 없는 요소는, 만일에 글로벌기업들의 직접투자가 이루어지지 않았다면, 투자수입국들에 어떠한

상황들이 벌어졌을 것인가를 상상해 보는 것이다.

예컨대, 글로벌기업들의 직접투자를 전연 받아들이지 못하고 차관 도입까지 할 수 없었다면, 한국과 같은 신흥공업국들은 물론이고 영국과 같은 선진국들까지도 현재와 같은 상태로 국민경제와 기업이 발달할 수 있었겠느냐를 상상해 보아야 한다.

② 그렇기 때문에도 외국인 기업들의 직접투자가 투자수입국들에게 어떠한 비용과 편익을 제공하는가를 평가할 때는, 흑백논리식으로 결론을 내리기가 어렵다. 투자수입국들의 정부행정능률정도 · 정부정책 · 기업전략 등에 따라서 그리고 그들이 각기 당면한 정치 · 경제 · 기업 등의 환경상황에 따라서, 결론이 달라질 수 있기 때문이다.

북한은 체제유지 목적으로 민주주의 정치사상, 자유시장경제 등의 사상이 같이 따라 들어오는 것을 막기 위해 외국으로부터 자본 · 특허 · 기술 · 경영기법 등의 도입 · 활용을 극도로 제한하고 있어서 1970년대까지 남한보다 국민경제규모가 컸지만 1970년대 이후부터는 모든 경제측면에서 남한보다 상당히 뒤떨어져가고 있다(예증 6-5 남북간 경제비교 참조).

5. 해외직접투자를 지배하는 주체는 단연 글로벌기업들

1) 해외직접투자를 지배하는 글로벌기업들의 공통적 특성

(1) 1990년대 초부터 21세기까지 진행되고 있는 글로벌경영 환경변화가 주는 가장 중요한 전략적 시사점 중의 하나는 ① 우리나라기업들을 포함한 지구촌의 유수한 기업들이 "단일 글로브, 단일 글로벌시장"을 형성하는 다양한 고객들의 니즈를 충족시킬 수 있는 진정한 global players(글로벌기업들)가 되려면, ② 글로벌 경쟁력강화(strengthening global competitiveness)에 전략적 초점(strategic focus)을 맞추고서, ③ 해외직접투자전략과 해외직접투자가 역시 몰입되는 글로벌 M&A전략 등을 반드시 지속적으로 확대해야 한다는 것이다.

(2) ① 그런 전략적 시사점을 주는 21세기 현재까지의 글로벌경영 환경변화에 가장 공격적으로 대응하는 전략들인 해외직접투자와 글로벌 M&A 등을 지속적으로 그리고 효과적으로 확대활용하고 있는 경영활동주체들은

바로 선진국계통의 글로벌기업들이다. ② 그 결과로 21세기 현재, 모든 선진국계통 글로벌기업들의 해외직접투자 합계가 총누적 세계직접투자의 90% 이상을 차지하고 있다.

(3) 선진국계통 글로벌기업들은 공통적 특성의 하나로서, ① 글로벌경영 환경변화에 효과적으로 적응 · 대응하면서 글로벌경쟁력을 강화하는 데 목적을 둔 FDI expansion · business/organization restructuring · downsizing · benchmarking 등을 통한 변형(transformation), 적응(adaptation), 재탄생(rebirth), 부활(revival)의 전통을 지니고 있고, ② 그래서 생존력(survivability)과 성장성(growthness)이 상대적으로 뛰어나다.

2) 해외직접투자를 하는 글로벌기업들을 가장 많이 보유한 국가들의 예시

(1) 해외직접투자를 많이 하는 Fortune 500대 글로벌기업들을 가장 많이 보유한 국가들의 예시는(연도별로 구체적 순위와 수는 물론 어느 정도 변경되지만) 아래와 같다.

United States(176개), Japan(81), France(39), Germany(37), United Kingdom(35), China(25), Korea(14), Canada(13), Netherlands(12), Swiss(12), Italia(8), Sweden(6)

(2) 여기서 우리나라기업들과 그 글로벌경영자들이 교훈을 받아야 하는 것은, 국내시장이 협소한 네덜란드 · 스위스 · 스웨덴 등 강소국들(small but economically strong countries)도 그들의 기업들이 일찍부터 해외직접투자를 계속 확대함으로써, 글로벌기업들을 많이 보유한 국가들에 포함되어 있다는 사실이다.

제2절 해외직접투자의 성격과 동기

1. 해외직접투자의 용도, 성격, 중요성

해외시장에 침투하는 글로벌경영전략들 중에서 가장 주축전략(the main strategy)인 해외직접투자전략(foreign direct investment strategy)의 용도, 성격, 중요성은 아래와 같다.

즉 FDI전략은 기업들이 (1) 해외시장에 침투하는 데 활용하는 가장 주축전략이다.

(2) 글로벌기업으로 발전하는 데 가장 중요한 필수전략이다.

(3) 기존 글로벌기업들이 지속적으로 글로벌경영을 확대하려면 반드시 증대해야 하는 전략이다.

(4) 글로벌시장 · 지역시장 · FTA시장 · 국가시장 등 4개 차원 해외시장들에서 발생하는 경영 환경변화에 가장 능동적으로 적응 · 대응케 하는 전략이다.

(5) 여타 해외시장 침투 전략들에 비하여 자본 · 자금 · 기술 · 정보 등 기업자원이 훨씬 많이 투입되는 비싼 전략(much more expensive strategy)이기 때문에, 따를 수 있는 투자리스크(investment risk) 역시 상당히 클 수도 있는 전략이다.

2. 기업이 해외직접투자를 하는 일반적 동기

개별기업들이 해외직접투자를 실시하는 기본동기들(basic motives)은, 일반적으로 아래와 같다.

(1) 서브하는 시장을 전체지구촌으로 확장함으로써 해당 기업체가 달성하고자 하는 핵심역량에 바탕한 ① 글로벌화, ② 기술발전, ③ 비용절감과 품질균일화, ④ 주력업종에서의 시장 리더십, ⑤ 시장 커버리지, ⑥ 매

출규모, ⑦ 현금유입 규모 및 이익규모, ⑧ 자기자본 회수율, ⑨ 자산규모 등 추구하는 기업목적들을 최대화하려는 동기

(2) 지구촌 어디로부터이든지 경영자 · 노동력 · 원부자재 · 자금 · 특허 · 기술 등 기업자원을 가장 합리적으로/최저코스트로 소싱(취득, 조달)하려는 동기

(3) 연구개발 입지, 기업자원 소싱(취득, 조달)원천, 제조입지, 서브하는 시장 등을 지구촌 차원에서 지리적으로 다변화함으로써, 글로벌경영효율을 최대화하면서 글로벌경영 리스크를 분산시키려는 동기

(4) 연구개발 · 제조 · 유통 등 부가가치창출 활동들을 지구촌 차원에서 최적으로 분업화하고 네트워킹하여 글로벌경영 시너지효과를 최대화하려는 동기

(5) 글로벌시장 · 지역시장 · FTA시장 · 국가시장 등 4개 차원 시장별 경영환경변화에 효과적으로 적응 · 대응하는 동시에 그런 환경변화를 오히려 이익적으로 활용(profitably take advantage/exploit)하려는 동기

(6) 한국과 같은 나라들의 경우, 本社國내의 반기업정서(anti-business sentiment), 정부의 과다한 기업 규제, 정부-정치권의 부정부패 등으로부터

그림 12-2 한국에서의 반기업정서

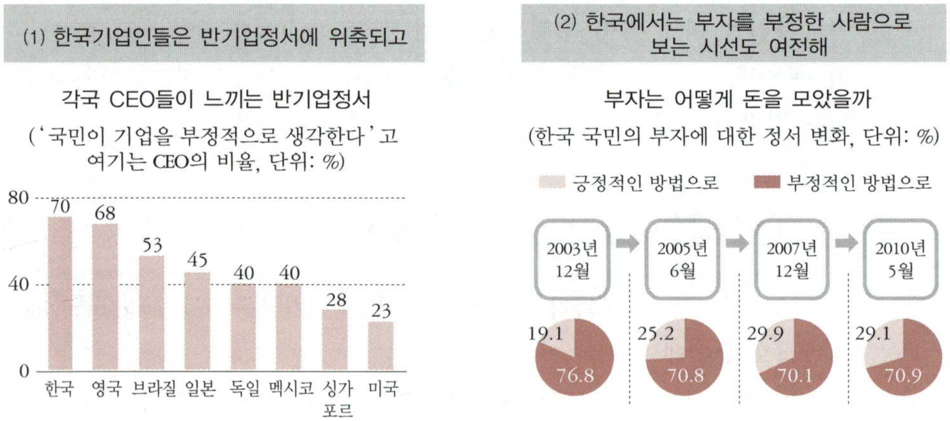

자료: 경영컨설팅사 액센츄어 조사
(응답: 22개국 CEO 880명).

자료: 대한상공회의소
(응답: 20세 이상 성인남녀 1000~2000명).

벗어나 경영환경이 좋으면서 시장규모가 큰 국가시장 또는 지역시장으로 침투를 확대하려는 동기(그림 12-2 참조).

제3절 투자동기에 입각한 해외직접투자의 유형

(1) 투자동기들(investment motives)에 입각한 해외직접투자의 유형들(types of foreign direct investment)은 아래와 같다.

(2) 아래의 투자동기들은 상호배타적(mutually exclusive)인 것이 아니다. 한 건(件)의 해외직접투자를 하더라도, 예컨대 일차적 동기(primary motive)는 시장확장에 두고 이차적 동기(secondary motive)는 자원추구에 둘 수도 있기 때문이다.

1. 시장확장 동기 해외직접투자

1) 시장확장 해외직접투자의 컨셉트

시장확장 해외직접투자(market-expansion FDI)는, 표현 그대로 침투 확대를 통하여 서브하는 해외시장을 국가시장들 → FTA시장들 → 지역시장들 → 글로벌시장으로 확장하려는 동기로 해외직접투자를 하는 것을 말한다(예증 12-1 참조).

예증 12-1 현대 · 기아차 글로벌 생산기지 및 연간생산능력

"북미 시장에서 연간 30만대 이상 팔릴 수 있는 차를 만들도록 하라."

2005년 5월 미국 앨라배마 공장 준공을 마치면서 정몽구 회장이 숨쉴 틈도 주지 않고 임원들에게 내린 특명이다. 당시 전성기를 누리던 도요타 캠리의 연간 북미 판매량이 40만대. 정 회장의 지시는 글로벌 톱 메이커 진입을 의식한 것이었다. 임원들 중에는 밤잠을 자지 못하는 이들이 수두룩했다. 이로부터 5년 뒤 탄생한 신형 쏘나타가 2010년 2월 미국 시장에 출격했다.

현대 · 기아차 생산기지 및 연간생산능력 (단위: 만대)

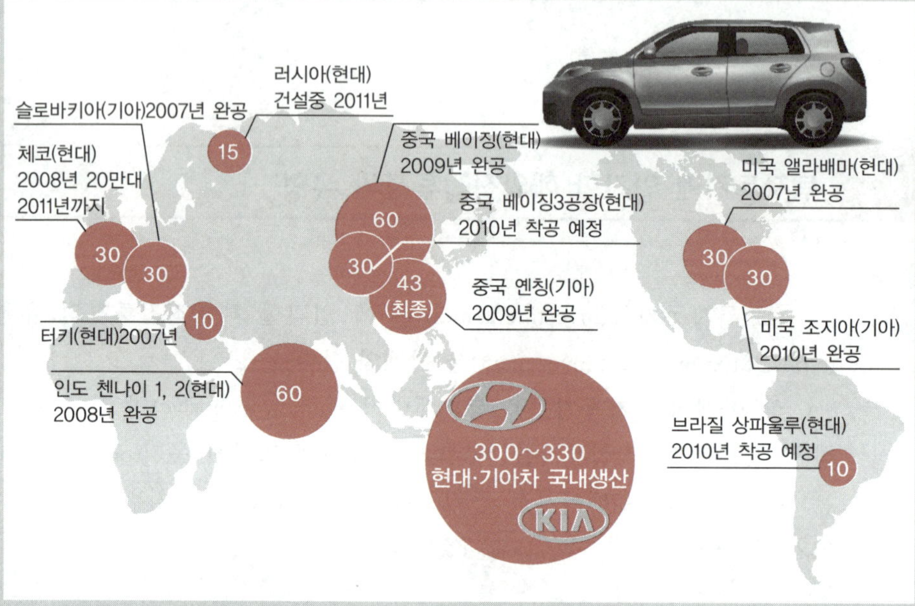

조지아 공장 완공…2010년 4월엔 브라질 공장도 착공
年생산능력 2012년 680만대 글로벌 톱 수준
'그랜드 품질' 제도 가동 "한단계 도약할 호기"

현대 · 기아차의 글로벌 전략이 2010년 중요한 시험대에 올랐다. 인수합병 없이 국내 부품사와 동반 진출이라는 특징을 갖는 현대 · 기아차의 글로벌 전략의 첫 관문은 2010년 2월 신형 쏘나타의 미국 안착이었다.

2010년 2월에는 미국 조지아 공장이 준공식을 갖고, 2010년 3월에는 베이징 3공장, 2010년 4월에는 브라질 공장 등이 착공됐다. 이로써 현대 · 기아차는 브릭스(BRICs 브라질, 러시아, 인도, 중국)를 포함, 북미, 남미, 아시아, 유럽 등 4대륙에 걸친 글로벌 전략을 완성했다. 계획대로라면 현대 · 기아차의 연간 생산능력은 2012년까지 최소 651만대에서 최대 680만대까지 늘어난다.

자료: 한국일보

2) 시장확장 동기 해외직접투자가 바람직한/필수적인 상황

(1) 해외시장까지의 높은 총착륙원가

① 제품을 국내 또는 해외시장현지에서 생산할 것인가를 결정할 때는, 생산원가보다는 해외시장 현지까지의 총착륙원가(total landed cost; 생산비+물류비+관세 등)가 더욱 결정적인 요소이다.

② 그러므로 국내생산제품의 수출물류비와 관세가 높아서 해외시장 현지까지의 총착륙원가마저 해외시장 현지생산원가보다 높은 상황하에서는, 해외시장에 판매하기 원하는 한, 제품을 해외시장 현지에서 생산하기 위해서도 필수적으로 해외직접투자를 해야 한다.

(2) 높은 국내 경영활동 비용

높은 인건비, 부패비용, 관료비용, 토지비용과 임대비용, 노조의 강직성에 따른 비용 등 국내에서 기업활동을 하는 데 소요되는 비용이 지나치게 높아서 생산제품을 경쟁력을 가지고 수출할 수 없을 때는, 해외시장을 서브하기 원하는 한, 해외직접투자를 해야 한다.

(3) 국내생산 용량 부족

① 국내생산시설에 잉여용량이 존재하는 한, 높은 수출물류비와 관세에도 불구하고 특정 기업체는 제한된 수의 수출시장들을 서브할 수도 있다.

② 그렇지만 국내생산시설에 잉여용량이 존재하지 않는 상황하에서는, 또는 주요해외시장들에 높은 수입장벽이 존재할 때는, 해외시장을 효과적으로 서브하고 확장하기 원하는 한, 단계적으로 해외생산용량을 새로이 갖추고 늘리면서 지리적으로 분산시키기 위해서도 단계적으로 많은 해외직접투자를 해야 한다.

(4) 생산규모의 경제 실현

① 자동차 · 반도체 · 볼 베어링 등 국내외에서 다 같이 과점산업에 속하는 제품들을 경제적으로 생산하려면 생산시설 · 기기 등에 대규모 고정투자를 해야 한다. 그렇기 때문에, 생산량을 늘릴수록 단위당 생산원가는 증가적으로 감소(increasingly decrease)하는 반면에 단위당 이익은 증가적으로 증가(increasingly increase)하는 것이 일반적이다.

국내생산된 그런 제품들의 상당부분이 수출되고 있는 것은, 생산규모의 경제(production scale economies) 때문에 실현되는 원가절감/이익증대를 가지고 수출물류비와 관세를 극복할 수 있기 때문이라고 보아야 한다.

② 그렇지만 생산원가절감으로 수출물류비와 관세를 극복할 수 없는 상황하에서는, 그것에 더하여 서브하는 해외시장의 규모마저 생산규모의 경제를 실현하기에 충분할 정도로 큰 상황하에서는, 특정 제품들을 해외시장 현지생산-마케팅하기 위해서도 해외직접투자를 해야 한다(예증 12-2 참조).

예증 12-2 한국타이어 "中에 제 3 공장 건설"

연산 4,000만개로 늘리고 프리미엄·중저가 시장 동시공략

한국타이어가 중국 제 3 공장 건설을 추진하고 있다. 공장신설로 중국 내 생산 역량을 연간 4,000만개 안팎까지 끌어올린다는 구상이다.

한국타이어는 또 중국의 프리미엄 및 중저가 시장을 동시에 공략하기 위해 새로운 브랜드 도입도 검토하고 있다.

생산량 증대와 브랜드 전략을 통해 현재 20%로 중국 승용차 타이어 시장 1위인 점유율을 오는 2015년 25%까지 높일 방침이다.

한국타이어 중국 생산 현황

구분	자싱 공장	장쑤 공장
위치	저장성 자싱	장쑤성 화이안
생산능력	1,900만개/연	1,000만개/연
근무인원	3,350명	3,600명
근무형태	4조3교대	4조3교대

자료: 한국타이어

한국타이어 중국지역본부는 "중국에 있는 두 개 공장을 풀가동해도 공급에 애로가 있어 제 3 공장을 신설하는 방안을 계획하고 있다"고 밝혔다.

"공장신설로 결정되면 중국 서부 지역에 연간 생산량 1,000만개 규모의 공장을 건설하게 될 것"이라고 덧붙였다.

한국타이어는 현재 중국 저장성(浙江省) 자싱(嘉興)과 장쑤성(江蘇省) 화이안(淮安) 등 두 곳의 공장에서 연간 2,900만개의 타이어를 생산하고 있다.

한국타이어가 중국에 제 3 공장을 신설하면 국내외 생산공장은 모두 6개(국내 2개, 중국 3개, 헝가리 1개)로 늘어나고 전체 연간 생산량 역시 현재 8,500만개에서 목표치인 1억개에 바짝 다가서게 된다.

한국타이어는 또 중국시장 점유율 증대와 수익성 제고를 위해 멀티브랜드 전략을 함께 구상하고 있다.

자료: 서울경제

(5) 해외시장들의 무역제한 조치

① 여러 가지 이유로 많은 국가시장들 · FTA시장들 · 블럭화된 지역시장들은 관세장벽과 비관세장벽을 높이는 등 무역제한 조치들(trade restrictions)을 취하고 있어서, 국내생산제품 수출전략만으로 해외시장을 서브하는 것은 실행불능(impractical)한 경우가 많다.

② 그런 상황하에서, 수입장벽이 높은 해외시장들을 이익적으로 서브하기 원하는 한, 기업들은 제품들을 해외시장 현지생산-마케팅을 하기 위해서도 해외직접투자를 해야 한다.

(6) 해외시장들의 일반소비자 및 생산업체의 구매행동

① 해외소비자들의 구매행동 역시, 특정 국가에서 생산된 경쟁력 있는 제품들의 해외시장판매에 제한(limitations)을 가하는 경우가 많다.

해외시장의 일반소비자들이, 그들의 수요에 맞게 외국산 수출제품의 대폭적 개조를 요구하거나 수출제품과는 원료 · 성분 · 규격이 상당히 다른 제품을 수요하기 때문에 수출을 통한 규모의 경제를 실현불능토록 만드는 것, 민족주의 · 외국제품은 열악하다는 믿음 · 이미지가 나쁜 생산국에서 온 제품의 구매회피 · 수입제품의 애프터서비스 및 대체부품 획득은 어려울 것이라는 두려움 등 때문에, 더 비싸더라도 현지생산 제품의 구매를 선호하는 것이 그러한 제한의 예들이다.

제조업체들의 경우에는, 해외에서 소싱하는 부품 · 반조립품 등이 제대로 배달되지 않아서 당면할 수도 있는 배달리스크(delivery risk) 등을 회피하기 위해서도, 해외생산 부품 · 반조립품 등의 구입을 제한할 수도 있다.

② 그래서 해외시장 일반소비자들과 생산업체들이 부과(impose)하는 그런 해외시장판매제한을 극복하기 원하는 한, 기업들은 판매제품들을 해외시장에서 현지생산-마케팅하기 위해서도 해외직접투자를 해야 한다.

(7) 고객인 최종조립업체 추종

① 많은 국내 협력/하청/공급업체들은, 많은 국내제조기업들이 수출하는 완성제품들에 내포(embody, built-in)되는 부품 · 성분 · 서비스 등의 국내판매를 통하여, 간접적인 수출판매를 하고 있다.

② 그런데 예컨대 자동차 · 가전제품 등의 최종조립업체들이 해외직접투자를 실시하여 해외시장 현지생산활동을 전개하는 상황하에서는, 해외시

그림 12-3 한국 중소기업 40%정도 해외로(특히 중국으로) 이전했거나 이전하려는 이유

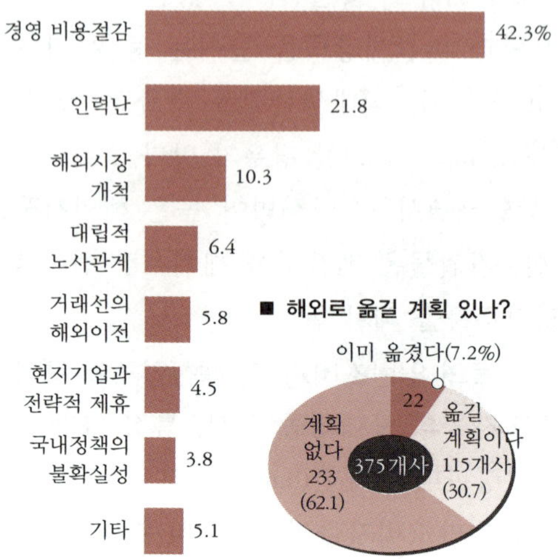

자료: 중소기업협동조합중앙회.

장에서 현지생산한 경쟁력 있는 부품 · 성분 등을 최종조립업체들에게 계속 판매하기 원하는 한, 공급업체들 역시 최종조립업체들을 추종(following final assemblers)하는/동반진출하는 해외직접투자를 해야 한다(그림 12-3 및 예증 12-1 참조).

(8) 본사국과 해외의 비교원가 변동

① 특정 기업체는, 그 본사국이 원가우위가 있는 한, 계속 성공적으로 수출을 할 수도 있다. 그런 본사국 원가우위(home country cost advantage)는 노임 · 원부자재 가격 등 개별생산요소들의 가격, 해당 기업체 완제품생산 운영의 규모 및 생산성, 해당 제품의 생산공정 · 공업표준 · 환경기준 등에 대한 각종규제, 수출물류비를 포함한 해당 완제품의 해외시장 현지까지의 착륙원가 등 여러 가지 요소들에 의해 판가름된다.

② 그런 요소들에 영향을 미치는 환경 조건들 중에서 어느 하나도 변동하지 않는 것은 없기 때문에, 최저원가 생산입지(the least-cost production location)는 시간의 흐름에 따라 얼마든지 변동될 수가 있다.

③ 실제로 비교원가(comparative costs)가 변동하여 본사국이 더 이상 최저원가생산입지가 아닌 상황하에서는, 해외시장에 계속 성공적으로 판매하

기 원하는 한, 해당 기업들은 해외시장 현지생산－마케팅을 위해서도 해외직접투자를 실시해야 한다(그림 12-3 참조).

2. 자원추구 동기 해외직접투자

1) 자원추구 해외직접투자의 컨셉트

자원추구 해외직접투자(resource-seeking FDI)는, ① 소싱－생산－마케팅활동의 전방통합(forward integration)과 후방통합(backward integration) 등 수직적 통합(vertical integration), ② 생산활동의 합리화, ③ 원부자재 · 부품 · 노동력 · 기술 등 해외생산요소들에 대한 쉬운 접근(easy access), ④ 제품수명주기의 연장, ⑤ 외국정부제공 투자유인 활용 등에 동기를 두고, 기업들이 기업자원들(corporate resources)을 의식적으로 찾아가서 해외직접투자를 하는 것을 말한다.

2) 자원추구 동기 해외직접투자의 유형

(1) 자연자원 추구 해외직접투자

① 자연자원 추구 해외직접투자(natural resource-seeking FDI)는, 원유 · 광물과 같은 지하자원, 농업자원 · 임산자원 같은 지상자원, 수산자원 등을 개발하기 위하여 해외직접투자를 하는 것을 말한다(예증 12-3 참조).

② 기업들이 그런 해외직접투자를 하는 동기는, 본사 및 그 해외자회사들이 합리적으로 생산 · 마케팅활동을 할 수 있도록 원자재를 저렴하게 안정적으로 공급하는 것, 본사국의 타기업들에 판매하는 것, 글로벌시장에 판매하는 것 등이다.

(2) 생산요소 추구 해외직접투자

① 생산요소 추구 해외직접투자(production factors-seeking FDI)는, 해외에 존재하는 저렴하고도 풍부한 원부자재 · 부품 · 노동력 · 기술 등 생산요소들에 효과적으로 접근하여 이익적으로 활용하려는 동기로 해외직접투자를 하는 것을 말한다.

② 생산요소들 중에서, 자본(capital)은 국경초월 이전성(cross-border transferability)이 비교적 높은 편이다. 그렇지만 노동력(labor)의 국경초월 이

동성(cross-border mobility)은 법률적 제한이 많은 편이며 그중에서도 특히 고급 기술자 · 연구인력 등은 법률보다는 기타 제한조건 때문에 국경초월 이동성이 극히 낮다. 토지(land)는 국경초월 이동성이 전연 없다.

③ 그러므로 기업들은, 그런 생산요소들이 저렴하고 또한 풍부한 국가/지역들에서 현지시장용 그리고/또는 제3국 수출시장용 제품들을 생산하고 싶은 동기가 있는 한, 아래와 같은 생산요소 추구 해외직접투자를 해야 한다.

- 저노임 노동력이 풍부한 국가들을 해외저원가생산기지로 활용하려는 동기의 노동력 추구 투자(labor-seeking FDI)(그림 12-3 참조)
- 첨단기술을 습득 · 연구 · 개발하고 첨단제품을 개발하려고 기술선진국에서 연구소 · 제조시설들을 신설/매입인수하려는 동기의 기술 추구투자(technology-seeking FDI)
- 특수 원자재가 충분히 가용한 해외현지국에서 제품들을 현지생산하려는 동기의 원자재 추구 투자(raw material-seeking FDI)(예증 12-3 및 12-4 참조)
- 자금(fund, capital)을 투자유인으로 제공하는 국가 · 州 등에 투자하는 자본 추구 해외직접투자(capital-seeking FDI) 등

예증 12-3

국내 기업들이 공동 참여한 에너지 개발

광구(사업)명	구분	한국 지분(%)	국내 참여 기업
미국 멕시코만 해상광구	원유 · 가스	100	한국석유공사 · 삼성물산
카자흐스탄 블록8	원유	100	LG상사 · SK에너지 · 대성산업 · SK가스
중국 마황산서	원유	88	한국석유공사 · 삼성물산
베트남 11-2	가스 · 초경질원유	75	한국석유공사 · LG상사 · 대성산업 · 대우인터내셔널 · 현대종합상사 · 삼환기업 · 서울도시가스
카자흐스탄 ADA	원유	75	한국석유공사 · LG상사
미얀마 A-1, A-3	가스	70	대우인터내셔널 · 한국가스공사(지분 조정 예정)
우즈베키스탄 수르길	가스	50	한국석유공사 · 호남석유화학 · LG상사 · SK가스 · STX에너지

오만 부카	가스	50	LG상사 · 효성 · 금호석유화학
카자흐스탄 에기즈카라	원유	50	LG상사 · 한국석유공사
러시아 서캄차카	원유	40	한국석유공사 · 한국가스공사 · GS칼텍스 · SK에너지 · 대우인터내셔널 · 금호석유화학 · 현대종합상사
페루8	원유	40	한국석유공사 · 대우인터내셔널 · SK에너지
카자흐스탄 잠빌	원유	27	한국석유공사 · SK에너지 · LG상사 · 현대하이스코 · 삼성물산 · 아주산업 · 대우조선해양 · 대성산업
베트남 15-1	원유	23.25	한국석유공사 · SK에너지
예멘 마리브 LNG	가스	21.43	한국가스공사 · 한국석유공사 · 현대종합상사 · SK에너지 · 삼환기업
오만 OLNG	가스	5	한국가스공사 · 삼성물산 · 현대종합상사 · 대우인터내셔널 · SK에너지
카타르 라스라판	가스	5	한국석유공사 · 삼성물산 · SK에너지 · 현대종합상사 · LG상사 · 대성산업 · 한화

주: 해외자원개발에 참여하고 있는 한국기업들 중에는 SK(주)를 비롯하여 대우 · 현대 · 삼성 · LG · GS 등 종합상사들이 수출입대행업에 추가하여 점증적으로 해외자원개발에 몰입하고 있다. 그 목적은 물론 高유가와 高원자재 값을 극복하기 위해서이다.

자료: 중앙경제.

국내 기업의 해외자원개발 투자

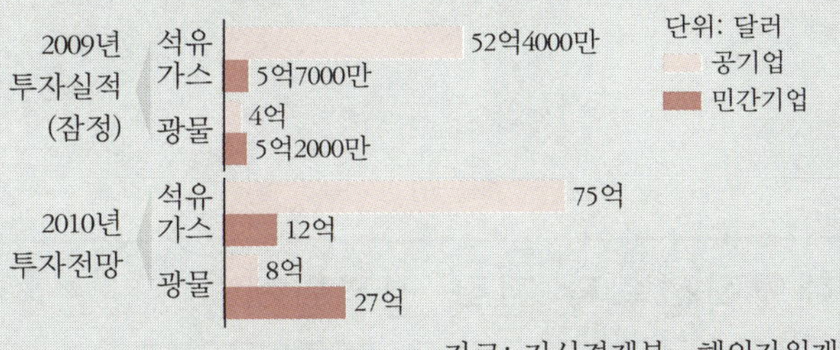

자료: 지식경제부 · 해외자원개발협회

예증 12-4 SK그룹 최태원 회장의 "SK글로벌 전략 모델" – 자원 개발서 완제품 수출까지 수직계열화

최태원 SK그룹 회장이 2010년 6월에 5박6일 일정으로 페루 출장을 다녀왔다. 인천공항을 출발해 미국 로스앤젤레스(LA)를 경유해 페루의 수도 리마로 들어간 뒤 다시 육상으로 이동하는 지구 반대편까지의 대장정이었다. 비행시간만 44시간이고, 환승과 육상 이동까지 포함하면 왕복으로 이동하는 데만 꼬박 이틀이 더 걸리는 여정이었다.

SK그룹의 사활을 건 SK차이나 출범이 한 달도 채 남지 않은 상황에서, 최 회장이 이런 출장을 감행한 이유가 있다. 표면적인 이유는 SK에너지의 페루 LNG공장 준공식 참석이었지만 최 회장에게는 '페루 모델'의 출범 선언이 더 중요했다.

SK는 2010년 6월 10일(현지 시각) 리마 남쪽 팜파 멜초리타에 LNG공장을 준공함으로써, 페루 내륙지역 광구에서 천연가스를 생산하고, 이를 408km에 이르는 가스관으로 LNG공장으로까지 수송한 뒤, 액화상태로 만들어 해외로 수출하는 체제를 완성했다. 해외 현지에서 '수직계열 자원개발 생산체제'를 갖추는, 이른바 SK의 '페루 모델'이다.

최 회장도 이날 "개발과 수송, 제품 생산, 수출에 이르기까지 자원과 관련된 전 과정에 SK가 직접 참여하게 됐다"며 "현지에서 이런 수직계열 생산체계를 갖추는 것이 목표이고 그 첫 사례가 페루"라고 강조했다. 최 회장은 한발 더 나아가 석유화학 제품까지 페루에서 생산하기 위해 대규모 석유화학 공장 건설을 추진 중이다.

최 회장은 '페루 모델'을 아프리카와 동남아 등 현재 자원 개발을 진행 중인 해외에도 적용할 계획이다.

SK 관계자는 "페루가 앞으로 SK 글로벌 전략의 모델이 될 것"이라고 말했다.

자료: 조선경제

제4절 해외직접투자 전략 결정단계

1. 해외직접투자는 최고경영층이 책임지고 최종결정해야

해외생산시설 등 구체적 프로젝트들(specific projects)에 해외직접투자 자체를 할 것인가 여부는, 해당 글로벌기업들의 최고경영층이 반드시 책임지고 최종결정해야 할 가장 어렵고도 중대한 과제들 중의 하나이다. 그 이유는 아래와 같다.

(1) 해외직접투자 결정은, ① FDI가 지닌 고정/매몰투자의 성격 때문이

예증 12-5 세계 최대 '칠레 리튬 광구' 한국이 접수한다

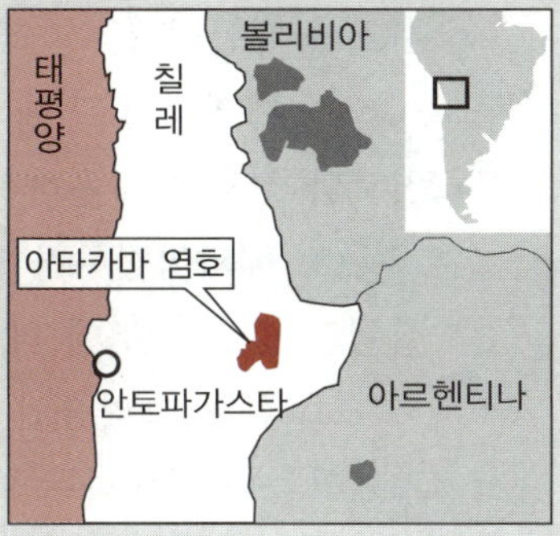

한국광물자원공사와 삼성물산으로 꾸려진 우리나라 컨소시엄이 세계 최대 리튬 개발 광구인 칠레 아타카마(Atacama) 염호에서 '백색 황금' 리튬 생산에 나선다.

삼성물산 상사부문 사장과 광물공사 사장은 2010년 11월 15일(현지시간) 칠레 수도 산티아고에서 아타카마 염호 광구원을 소유한 에라수리스 그룹의 사장과 지분 인수 및 투자 계약을 맺었다.

이에 따라 삼성물산과 광물공사는 총 1억9,000만 달러를 투자해 리튬 광구개발을 위한 특수목적법인(SPC)의 지분을 각각 18%, 12%씩 인수하고 단계별로 리튬 생산 인프라를 구축, 운영한다.

광물자원公 · 삼성물산 아타카마 염호 투자 계약 지분 30% 확보하고 年 2만톤 생산 공장 건설

먼저 2011년 아타카마 염호의 서부지역에 염수를 추출하고 증발 · 정제하는 시설을 짓고, 2013년 말까지 연간 2만 톤(2009년 국내 수요량의 4배) 규모의 탄산리튬 생산 공장을 칠레 제 2 의 도시 안토파가스타시 인근에 건설한다. 리튬은 반응성이 높은 금속으로 주로 탄산리튬, 수산화리튬, 염화리튬 등의 화합물 형태로 가공해 유통되며, 탄산리튬은 리튬이온 2차 전지의 핵심원료로 리튬 1톤에서 약 5.3톤의 탄산리튬을 생산할 수 있다. 특히 이번 계약은 생산이 가능한 좋은 질의 리튬 광구 지분을 인수한 국내 첫 사업이라는 점에서 큰 의미가 있다. 삼성물산 관계자는 "생산된 리튬 전량에 대한 판매권을 확보함으로써 국내 2차전지 생산 회사 등 관련 산업에 시너지를 낼 수 있는 기회를 제공할 수 있다"며 "앞으로 시설 확충을 통해 생산량을 4만톤까지 늘릴 계획"이라고 밝혔다.

산티아고에서 북쪽으로 1,200km 떨어진 아타카마 염호는 해발 2,300m고지에 있는 광활한 지역으로, 에라수리스 그룹이 소유한 광구의 총 면적은 서울시 면적($604km^2$)보다 넓은 약 $700km^2$에 달한다.

이 곳은 리튬 매장량이 300만톤에 이르며 현재 전 세계 리튬 소비량의 약 45%를 공급하는 세계최대 리튬 생산 광구이다.

자료: 한국일보

다. ② 투자회수가 가능할 때까지 적어도 몇 년간 특정 외국에서 현지 생산 시설을 갖춘 현지 생산자회사를 운영하게끔 해당 기업체를 커미트(commit) 시키기 때문이다.

(2) 합리적으로 해외직접투자 결정을 하는 데는 필요한 만큼의 충분한 첩보와 정보가 가용하지 않은 경우가 많기 때문이다.

(3) 해외직접투자 결정은, 과거에 행했던 해외직접투자의 결정 및 그 실행의 성패 여부에 의해서도 영향을 받기 때문이다.

(4) 현재 고려중인 해외직접투자 결정은, 미래에 해외직접투자 프로젝트대안들을 선택하는 데도 영향을 미칠 수밖에 없기 때문이다.

(5) 해외집적투자 결정에 개입되는 글로벌경영자들의 개인적 가치관과 신조 역시, 투자결정과정에 중대한 영향을 미치기 때문이다.

(6) 글로벌경영 환경과 투자수입국(현지국)의 투자환경은 계속 급변하기 때문에, 합리적인 것으로 보이는 해외직접투자 결정도 빗나갈 확률이 높기 때문이다.

그렇기 때문에도 해당 글로벌기업들의 최고경영층이 구체적 프로젝트들에 대한 해외직접투자 결정을 할 때는, 그에 앞서서 반드시 아래의 두 가지 중요한 단계를 밟아야 한다.

2. 해외직접투자 전략 결정 및 해외투자 프로젝트계획 최종 승인 단계

1) 해외직접투자 전략을 결정하는 단계

(1) 해당 글로벌기업들은 우선 이미 결정한 글로벌경영 철학 · 사명과 그에 바탕한 전략적 글로벌경영 계획의 테두리 속에서, 해외직접투자 전략(매입인수전략을 포함한 foreign direct investment strategy)을 수립해야 한다.

(2) 해외직접투자 전략은 해당 기업체로서는 그 전반적 글로벌경영목적들을 달성하기 위하여 동원하는 전략들 중의 하나이므로, 해외직접투자 결정은 반드시 ① 해당 기업체가 이미 수립해 놓은 전략적 글로벌경영계획의 테두리 속에서 그리고 ② 해당 기업체의 운영전략들(operations strategies)과 통합(integrate)되고 네트워킹(networking)되게 행해야 한다. ③ 그래야만 그 기업체는 비로소 글로벌경영관리를 합리적(efficiently, effectively, and eco-

nomically를 합친 rationally)으로 수행할 수 있기 때문이다.

2) 해외투자 프로젝트계획 최종 승인받는 단계

(1) 이어서, 이미 결정된 해외직접투자 전략의 테두리 속에서, 구체적 해외투자 프로젝트들(specific foreign investment projects)에 대한 실천계획을 수립하고서 최고의사결정자의 승인을 받는 단계를 밟아야 한다.

(2) 그 이유는, ① 예컨대, 신규투자프로젝트(new investment project)나 확장투자프로젝트(expansion investment project)를 착수하려 할 경우, 해외의 기업체나 공장을 매수(acquisition)하는 경우에도, ② 최고경영자는 투자프로젝트에 필요한 자금을 조달할 최종적인 책임이 있을 뿐만 아니라 투자프로젝트의 성패에 대해서도 최종적인 책임을 져야 하기 때문이다.

제5절 해외직접투자 환경분석

(1) 우리나라기업(정부기업 · 공기업 등 포함)이 외국인 기업의 FDI를 유치하려 할 때, 외국인기업들은 대체적으로 아래에서 설명하는 주요 투자환경요소들을 중심으로 한국의 투자환경을 분석 · 평가한 다음에, 투자여부를 결정할 때 활용한다.

(2) 우리나라기업이 해외의 지역시장 · FTA시장 · 국가시장들에 FDI를 할 때에도, 투자대상시장들에 대한 아래와 같은 투자환경요소들을 중심으로 분석 · 평가한 다음에, 투자여부를 결정해야 한다.

1. 해외직접투자 결정을 할 때 분석해야 하는 투자대상국의 주요 투자환경요소들

해당 기업들은, 신규투자(new investment) · 투자확대(investment expansion) · 투자철수(investment withdrawal/divestment) 등 해외직접투자와 관련된

의사결정을 할 때는, 반드시 사전에 관심있는/해당되는 지역시장 · FTA시장 · 국가시장들의 아래와 같은 투자환경 구성요소들을 비교분석 · 평가한 다음, 특정 시장에 대한 FDI 실시 여부에 대한 최종결정을 내려야 한다(예증 12-6 참조).

예증 12-6 투자환경분석에 바탕한 512곳 대상 투자매력도 조사

뭄바이 · 상하이 · 홍콩 상위권 성장 가능성, 인적자원 호평 서울은 10위권 안에 못 들어

투자 매력 높은 도시 순위

순위	성장 잠재력	생활의 질	창의력	인적자원	시장 규모	임금 · 세제 혜택
1	상하이	파리	뉴욕	뭄바이	상하이	뭄바이
2	베이징	뉴욕	런던	뉴욕	뉴욕	상하이
3	뭄바이	런던	뭄바이	상하이	런던	아부다비
4	뉴욕	바르셀로나	도쿄	런던	뭄바이	뉴욕
5	런던	스톡홀름	홍콩	홍콩	베이징	베이징

자료: 문회보

글로벌기업을 대상으로 실시한 중 · 단기 투자매력도 조사(medium and short term investment attractiveness survey)에서 아시아 도시들이 대거 상위권에 올랐다. 인도의 뭄바이와 중국의 상하이(上海) · 홍콩 · 베이징(北京)이 아시아 대표 도시로 글로벌기업의 투자우선순위에서 앞서 있는 것으로 나타났다. 서울은 등외로 밀렸다.

홍콩 문회보(文匯報)는 파리상공회의소와 컨설팅사 KPMG가 512개 글로벌기업 대표이사(CEO)를 대상으로 실시한 조사에서 영국 런던이 1위를 차지하고 상하이가 그 뒤를 이었다고 보도했다. 3~5위는 홍콩–뭄바이–베이징 순이었다. 금융위기의 진원지였던 미국의 뉴욕은 전년도 3위에서 10위로 미끄러졌다. 서울은 10위권 밖으로 조사돼 이번 발표 대상에서 아예 빠졌다.

이번 조사 결과 앞으로 수년간 투자 측면에서 국제 자본이 가장 많이 유입될 도시로는 뭄바이가 꼽혔다. 런던 · 상하이 · 방콕 · 싱가포르가 뒤를 이었다. 신문은 "글로벌기업들의 투자 방향이 완전히 아시아 쪽으로 돌아섰다"며 "중국에 대한 국제 자본의 신뢰 또한 높아졌다"고 평했다.

중국의 금융 중심지 자리를 놓고 상하이의 도전을 받고 있는 홍콩이 경제성장 가능성, 시장 규모, 인적자원 등의 항목에서 상하이에 밀린 점도 눈에 띈다. 상하이는 도시 창의력 분야에서만 홍콩에 처졌을 뿐 인적자원의 우수성, 부동산 가격, 시장 잠재력 분야에서 모두 상위권을 차지했다.

자료: 중앙일보

1) 투자대상국의 경제적 성장률과 안정성 및 시장의 현재규모와 성장잠재성

(1) 투자환경을 분석할 때에 가장 중요시해야 할 요소는, 해당 지역/FTA/국가시장의 경제적 성장률과 안정성(economic growth rate and stability)이다.

(2) 경제적으로 급성장하고 안정된 시장일수록, 더욱 좋은 투자대상이라고 간주할 수 있기 때문이다. 인구 · 1인당 소득 · GDP 등을 기준으로 특히 현재의 시장규모가 대단히 크고 미래성장잠재성마저 뛰어나다면, 더욱 좋은 투자대상 지역/FTA/국가시장이라고 할 수 있기 때문이다.

2) 투자대상국의 정치적 안정성

(1) 선진국들에 대해서는, 경제적 성장률과 안정성에 이어서 두 번째로 중요시해야 할 투자환경요소는 정치적 안정성(political stability)이다.

(2) ① 그렇지만 일부 성숙된 신흥공업국가들과 과거/현재의 공산국가들 및 저개발국가들(예컨대 아프가니스탄 등)에 대해서는, 정치적 안정성을 가장 중요시해야 한다. ② 그런 국가들일수록, 고질적으로 정치가 불안정한 경향이 많으며, 정치가 불안정할수록 외국인기업에 대한 정부정책 등 여타 모든 투자환경요소들마저 불안정하여 컨트리리스크(country risk)가 발생할 가능성이 높기 때문이다(예증 12-7 참조).

예증 12-7 한국타이어, 폴란드 · 체코 · 슬로바키아 제치고 헝가리에 공장세운 까닭은?

한국타이어의 헝가리 공장은 두나우이비쉬의 16만평 부지 위에 총 5억유로를 투자, 2010년까지 단계적으로 건설되며 승용차용 고성능타이어와 경트럭용 타이어를 연간 1,000만개 생산하게 된다.

한국타이어측은 인건비는 다소 높지만 헝가리가 중부 · 동유럽국가 중 가장 안정된 정치체제 · 합리적인 사회시스템과 외국인 기업에 대한 정책일관성을 유지하고 있어서 헝가리가 직접투자의 최적지라고 판단했다.

대전과 금산 그리고 중국의 장쑤성과 저장성 등에서 생산한 타이어의 EU에 대한 2005년도 수출규모가 40억 달러인 한국타이어의 헝가리 공장이 완성되면, ①

EU의 수입장벽과 환율변동위험 등의 문제를 최소화하면서 생산원가와 물류비절감 효과와 관세인하효과를 실현할 수 있다. ② 또한 세계 타이어업계 시장점유율은 9위에서 5~6위로 올라설 전망이다.

(1) 컨트리리스크의 의의와 정의

① 그런 정치 · 경제적으로 불안정한 국가들을 대상으로 직접투자를 고려할 때는, 기업이익을 최대화하는 동시에 해외자산에 대한 리스크를 최소화하는 데 목적을 두고, 컨트리리스크분석/국가신인도분석(country risk analysis)을 실시해야 한다. 컨트리리스크는 정치적 리스크(political risk)라고도 한다.

② 컨트리리스크는, 특정 기업체가 「수출을 하거나 외국에 제공하는 차관이나 실시하는 해외직접투자에 대해 잠재적으로 호의적/악의적 효과(potentially favorable or adverse effects)를 미칠 수 있는 정부 · 정치 · 경제 · 사회 · 문화 · 노동 등 현지국의 경영환경요소들 및 그런 환경요소들을 조성(shaping)하는 정부정책 · 무정부상태 등 여러 요소들에서 비롯되는 리스크」라고 정의할 수 있다.

(2) 컨트리리스크 분석의 대상

① 일반적으로 말할 때, 컨트리리스크는 ⓐ 시장자본주의(maket capitalism)를 제대로 실천하고 있는 경제선진국들에는 거의 발생치 않고(지구촌 어디서나 기업경영을 할 때에는 항상 built-in business risk가 발생함). ⓑ 개도국들과 과거/현재의 공산국가들에서 더 많이 발생한다.

② 그래서, 모든 저개발국가들 · 잠재적 정치적 불안정성이 높은 일부 신흥공업국들 · 과거/현재의 공산국가들을 대상으로 해서만, 반드시 컨트리리스크 분석을 실시해야 한다.

3) 투자대상국의 통화가치와 외환율의 안정성, 외환통제의 정도

(1) 글로벌기업들이 해당 국가의 투자환경을 분석할 때는 통화가치의 안정성(stability of currency value)과 외환율의 안정성(stability of foreign exchange rate)도 분석해야 한다. 그 이유는 아래와 같다.

① 통화가치가 불안정한(즉, 인플레율이 높은) 투자대상국가들일수록, 국민경제가 전반적으로 불안정하기 때문이다.

② 정부가 만성적인 재정적자에 허덕이기 때문이다.

③ 국제경상수지가 만성적 적자이기 때문이다.

④ 외채가 계속 늘어나고 있기 때문이다.

⑤ 대외지불능력이 감소하기 때문이다.

⑥ 정치 · 사회적 불안정이 팽배하는 등 심각한 문제들이 존재할 가능성이 높기 때문이다.

(2) ① 외환율 변동의 추이, 투자대상국들의 정부들이 어느 정도로 외환통제(foreign exchange control)를 하는지, 그리고 외국인기업들이 필요로 하는 외환을 필요시에 어느 정도 자유롭게 취득하여 활용할 수 있는지도, 분석 · 파악해야 한다.

② 심한 외환율 변동과 외환통제는, 예컨대 해외직접투자에 따른 원리금의 상환을 제한하고, 해외현지자회사와 본사간 자금이동을 왜곡시키는 등 외국인기업들에게 불리한 영향을 미치기 때문이다.

4) 투자대상국의 현지생산활동에 필요한 현지지원시설의 가용성

해외직접투자로 해외생산활동(조립생산, 가공 · 처리생산, 지하자원 및 지상자원의 추출생산 등)을 하기 원할수록, ① 현지생산활동을 능률적으로 수행하는 데 필요한 노동력 · 원자재 · 부품 · 반제품 · 기술 · 에너지 등을 공급해 줄 수 있는 현지공급업체들, ② 생산된 제품을 물적 유통해 줄 수 있는 현지물류업체들, ③ 생산된 제품을 판매해 줄 수 있는 현지유통업체들 등, 현지지원시설들의 가용성(availability of local support facilities)도 분석 · 파악해야 한다.

만일에 그런 현지공급업체들이 없거나 부족하다면, 외국인 기업체로서는 ① 해외현지생산활동을 포기하든지, ② 필요로 하는 원자재 등을 해외현지에서 자체생산하든지, ③ 아니면 그런 원자재 등을 생산하는 자국/제 3 국 생산업체들과 동반진출해야 한다.

5) 투자대상국의 사회간접시설 가용성

(1) 해외직접투자를 하는 글로벌기업들은 공통적으로 ① 필요 이상의 자체 직접투자를 억제하고, ② 투자금액의 가급적 많은 부분(portion)을 직접적으로 수익을 창출하는(directly revenue producing) 생산시설 · 원자재 · 부품 · 인력 등에 투입하고, ③ 최단시일 내에 생산활동을 개시하고, ④ 최단기간 내에 투자회수를 실현하기 원한다.

(2) 그렇게 원하는 글로벌기업들일수록, 관심있는 해외시장국에 사회간접시설(social overhead capital/facilities) 및 환경오염방지시설이 충분히 건설되어 있고 저렴한 요금/비용을 지불하고 활용할 수 있는지를 분석 · 파악해야 한다.

만일에 사회간접시설과 환경오염방지시설이 부족하다면, 해외직접투자를 하는 글로벌기업들을 그런 시설들에도 추가로 직접투자를 해야 하기 때문이다.

6) 투자대상국의 인접국가 · 지역시장들의 가용성과 규모

(1) 글로벌기업들은, ① 특정 FTA · 국가 · 지역의 시장만을 서브하는 데 목적을 두고, 또는 ② 특정 FTA · 국가 · 지역의 시장에 추가하여 인접시장국가/지역시장들(neighboring market countries or regions)을 동시에 서브하는 데 목적을 두고, 해외직접투자를 하는 경우가 많다. 특히 특정 FTA · 국가시장의 규모가 작을수록 더욱 그렇다.

(2) 그러므로 ①보다는 ②에 주목적을 두고 해외직접투자를 할 대상국들을 물색하는 기업들은, 투자대상국의 국내시장뿐만 아니라 인접국가시장들과 지역시장들의 가용성과 규모(availability and scale)도 중요한 투자환경요소의 하나로서 분석 · 파악해야만 한다(예증 12-7 참조).

7) 투자대상국의 정부가 제공하는 투자유인

(1) 글로벌기업들은 투자대상국의 중앙 · 지방정부들이 외국인투자기업들에게 제공하는 자금지원 · 각종 세금의 감면을 포함한 재무유인 · 행정지원 등 투자유인들(investment incentives)도 분석 · 파악해야 한다.

(2) 기타 모든 투자환경요소들이 같다고 가정할 경우, 외국인기업들에게 상대적으로 많은 투자유인들을 제공하는 FTA · 국가 · 지역일수록, 일단은 상대적으로 좋은 투자대상들이라고 가정할 수 있기 때문이다(예증 12-8 및 12-9 참조).

예증 12-8 현대車 기술센터 이전 막기 위해 美미시간州 파격 減稅혜택 제공

당초 현대차는 미시간주에 있는 현대자동차기술센터가 낡고 협소해 자동차생산공장을 짓고 있었던 앨라배마주로 이전해 연구개발시설과 생산을 통합하는 방안을 검토했다.

그런 현대차의 방안을 알게 된 미국내 여러 주들은 그 연구센터를 유치하기 위해 치열한 경쟁을 벌였다. 결과적으로 미시간주가 파격적인 인센티브를 제공해 최후의 승자가 됐다. 미시간주 정부는 현대차 미국기술연구소가 다른 지역으로 이전하는 것을 막기 위해, 2003년부터 12년간 2200만 달러(약 264억원)의 파격적인 세금감면 혜택을 주기로 결정했기 때문이다.

이에 따라 현대차는 그 기술센터를 앨라배마로 옮기려던 방안을 백지화하고 2005년에 1억1700만 달러(약 1400억원)를 들여 미시간주에 기술센터를 신축했다.

자료: 중앙일보

예증 12-9 "생큐, 기아차"

기아자동차 미국 공장이 있는 조지아주 웨스트포인트시(市)는 활기가 넘쳤다. 미국 경제가 겪고 있는 '80년 만의 최대 불황'의 어두운 분위기는 어디에서도 찾아볼 수 없었다. 공장 인근 채타후치강 주변엔 신규 주택 건설이 한창이었다. 부동산 중개업자 카터 브라운은 "2009년 말 기아차 공장이 가동을 시작하면서 일자리가 늘어나자 이들에게 제공할 아파트형 임대주택 건설이 활기를 띠기 시작했다"고 말했다. 식당도 늘어났다. 2009년 레스토랑 체인점 '아이리시 브레드 펍'을 새

기아차 조지아공장 개요

공장 위치
미국 조지아주 웨스트포인트(현대차 앨라배마공장과 134km 떨어져 있음)

생산 능력
연간 30만대(2013년 기준)

생산 차종
쏘렌토R(현재 생산 중), 싼타페 후속 차종(2010년 하반기)

종업원 수
현재 1100명, 2010년 말까지 2000명으로 확대 예정

로 연 러단 윌리엄스는 "기아차 공장이 들어온다는 뉴스를 듣고 이곳에 문을 열었다"고 말했다. 웨스트포인트의 한 주택가엔 '예수님 기아차를 우리마을에 보내주셔서 감사합니다(Thank you Jesus for bringing KIA to our town.)' 라고 쓰인 푯말이 내걸려 있었다.

◆기아차 공장에 4억 1000만 달러 인센티브 제공

기아차가 10억 달러를 투자한 조지아 공장이 2010년 2월 26일(현지 시각) 오전 준공식을 갖고, 본격적인 생산에 들어갔다. 기아차 공장의 준공에는 조지아주 정부의 일자리 창출 노력이 큰 역할을 했다. 소니 퍼듀 주지사는 지난 2006년 서울을 직접 찾아 협상을 주도해 미시시피주를 제치고 공장유치에 성공했다. 조지아주 정부가 기아차에 제공한 인센티브는 총 4억1000만 달러. 261만2000m²(약 79만평)의 공장 부지와 도로 · 철도 등 인프라를 무상으로 제공했다. 교육 훈련비를 지원하고 세금감면 혜택을 줬다. 기아차 공장의 일자리 1개를 만드는 데 제공된 비용은 19만5417달러에 이른다.

주택 · 상가 건설 늘고 일자리 1만1000개 생겨
"가아차 공장과 함께 바람처럼 성장할 것"

주정부는 공장 주변에 '기아 조지아 트레이닝센터'를 건립, 기아차에 선물했다. 주정부는 이곳에서 '기업맞춤형 교육'인 '퀵스타트(Quick Start)' 프로그램을 운영, 공장에서 일할 직원들이 미리 작업을 숙달할 수 있도록 했다. 공장과 인근 고속도로를 잇는 새 인터체인지를 설치하고, 공장 정문 앞을 통과하는 '기아파크웨이(Kia Parkway)'와 트레이닝센터로 연결되는 '기아 블바드(Kia Boulevard)' 등 '기아' 이름을 붙인 새 도로를 개통했다.

◆2012년까지 일자리 2만개 창출

기아차 공장설립으로 인해 지금까지 창출된 일자리는 총 1만1000개에 이른다. 기아차 1100개, 동반진출한 부품 협력업체 4000개, 관련 서비스 업종 5900개 등이다. 조지아공대 기업혁신연구소는 기아차 관련 신규 일자리가 2012년엔 2만개를 넘어서고, 지역경제 효과가 65억 달러에 달할 것으로 내다봤다.

8) 투자대상국의 상업하부구조의 충분도 및 현지금융 가능성 정도

(1) 글로벌기업은 투자대상 FTA시장 · 국가시장 · 지역시장들이 갖추고 있는 비즈니스 컨설팅기업 · 마케팅조사기업 · 경영자 스카우팅 · 뱅킹기업 등 상업하부구조의 충분도(adequacy of commercial infrastructure) 및 그 일부

로서 현지금융의 가능성 정도 역시 분석 · 파악해야 한다.

(2) 투자대상 FTA시장 · 국가시장 · 지역시장들에 상업하부구조가 충분히 발달되어 있지 않으면, 현지국기업들과 외국인기업들은 다 같이 정상적인 기업활동을 하는 데 어려움과 제약(difficulties and restrictions)에 당면할 가능성이 높기 때문이다. 특히 개도국 · 과거/현재의 공산국들에 그런 어려움과 제약이 많다.

9) 투자대상국의 외국인 투자기업에 표시하는 관심과 태도

(1) 글로벌기업들은 투자대상 FTA시장 · 국가시장 · 지역시장들의 중앙정부 · 지방자치단체 · 정치단체 · 국민 · 공급업체 · 경쟁업체 · 노동조합 · 고등교육기관 등이 외국인 투자기업들에게 표시하는 관심과 태도가 호의적 · 무관심적 · 적대적인지도, 분석 · 파악할 필요가 있다.

(2) 외국인기업은 일종의 손님(guest)으로서 현지국(주인나라: host country)에 침투하는 것이기 때문에, 주인이 손님에 대해 호의적/비호의적 관심과 태도를 갖느냐에 따라서 외국인 기업(손님)이 받는 대우가 호의적/비호의적일 수도 있기 때문이다(예증 12-10 참조).

예증 12-10 인도정부, 최근 중국기업의 인도프로젝트 참여를 "안보상 우려"를 들어 잇따라 불허

인도정부가 2006년부터 중국기업의 인도프로젝트 참여를 불허하거나 난색을 표명한 대표적인 예는 아래와 같다.

(1) 뭄바이와 첸나이 항만청이 추진하고 있는 컨테이너 터미널 건설프로젝트에 홍콩의 항만운영 · 건설업체인 "허치슨 항만"(HPH)의 건설 제안을 받은 뒤 인도정부는 1년 이상 시간을 끌며 결정을 미뤄 왔다. 뭄바이와 첸나이 항만건설은 각각 120억루피(약 3000억원), 49억4000만루피(1235억원)의 메가프로젝트이다.

(2) 케랄라주 비진잠 항만 건설에 입찰한 중국의 또 다른 기업인 카이디 전력과 중국항만엔지니어링도 HPH와 같은 처지에 놓였다. 이로 인해 인도가 추진중인 총 6100억루피(약 15조2500억원) 규모 13개 항만의 현대화 프로젝트에서 중국기업들이 배제되게 됐다.

인도정부 당국이 내세우는 "안보상 우려"가 정확히 무슨 뜻인지 알려지지 않고 있다. 하지만 인도의 주요 SOC건설을 경쟁국 업체에 맡길 경우, 국가안보에 부

정적 영향이 있을 것을 우려한 것으로 분석된다. 인도는 1962년 국경분쟁 당시 중국에 패한 적이 있으며, 현재 인도시장에는 각종 중국산 제품이 범람하고 있으며, 경제적으로 중국을 경쟁국으로 보고 있다.

자료: 조선일보

10) 투자대상국의 일반 생활조건

(1) 일반 생활조건(general living condition)은, 주요 투자환경요소들 중에서 가장 중요성이 적은 것에 해당된다. 후진국의 경우는 그 반대일 수도 있다.

(2) 그렇더라도 글로벌기업들이 투자대상 FTA · 국가 · 지역시장들의 일반 생활조건을 고려하는 것은, 현지투자기업에 파견할 임직원들의 현지생활을 본사국 수준에 버금갈 정도로 편하게 해 줄 필요성이 있기 때문이다.

2. 투자대상국들이 외국인 투자기업에게 제공하는 투자유인의 분석

1) 투자대상국 결정시에 고려해야 하는 투자유인의 역할

(1) 이 지구촌의 거의 모든 지역 · FTA · 국가시장들은, 같은 국가 내에서도 중앙정부 · 지방자치단체(道 · 州 등) · 대학 · 기업 등까지도, 서로가 외국인 직접투자 유치경쟁을 벌이면서 중요한 유치경쟁수단의 하나로서 외국인기업들에게 투자유인(investment incentives or inducement)을 오퍼/제공하고 있다(예증 12-8 및 12-9 참조).

(2) 그런 상황하에서 특정 글로벌기업은, 직접투자를 고려하고 있는 몇몇 잠재적 투자대상국들의 주요 투자환경요소들이 비슷하거나 뚜렷하게 큰 차이가 없을 경우에, 물론 약속/계약을 반드시 지킬 것이라는 전제하에, 가장 많은 투자유인을 그 글로벌기업에게 제공하는 특정 국가(중앙정부 · 지방단체 등 포함)를 투자대상으로 최종결정해야 한다.

(3) 만일에 어떤 특정 국가가, 자기 나라의 주요 투자환경요소들이 다른 투자유치경쟁국가들의 투자환경에 비하여 어느 정도 열등(inferior)하다는 것을 인정하고서, 그 특정 국가가 상대적으로 열등한 주요 투자환경요

소들을 보상하고도 남을 만큼(more than compensate)의 예외적으로 뛰어난 투자유인을 특정 외국인기업체에게 제공하겠다면, 특정 외국인기업체는 그 특정 국가를 최종투자대상국가로 삼는 것이 바람직하다(예증 12-8 및 12-9 참조).

2) 투자수입국이 외국인 투자기업에게 제공하는 투자유인의 목적

(1) 경제 · 사회적 목표 달성

① 투자수입국들(investment recipient countries)은, 경제 · 사회적 목표를 폭넓게 달성하기 위하여, 외국인기업들에게 투자유인을 제공한다.

② 투자수입국이 보유하고 있는 생산요소의 생산성 향상, 현지국이 보유하고 있는 기술 · 인력 · 원자재 · 소모품 등의 확대 활용, 현지국의 수입의존도 감소와 산업규모의 확대, 일차상품 대신 가공품의 수출증대 등이 그런 목표의 예이다.

(2) 경제성장 · 발전에 필수적인 산업과 기업의 유치

① 경제를 성장 · 발전시키는 데 필수적인 산업과 기업을 유치하기 위하여, 외국인기업들에게 투자유인을 제공한다.

② 투자수입국이 산업구조를 고도화하기 위하여 정보기술 · 자동차 · 가전 · 반도체 등 기술 · 자본집약적인 기업들을 유치하는 것, 수출지향적 대규모생산업체들을 유치하는 것 등이 그런 목표의 예이다.

(3) 행동요강 준수 유인

① 자체국익(national self-interest)을 도모하기 위하여 투자수입국정부가 외국인기업들에게 부과(impose)하는 행동요강(code of good conduct)을 외국인기업들이 준수하도록 유인하기 위해서도, 외국인기업들에게 투자유인을 제공한다.

② 행동요강의 예로서는 외국인기업은 최소한 어느 규모 이상의 자본(현물포함)을 투자해야 하고, 현지인을 최소한 몇 명 이상 고용해야 하고(투자수입국이 가장 중요시하는 것은 위의 두 가지임), 제품생산을 할 때에 현지국산 원자재를 최소한 특정 비율 이상을 활용해야 하고, 합작투자를 하여 현지인에게 자본참여의 기회를 제공해야 하고, 연구개발시설을 현지국에 의무적으로 설치해야 하고, 공장은 반드시 지정된 장소(예컨대, 경제적으로 낙

후된 지역)에 설치해야 한다 등을 들 수 있다.

(4) 투자유치경쟁에서의 우위 장악

많은 투자수입국들 · 주들 · 시들 · 군들은, 투자유치경쟁에서 우위를 차지하기 위한 하나의 중요한 수단으로서, 외국인기업들에게 상대적으로 좋은 조건의 투자유인을 제공한다.

3) 투자수입국이 외국인 투자기업에게 제공하는 투자유인의 유형

(1) 재정적 유인

투자수입국이 제공하는 가장 중요한 투자유인은, ① 외국인투자기업이 투입해야 하는 벤처/리스크자본의 규모(amount of venture capital or risk capital)를 감소시켜 주는 동시에, ② 현지기업운영의 이익성(profitability of local operation)을 증대시켜 줄 목적으로 디자인한 아래와 같은 각종 재정적 유인(fiscal incentives)이다.

① 조세감면

재정적 유인 중에서 가장 많이 그리고 널리 활용되는 것은, 외국인 투자－소유기업들의 현지 조세부담(local tax liability burden)을 줄여 주는 데 목적을 두고 특정 기간 동안 소득세 · 법인세 · 취득세 등 내국세의 면제(tax holiday) 및 감세(tax reduction)를 해 주는 조치이다.

② 고속감가상각

외국인 투자－소유기업들이 단기간 내에 투자회수를 할 수 있도록, 자산의 고속감가상각(accelerated depreciation of assets)을 허용하는 국가들도 많다.

③ 수입관세의 면제 또는 감소

현지 직접투자의 일부로서 해외에서 수입하는 생산시설 · 원자재 · 반조립품 등에 대해 수입관세 면제 또는 감소(total exemption or lowered import duties)를 해 주는 국가들도 많다.

④ 정부보조금

외국인 투자기업들에게 정부보조금(government financial subsidy)을 제공하는 국가들도 많다.

그런 보조금에는 ⓐ 투자액의 일정부분을 무상으로 지원하는 자본보조금(현금), ⓑ 공장을 건설하고 자본재를 설치하도록 제공하는 이자관련보조금 성격을 띤 장기저리개발차관(low-interest long-term development loans), ⓒ 수출을 장려하기 위해 제공하는 수출금융(export financing), ⓓ 현지국정부가 소유하고 있는 토지와 공장건물 등 생산시설을 매우 낮은 값/임대료를 받고 제공하는 것 또는 무료로 활용권을 제공하는 것, ⓔ 외국인 투자기업들이 필요로 하는 인력(주로 생산인력)을 정부부담으로 훈련시켜 공급하는 것, ⓕ 예외적으로 낮은 공공요금(전기, 수도, 하수도의 요금)을 부과하는 것, ⓖ 외국인 직원 자제들을 위한 교육시설제공 등이 포함된다(예증 12-8 참조).

⑤ 생산제품 판매 보장

현지국정부가 외국인 투자기업들이 생산하는 제품의 전량 또는 대부분을 판매(구매)해 준다는 보장을 해 줌으로써, 사실상 외국인기업들의 이익을 보장해 주는 국가들도 더러는 있다.

(2) 각종 보장

또 하나의 중요한 투자유인은, 아래와 같은 각종 보장들(guarantees)이다.

① 강제수용/국유화 않겠다는 보장

어떠한 경우에도, 또는 특정 기간 동안만, 외국인 투자기업들의 자산을 강제수용(expropriation)/국유화(nationalization)하지 않겠다고 보장하는 국가들도 있다.

② 투자회수전망을 좋게 해 주기 위한 보장

유치하기 원하는 특정 외국인 투자기업체의 투자회수전망(investment return prospects)을 좋게 해 주기 위해서, 동일업종(동일제품분야)에 타외국인 경쟁업체(때로는 심지어 내국인기업체까지)의 진입을 특정 기간 동안 방지한다든지, 수입관세 · 쿼터 · 외환통제 등을 통해서 경쟁제품의 수입을 허가하지 않거나 제한하겠다고 보장하는 국가들도 있다.

③ 기업활동 자유보장

외국인 투자기업들의 입장에서 현지기업활동을 하는 데 중요한 것은 자유롭게 ⓐ 기술 · 원자재 · 기계 등을 수입할 수 있는 재량권, ⓑ 이익의 상환권, ⓒ 투자원리금의 일부/전액 상환 재량권, ⓓ 투자기업체 파산청산시/해산시의 원금 전액상환권, ⓔ 외국인경영인력 활용재량권 등을 보장받는 것이다.

그러므로 외국인 투자기업들을 유치하고 유지하기 위하여 위와 같은 재량권을 보장해 주는 국가들도 많다.

④ 재투자/추가투자 보장

외국인 투자기업들이, ⓐ 원래투자액(original investment)의 일정 퍼센트까지 재투자(reinvestment)하는 것을, ⓑ 무제한으로 추가투자/재투자하는 것을, 보장하는 국가들도 많다.

⑤ 차관상환보장

외국인이 합작투자파트너가 되어 설립한 합작투자기업체(드물지만 외국인 단독투자기업체의 경우에도)가 들여오는 차관에 대하여, 정부가 직접 또는 간접적으로 은행 등 금융기관들을 시켜서 상환보증(payment guarantees)까지 해 주는 국가들도 있다.

(3) 행정적 우대

외국인투자와 외국인 투자기업들의 운영에 대하여 아래와 같은 특별한 행정적 지원과 편의를 제공하는 행정적 우대(administrative preferential treatment) 역시 많은 국가들이 활용하는 투자유인의 중요한 일부이다.

① 외국인 투자기업들에 종사하는 근로자들이 노동조합 결성 · 파업 등을 하지 못하도록, 외국인기업들을 현지국 노동법 · 외환관리법 · 공정거래법 등의 적용에서 제외시켜 주는 것.

② 외국인의 투자신청을 신속히 능률적으로 처리해 주는 별도의 담당행정기구(예컨대, Board of Investment)를 운영하는 것.

③ 외국인 투자기업들에 종사하는 외국인 임직원들에게 이민법 적용상의 특별 우대조치를 해 주는 것.

④ 외국인 투자기업의 운영능률을 향상시켜 주기 위해 원부재 · 생산시설 등의 수입에 대해 신속한 통관, 투자자산의 회수를 증대시켜 주는 데 목적을 둔 급속한 감가상각을 허용해 주는 것 등.

위에서 설명한 세 가지 투자유인 유형 중에서, 일반적으로 가장 중요한 것은 재정적 유인과 각종 보장이다.

국가에 따라서 외국인 직접투자가 충분히 유치됐다고 판단하면, 투자 유인을 줄이고 대신 규제를 강화하는 경우도 있다(예증 12-11 참조).

예증 12-11 중국, 외국인 직접투자 급증 후 투자유인 제공에서 규제로 정책변화

세계의 공장이자 시장이던 중국이 어느새 '계륵(鷄肋)' — 소용은 적으나 버리기는 아까운 물건을 가리키는 말(chicken ribs) — 이 돼 버렸다. 적어도 미국 기업들에는 그렇다는 얘기다.

월스트리트 저널(WSJ)은 미국 기업들이 중국을 '포기하자니 아깝고, 사업을 더 벌이자니 규제가 까다로운' 시장으로 간주하기 시작했다고 전했다. 외국기업의 진출을 목말라했던 중국 정부도 경제가 어느 정도 성장하고 나자 배짱을 부리기 시작했다는 것이다. 이는 외국 기업 지원에서 국내 기업 육성으로 정책의 초점이 바뀌고 있는 데서도 나타난다.

2010년 초 구글이 인터넷 검색 결과를 사전 검열하려는 중국 정부와 마찰을 빚다 홍콩으로 이전키로 한 게 대표적인 사례다. 빌 클린턴 정부 시절 국무부에서 미·중 경제협력을 다룬 수전 슈링크는 "중국 정부는 더 이상 외국 기업에 레드 카펫을 깔아주지 않는다"며 "실리콘밸리 기업이라고 예외는 아니다"고 말했다.

베이징의 주중 미국상공회의소가 설문한 결과에 따르면 37%의 중국 진출 미국 기업이 '중국 정부의 편파 정책이 불만스럽다'고 답했다. 중국 국내 기업을 밀어주기 위해 외국 기업을 차별대우한다는 것이다.

눈에 보이지 않는 규제도 많다. 가장 심한 게 국제 기준과 맞지 않는 중국 국내 기준이다. 차이나모바일은 최근 미국 애플과 중국 시장에 아이폰 출시 협상을 벌이고 있다. 그런데 중국에 선보일 아이폰은 중국 국내 기준에 맞게 만들어야 한다는 차이나모바일의 요구에 애플이 당황하고 있다. 애플이 이를 들어주려면 중국 시장용 생산라인을 따로 만들어야 하기 때문이다.

2009년 여름엔 휴렛패커드(HP)도 중국 정부의 새 규제에 냉가슴을 앓았다. 중국에서 출시하는 개인용 컴퓨터(PC)에는 포르노나 정치 관련 웹사이트를 차단하는 '그린 댐'이란 소프트웨어를 기본사양으로 장착하게 하려 했기 때문이다. 국내외 PC업체의 반발로 이 규제는 철회됐지만 HP로선 중국 정부에 미운털이 박힐까 두려워 내놓고 항변도 못했다.

중국 기업에 대한 외국 자본의 인수합병(M&A)에도 규제의 그물망은 더 촘촘하게 쳐질 분위기다. 원자바오(溫家寶) 총리는 2010년 2월에 "외국 자본에 의한 중국기업 M&A가 국가 안보에 위협이 되는지를 따져보는 절차를 조속히 만들겠다"고 밝혔다. 이에 대해 미국상공회의소는 "국가 안보라는 개념이 너무 모호해 외국기업이 중국에서 사업하는 데 새 장애물이 되지 않을까 걱정된다"고 말했다. 중국 정부는 2008년 관련 규정을 이미 만든 바 있다. 그러나 그동안은 구체적인 절차를 만들지 않아 사실상 사문화돼 왔다. 중국 정부는 "미국도 외국자본의 자국 기업 M&A 때 안보위협을 따져본다"며 "중국 기업이 미국 자동차 회사를 인수하지 못한 것도 이 때문"이라고 주장했다.

일각에선 중국이 M&A 관련 절차를 구체화시키면 불확실성이 오히려 줄어들 수 있다는 지적도 있다. 중국 정부가 고무줄 잣대를 들이대는 것보다 예측 가능해진다는 것이다.

2009년 코카콜라는 중국 후이위안 주스 그룹을 인수하려다 중국 정부의 일방적인 불허 결정으로 뜻을 이루지 못했다. 코카콜라가 후이위안을 인수하면 중국 중소기업이 줄도산하고 주스 값이 뛸 우려가 있다는 이유에서다.

자료: 중앙경제

제6절 해외투자철수 전략

해외직접투자로 해외시장 침투를 계속 확대하고 있는 글로벌기업들은, 어떤 현지국에서 어떠한 투자환경변화에 당면하게 될지 모른다.

투자환경이 극단적으로 불리하게 변화할 때에, 해외투자기업들이 선택할 수 있는 전략적 옵션의 하나는 해외투자철수 전략(foreign divestment strategy)이다. 예컨대, 한국에 직접투자한 외국기업들의 투자철수가 늘어나고 있는 것은 한국의 투자환경이 그들에게 불리하게 변화하고 있기 때문이다(특히 김대중 · 노무현 정부 때 그랬다).

1. 글로벌경영전략의 일환인 해외투자철수 전략

글로벌기업들의 해외직접투자가 지속적으로 증가함에 따라서, 아래와 같은 이유로, 해외투자철수 역시 빈번해지는 경향을 보이고 있다.

(1) 강력한 경제민족주의(economic nationalism)나 심한 정치적 혼란 때문에, 일부 국가들로부터는 현지투자기업들이 경영실적과는 상관없이 정치적 이유로 철수하는 경우가 있기 때문이다.

(2) 선진국 및 신흥공업국 글로벌기업들간에 글로벌시장경쟁이 격화됨에 따라서, 경쟁격화 → 경영실적부진 → 이익저하/적자발생의 형태로 해외투자철수가 발생하는 경우가 있기 때문이다.

(3) 해외투자철수는, 해외투자전략의 일부 수정이나 집행상의 과오에 불가피하게 따르는 행동이기도 하기 때문이다.

(4) 해외투자철수는, 이익이나 투자회수율이 저조한 특정 현지국으로부터 다른 국가들로 투자를 이동시키는 등 장기적 안목에서 합리적으로 기업성장을 실현키 위한 정상적인 과정일 수도 있기 때문이다.

2. 해외투자철수의 유형

1) 강제철수

강제철수(forced divestment or withdrawal)는, 글로벌기업을 뜻하는 특정 해외투자기업의 본사(모기업)나 그 해외자회사의 의사와는 관계없이, 현지국정부의 강제적인 요구 때문에 일어나는 철수로서 두 가지의 종류가 있다.

(1) 강제수용(expropriation)에 의한 강제철수

이것은, 현지국정부가 외국인소유의 현지투자기업체와 그 자산 등을 강제적으로 몰수하거나 유상(시장가격에 훨씬 못미치는 가격을 지불하고)으로 그 소유권을 현지기업/정부에게 이전시키든지 강제매각토록 할 때에 발생하는 철수를 말한다.

(2) 점차적 수용(creeping expropriation)에 의한 강제철수

이것은 외국인 소유의 현지투자기업체를 현지화(localize)하라는 현지국정부의 요구가, 그 외국인 소유 현지기업체의 정책이나 그 본사(모기업)의 정책과 상충될 때 발생하는 철수이다.

예컨대, 현지국정부가 외국인 100%소유의 현지투자기업체에게 그 지분의 100% 이하(예컨대 50%)로의 희석(dilution) · 경영에 대한 현지인의 참여확대 · 제품의 국산화율 증대 · 강제적인 수출증대 · 강제적인 기술이전 등을 요구하는 경우도 있다. 그런 경우에는 그런 요구들 자체가 직접적으로 철수를 강요하는 것은 아닐지라도 결과적으로 그 현지투자기업체가 자의대로 현지경영전략을 전개하는 것을 불가능하게 만든다면, 그 현지투자기업체를 매각 · 청산하고 철수할 수밖에 없는 것이다.

2) 축소철수

(1) 축소철수(contraction divestment)는, 현지국의 경제사정과 경쟁조건이 악화되었을 때에, 취하는 글로벌경영상의 한 대응책으로서, 기업외부와 기업내부의 여러 가지 복잡한 요소들이 엉켜서 발생하는 철수를 말한다.

(2) 현지국시장규모가 대단히 클 것으로 기대하고 대규모 공장시설을 신설 · 매입해서 확보했는데, 실제로는 현지시장규모가 기대 이하로 작고 수출여건마저 좋지 않고 여타 경영환경이 악화될 경우에는, 현지공장시설의 일부를 매각하거나 경영환경이 상대적으로 더 좋은 다른 나라로 철수시키는 것이 그 예이다.

3) 합리화철수

(1) 합리화철수(rationalization divestment)는 축소철수와 구별하기가 현실적으로 대단히 어렵다. ① 축소철수는 철수의 동기가 해외투자프로젝트의 부진이나 실패에 대응하는 데 있는 반면에, ② 합리화철수는 보다 나은 해외투자프로젝트 개발을 목표로 글로벌경영을 합리화하는 데 동기가 있다는 점이 다르다. 경제적 효율을 높이기 위해 투자프로젝트시설을 한 나라에서 다른 나라로 이동시키는 것이 그 예이다.

(2) 따라서 합리화철수는 전략적 성격이 가장 많은 철수라고 할 수 있다. 국내에서와 마찬가지로, 어떤 현지국에서 최초로 실시한 프로젝트가 영구히 경제적 · 기술적으로 타당성이 있을 수는 없기 때문에, 언젠가는 반드시 합리화철수를 해야 할 필요가 있다.

4) 계획적 철수

(1) 해외직접투자를 강조하는 글로벌기업들일수록, 합리화철수를 더욱 발전시킨 전략인 계획적 철수(planned divestment)를 그들의 해외직접투자전략에 처음부터 포함시키고 있다.

(2) ① 글로벌이익 최대화에 목적을 둔 그런 기업들은, 해외투자프로젝트별로 진입(entry)과 철수(exit, withdrawal)를 별개로 취급하지 않고, 모든 해외투자프로젝트들에 대한 진입과 철수를 상호연관시켜 취급한다. ② 즉, 복수의 해외투자프로젝트들에 대한 진입과 철수를 동시에 고려하고, 특정 해외투자프로젝트에 대한 진입을 계획할 때는 그 철수 역시 계획하고, 철수를 계획할 때에는 다른 해외투자프로젝트에 대한 진입을 상호연관시켜 계획하는 것을 뜻한다.

CHAPTER 13

국제합작투자전략 및 M&A전략

제1절 국제합작투자전략

본장에서는, 다국적/글로벌기업들이 빈번히 활용하는 해외직접투자전략(FDI strategy)의 통합된 부분들(integral parts)인, 국제/글로벌합작투자와 국제/글로벌M&A전략에 대하여 설명을 한다.

1. 해외직접투자를 할 때는 해외투자기업에 대한 사전적 소유권전략 결정이 필수적인 이유

(1) ① 특정 기업체가 수출입전략 · 국제라이선싱 · 국제기술제공 · 국제경영계약 · 상호마케팅 · 턴키운영과 같은 非이퀴티투자 형태(non-equity investment type)의 전략방법들만을 활용하여 해외시장에 진입 · 침투할 때에는, 해외직접투자를 할 필요가 적든지 전연 없다. ② 그렇기 때문에 자체 해외투자기업들의 소유권(ownership of own overseas invested firms)에 관한 문제 역시 대두되지 않는다.

(2) ① 그렇지만 특정 글로벌기업이 해외에서 마케팅기업, 생산기업, 건설기업, 자원개발기업, 농수산물 생산기업, 금융기업, 호텔기업, 광고대행기업 등을 해외현지법인체로 해외자회사(overseas/foreign subsidiary)로서 운영하고자 할 때는, ② 어떤 규모로든지 해외직접투자를 반드시 실시해야 한다. ③ 그렇기 때문에 해외투자기업들(overseas invested firms)인 자체소유 해외기업들의 소유권에 대해 반드시 사전 결정을 해야 한다.

(3) 글로벌기업은 사전에, ① 단독투자(100% or sole investment)를 실시하여 단독소유 해외자회사(solely or wholly owned foreign subsidiary)로 단독경영할 것인지,

② 아니면 국제합작투자(international joint investment)를 하여 해외합작투자기업체(overseas joint investment firm)를 합작파트너와 공동경영(joint management)할 것인지를 결정해야 한다.

③ 만일에 글로벌기업이 국제합작투자를 하겠다면, 합작파트너들(joint investment partners)이 각기 소유해야 하는 자본지분율(equity shares)을 또한 결정해야 한다.

(4) 그렇기 때문에 어떤 형태로든 해외직접투자를 실시하는 글로벌기업들은, 사전에 자체소유 해외투자기업들에 적용할 소유권전략(ownership strategy)을 미리 결정해 두어야 한다.

2. 해외투자기업의 소유권과 경영통제권 사이의 관계

1) 소유권과 경영통제권은 해외투자기업과 투자수입국간의 민감한 쟁점

글로벌기업 같은 외국인기업의 입장에서는 해외투자기업(현지국의 입장에서는 외국인투자기업)의 소유권과 경영통제권 정도(extent of ownership and managerial control)를 확보하는 문제는, ① 해외직접투자를 실시하는 기업들(즉, 글로벌기업 같은 투자기업들; investing firms)과 ② 투자수입국들(投資受入國들; investment recipient countries) 사이에 발생하는 민감한 쟁점들(sensitive issues) 중의 하나이다. 다음과 같은 이유들 때문이다.

(1) 소유권과 경영통제권을 어느 쪽이 장악/행사하느냐에 따라서, 해외투자기업(외국인투자기업)의 경영권 행사와 그에 따른 매출액 · 이익액 · 이

익배당금 · 기술개발성과 등 운영결과(operating results)가 투자기업과 투자수입국에 각각 미치는 영향(효과)이 달라지기 때문이다.

(2) 양자는 제각기 자기이익(self-interest)을 최우선적으로 도모하고 보호하려는 경향이 있기 때문이다.

(3) 민족주의 그리고 민족주의적인 정치적 · 경제적 · 문화적 · 종교적 태도가 개입되기 때문에, 투자수입국과 투자기업은 다 같이 해외투자기업(외국인투자기업) 소유권 및 경영통제권의 가치를 실질적인 가치 이상으로 높게 평가하는 경향도 있기 때문이다.

2) 소유권과 경영통제권은 동일한 것이 아님

그런데 해외투자기업(외국인투자기업)의 소유권 정도와 경영통제권 정도는, 물론 상호간 밀접한 관계가 있기는 하지만, 아래 이유로 동일한 것은 아니다(not synonymous).

(1) 소유권이 100%인 경우

예컨대, 어느 외국계 글로벌기업(모기업)이 해외투자기업인 특정 해외자회사의 자본주식(capital stock)을 100% 소유하고 있을 경우, 그 외국계 글로벌기업은 원칙적으로 그 특정 해외자회사의 운영을 완전(100%)통제할 수 있는 공식권한(formal authority)이 있다고 생각하기 쉽다. 그러나 실제로 완전통제(100% 통제)할 수 있는 경우는 극히 드물다. 그 이유는 아래와 같다.

① 현지국정부가 그 지위를 활용하여 외국인투자기업(글로벌기업의 입장에서는 해외현지자회사)의 운영에 대해 생산 · 판매하는 제품과 서비스, 활용하는 기술, 공장과 사업장의 입지, 이익배당금의 해외상환 등에 걸쳐서 광범하고도 직접적인 파워(a wide range of direct power)를 행사하는 경우가 많기 때문이다.

② 현지국정부는, 가격통제와 같은 직접적인 행동을 통하여, 또는 근로자 채용과 임금 · 해고 · 노사관계 · 임직원 구성 등에 영향력을 행사하는 등 간접적인 방법으로, 외국인투자기업(해외현지자회사)의 운영에 영향력을 행사하는 경우가 많기 때문이다.

그러므로 외국계 글로벌기업(모기업)이 그 해외현지자회사에 대해 행사할 수 있는 경영통제권의 정도(extent of managerial control)는, 예외 없이 소유권의 정도(extent of ownership) 이하로 제한되게 마련이다. 예컨대, 해외현지자회사를 100% 소유하고 있더라도, 실제로 행사할 수 있는 경영통제권의 정도는 100% 이하로 제한된다는 뜻이다.

(2) 소유권이 49% 또는 그 이하인 경우

① 주식지분(equity share)의 49% 또는 그 이하를 소유하게 되면, 글로벌기업(모기업)이 해외투자기업(해외자회사)을 효과적으로 통제할 수 없을 것이라고 가정하는 것도 잘못된 생각이다.

② 주식지분만을 바탕으로 경영통제권이 결정될 때는, 49% 또는 그 이하를 보유한 글로벌기업(모기업)은 해외자회사에 대해 효과적으로 경영통제권을 행사하기가 어렵다.

③ 그러나 오늘날 글로벌기업들은, 그들의 해외자회사에 대한 소유권이 50%이든 50% 이하이든간에, 경영통제권을 효과적으로 장악하는 데 목적을 두고서 거의 예외 없이 합작투자로 설립하는 해외자회사 자체와 경영계약 · 라이슨싱계약 · 기술제공계약 등을 체결한다.

④ 그런 계약들을 체결할 경우, 글로벌기업들이 해외자회사들에 대한 경영통제권을 상실하는 경우는 극히 드물다(Lotte Mart의 Vietnam시장 진입을 다룬 예증 10-8을 참조).

⑤ 그러므로, 단순히 경영통제권만을 완전히 장악하기 위해 해외투자기업(해외자회사)을 100% 단독소유할 필요는 없다.

3. 100% 소유 해외투자기업의 장점과 단점

특정 기업이 해외시장에서 100% 소유를 뜻하는 전소유자회사(wholly owned subsidiary)를 설립 · 운영하는 데는 근본적으로 두 가지 방법이 있다. ① 하나는 해외시장에 완전히 새로운 100% 소유 자회사를 설립하는 것이고, ② 또 하나는 해외시장에 존재하는 기존 기업의 주식을 100% 매입 · 인수하는 것이다.

1) 100% 소유권을 지지하는 논거

대부분의 글로벌기업들과 그 최고경영자들은, 해외 현지경영활동에 대한 경영통제권을 장악하고 이익희석(dilution of profits)을 방지하는 데 주목적을 두고서, 아래 이유로 해외자회사들을 100% 소유하는 것을 선호한다.

(1) 다른 주주들이 없기 때문에 글로벌기업의 모기업(parent company)은, ① 해외자회사들에게는 반드시 이득이 되는 것이 아닐지라도, ② 글로벌이익 최대화 등 글로벌기업의 자체목적 달성에 필요한 전략 · 전술적 조치들을 거의 자유재량껏 취할 수 있기 때문이다.

(2) ① 만일에 100% 소유주주가 아닌 다수주주(majority shareholder)로서 글로벌기업의 모회사가 해외자회사들의 이득을 최대화하기 위하여 해외자회사들을 운영한다고 가정하더라도, ② 해외자회사 경영관련 의견불일치로 인하여 모회사와 해외자회사 주주들 사이에는 갈등(예컨대 이익배당, 제품과 그 생산기술 등)이 일어나게 마련이기 때문이다.

(3) 특히 선진글로벌기업들은 아래의 세 가지 추가적으로 유리한 점들 때문에도, 100% 소유 해외자회사들을 선호한다.

① 특정 글로벌기업의 글로벌경쟁우위가 특히 특허 등으로 보호된 핵심역량들(core competence areas)에 속하는 기술적 역량(technological competence)과 기업기밀(trade secret) 등에 바탕을 두고 있을 경우, 해외시장침투 수단으로서 보편적으로 전소유자회사를 선호한다. 전소유자회사는 그런 핵심적 역량 등에 대한 통제력이 강력하기 때문이다.

② 100% 소유하게 되면 서로 다른 국가시장들과 지역시장들에서 운영하는 자체해외자회사들을 엄격히 통제할 수 있다. 그래서 그들의 활동에 대한 글로벌전략적 조정(global strategic coordination)이 용이하기 때문이다.

③ 만일에 특정 글로벌기업이 입지의 경제(location economy)와 경험곡선의 경제(한 나라에서 배운 글로벌경영노하우를 다른 나라로 이전시켜 이익적으로 활용하는 것을 뜻하는 experience curve economy)를 실현하고자 한다면, 전소유 해외자회사들을 운영하는 것이 하나의 필요요건이기 때문이다.

2) 100% 소유권의 단점

(1) 한편, 특정 글로벌기업이 100% 투자로 전소유해외자회사를 설립－운영하는 것은, 해외시장에 침투하여 서브하는 방법들 중에서 일반적으로 가장 비용이 많이 드는 방법이다.

특정 글로벌기업이 100% 투자로 해외자회사들을 설립하고 운영하는 데 따르는 모든 비용과 리스크를 전부 단독으로 부담해야 하기 때문이다.

(2) 특정 글로벌기업이 100% 투자로 해외자회사를 신설하는 것보다 해외 현지의 기존 기업을 매입 · 인수하여 전소유자회사로 운영할 경우, 설립비용은 절감할 수 있더라도, 다른 추가적인 문제들에 당면할 수도 있기 때문이다. 예컨대, 인수기업과 피인수기업의 서로 다른 기업문화를 결합(marry)시키는 것, 양사의 제품라인과 서브하는 시장을 통합시키는 것 등이 그런 문제들이다.

4. 국제합작투자의 컨셉트와 특성

1) 국제합작투자의 컨셉트

(1) 국제/글로벌합작투자(international/global joint investment)는 2개국 또는 그 이상의 국가들에 소속된 둘 또는 그 이상의 투자파트너들(기업체, 개인, 정부기관, 정부기업체 등 investment partners)이 해외에 합작법인을 설립하여 영구적으로(국제라이슨싱 · 기술제공 · 경영관리계약 등 계약기간이 비영구적인 것과 대조되는 permanent basis) 특정 합작기업체의 소유와 경영에 참여하는 것을 말한다.

(2) 그러므로 특정 우리나라기업체가 합작투자파트너로서 국제합작투자에 개입할 때에는, 외국에 기반을 두고 있는(foreign based) 또는 외국국적(foreign nationality)을 지닌 하나 또는 그 이상의 합작투자파트너들과 더불어 특정 해외합작기업체에 대해 공동소유 · 경영권(joint or shared ownership and management control)을 행사하는 것을 국제합작투자라고 할 수 있다.

2) 국제합작투자의 특성

(1) 기업자원 결합에 합작투자파트너들의 참여 필수적

국제합작투자파트너들이 기업자원 결합에 「참여」(participation)한다는 것은, 합작투자파트너들이 자산(assets) 및 자본(capital, equity), 특허 · 브랜드 네임과 같은 지적재산권, 제조공정을 포함한 기술 · 경영 노하우, 기업경영상 중요한 기타 기업자원을 결합(pooling)하는 데 참여함으로써 국제합작기업체에 참여하는 것을 말한다.

(2) 국제합작투자파트너들의 권리는 자본참여에서 비롯

① 국제합작투자파트너들이 기업자원을 결합하는 데 참여한다는 것은, 기업자원 중 가장 중요한 국제합작투자기업의 자본에 참여하는 것을 말한다. 그와 같이 국제합작투자파트너들의 권리(rights)가 자본참여(equity participation)에서 비롯될 때에는, 이를 국제자본합작투자(international equity joint investment)라고 한다.

② 한편, 하나 또는 그 이상의 국제합작투자파트너가 자본참여 없이 국제합작경영에 참여할 때는, 이를 국제비자본합작투자(international non-equity joint investment)라고 한다.

우리가 일반적으로 말하는 그리고 기업들이 참여하는 거의 모든 국제합작투자 형태는 국제자본합작투자이다.

(3) 국제합작투자파트너들의 경영관리 공유는 필수적

① 국제합작투자를 할 때에 중요시해야 하는 세 개의 술어는 참여(participation), 결합한다는 뜻의 풀링(pooling), 「쉐어링」(여럿이 할당 · 분담 · 부담 · 출자 · 참여 · 분배 · 공유한다는 뜻의 sharing)이다.

따라서 국제합작투자로 합작기업체를 설립 · 운영할 때에 합작파트너들은, ⓐ 자본 · 기술 등 기업자원을 투입할 때에 참여하고 풀링을 해야 할 뿐만 아니라, ⓑ 경영관리 · 이익 및 적자 · 리스크 등까지도 쉐어링해야 한다.

② 그와 같이 참여 · 풀링 · 쉐어링이 필수적이기 때문에, 국제합작파트너들은 각기 소유권 · 권리 · 책임 · 책무 등에 대해서도 신경을 써서 사전에 합의하여 문서화된 국제합작투자계약을 체결할 필요가 있다.

(4) 국제합작투자파트너들의 상호 이해 · 보조 · 협력은 필수적

① 국제합작투자를 할 때에는, 서로 다른 국적을 가진 둘 또는 그 이상의 합작파트너들 사이에 존재하는 문화적 차이를 극복할 수 있는 상호이해, 상호보조 · 보완적인 협력이 필수적이다.

② 왜냐하면 국제합작투자를 하는 것은 합작파트너들이, 제각기 단독으로 경영활동을 할 때보다, 협동적으로 경영활동을 함으로써 더 큰 총체적 경영성과(greater total business results)를 창출하는 데 큰 목적이 있기 때문이다.

5. 국제합작투자의 파트너 대상과 소유권 형태

1) 국제합작투자파트너의 대상

국제자본합작투자(international equity joint investment)로 해외시장에 침투하는 글로벌기업 같은 특정 기업은, 아래의 잠재적 파트너들 중에서 어느 하나 또는 그 이상을 선택하여 합작파트너로 삼을 수 있다.

(1) 현지국의 민간기업이나 개인

① 특정 기업은 (특히 선진국들에 침투할 때) 현지국의 민간(사)기업이나 개인(자본가)을 합작투자파트너로 삼을 수도 있다.

② 특정 기업으로서는, 그 기업이 제공할 수 있는 것보다 더 좋은 조건이나 우위(advantages)를 가지고 생산시설 · 시장 · 유통기구 · 노동력 · 경영자 · 밀접한 대정부관계 등을 제공할 수 있는 현지합작투자파트너를 선택하는 것이 바람직하다.

(2) 현지국의 정부(중앙 · 지방), 정부기업, 공기업

① 특정 기업은 현지국의 정부(중앙 및 지방), 정부기관, 정부(국영)기업체, 공기업체 등도 합작투자파트너로 삼을 수 있다.

② 특정 기업은 저개발국과 과거와 현재의 공산국가에 합작투자로 침투할 때에 한해서만, 그들을 합작투자파트너로 고려해야 한다.

(3) 현지국의 현지파트너와 제 3 국 파트너

특정 기업은 침투하는 현지국의 현지파트너(local partner)와 제 3 국파트너(third country partner)를 함께 현지합작투자기업의 파트너로 삼을 수도 있다.

(4) 제 3 국 파트너들끼리

국제합작투자로 특정 현지국에 침투하는 특정 기업은, 그 특정 기업과 현지국 이외의 국적을 가진 제 3 국의 파트너(자본)를 선정하여 합작파트너로 삼을 수도 있다. 이런 형태의 국제합작투자는 요사이 아주 드문 편이다.

2) 국제합작투자에 따른 소유권형태

국제합작투자를 할 때 글로벌기업 같은 특정 기업은 소유권의 정도

(extent of ownership)를, 따라서 경영통제권의 정도(extent of managerial control)를, 나타내는 아래의 소유권형태들(ownership types) 중에서 어느 하나를 취사선택할 수 있다. 오늘날 (1), (2), (3)은 널리 활용되고 있는 반면에 (4)는 드물게 활용되고 있다.

(1) 현지인과반수소유권/외국인소수소유권 형태

① 과반수소유권이라 함은, 국제합작투자기업의 소유권 100% 중에서 현지인이 50% 이상의 자본지분(equity share)을 차지하는 것을 뜻한다. 반대로 소수소유권이라 함은, 외국인이 50% 이하의 지분을 차지하는 것을 뜻한다.

② 그러므로 현지인합작투자파트너가 과반수소유권을 차지하면, 자동적으로 외국인합작투자파트너는 소수소유권을 차지할 수밖에 없다.

③ 따라서 현지인과반수소유권(majority local ownership)/외국인소수소유권(minority foreign ownership)은, 국제합작투자기업의 경영통제권을 「원칙적으로」 현지인파트너에게 주는 현지인파트너에게 유리한 소유권형태이다.

(2) 현지인소수소유권/외국인과반수소유권 형태

현지인소수소유권(minority local ownership)/외국인과반수소유권(majority foreign ownership) 형태는, 소유권비율에 따라 국제합작투자기업의 경영통제권을 「원칙적으로」 외국인파트너에게 주는 외국인파트너에게 유리한 소유권형태이다.

(3) 50/50 소유권(동등소유권) 형태

① 50/50 소유권(equal share) 내지 동등소유권(equal ownership) 형태는, 외국인파트너와 현지인파트너가 국제합작투자기업의 소유권을 50%씩 동등하게 차지하는 소유권형태이다.

② 이 형태를 채택하게 되면, 모든 기타조건이 같다고 가정할 때에, 두 합작투자파트너는 경영통제권을 동등하게 공유(equally share)해야 한다.

③ 두 파트너가 국제합작투자기업 운영과 관련된 모든 문제와 과제에 대해 항상 완전히 합의할 수 있는 것은 아니다. 그렇기 때문에, 50/50 소유권형태를 채택할 때에는, 두 파트너 중에서 어느 하나가 결정적인 경영통제권(decisive managerial control)을 행사할 수 있도록 양자간에 경영계약을 체결하는 것이 바람직하다.

(4) 현지인파트너와 외국인파트너가 49/49 소유권을 차지하고 나머지 결정적인 주식지분을 독립적인 제 3 자가 소유하는 형태

이 소유권형태는, 양파트너가 다 같이 과반수소유권에 미달하는 예컨대 49%씩 동등하게 소유하고 나머지 결정적인 자본지분(decisive equity share)은(예컨대 2%는) 국제합작투자기업체 자체의 권익(interest)만을 보호 · 증진키 위해 의사결정할 수 있는 독립적이고 객관적인 입장에 있는 제 3 자가 소유하도록 하는 것을 말한다.

6. 국제합작투자의 편익과 비용

1) 국제합작투자의 편익

(1) 경제적 편익

① 국제합작투자는, 둘 또는 그 이상의 국적이 서로 다른 합작투자파트너들이 각기 투입한 기업자원의 총계보다 더 큰 투자회수를 달성하는 데(optimizing return larger than the sum of resources of two or more partners) 목적이 있다.

따라서 국제합작기업을 합리적으로 설립 · 운영하게 되면 파트너들은, 그들이 결합(pooling)하여 투입한 총기업자원의 총가치보다 더 큰 총가치의 회수를 실현하는 편익을 얻을 수 있다.

② 국가이익(national interests)에 큰 영향을 미치는 산업분야(예컨대 일부 첨단기술 · 국방에 막대한 영향을 미치는 방위산업 등)에 대해서는, 외국인투자를 전면 불허하든지 외국인 단독투자를 불허하는 국가들이 아직도 많다.

그런 국가와 산업분야 대해서, 국제합작투자는 외국인기업이 침투할 수 있는 수단을 제공한다.

③ 현지파트너와 국제합작투자를 하게 되면, 국제합작투자기업에게 자본조달의 편의제공 · 차관의 지불보증 · 세금의 감면 · 이익상환의 허용 등 다양한 투자유인을 제공하는 나라들이 많다. 그래서 그런 투자유인을 활용하기 위해서도 국제합작투자를 하는 기업들도 있다.

④ 국제합작투자는 외국인기업이, 해외현지에서 자금을 용이하게 조달하고 통화가치의 변동 또는 외환율의 변동에서 오는 리스크를 감소시키

면서, 상당한 이익을 취할 수 있는 수단도 제공한다.

⑤ 적절한 현지합작파트너를 맞이함으로써 외국인기업은, 필요로 하는 원자재 · 노동력 · 경영자 · 마케팅능력 · 유통기구 · 현지정부와의 좋은 관계 등을 확보하고 제공받을 수 있어, 투자회수의 증대 · 시장기반의 강화 등을 조속히 실현할 수 있다.

⑥ 비교적 기업자원이 부족한 외국인기업들은, 국제합작투자 형태를 채택함으로써, 좀더 많은 해외시장국들에 침투하여 현지마케팅 · 현지생산 활동 등을 전개할 수 있다.

⑦ 국제합작투자로 해외시장국들에 침투할 때 외국인기업은, 현지합작파트너와 체결하는 합작투자계약에 경영계약 · 기술제공계약 · 라이슨싱계약 등을 포함시킴으로써, 라이슨스 로얄티 · 경영관리피이 등 추가적인 수입원을 확보할 수 있다(Lotte Mart의 Vietnam 시장진입을 다룬 예증 10-8을 참조).

(2) 정치 · 사회적 편익

① 외국인 기업은, 현지합작파트너와의 국제합작투자로 현지합작기업을 설립 · 운영하면 현지기업으로 취급받기 때문에, 현지국들의 차별적 장벽(discriminatory barriers)을 돌파할 수 있고 내국인 대우(national treatment)를 받을 수도 있다.

② 예컨대 정치적으로 불안정하고 인종적 · 종교적 분규와 민족주의가 심한 투자대상국에 따라서, 국제합작투자는 해외직접투자를 수반하는 정치적 리스크(극단적으로는 강제수용이나 국유화의 가능성까지 포함하는 political risks)를 감소시키고 제거하는 수단도 제공해 줄 수 있다.

2) 국제합작투자의 비용/단점

① 둘 또는 그 이상의 서로 다른 국적 · 민족 · 경제 · 문화적 배경을 갖고 있는 합작파트너들이 국제합작투자기업체의 경영에 참여하기 때문에, 합작파트너들 사이에 관점 · 가치기준과 판단 · 문제점의 규명 · 해결대안의 창출 · 의사결정 등에 걸쳐 갈등(conflict)이 빈번히 발생할 확률이 높다.

갈등이 발생할 확률이 높은 것은 기업자원의 소싱, 생산하고자 하는 제품 · 서비스와 활용하고자 하는 생산기술, 마케팅전략, 배당금지급비율,

소득재투자 또는 소득해외상환 등이다.

② 국제합작기업을 설립 · 운영하는 과정에서, 외국인 합작파트너와 현지합작파트너는 각기 자기의 의견 · 의사결정 · 행동 등을 상대방에게 흔히 외국어(대체적으로 제 3 국어)로 설명하고 · 설득하고 · 정당화시켜야 하는 번거로움이 따른다(예증 13-1 참조).

그 결과로 합작투자기업을 경영하는 데는 문화적 갈등에서 비롯되는, 특히 사용하는 언어가 다른 데서 비롯되는, 많은 어려운 문제들이 발생하여, 합작파트너들은 다 같이 심리적 · 육체적인 피로와 압박감에 시달리는 경우가 많다.

③ 현지합작투자에 참여하는 외국인파트너가 글로벌기업인 경우에,

예증 13-1 삼성의료원, 두바이에 합작투자로 메디컬센터 개원

삼성의료원이 국내 병원 최초로 아랍의 관문 두바이에 진출했다.

삼성의료원은 아랍에미리트 인덱스홀딩사와 합작해 아랍에미리트연합(UAE) 두바이 헬스케어시티 내에 '삼성의료원 두바이 메디컬센터'를 2010년 3월에 개원했다.

삼성의료원 두바이 메디컬센터는 두바이 국제공항과 신시가지, 구시가지 등으로부터 자동차로 10분 거리에 있으며, 연면적 1,106m²(334평) 규모로 6개의 진료실과 내시경실, 심장초음파실, 회복실, 처치실 등을 갖추고 있다.

삼성서울병원에서 파견된 내과 교수 2명, 간호사 2명, 의료기사 1명이 상주하면서 진료한다.

두바이 현지 의료진들을 외래교수 형식으로 초빙해 진료에 참여시켜 현지화를 앞당기는 진료시스템도 구축했다.

삼성의료원 관계자는 "삼성의료원 단독으로 두바이에 진출했을 때의 부작용을 최소화하기 위해 인덱스홀딩사와 합작하게 됐다"며 "인덱스홀딩사가 현지의 낙후된 의료인프라로 많은 사람이 해외로 나가 진료받는 현실을 극복하기 위해 먼저 제안해 성사됐다"고 설명했다. 인덱스홀딩사는 두바이에 본사를 두고 있으며, UAE와 중동지역에서 한국기업들의 비즈니스 투자 및 진출의 가교역할을 하고 있는 기업이다.

자료: 한국일보

그 기업은 현지합작기업을 완전통제하지 못함으로써 글로벌경영전략을 수립 · 집행 · 통제할 때에 여러 가지 제한과 제약을 받을 수도 있다.

④ 국제합작투자를 하게 되면, 창출하는 이익을 파트너들과 공유/분할(share)해야 하므로, 배당받는 이익은 제한될 수밖에 없다. 그렇지만 적자가 발생할 때는, 적자를 소유권비율에 따라 공유/분담(share)함으로써 모든 파트너들의 리스크를 분산(disperse)시켜 주는 이점도 있다.

⑤ 국제합작투자의 또 하나의 부정적 측면은, 어느 한쪽 합작파트너는 자기자본지분(own equity share) 이상으로 합작투자기업의 이익 및 성장에 기여하더라도 소유권비율만큼밖에 이익배당을 못 받는 반면에, 다른 합작파트너는 책임과 의무를 등한시하더라도 이익을 소유권비율대로 배당받을 수 있다는 점이다.

그런 현상 발생을 방지하려면, 외국인 합작파트너는 현지합작파트너와 체결하는 합작투자계약에 라이슨싱계약 · 기술제공계약 · 경영계약 등을 포함시켜 이익(profit)이 아닌 royalty · fee 형태로 수익을 증대시키도록 해야 한다(Lotte Mart의 Vietnam 시장진입을 다룬 예증 10-8을 참조).

7. 단독해외직접투자 또는 국제합작투자 여부를 결정할 때의 결정기준

(1) 특정 기업체는, ① 단독해외직접투자(sole or 100% foreign direct investment)를 실시하여 해외자회사에 대해 완전소유－통제권(sole or 100% ownership-control)을 장악할 것인가, ② 아니면 국제합작투자를 실시하여 해외합작투자기업에 대해 공동(공유)소유－통제권(joint or shared ownership-control)을 차지할 것인가를 결정할 때에는, 아래의 결정기준(decision criteria)을 활용해야 한다.

(2) 특정 기업체는 국제합작투자를 하기로 결정한 다음에, 합작파트너들이 각기 차지할 소유권 비율(ownership share or ratio)을 결정할 때에도, 똑같은 결정기준을 활용해야 한다.

1) 보유한 제품과 기술의 특성

(1) 보유한 제품의 특성

① 특정 기업체는, 첨단기술로 생산하는 제품의 기술적 복잡성(technical complexity)이 높을수록, 해외자회사에 대해 완전소유 · 통제권을 장악하는 전략을 택할 필요가 있다.

② 완전소유전략이 실현될 수 없을 때에는, 차선책으로 합작투자를 하되 해외합작투자기업에 대해 다수통제권(majority control)을 장악하는 방법을 택하는 것이 바람직하다.

(2) 보유한 기술적 리더십

① 특정 기업체는, 보유한 특정 산업분야에서의 기술적 리더십(technological leadership)의 정도 역시 고려해야 한다. 만일에, 특허 · 제품 · 생산공정 · 품질관리 · 연구개발 등에 걸쳐서 뛰어난 기술적 리더십을 내지 핵심역량을 보유하고 있다면, 강력한 협상력(strong bargaining power)을 동원하여 해외자회사의 완전소유 · 통제권을 장악하는 전략을 택해야 한다.

② 그것이 여의치 않을 때에는, 차선의 대안으로서 합작투자를 하되 다수통제권을 장악하도록 해야 한다.

③ 제품과 그 생산기술이 단순하거나 널리 알려진 것일 때에는, 집약적인 마케팅 활동(intensive marketing activities)을 전개하지 않아도 될 경우에 한하여, 50 대 50의 소유권비율이나 소수소유권(minority ownership)을 수용하는 것도 하나의 좋은 대안이다.

④ 그렇지만 브랜드의 글로벌 명성이 높은 소비재를 특약적으로 유통하는 등 집약적인 마케팅 활동 전개가 필수적일 경우에는, 합작투자를 하되 최소한 다수통제권을 장악하도록 해야 한다.

2) 정부정책 · 경영기회와 리스크 등 현지국의 투자환경

(1) 투자환경을 포함한 경영환경이 안정되어 있는 선진국에 대해서는, 가급적 단독투자를 하여 해외자회사를 완전소유 · 통제하는 전략을 택하는 것이 바람직하다. 우리나라기업들도 미국 · EU(예증 12-1 및 12-8에 있는 현대 · 기아차의 미국 · 유럽자회사 등 참조)에서는 사실상 그렇게 하고 있다.

(2) ① 경제가 저개발단계에 있고 더욱이 투자환경이 불안정한 대부분의 개도국과 과거 및 현재의 공산국가에 대해서는, 경영계약을 체결하여 경영통제권을 행사할 수 있다는 전제하에, 합작투자형태를 취하되 소유권비율을 50 대 50 내지 50% 이하로 결정할 수도 있다. 이는 투자리스크(investment risks)를 분산시키고 최소화시키기 위해서이다.

② 그러나 투자리스크의 가능성이 높다 하더라도 이익가능성(profit possibilities)과 투자회수 잠재성이 클 것으로 판단될 때는, 의도적으로 오히려 완전소유 또는 다수소유 · 통제 해외자회사를 운영할 필요가 있다. 해외자회사를 독자적으로 운영할 수 있어야만, 성공할 확률이 높기 때문이다.

(3) 현지국의 민족주의적 경향(nationalistic tendency)이 농후한 등 현지국의 투자환경이 단독투자를 하기에는 적절치 않을 경우, 합작투자로 해외자회사를 운영하는 것이 바람직할 수도 있다.

3) 보유한 기업자원의 정도

(1) 비교적 운영규모가 작거나 기업자원 및 글로벌경쟁력이 취약한 기업체일수록, 대규모의 현지국기업과 합작투자를 하여 해외현지자회사를 운영하는 것이 바람직하다.

(2) 운영규모가 큰 글로벌기업일수록, 가급적 완전소유해외자회사를 운영하고, 합작투자를 해야만 할 경우에는 현지중소규모기업을 현지합작파트너로 삼고 다수소유권이나 동등소유권비율(equal ownership share)을 택하는 것이 바람직하다.

4) 현지인파트너의 역할과 이용가치

(1) 특정 기업체는, 단독으로 해외자회사를 운영하더라도 고도의 운영효율(operating effectiveness)을 실현할 수 있다고 판단할 때는, 완전소유해외자회사의 운영을 선택하는 것이 바람직하다.

(2) 그러나 해외운영노하우가 부족하거나 비교적 운영규모가 작은 특정 기업체는, 특히 부패한 저개발국에서일수록 정부관계가 중요하기 때문에, 상당한 영향력을 보유한 현지기업과 합작투자를 하여 해외자회사를 운영하는 것이 바람직하다.

(3) 반대로 운영규모가 크고 글로벌경영 경험이 풍부한 글로벌기업은, 현지파트너의 이용가치 때문에 합작투자로 해외자회사를 운영할 필요는 없다.

5) 통합된 글로벌경영관리에 미치는 영향

(1) 특정 기업체의 본사가 모든 해외자회사들을 완전소유할수록, 그런 글로벌기업은 일원적 경영관리(unitary management)를 할 수 있어서 통합된 글로벌경영관리(integrated global management)를 효과적으로 수행할 수 있다.

(2) 반대로, 특정 기업체가 합작투자로 운영하는 해외자회사들이 많을수록 공동경영관리(joint management)를 해야 하는 정도가 높아지기 때문에, 통합된 글로벌 경영관리를 하기가 점점 더 어려워지게 마련이다.

따라서 특정 기업체는 통합된 글로벌경영관리에 미치는 영향도 고려에 넣고, 해외자회사의 소유 · 통제권 정도를 결정해야만 한다.

6) 최고경영층의 태도

(1) 특정 기업체는 해외자회사의 소유 · 통제권에 대한 최고경영층의 태도 역시 고려에 넣고, 해외자회사의 소유 · 통제권전략을 결정해야 한다.

(2) 만일에 특정 기업체의 최고경영층이 개인적으로 해외자회사의 완전소유를 강력히 선호한다면, 아니면 공동소유를 강력히 선호한다면, 그 기업체의 소유권전략결정의 방향에 분명히 상당한 영향력을 미칠 수 있기 때문이다.

제2절 국제기업 M&A전략

1. 국제기업 M&A의 컨셉트와 유형

(1) 글로벌 · 지역별 · FTA별 · 국가별 등 4개 시장차원 경영환경이 계속

급속도로 변화함에 따라, 점점 더 많은 글로벌기업들은 글로벌 · 지역 · FTA · 국가시장 차원에서 ① 경쟁력을 강화하는 데, ② 이익성을 높이는 데, ③ 지속적으로 성장하는 데 등에 목적을 두고 지속적으로 회사리스트럭처링(corporate restructuring)을 추진 중이다.

(2) 글로벌세분시장 등 4개 지리적 시장차원에서 회사리스트럭처링을 추진중인 글로벌기업들은 ① 기존 사업분야들 중에서 채산성 없는 사업들의 매각/정리, ② 미래 경쟁력과 이익성이 높아지도록 기존 사업-제품라인(existing business-product lines)의 리스트럭처링, ③ 성장산업(사업-제품라인 분야)에의 신규참여, ④ 사업 규모 · 범주 · 네트워크(business scale, scope and network)의 확대, ⑤ 재무구조의 개선 등에 막대한 기업자원과 노력을 투입하고 있다.

(3) 그런 회사리스트럭처링의 중요한 전략적 수단의 하나인 글로벌/국경초월기업 M&A(global or cross-border corporate merger and acquisition)는 아래의 두 가지를 합친 컨셉트이다.

①은 둘 또는 그 이상의 기업들이 국경을 초월하여 하나로 통합하여 단일기업이 되는 합병(merger)이다.

②는 한 기업이 국경을 초월하여 많은 해외직접투자를 실시하여 다른 기업(들)의 주식 또는 자산을 취득하여 경영권을 획득하고 행사하는 매입인수(acquisition)이다.

(4) 그런 컨셉트의 글로벌기업 M&A는, 내부기업자원인 이익유보금 · 감가상각액 등보다는, 외부기업자원들(external business resources)을 이용하여 기업을 성장시키는 데 목적을 두고서 활용되고 있는 가장 공격적인 글로벌경영전략이다.

즉, 국제기업 M&A는 글로벌시장 · 지역시장 · FTA시장 · 국가시장 등 4개 차원 해외시장에서 ① 회사리스트럭처링을 하는 데 필수적인 전략수단인 동시에 ② 특히 사업의 규모 · 범주 · 네트워크 등 회사확장(corporate expansion)을 하는 데 활용되는 해외직접투자 전략 중에서 가장 대표적인 전략수단의 하나이다. 연간 세계직접투자의 80% 정도가 M&A 관련 투자이기 때문이다. 최근에는 중국이 글로벌기업 M&A에 대대적으로 뛰어들고 있다(예증 13-2 참조).

예증 13-2 중국, "지금까진 예고편" … 3년 내 지구촌 기업사냥 본격화

"중국기업들은 3년(2013)년 내에 해외기업 인수합병(M&A)에 대거 뛰어들 것이다. 전 세계 M&A시장은 새로운 시장과 신기술을 얻기 위해 거대 위안화 자본으로 무장한 중국의 '메이드 인 차이나' 기업들이 주도하게 될 것이다(홍콩 국제투자자문회사 비마웨이(畢馬威) KPMG의 '세계 M&A시장 보고서')."

중궈와이하이(中國外海)석유공사는 미국 최대 석유회사 텍사코의 천연가스전 지분 34%를 취득하는 등 2010년 5월까지만 해도 중국의 해외투자규모는 143억 달러에 달했다. 2009년에는 총 해외투자액이 무려 433억 달러였다. 중국기업들의 해외투자열기는 이렇게 타의 추종을 불허한다.

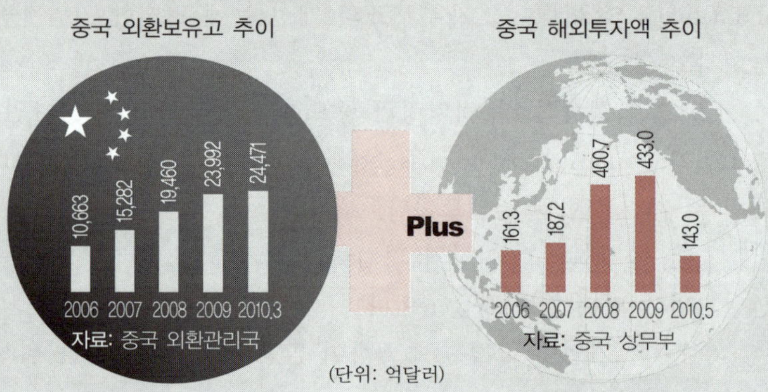

439억달러	367억달러	358억달러	333억달러	329억달러	310억달러	297억달러	229억달러
아메리카대륙 (미 제외)	유럽	서아시아	호주	아랍권	아프리카 (사하라 남쪽)	동아시아	미국

주: 1억 달러 이상만 합친 숫자.

자료: 한국일보

1) 국제기업합병의 컨셉트와 유형

국제기업합병(international corporate merger)은 일반적으로 국적이 서로 다른 둘 또는 그 이상의 기업들이, 각기의 이사회 및 주주총회의 승인을 거쳐서, 인수기업이 피인수기업의 자산과 부채를 인수하고 경영관리를 통합하여 단일기업(a single firm)이 되는 것을 말한다. 합병방법들은 다음과 같다.

(1) 흡수합병과 신설합병

합병을 거래형태별로 분류해 보면, ① 한 기업이 다른 기업을 흡수하여 한 개의 기업이 되는 흡수합병(acquisition merger)과 ② 두 기업이 완전히 소멸되고 제 3 의 새로운 기업을 설립하는 신설합병(consolidation merger)이 있다. 그 두 형태 중에서는, 흡수합병이 가장 흔히 활용되고 있다.

(2) 현금합병과 주식합병

한편, 피인수기업의 주식을 취득하면서 피인수기업의 주주들에게 대금지급을 어떻게 하느냐에 따라 아래와 같이 나눌 수 있다.

① 현금합병(cash merger)은, 인수기업이 피인수기업의 모든 주식을 현금으로 인수하는 방법을 말한다. 이 경우에는 주식합병에 비교하여, 상대적으로 인수절차가 간단하며 인수가격도 쉽게 결정할 수 있는 장점이 있다.

② 주식합병(stock merger)은 피인수기업의 보통주식에 대하여 인수기업의 보통주식과 일정비율로 교환해 주는 방법을 말하는데, 때때로 인수기업의 우선주나 회사채와 교환해 주기도 한다.

(3) 수평적, 수직적 및 다각적 합병

인수기업과 피인수기업 사이의 상호관련성에 따라 기업합병을 아래와 같이 구분하기도 한다.

① 수평적 합병(horizontal merger)은 동일한 산업 내에서 동일한 제품(서비스)을 가지고 마케팅활동을 하는 기업들 사이의 결합을 말한다. 동일한 철강제조회사간의 합병, 자동차제조회사간의 합병 등이 그 예이다. 이러한 수평적 결합은 시장점유율의 확대, 판매력 강화 등을 목적으로 이루어지는 것이 보통이다.

② 수직적 합병(vertical merger)은 동일산업에 속하나 생산공정 단계가 서로 다른 기업들 사이에 이루어지는 결합을 말한다. 자동차 조립기업과 부품기업 · 타이어기업 등 사이의 계열화와 같이, 원료 혹은 반제품을 생산하는 기업들과 최종완성품을 생산하는 기업 사이의 결합이 그 예이다.

③ 다각적 합병(versatile merger)은 분산투자의 효과를 얻기 위하여, 합병을 주도하는 기업이 현재의 사업과는 전혀 관계가 없는 새로운 사업 분야로 진입하여 성장하기 위한 방안으로서 합병을 시도하는 형태를 말한다. 철강기업이 자사의 기존 사업분야와는 아무런 상관이 없는 반도체기업과

합병하는 것 등이 그 예이다.

2) 국제기업 매입인수의 컨셉트와 유형

글로벌기업들은 국제기업합병보다는 국제기업매입인수(international corporate acquisition)에 훨씬 많이 몰입하고 있다. 우리나라기업들은, 글로벌합병파트너들을 구하기가 극히 어려워서, 상대적으로 더욱 많이 국제기업매입인수에 몰입한다. 국제기업매입인수 방법들은 아래와 같다.

(1) 자산매입인수와 주식매입인수

① 국제기업매입인수는 한 회사가 국경을 초월한 협상이나 강압적 수단을 동원하여 타회사의 일부(자본비율의 10% 이상) 혹은 전부를 매수한 후, 피매수회사를 존속시키면서 주주권을 행사하거나 그 경영에 직접 참여하는 것을 말한다.

② 매입인수는 ⓐ 자산매입인수(asset acquisition)와 ⓑ 주식매입인수(stock acquisition)로 나눌 수 있다.

자산매입인수는 매수회사가 매수대상회사의 자산 또는 사업부문의 일부를 취득하는 것이며, 주식매입인수는 매수회사가 매수대상회사의 주주들로부터 주식의 전부 또는 일부를 취득하는 것으로서 경영권의 인수가 수반된다.

(2) 강압적/적대적 수단에 의한 매입인수 방법

한편 협상이 아닌 강압적/적대적 수단이 이용될 경우, 매입인수는 두 가지 방법으로 이루어진다.

① 위임장대결(proxy fight)은 매입인수를 시도하는 회사측이 표적회사의 일부 주식만을 확보한 후, 여타의 주주들로부터 의결권을 위임받아 주주총회에서의 투표를 통하여 매수회사측이 지명하는 인물을 이사회 이사로 선임하거나 매수관련 안건을 상정하고 통과시키는 방법을 말한다.

② 공개매수(tender offer)는 표적회사의 지배권획득 등에 목적을 둔 주식 공개매수방법으로서, 불특정다수의 주주를 대상으로 증권시장 외에서 표적회사의 주식을 일정수 이상을, 일정가격에 일정기간 내에 매수하겠다는 의사를 신문 등에 공고하고, 공고된 조건에 응하는 주주들로부터 주식을 매수하는 방법을 말한다.

2. 국제기업 M&A를 추진하는 동기

글로벌기업들은 아래와 같은 기업가치/자기자본가치 증대효과들(corporate value〈owner's equity value〉 enlargement effects)을 실현하려는 동기로 글로벌기업 M&A를 추진한다.

1) 경영관리 시너지효과

(1) 기술과 제품의 연구개발, 소싱, 생산, 마케팅, 인적자원, 기업의 조직화, 계획수립과 통제 등 모든 경영관리기능 분야에 걸친 규모 및 범주의 경제(economies of scale and scope)와 네트워킹을 통한 시너지효과(synergy effects) 실현(제14장 참조).

(2) 수직합병 등을 할 경우, 합병기업내 정보소통의 원활화 실현

(3) 예컨대, 연구개발능력이 강력한 글로벌기업과 글로벌마케팅능력이 강력한 글로벌기업이 M&A를 통해 수평적으로 통합할 경우, 연구개발과 마케팅 등 주요기능 분야의 보조보완을 통한 글로벌경쟁력의 가일층 강화

2) 재무 시너지효과

(1) ① 잉여현금유입(surplus cash inflow)이 큰 글로벌기업과 그것이 작은 글로벌기업이 M&A를 통해 통합할 경우, 외부자금조달의 비용감소 및 배당에 대한 과세의 회피가 가능.

② 특정 글로벌기업이 M&A로 복합기업(conglomerate firm, business group)을 형성할 경우, 한계투자수익률이 낮은 사업부문으로부터 그것이 높은 사업부문으로 자금배분을 내부적으로 수행하는 내부자본시장(internal capital market)을 제공

(2) 채무부담능력 또는 차입능력(debt capacity)의 증가

(3) 자금을 조달하는 데 규모의 경제 실현

(4) 증권거래 규모 증대를 통한 증권의 유동성 증대로 증권가격 상승과 증권의 환금성 증대

3) 투자분산효과

(1) 경영자, 종업원, 지배대주주가 부담하는 리스크 감소

(2) 기업/조직자본(organizational capital)과 신용자본(reputational capital or brand capital)의 보호

4) 경영능률 향상 효과

(1) 예컨대 은행 · 증권 · 보험 등 기업들간의 수평적 M&A 및 (2) 소매뱅킹 · 도매뱅킹 · 투자뱅킹 등 관련사업종사기업들(related business firms) 사이의 M&A는 경영능률의 향상 초래

5) 경영환경변화에 대한 전략적 적응

(1) 예컨대 WTO 출범 후 가속화중인 시장 · 경쟁 · 기업의 글로벌화, EU · NAFTA 출범 후 지역화 심화 등 경영환경변화에 적응하고 대응할 수 있도록, 제품-시장믹스(product-market mix)의 변경이 용이

(2) 지구촌 어디로든지 필요한 곳으로 경영 · 기술능력 등 기업자원의 적절한 이전 · 활용

(3) 없는/부족한 새로운 경영 · 기술능력 등 기업자원의 취득

6) 기타효과

(1) 세금의 회피 및 감소효과

(2) 예컨대, 대규모 M&A를 성공시켰다는, 또는 M&A로 대규모/초대규모 글로벌기업의 CEO가 되었다는 경영자 자만(managerial vanity)의 충족효과(이것을 지나치게 강조하면, M&A에 실패함)

(3) 글로벌 시장력(global market power)의 강화와 글로벌 시장지위(global market position)의 향상 등(예증 13-3 참조)

예증 13-3 "글로벌 M&A 못나서면 한국 기업들 도태될 것"

삼성경제원이 발표한 "글로벌기업의 M&A동향과 전략적 시사점"에서 우리나라기업들이 국제적 기업 인수합병에 나서지 못하면 글로벌시장에서 도태할 것이라는 전망을 제기했다.

위 연구는 최근에 중국과 인도 등이 M&A의 주체로 부상하고 있는 것이 특징이라고 지적했다. 또 제조업보다는 서비스업에서 더 많이 M&A가 발생하고 있다고 했다(예증 12-3 참조).

또 위 연구는 "우리나라기업들은 중국 · 러시아 · 인도 등 신흥국에서 현지법인을 설립하는 것보다 경영자원을 모두 흡수할 수 있는 M&A를 시도할 필요가 있다"고 지적했다.

자료: 조선경제

3. 국제기업 M&A가 확대되고 있는 이유

기업의 글로벌화 및 글로벌경영확대 등을 위한 해외직접투자 전략적 수단으로서 글로벌기업 M&A 활용이 계속 증가하고 있는 이유는 아래와 같다.

1) 단독/합작 해외자회사 설립 · 운영을 수반하는 단점 극복

(1) 특정 글로벌기업이 단독 해외직접투자로 100% 소유 해외자회사(현지법인)를 설립할 경우에는, ① 이에는 막대한 자금과 상당히 긴 기간 등이 소요될 수도 있을 뿐만 아니라, ② 설립 후 운영상의 불안정성과 투자회수 등에 불확실성이 많다. 국제기업 M&A를 하면 그런 문제들에 당면하지 않을 수도 있기 때문이다.

(2) 합작투자로 해외합작기업을 설립하려 할 경우, ① 적합한 현지합작 파트너 선정 어려움, ② 모든 합작파트너들이 다 같이 만족할 수 있는 계약 체결의 어려움, ③ 경영권의 행사 · 책임분담에 관한 이해관계 대립의 가능성 등 단점을 내포하고 있다. 국제 M&A를 하면, 그런 어려움과 단점을 회피할 수도 있기 때문이다.

2) 국제기업 M&A 편익의 활용

(1) ① 한편 국제기업 M&A는 특정 글로벌기업이, 현존하는 해외기업과 합병하거나 해외기업을 매수함과 동시에, 단시간 내에 해외시장 침투와 글로벌경영확대를 가능케 하기 때문이다. ② 즉, 시간의 단축이 가장 큰 장점이기 때문이다.

(2) 또한 많은 글로벌기업들이 당면하고 있는 ① 사업분야들의 확대 및 다각화성장 필요성, ② 생존 또는 경영성과 개선을 위한 사업분야의 리스트럭처링 필요성, ③ 최고경영층의 세대교체에 따른 후계자 선정의 어려움과 심화되는 인력부족, 기업의 글로벌화 진전 등을 배경으로, 국제기업 M&A는 글로벌해외직접전략의 중요한 부분으로서 활성화(activate)되고 정착되어 가고 있기 때문이다.

4. 국제기업 M&A전략을 활용하는 것이 바람직한 기업

1) 주주의 富 창조/증대에 M&A전략이 가장 좋은 옵션일 때

(1) 특정 기업체가 주주의 부(total stock market price/wealth of the firm's stockholders)를 창조하고 증대시키는 방안에는 아래와 같은 옵션들이 있다.

① 핵심사업 분야들(예컨대 자동차업체는 자동차, 반도체업체는 반도체)의 경영성과(performance of core business)를 향상시키는 것.

② 자사보다는 타기업에게 가치가 더 크다고 판단되는 기존사업의 일부를 타기업에 양도(corporate realignment)하는 것.

③ 외부성장방법(external growth methods)의 하나인 M&A를 통하여 성장하는 것.

④ 이익 · 감가상각비 등 내부투자자원의 투자를 통하여 성장하는 것.

⑤ 최적의 자금조달 방법을 채택하여 금융비용을 삭감하고 리스트럭처링을 통해 재무구조를 개선하는 것 등.

(2) 위의 여러 방안 중에서 ① · ② · ⑤ 방법을 채택할 기회를 소진한 특정 글로벌기업에게는, ③방법인 M&A를 통한 성장과 ④방법인 내부투자자원을 동원한 신규투자를 통한 성장이 가능한 옵션(possible options)으로

예증 13-4 세계는 '공룡시대' : 글로벌기업 짝짓기 붐

글로벌기업들간의 인수 · 합병(M&A)이 폭발하고 있다. 통신 · 철강 · 제약 · 금융 · 광산 등 전 업종에 걸쳐 세계적인 기업들간의 '짝짓기'가 잇따르면서, 매년 글로벌 M&A 규모가 사상 최대를 기록하고 있다.

2006년을 예로 들어 보자. 2006년 5월을 전후해 성사된 M&A만 해도 900억 달러 규모다. 세계 1위 철강업체인 인도의 미탈스틸이 2위인 아르셀로를 336억5000만 달러에, 세계 3위 구리업체인 미국 펠프스다지가 캐나다 광산업체인 인코와 팰콘브리지를 400억 달러에, 미국 제약업체인 존슨&존슨이 화이자의 생활용품 사업부문을 166억 달러에 각각 인수했다.

2006년 5월 초에는 미국 최대 통신회사인 AT&T가 3위 업체인 벨사우스를 670억 달러에 사들였다.

2006년경의 이런 현상은 무엇보다 기업들의 현금유동성이 좋아진 데 따른 것이라는 분석이다. 수년 동안 기업이익 증가로 현금 동원 능력이 커진 데다 저(低)금리로 자금조달도 쉬워졌기 때문이다. 중국 · 인도 등 신흥 경제대국의 고속성장과 국제 원자재값 강세도 M&A를 부추기고 있다.

자료: 조선일보

남는다. 그런 옵션만이 있는 글로벌기업들은 국제기업 M&A를 적극적으로 활용하는 것이 바람직하다(예증 13-4 참조).

2) 내적 성장보다 M&A전략을 통한 외적 성장이 유리할 때

(1) 특정 글로벌기업이 국제기업 M&A에 개입할 것인가 여부를 결정할 때에는, ① 우선 이익유보금 · 감가상각비 등의 내부투자를 통한 내적 성장(internal growth)과 ② M&A전략을 통한 외적 성장(external growth) 중에서 어느 것이 기업목적 달성에 최대한 기여할 수 있는가를 판단해야만 한다.

(2) 특정 글로벌기업이 외적 성장방법의 하나인 M&A를 채택하는 것이 바람직한 상황은 다음과 같다(예증 13-5 참조).

① 내부투자보다는 외부성장방법으로 기업목적을 더욱 신속하게 달성할 수 있을 때

② 내부투자로 새로운 사업을 전개하는 데 소요되는 비용이, 다른 기

예증 13-5 효성의 굿이어 타이어공장 인수

(주)효성은 미국 앨라배마와 뉴욕, 룩셈부르크, 브라질에 있는 굿이어의 4개 타이어코드(타이어 내부 보강재) 공장을 인수해 2006년 9월부터 직접 운영에 들어갔다.

굿이어는 세계 29개국 100여개 사업장에서 8만여명을 고용해 연간 2억2000만본 이상의 타이어를 생산하는 세계 3위 글로벌 타이어 기업이다.

효성이 굿이어에 제공한 인수대금은 총 32억 달러인데, 이는 일시에 지급한 인수대금과 2006년부터 5년 이상에 걸쳐서 공급키로 한 타이어코드의 금액이 포함된 금액이다.

굿이어 타이어코드 공장들의 인수로 효성의 타이어코드 생산기지는 국내 울산 2개 공장을 포함해 중국 · 미국 등 모두 11개로 늘어났다.

그 결과로 이 부문 세계 1위를 이미 차지해 온 효성의 시장점유율은 25% 수준에서 30% 정도로 늘어났다. 연매출액도 2005년 7500억대에서 1조원대로 늘어났다.

효성 측은 굿이어 공장 인수에 필요한 재원은 1차적으로 사내에 축적한 이익유보금으로 충당하고 나머지는 타이어코드 등의 공급방식으로 지급하고 있다.

자료: 중앙경제

업이 소유한 기존기업의 매수비용을 상회할 때

③ 시장점유율을 증대시키는 데, 비용 · 시간 · 리스크 등의 측면에서 기업매수가 유리할 때

④ 다른 기업이 소유한 기존기업을 매수할 경우에는 증권교부의 방법을 활용할 수도 있는데, 만일 내부투자를 한다고 할 경우에는, 그에 필요한 자산 · 경영력 · 기술력 등을 내부적으로 확보하고 개발할 자금의 조달이 불가능할 때

⑤ 다른 기업이 소유한 매수대상기업이 그 자산 · 인력 · 기술 등 기업자원을 현재 활용하고 있는 것보다, 매입인수기업이 피인수기업을 매수 후에 더욱 이익적으로 활용할 수 있다고 판단할 때

⑥ 세제상의 혜택이 있을 때

⑦ 매수대상기업이 보유한 경영 · 기술 · 생산 등의 능력을, 다른 방법으로는 취득할 기회가 존재하지 않을 때

⑧ 내부투자로 진입할 경우, 그 업종에 과잉생산 · 공급을 초래할 수도

있는 리스크를 회피할 필요가 있을 때

5. 국제기업 M&A전략에 내재된 리스크 및 국제기업 M&A전략 성패의 주요요인

1) 국제기업 M&A전략에 내재된 리스크/단점

참고로 국제기업 M&A에 내재된 리스크/단점을 제시하면 다음과 같다.

(1) M&A는 일시에 대규모의 투자를 요하기 때문에, 그리고 투자환경 변화에 맞추어 투자를 중단 · 축소하거나 투자의 방향을 전환하는 등 신축적으로 적응하기가 어렵기 때문에, 내재된 리스크가 큰 측면이 있다.

(2) 합병(매수)기업과 피합병(매수대상)기업은 상이한 제품 · 서비스 · 기업문화 · 관리시스템 · 조직구조 · 임금체계 등을 가지고 있기 때문에, 완전한 통합과 시너지효과(synergy effects)를 보장(assure)하기가 어렵다.

(3) 매수대상기업의 경영력 · 기술력 · 경영실적 · 자산 등 경영내용 및 기타 무형자산의 질과 시장가치를 정확히 평가하기 어렵기 때문에, 과다한 가격을 지불할 수도 있는 리스크가 있다.

(4) 통합과정에서 피합병(매수대상)기업의 주요경영자 · 기술자들을 잃을 가능성이 있으며(외국인 소유기업에서 외국인 관리하에서 일하는 데 대한 거부감 등 때문에), 그에 따라 경영력 · 기술력 등의 취득에 목적을 두었을 경우, 그 목적을 달성하지 못할 리스크가 있다.

(5) 피합병(매수대상)기업의 사업부문 · 제품 · 생산시설 · 조직 · 인력 등 가운데서 불필요하거나 조화되지 않는 부분을 처분 · 제거할 필요가 있으나, 그런 것이 용이하지 않을 수도 있다.

2) 국제기업 M&A전략 성패의 주요원인

(1) M&A전략의 성공요인

수많은 글로벌기업들의 국제기업 M&A전략들을 조사한 결과로 나타난, M&A 성공의 주요원인을 참고로 제시하면 다음과 같다.

① 특정 글로벌기업이 대규모기업보다는 중소기업을 매수할 경우, 성공의 확률이 높다.

② 같은 업종 · 업태 · 사업분야에 종사하는 기업들을 뜻하는 관련사업 종사기업의 매수(related acquisition)가 비관련사업 종사기업을 매수할 때보다 성공의 확률이 높다.

(2) M&A전략의 실패요인

한편 조사결과로 나타난 국제기업 M&A전략 실패의 주요원인은 다음과 같다.

① 비관련 대규모기업의 매수는 실패가능성이 아주 높다.

② 피매수기업의 보유기술과 지적재산권, 연구개발능력, 시장잠재력,

예증 13-6 우리나라의 연도별 해외건설 수주액 증가

(A) 연도별 해외건설 수주액 변화

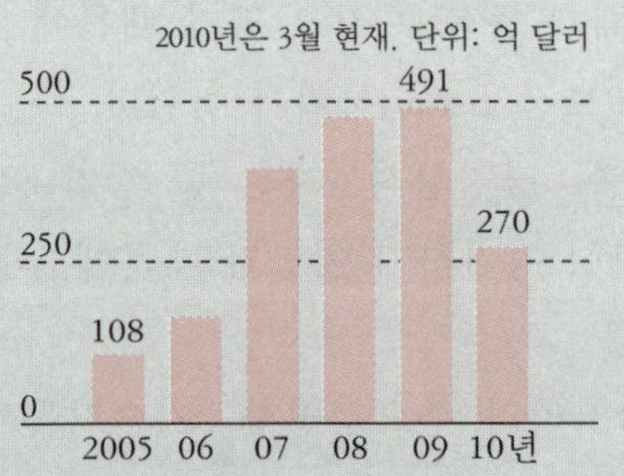

자료: 해외건설협회

(B) 해외건설 수출액, 자동차 · 반도체 앞질러

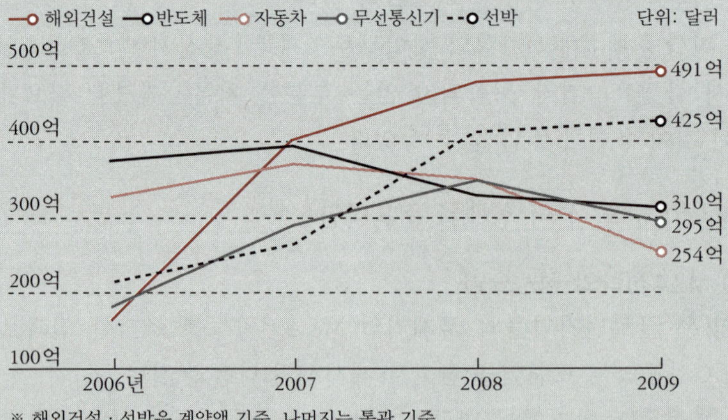

※ 해외건설 · 선박은 계약액 기준, 나머지는 통관 기준
자료: 한국무역협회 · 해외건설협회

(C) 2010년 현재 한국 업체들이 공사 중인 주요 해외 건설 현장

업체	국가	공사 내용	계약금액(달러)
SK건설	쿠웨이트	가스 가압장 증설	7억2446만
	아랍에미리트	정유시설 확장	21억1733만
삼성물산	아랍에미리트	아부다비 살람 지하차도	4억6532만
	싱가포르	LNG 인수기지	6억2383만
대우건설	아랍에미리트	정유 정제소 증설	11억7449만
	카타르	수리 조선소	6억5853만
현대건설	사우디아라비아	가스전 개발 및 가스시설	13억4848만
	아랍에미리트	통합 가스개발 시설	17억231만
포스코건설	엘살바도르	석탄화력발전소	4억8798만
	칠레	석탄화력발전소	8억6920만
대림산업	사우디아라비아	정유공장	8억1800만
	쿠웨이트	정유공장	11억8413만
한화건설	사우디아라비아	발전 설비	7억5000만
	요르단	가스터빈발전소	1억9590만
쌍용건설	싱가포르	마리나베이샌즈 호텔	7억1378만
	싱가포르	지하철	5억5246만

자료: 해외건설협회

자료: 중앙경제

시너지의 가능성 등을 과대평가함으로써, 과도한 매수가격의 지불

③ 매수 후 효율적 통합에 실패함으로써, 시너지기회의 활용 미흡

④ 조급한 기업매수의 추진

참고로 우리나라기업들의 중요한 해외시장 침투전략 중의 하나는 해외건설이다(예증 13-6 참조). 그러므로 독자들은 계속 관심을 두기 바란다.

CHAPTER 14

글로벌 연구개발-소싱-제조-마케팅 네트워킹전략

제1절 글로벌경영 네트워킹의 논리와 촉진요소

기업들 중에서도 특히 글로벌기업들은, 글로벌경영 네트워킹전략(global business networking strategy)에서도 뛰어나다. 우리나라기업들도 그런 글로벌경영 네트워킹전략을 빠르게 창의적으로 벤치마킹하도록 해야 한다.

1. 글로벌경영 네트워킹의 논리

1) 미국기업들의 경우

(1) 미국기업들은, 자본의 논리(logic of capital; 주주의 富 최대화)에 충실하여, 자신이 판매하는 제품/서비스를 반드시 자신이 디자인하고 연구개발하고 생산/제조해야 한다는 따위의 관념에 집착하지 않는다.

(2) 글로벌 경쟁력강화 및 이를 통한 현금 흐름/유입 · 유동성 · 이익성 · 이퀴티자본회수 등 글로벌 차원 기업목적을 최대화할 수 있다면, 미국 글로벌기업들은 연구개발 · 디자인 · 제품 · 서비스 등을 적극적으로 아웃소싱(outsourcing)하고 있기 때문이다(예증 14-1 참조).

예증 14-1 "Made in" 지고 "Made by"와 "Designed in" 뜬다

오늘날 세계는 아웃소싱과 디자인 경쟁 중이다. 아래에서는 아웃소싱을 할 때에 나타나는 "Made by"와 "Designed in"에 대해서 설명을 한다.

"Made by"는 특정 글로벌기업들(예컨대 삼성전자)이 해외직접투자 확대를 통하여 해외(예컨대 슬로바키아)에서 생산한 제품들을 본사국시장인 한국으로 역수출하거나 제 3 국 시장으로 수출할 때에는, "Made in Slovakia"가 아니라 "Made by Samsung Electronics"라고 부를 수도 있는 것이 예이다.

또한 글로벌기업들이 어디서 제품을 만들든 품질수준은 비슷하기 때문에, 눈에 띄는 디자인의 원조(元祖) 저작권을 확보해야만 승산이 있다. 그래서 예컨대 애플사의 미디어 재생기 아이팟(iPod)에는 "미국 디자인, 중국제조(Designed in USA, Built in China)"라는 문구가 적혀 있다.

(3) 그런 논리에 입각하여 미국 글로벌기업들은, ① 디자인 · 품질 · 가격 등의 측면에서 글로벌 경쟁력강화 요건들을 충족시킨다면, ② 판매하는 제품 · 서비스를 국내 또는 해외에서 연구개발(디자인 포함) · 소싱(조달) · 제조하건, ③ 자신이 직접투자로 직접 해외생산하건, ④ 또는 OEM(Original Equipment Manufacturer) · ODM(Original Design Manufacturer) · CDM(Contract Design Manufacturer) · C&D(외부 기술과 아이디어를 활용해 그 결과를 내부 연구 · 개발 역량과 결합하는 것을 뜻하는 Connect & Development) 등으로 공급받든간에, 그리 신경쓰지 않는다.

(4) 그래서 글로벌시장을 가장 잘 서브하는 미국 글로벌기업들은 가장 오래 전부터, 글로벌경영활동의 핵심 운영 분야들인 연구개발-소싱-제조-마케팅 등을 네트워킹(networking)하여 동시작동으로 신크로나이즈(concurrently synchronize)하는 데 목적을 둔 글로벌경영 네트워크(global business networks)를 확대해 나가고 있다.

2) 일본기업들의 경우

일본기업들은 아래와 같은 논리에 입각하여 글로벌경영 네트워크를 급속히 확대하고 있다.

(1) ① 일본기업들은 글로벌시장 경쟁력을 확보 · 유지하는 데는 지구

촌 어느 장소에서도 똑같은 품질의 제품을 똑같은 코스트로 생산할 수 있는 네트워크 체제(network system)가 이상적이라고 생각한다.

② 일본기업들은 그런 네트워크 체제를 갖추면, 환율변동과 무역마찰에 기민하게 대응할 수 있는 능력을 보유하게 되어 리스크 헤지(risk hedge)를 잘 할 수가 있다고 생각한다.

(2) ① 일본기업들이 지금까지보다 글로벌기업으로 더욱 발전하려면, 어차피 총생산 중 국내생산의 비중 및 국내생산제품의 수출비중을 대폭 줄이는 것에 반비례하여 해외생산을 대폭 증대시켜 해외시장 현지판매·제3국시장 수출·본사국으로의 역수출을 증대시켜야 한다고 생각한다. ② 그렇게 하려면 코스트 다운·업무효율화·전문적 노하우 도입 등을 목적으로 필수적으로 글로벌경영 네트워킹을 강화해야 한다고 생각한다.

(3) 시장·경쟁 등의 글로벌화가 급진전되는 경영환경하에서, 생산지와 소비지를 가장 효율적인 네트워크로 연계시킨 유기적 결합체로 하루 속히 진화해야 한다고 일본기업들은 생각한다.

(4) ① 일본기업들이 지금까지 보유하지 못했던 절대경쟁적우위(absolute competitive advantages)보다는 그 동안 누려온(예컨대 기술의 경우 원천기술을 보유하지 못하여 외국기술 도입에 의존한) 비교우위(comparative advantages)를 회복·유지·강화하려면, ② 글로벌경영 네트워킹을 강화하여 코스트 삭감·품질균일·경쟁력강화·매출 및 이익증대 등의 시너지효과(synergy effects)를 최대화해야 한다고 일본기업들은 생각한다.

(5) 그런 시너지효과를 최대화하기 위해서 일본기업들은, ① 핵심 역량분야들(core competence areas)을 제외한 또는 그것까지도, ② 또는 계획과 통제(planning and control)만을 제외한, ③ 기타 모든 것을 아웃소싱(outsourcing)하며서 네트워킹을 강화하고 있다.

3) 우리나라기업들의 경우

1990년대 중반부터 폴란드 등 중앙유럽, 우즈베키스탄 등 중앙아시아, 인도 등에 진출한 대우자동차와 대우전자는 다 같이 우리나라의 본사·해외투자기업·해외투자기업과 동반진출한 우리나라 부품업체·현지 부품공급업체를 상호연계시킨 글로벌네트워킹시스템을 형성하여 운영한 바 있다.

대우자동차와 대우전자가 해외에 설립한 해외생산자회사들은 주로 조립업체들인데, 그들이 해외현지에서 조립활동을 원활히 수행하려면 적절한 수량과 품질의 부품 · 반제품들이 적절한 코스트로 적시에 공급받을 수 있어야 했기 때문이다.

현재에는 삼정전자 · LG전자 · 현대자동차 · 기아자동차 등 대규모 글로벌조립업체들뿐만 아니라 해외에 진출한 중소제조기업들까지도 과거에 대우자동차 · 전자가 했던 것 같은 글로벌네트워킹시스템 운영을 확대하고 있다(예증 14-2 참조).

예증 14-2 삼성전자 네트워크 강화로 '안정 속 시너지' 조직 개편

삼성전자가 2010년 12월 10일 조직 개편을 단행했다. 큰 폭의 변화보다는 네트워크 강화로 조직의 안정과 사업간 시너지효과에 무게를 두었다.

기존 반도체, LCD, 영상디스플레이(TV), 무선(휴대폰), 네트워크(장비), IT솔루션, 생활가전, 디지털이미징(카메라) 등 8개 사업부 체제는 그대로 유지했다. 이에 따라 반도체, LCD, 영상디스플레이, 무선, IT솔루션, 생활가전 등 6개 사업부장도 그대로 유임됐고 네트워크와 디지털이미징 2개 부문만 사업부장이 바뀌었다.

이와 함께 삼성전자는 경쟁력 향상을 위해 일부 제품의 생산부문을 기존 사업부에 흡수 통합했다. 생활가전제품을 주로 만드는 삼성광주전자가 생활가전사업부에 흡수 통합됐다. 삼성광주전자는 2011년에 에어컨 사업팀인 디지털에어솔루션(DAS) 사업팀과 합병 예정이어서 사실상 세탁기, 냉장고, 청소기 등 생활가전과 에어커너 사업이 통합된 셈이다.

셋톱박스 사업도 영상디스플레이사업부에 통합됐다. 이를 통해 삼성전자는 TV, 블루레이 재생기, 안방극장(홈시어터) 시스템에 필요한 각종 부품을 공유해 경쟁력을 높인다는 복안이다.

해외 영업 거점은 주력 시장에 맞춰 재편했다. 새로 부상하는 중동 시장을 겨냥해 구주(유럽)총괄법인에 중동구 담당을 신설했다. 또 영국과 유럽, 대만과 중국으로 분리됐던 부품 판매법인을 각각 구주와 중국판매법인으로 통합했다. 삼성전자 관계자는 "부품 판매법인을 통합해 영업을 집중함으로써 유럽과 중국시장의 반도체와 LCD 매출이 확대될 것"이라고 설명했다.

자료: 한국일보

2. 글로벌경영 네트워킹을 촉진시키는 요소

글로벌시장을 서브하는 기업들일수록, 본사 · 해외자회사 · 해외지사 · 공급업체 · 판매업체 등을 상호연계시키는 글로벌경영 네트워크를 형성하고 효율적으로 관리하도록 촉진시키는 요소들은 아래와 같다.

(1) 컴퓨터 · 정보통신 등 새로운 정보 · 커뮤니케이션 기술의 발전 및 Internet · eBusiness 등 활용의 글로벌 확산

(2) 기업들의 국경초월 경영활동에 대한 선진국 · 신흥공업국 정부들의 탈규제(deregulation)

(3) 시장개방과 국경초월 경영활동 자율화를 촉진시키는 규범을 마련하여 집행함으로써 국경 없는 무한경쟁을 심화시키고 있는 ① WTO체제의 출범, ② OECD의 역할, ③ IMF의 쌍무적 산업구조조정 프로그램

(4) 효율성 향상, 해외고객들에 대한 반응성 개선, 연구개발 · 원자재 · 부품 · 완성품 등에 대한 손쉬운 접근, 시장들에 대한 신속한 접근, 높은 시너지효과 등 글로벌경영 네트워킹이 가져다 주는 편익

(5) 글로벌 네트워킹 및 이에 바탕한 리얼타임(실시간) 경영관리 등 글로벌경영 관리가법의 혁신

(6) 혁신적인 글로벌경영 관리기법을 경쟁업체들보다 더욱 빨리 도입하여 차별적 경쟁우위를 확보하도록 글로벌기업들의 경영자들에게 가해지는 압력 강화

제2절 글로벌 연구개발-소싱-제조-마케팅 등의 네트워킹전략

1. 가치부가 활동의 글로벌 사슬/네트워크

(1) ① 글로벌제조기업체는 판매하는 제품의 디자인 → 소싱-생산/제조 → 판매 → 배송 → 지원활동 등의 기능을 수행하는 활동들의 집합으로

구성되어 있다.

② 그런 글로벌제조기업체는 그런 일련의 활동들을, 투입코스트(input cost)보다 더욱 많은 부가가치(added value)/산출가치(output value)를 최대한 창출할 수 있도록, 즉 이익 등을 최대한 창출하도록, 그런 활동들을 네트워킹 중심으로 조직화하고서 합리적으로 수행해야 한다(예증 14-2 참조).

(2) 그래서 상호관련된 그런 일련의 기업활동들을, 가치부가활동들의 사슬/네트워크(chain/network of value-adding activities)라고 부른다. 이를 간단히 가치사슬(value chain) 또는 가치네트워크(value network)라고도 부른다.

(3) 그러므로 글로벌 판매시장에서 경쟁업체들을 능가하는 경쟁우위(competitive advantage)를 확보하려면, 특정 글로벌기업은 네트워킹을 통해 상호관련된 일련의 부가가치 활동들을 경쟁업체들보다도 ① 반드시 보다 낮은 코스트(lower costs)로 수행하고, 또는 ② 보다 차별화된 우월한 제품과 서비스(differentiated products and services)를 오퍼할 수 있게 수행하고, 또는 ③ 두 가지 모두를 뛰어나게 수행하고 성취해야 한다.

(4) 그런 글로벌제조기업체의 경우, 상호관련된 일련의 글로벌국경초월 활동들은 ① 원자재 · 부품 · 컴포넌트의 소싱, 제품의 소싱/제조활동, 유통, 판매, 애프터서비스 등으로 구성된 기본적 활동들(primary activities)과 ② 인적자원관리, 기술개발, 기타 등 기본적 활동을 돕는 지원활동들(support activities)로 크게 두 가지로 나눌 수 있다.

(5) 따라서 그런 글로벌제조기업체의 국경초월 가치사슬/가치네트워크 역시 ① 기본적 활동들을 중심으로 한 가치사슬/가치네트워크와 ② 지원활동들을 중심으로 한 가치사슬/가치네트워크로 나눌 수 있다. 그 둘 중에서 가장 중요한 것은 물론 기본적 활동들을 중심으로 한 가치사슬/가치네트워크이다.

그러므로 제 2 절에서는 기본적 활동 중심의 글로벌/국경초월 가치사슬/가치네트워크에서 세 가지 가장 중요한 상호관련된 활동들인 ① 기술개발, 제품디자인, 엔지니어링 등을 포함한 연구개발활동, ② 제조활동, ③ 마케팅활동에 초점을 맞추어 설명한다.

〈그림 14-1〉에 제시한 세 가지 글로벌 가치부가활동들 상호간의 네트워크(network)/공유(접촉)영역(interfaces)/사슬고리(linkage)를 어느 정도 효

그림 14-1 연구개발-제조-마케팅 상호간의 글로벌 네트워크

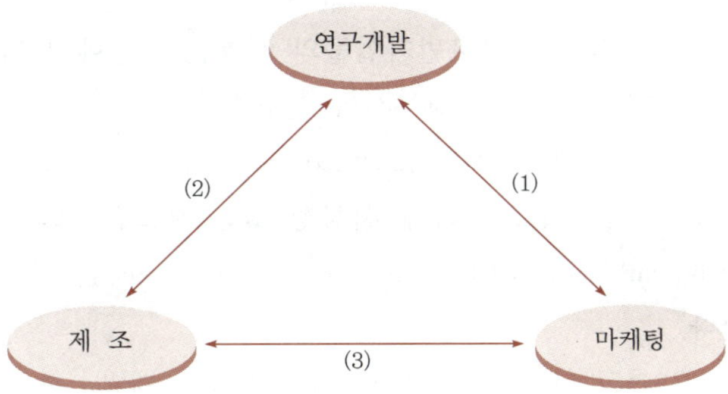

(1) 마케팅-연구개발 네트워크
  ① 신제품개발
  ② 제품포지셔닝
(2) 연구개발-제조 네트워크
  ① 제품혁신
  ② 제조능력 갖추기 위한 디자인 활동
  ③ 제조과정 혁신
  ④ 부품 · 컴포넌트 소싱
(3) 제조-마케팅 네트워크
  ① 제품 및 부품 · 컴포넌트 표준화
  ② 제품 개조 · 변형 · 개량

율적으로 관리하느냐가, 특정 글로벌기업의 글로벌 경쟁우위를 결정적으로 판가름하기 때문이다.

2. 마케팅-연구개발 글로벌네트워크

(1) 전통적 신제품개발 방법들을 활용해서는, ① 신제품개발 사이클이 계속 짧아지고 있는 ② 그리고 경쟁업체들이 신제품들을 경쟁적으로 글로벌시장에 서둘러 내놓고 있는 글로벌 경쟁시대에, ③ 시간이 너무 많이 걸린다.

(2) 그러므로 오늘날의 글로벌경쟁시대에 특정 글로벌제조업체가 차별적 경쟁우위를 확보하려면, 우선 글로벌 마케팅-연구개발 네트워크를 뛰어나게 관리하여 최소한 아래의 두 가지를 먼저 성취해야 한다.

1) 경쟁업체들보다 앞선 새롭고 더 나은 글로벌제품의 개발

(1) 궁극적으로 글로벌기업들의 성패는 시장에서 판가름난다. 그러므로 글로벌기업들의 마케팅부서와 연구개발부서는 담당하는 활동들을 서로 조정(coordinate)하고 동시적으로(concurrently) 수행함으로써, 경쟁업체들보다 항상 앞서서 글로벌하게 시장성 있는 새로운 그리고 더 나은 제품들(globally marketable/salable new and better products)을 지속적으로 개발해 내야 한다.

(2) 새롭고 더 나은 글로벌제품의 신속한 개발 · 출시는, 글로벌 경쟁우위를 확보할 수 있게 하는 중요한 소스의 하나이기 때문이다.

2) 경쟁업체들보다 앞선 확고한 글로벌제품 시장포지셔닝

(1) 글로벌기업들의 마케팅부서와 연구개발부서는 담당하는 활동을 서로 조정하고 동시적으로 수행함으로써, 신속하게 개발해 내는 새롭고 더 나은 글로벌제품들의 글로벌시장포지셔닝(products' global market positionings)을 항상 경쟁업체들보다 앞서서 최적으로 실현해야 한다.

(2) 그래야만 글로벌판매시장에서 지속적으로 글로벌 경쟁우위를 확보하고 또한 강화할 수 있기 때문이다.

예컨대 어떤 글로벌기업이 어떤 글로벌신제품을 세계 최초로 개발하고 출시했다 하더라도, 그 최초의 글로벌신제품보다 더 나은 일련의 글로벌제품들을 지속적으로 개발하여 지속적으로 글로벌시장에 깊숙이 침투시키지 않는다면, 당초에 확보했던 우월한 글로벌 시장포지션(advantageous global market position)을 언제나 상실할 수 있기 때문이다.

3. 연구개발-제조 글로벌네트워크

(1) 글로벌시장에서 경쟁우위를 확보하려면, ① 연구개발부서에서 개발하는 제품기술(product technology)과, ② 제조부서에서 개발하는 공정기술(process technology)을 철저히 네트워킹하고 신크로나이즈하여, ③ 두 부서 모두에서 동시적 혁신(concurrent innovation)을 실현해야 한다.

왜냐하면, 특정 글로벌기업이 특정 제품기술을 세계최초로 발명하였는데도, 기술적 제조문제들(technological manufacturing problems)에 당면하거나 제조능력(manufacturing capabilities)을 충분히 확보할 수 없어서 대량 상업적 생산을 하지 못하면, 제품기술과 공정기술을 다 같이 혁신한 글로벌경쟁업체가 그 특정 제품의 글로벌시장을 먼저 석권할 수도 있기 때문이다.

페니실린을 발견하고 개발한 것은 영국의 어느 기업이지만, 발효기술(즉 제조공정)을 대폭 개선한 결과로 세계적인 페니실린 제조회사가 된 것은 당초에 소규모 기업이었던 미국의 Pfizer인 것이 한 예이다.

(2) 그런 예는 제품기술혁신과 더불어 제조공정기술의 동시적인 혁신이 글로벌경쟁우위를 확보하는 데 얼마나 필수적인가를 잘 가르쳐 준다. 그러므로 제품디자이너들(product designers)과 제조공정엔지니어들(manufacturing process engineers)은, 여러 제품모델들에 상호교환적으로 사용할 수 있는 컴포넌트들을 반드시 디자인해야 한다.

왜냐하면, ① 낮은 수준의 생산공정 재정비 요건과 컴포넌트들의 상호교환성은, 능률적으로 글로벌 스케일 소싱전략(global scale sourcing strategy)을 집행하는 데 필요조건들이기 때문이다. ② 만일에 글로벌하게 산재해 있는 제조공장들에서 서로 다른 생산기계와 컴포넌트들을 사용할 경우, 고도로 조정된 글로벌 스케일 소싱전략을 수립 · 집행하기는 극도로 어려울 것이기 때문이다.

4. 제조-마케팅 글로벌네트워크

(1) 글로벌기업들에서도, 제조부서와 마케팅부서간에는 나름대로의 갈등과 딜레마(dilemma)가 존재한다.

(2) ① 그런 갈등과 딜레마를 해결하려면, 글로벌차원에서 필수적으로 제품정책(product policies)과 제조활동(manufacturing activities)을 전략적으로 네트워킹해야 한다.

② 글로벌기업들간에 공격적인 경쟁이 날로 심화되고 있는 글로벌시장에서, 단지 제품혁신(product innovations)만 가지고는, 즉 제품혁신과 제조공정혁신(manufacturing process innovations)을 전략적으로 글로벌네트워킹

시키지 않고서는, 장기적으로 글로벌경쟁우위를 유지할 수 없기 때문이다.

(3) 그래서 이미 점점 많은 글로벌기업들은, ① 글로벌마케팅유연성을 희생시키지 않으면서도 제조코스트를 삭감할 수 있도록, ② 대체적으로 아래의 네 가지 방법으로 제품혁신과 제조공정혁신을 글로벌하게 네트워킹시키는 글로벌제품전략(global product strategy)을 채택하고 있다.

1) 핵심 컴포넌트 글로벌표준화

(1) 글로벌 제품전략을 성공적으로 수립 · 집행하려면, 이질적인 해외현지시장 니즈와 사용조건에 적응시키는 데 필요한 만큼의 분장식 변경(cosmetic change) 이상은 요구되지 않는, 속칭 "World product"와 같은 글로벌 표준제품들(global standard products)을 개발하는 것이 필수적이다.

① 우리나라 자동차생산업체들을 포함한 많은 글로벌자동차기업들이 생산 · 판매하는 경차 · 컴팩트카 · 소형차 · 중형차 · 대형차 등의 대부분은, 제품들의 분장식 변경만으로 국내시장과 이질적 해외시장들을 다 같이 서브하는 데 목적을 둔, 글로벌 표준제품들의 예이다.

② 스위스 시계생산업체인 Rolex는, 아주 비싼 18K 금시계와 stainless steel시계에 똑같은 기계장치 등을 내장시킴으로써, 기계장치면에서는 글로벌 표준제품들을 생산 · 판매하고 있는 또 하나의 예이다.

(2) 그러므로 글로벌시장에서 경쟁우위를 확보 · 유지하고자 하는 기업들은, ① 부품 · 반조립품 등 컴포넌트들을 수적으로 대폭 줄이면서 상호교환적으로 사용할 수 있고, ② 부품 · 컴포넌트 · 완성제품 등의 연구개발코스트 · 소싱코스트 · 제조코스트 · 판매코스트 · 광고판촉코스트 · 애프터서비스코스트 등을 대폭 삭감하면서 균일품질을 유지할 수 있고, ③ 그래서 결과적으로 글로벌시장에서 코스트 · 가격 · 품질 경쟁우위를 확보 · 유지할 수 있는 글로벌 표준제품전략을 채택해야 한다.

2) 제품디자인 글로벌표준화

적절한 제품디자인 글로벌표준화전략을 채택하게 되면, 문화적 차이 · 지리적 차이 등 때문에 제품사용패턴(product-use pattern)마저 상당히 다른 지역 · 국가시장들을 상대로 대단히 광범한 글로벌제품들을 글로벌마케팅하는 기업들까지도, 규모의 경제에서 비롯되는 편익을 실현할 수 있다.

예컨대, 대부분의 글로벌자동차회사들 · 글로벌가전회사들이 제품디자인 글로벌화전략을 채택하고 있다.

3) 글로벌 표준제품에 글로벌 공통적 수요 특징 내재화

글로벌 경쟁적 우위는, 글로벌컴포넌트 표준화/완제품 표준화의 한 변형으로서, 지구촌 어디서나 글로벌고객들이 원하는 모든 공통적 특징들(common features)을 함께 글로벌 표준제품에 내재(embody)시키는 방법으로도, 확보할 수가 있다.

자동차를 예로 들면, 글로벌시장에서 공통적으로 가장 많이 어필할 수 있는 디자인 · 엔진배기량 · 차량크기, 색상 등을 글로벌표준제품에 내재시킬 수 있다.

4) 글로벌 표준제품으로 해외시장별로 서로 다른 시장포지셔닝

(1) 글로벌기업들은, 여러 지역/국가시장들에 존재하는 서로 다른 세분시장들(different market segments)을 염두에 두고 글로벌 표준제품을 개발함으로써, 글로벌 경쟁적 우위를 확보하는 방법을 택할 수도 있다.

(2) 즉, 특정 글로벌 표준제품(예컨대 승용차의 경우, compact car, small car, medium car, large car)을 개발하여 지역/국가시장별로 서로 다르게 시장포지셔닝(market positioning)을 하고서 대대적인 마케팅촉진을 실시함으로써, 서로 다른 세분시장별로 경쟁적 우위를 확보할 수 있다는 뜻이다.

제3절 글로벌소싱전략

1. 글로벌소싱전략 결정과제

글로벌기업들은, 〈그림 14-2〉를 참고하여 아래의 두 가지 글로벌소

그림 14-2 사내외 · 국내외 소싱네트워크전략의 유형

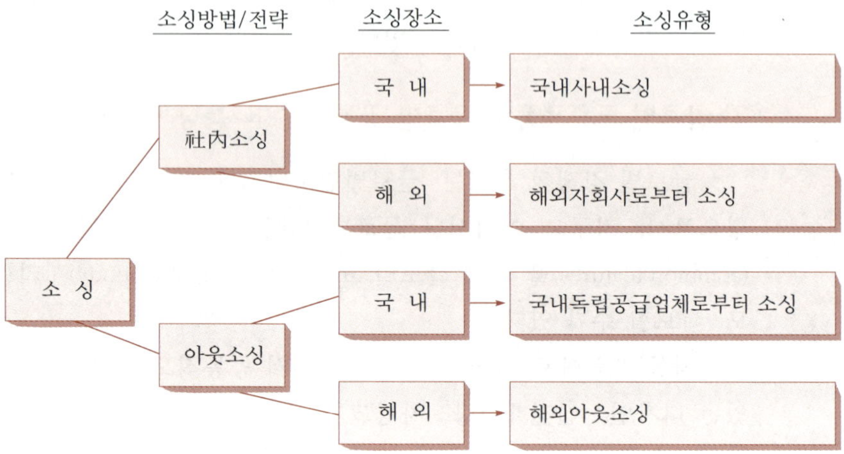

싱 네트워크(global sourcing network)에 대한 의사결정을 해야 한다.

(1) 특정 국가시장/지역블럭시장을 판매를 통해 서브하는 options인 ① 완성제품을 수입해서, ② 컴포넌트들을 수입하여 현지조립해서, ③ 컴포넌트들과 완성품을 다 같이 현지생산해서, 서브할 것인지를 결정해야 한다.

(2) 특정 국가시장/지역블럭시장을 판매를 통해 서브하는 options인 ① 컴포넌트 · 완성품을 회사내부로부터 조달하여, ② 회사외부로부터 소싱하여, ③ 또는 회사내부와 회사외부로부터 조달/소싱하는 방법들을 적절히 혼합(mix)하여, 서브할 것인지를 결정해야 한다.

2. 글로벌소싱전략의 유형

글로벌기업들은, 아래 두 가지의 소싱유형에 대해 최적의 의사결정을 해야 한다.

(1) 계약적 관점(contractual point of view)에서 볼 때, 주요 컴포넌트들과 완성품들의 소싱에 활용가능한 전략들은 아래와 같기 때문이다.

① 모기업과 해외자회사들로부터 조달하는 사내소싱(intrafirm sourcing)

② 계약을 바탕으로 독립된 사외공급업체들로부터 조달하는 아웃소싱

(outsourcing)

③ 사내소싱과 아웃소싱의 적절한 혼합

(2) 입지적 관점(locational point of view)에서 볼 때, 주요 컴포넌트들과 완성품들을 조달하는 데 활용가능한 전략들로는 아래의 두 가지가 있기 때문이다.

① 국내에서 조달하는 국내소싱(domestic sourcing)

② 해외로부터 조달하는 해외소싱(foreign sourcing)

3. 글로벌소싱전략 결정시 고려요소

글로벌기업들이, 여러 유형의 소싱전략들 중에서 어느 하나 또는 그 이상을 선택하는, 글로벌스케일 소싱전략을 결정할 때는, 본사국 및 해당 외국들에 존재하는 아래 요소들을 규명(identify)하고 고려해야 한다.

(1) 부품 · 컴포넌트 · 완성제품들의 아웃소싱 코스트와 인소싱 코스트의 차이 정도

(2) 부품 · 컴포넌트 · 완성제품들을 생산하는 데 필요한 노동 · 자금 · 기술 등 투입요소 코스트들(input factor costs)의 차이 정도

(3) 외환율변동

(4) 지원산업들과 사회간접시설의 가용성

(5) 산업-문화적 환경

(6) 정부와의 협력 용이성

(7) 해외소싱에 제한 · 제약을 초래 가능한 국제물류 · 재고관리 · 민족주의 등과 관련된 문제들

CHAPTER 15

글로벌마케팅전략

제1절 글로벌마케팅의 강조 필요성, 컨셉트, 목적, 과업

1. 글로벌마케팅전략 강조 필요성

(1) 우리의 지구촌(our global village)에서는 각종 제품 · 서비스의 시장들 역시 급속도로 글로벌화(globalization)되고 있다. 그 결과로 우리나라시장을 포함한 240여개국 시장들이 점점 더 글로벌시장들(global markets)에 통합되어 가고 있다. 그에 따라서 ① 국내시장들(domestic markets)과 해외시장들(foreign markets) 사이의 구분이 급속히 사라지고, ② 240여개 국가들의 국내시장들에서는 국경 없는 무한경쟁(borderless infinite competition)이 일상화되고 있다.

(2) 그런 중대한 글로벌경영 · 마케팅 환경변화에 적응 · 대응하기 위해서도 우리나라기업들은, ① 글로벌 경쟁력 강화에 초점을 맞추고서 글로벌 연구개발-소싱-제조-마케팅 가치사슬/네트워크를 구축하고 또한 지속적으로 혁신하여, ② 부가가치 창조활동들의 통합된 일부로서 글로벌마케팅을 의식적 · 전략적으로 강조해야 한다.

2. 글로벌마케팅 컨셉트

(1) 글로벌마케팅(global marketing)이란, 글로벌경영 목적과 뒤에서 설명하는 글로벌마케팅 목적을 동시에 최대화하기 위하여, 개별글로벌기업이 그 제품/서비스의 흐름(flow)을 지구촌 240여개 국가시장의 소비자/사용자들에 향하게(direct) 하고 판매(selling)하는 데 필수적인 아래와 같은 마케팅 활동들을 수행하는 것을 말한다.

① 제품/서비스계획수립(product/service planning)

② 가격책정(pricing)

③ 브랜딩(branding)(예증 15-1 참조)

④ 촉진활동(promoting)

⑤ 유통활동(placing, distributing) 등

(2) 그러므로 글로벌마케팅을 하는 특정 글로벌기업은, 기본적으로 위의 5개 마케팅도구들을 활용하는 경영활동을 통하여, 그 제품/서비스들의 흐름을 ① 지구촌 시장을 구성하는 240여개 국가들 중 2개 이상의 FTA/국가시장들(FTA/national markets), ② 하나 또는 그 이상의 블럭화된/비블럭화된 지역시장들(regional markets), 그리고 ③ 하나 또는 그 이상의 글로벌제

예증 15-1 기아車, 화장품회사 임원 영입한 이유는
로레알 랑콤 담당 부사장 채양선 씨…해외 마케팅 강화

기아차는 프랑스 로레알그룹 본사에서 랑콤 담당 부사장으로 일했던 채양선(43) 씨를 마케팅사업부장(상무)으로 영입했다. 기아차가 자동차와 성격이 전혀 다른 화장품회사 임원을 영입한 것은 이례적이다.

기아차 관계자는 "해외 마케팅 강화를 위해 로레알그룹에서 주요 브랜드 마케팅을 성공적으로 이끈 채 상무를 영입했다"며 "앞으로 기아차의 브랜드 이미지를 고급화하는 작업에 주력하게 될 것"이라고 말했다.

로레알그룹에서 30대에 임원에 오르며 고속 승진한 채씨는 미국 컬럼비아대에서 경영학을 전공하고 1993년 로레알그룹에 입사했다. 랑콤 등의 마케팅을 담당하는 등 로레알 본사에서 일했으며, 1999~2003년 로레알코리아에서도 근무했다.

자료: 조선경제

표 15-1 통제가능 글로벌마케팅도구와 통제불능 국내외 마케팅환경요소

통제가능 글로벌마케팅도구들	통제불능 국내환경요소들	통제불능 글로벌환경요소들
4Ps: 제품(Product) 가격(Price) 촉직(Promotion) 유통(Place/Distribution) 7Ps: 4Ps + 포장(Package) 파워(Power) 대중관계(Public Relation)	정치 · 법률적 역학작용 경제풍토 경쟁구조	문화적 역학작용 정치 · 법률적 역학작용 경제적 역학작용 경쟁적 역학작용 기술수준 지리와 경제하부구조 유통구조

품 세분시장들(global product market segments) 등 4개 수준의 해외시장들에 향하게 하여 마케팅을 해야 한다(표 15-1 참조).

(3) 또한 글로벌기업들은 4개 차원 해외시장별 틈새시장들을 집중공략해야 한다. 틈새시장(niche market)이란, 4개 차원 해외시장별로 존재하는 대규모시장을 세분화하여 여러 세분시장들(market segments)로 쪼갠 것들 가운데서 경쟁업체들이 서브하는 것을 소홀히하는 시장들을 말한다.

그러므로 글로벌기업들은 그런 대규모시장의 빈틈/틈새 시장을 표적으로 삼고 틈새마케팅전략(niche marketing strategy)을 결정 · 집행해야 한다

예증 15-2 삼성전자의 '왕족 마케팅'

삼성전자가 중동 국가 수반과 왕족들 상대의 '귀족 마케팅'을 강화했다. 이 회사는 최근 아랍에미리트연합(UAE) · 카타르 · 쿠웨이트 · 바레인 등 중동 4개국 국왕과 왕비 등에게 특별 제작한 삼성 휴대전화를 전달하는 마케팅 행사를 했다. 전달한 제품은 삼성이 명품 프리미엄 패션폰으로 내세우는 '세린(Serene)'과 '슬림 슬라이드 폰(SGH-D 820)'이다. "두 제품 모두 세련된 디자인과 첨단 기능으로 인기를 모으는 품목들"이다. 이들 휴대전화가 4개국 정부 최고위직이나 최상류층 인사에 전달된다는 점을 감안해 제품 몸체에 각 국가의 상징 도안을 새겼다. 증정받는 인물의 이름을 레이저로 새겨 넣은 것도 특징.

자료: 중앙경제

(예증 15-2 참조).

3. 글로벌마케팅 목적

글로벌마케팅 자체 및 글로벌마케터들(global marketers)이 수행하는 기능과 과업(functions and tasks)은, 소속 글로벌기업들이 글로벌시장 차원, 지역시장 차원, FTA시장 차원, 국가시장 차원에서 아래와 같은 글로벌마케팅 목적 달성을 최대화하는 데 있다.

(1) 매출액 최대화

(2) 현금유입, 이익액, 이익률, 자기자본 회수율 최대화

(3) 시장점유율 최대화

(4) 브랜드 · 기업 이미지 향상을 통한 시장리더십지위 향상

(5) 마케팅코스트 삭감 리더십 달성

(6) 마케팅인력의 소수 정예화 달성

(7) 소비자 만족/감동의 극대화

(8) 그린제품 등을 통한 그린마케팅 실현 및 윤리적 마케팅 실현

(9) eMarketing리더십, 신제품리더십, 품질리더십, 가격리더십, 유통리더십, 촉진리더십 등 마케팅도구별 리더십 목적달성의 최대화

4. 글로벌마케터의 과업

1) 환경적 불확실성하에서 글로벌마케팅 전략의 결정과 집행

글로벌마케팅 목적들을 달성하는 과업을 성공적으로 수행하려면, (1) 글로벌마케터(global marketer)는 통제불능한 국내외 마케팅환경요소들(uncontrollable domestic and foreign marketing environmental factors)을 충분히 고려에 넣고, (2) 그가 통제가능한 마케팅도구들(controllable marketing tools)인 4Ps 내지 7Ps를 적절히 믹스(mix, blending)하여 글로벌시장 · 각 지역시장 · 각 FTA시장 · 각 국가시장에 적용할 글로벌마케팅 전략들을 결정하여 집행해야 한다(표 15-1 참조).

그림 15-1 통제 불능한 국내외 마케팅환경요소들을 고려에 넣고 마케팅전략도구들을 믹스 · 집행하는 글로벌마케터의 과업

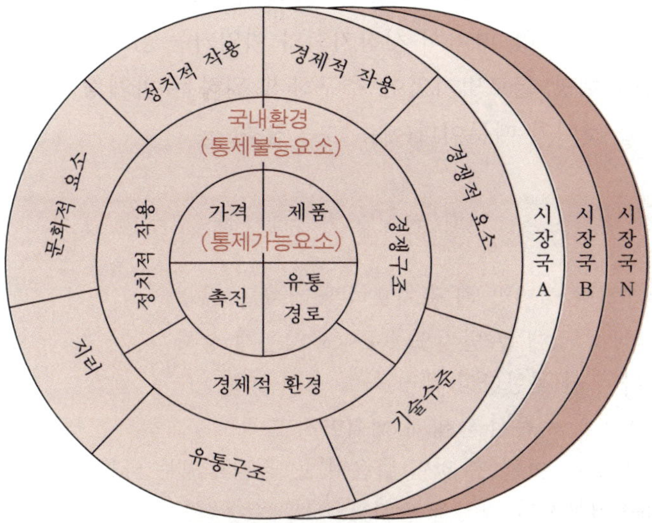

해외환경(통제불능요소)

2) 정확한 분석 · 파악 · 예측이 필수적인 글로벌마케팅 환경요소들

(1) 〈그림 15-1〉의 가장 밖의 원에 들어 있는, 4개 해외시장차원의 경영환경요소들인 동시에 해외마케팅환경요소들인 ① 경제적 역학작용, ② 정치 · 법률적 역학작용, ③ 문화적 역학작용, ④ 경쟁적 역학작용, ⑤ 기술수준, ⑥ 유통구조, ⑦ 지리와 경제하부구조 등은 통제불능한 해외마케팅환경요소들(foreign marketing environmental uncontrollables)이다.

(2) 그렇기 때문에 글로벌마케터는 4개 해외시장 차원의 통제불능한 해외마케팅 환경요소들을 정확히 분석 · 파악 · 예측하여, 글로벌마케팅전략 수립 · 집행에 철저히 반영시켜야 한다.

3) 표적시장별로 상이한 마케팅전략 수립 · 집행

(1) 글로벌마케터는 해당 글로벌기업이 침투(penetration)를 이미 하고 있는, 그리고 침투를 계획하고 있는, ① 모든 글로벌제품 세분시장들 · 지

역시장들 · FTA시장들 · 국가시장들을 대상으로, ② 각기 다른 수많은 마케팅전략들을 결정하고 집행해야 한다.

(2) 그 이유는 4개 차원 해외시장별로 ① 경영환경과 마케팅환경이 서로 다르고, ② 따라서 시장기회와 이익가능성도 서로 다르고, ③ 그렇기 때문에 해당 글로벌기업이 추구하기 원하는 마케팅 침투의 정도 역시 서로 다를 것이기 때문이다(예증 15-3 참조).

예증 15-3 문화 모르면 낭패—KOTRA가 수집한 해외마케팅 '팁 10'

- 손짓하며 설명할 때 중지보다는 검지를 쓰라.
- '한국식 접대'는 받지도, 하지도 않는게 상책
- 못하는 건 못한다고 해라.
- 바이어의 주문서를 확대 해석하지 말라.
- '불량품은 어쩔 수 없이 나온다' 는 적당주의는 금물
- 제품 자체보다 기업을 팔라.
- 독일인에겐 격식을 갖춘 호칭을 써야
- 일본 바이어에게 '세계 최고 상품' 이란 말은 아껴라.
- 중국 '만만디' 전략에는 '만만디' 식 대응도 효과적
- 러시아에서 휴대전화 번호 묻는 건 결례

자료: KOTRA

제2절 4개 차원 해외시장을 효과적으로 서브하려면 글로벌마케팅 오리엔테이션 채택 필수적

1. 해외시장에 대한 마케팅 오리엔테이션 유형

특정 글로벌기업이 의식적 · 전략적으로 글로벌마케팅을 강조함으로써 4개 차원 해외시장을 효과적으로 서브할 수 있으려면, 아래의 세 가지 시장

오리엔테이션들 중에서 반드시 글로벌마케팅 오리엔테이션(global marketing orientation)을 채택하고 행동으로 옮겨야 한다.

1) 국내시장연장 오리엔테이션

국내용 제품들(domestic products)을 그대로/약간만 수정하여 해외시장에까지 수출로만 판매연장(sales extension)시키는 국내기업체(domestic company)가, 바로 글로벌마케팅에 대해 국내시장연장 오리엔테이션(domestic market extension orientation)을 갖고 있는 예이다.

2) 복수국내시장 오리엔테이션

(1) 일부 글로벌기업의 경우와 같이 복수국내시장 오리엔테이션(multi-domestic market orientation)을 갖고 운영하는 기업은, ① 제품별 마케팅환경과 시장특성 등은, 국가시장별로 각기 현저하게 다르다는 데 대해, 그러므로 ② 글로벌마케팅을 성공으로 이끌려면, 4개 차원 해외시장별로 각기 고유한 마케팅 전략을 구사할 필요성이 있다는 데 대해, 강력한 감각과 신념을 가져야 한다.

(2) 그리고 일단 그런 감각과 신념을 갖게 되면, ③ 4개 차원 해외시장

예증 15-4 삼성전자 프랑스법인 현지인 임직원 채용으로 토종텃세 극복

삼성전자의 프랑스법인 170여명의 임직원 중 한국인은 10여명에 불과하다. 프랑스는 언어와 문화적인 장벽 때문에 외국브랜드가 정착하기 가장 까다로운 시장이다. 유럽지역 대부분이 TV컬러코드방식으로 팔(PAL)방식을 쓰고 있지만 프랑스만은 색깔표현이 훨씬 까다로운 "세카멜"방식을 쓰고 있다. 그래서 삼성전자는 프랑스 한 국가를 위해서 별도의 제품을 개발했음을 뜻한다.

특히 삼성전자는 매년 1~2회 열고 있는 로뎅 박물관, 퐁피두 센터, 루브르 박물관, 베르사이유 궁전 등에서 저명인사들과 딜러들을 초청하여 개최하는 "명소마케팅"으로 문화의 벽을 넘어 프랑스인들의 마음을 여는 데 중요한 역할을 하고 있다.

그 결과로 삼성전자는 프랑스 LCD TV시장에서 시장점유율 1위를 유지하고 있다.

자료: 조선일보

별로 별도의 마케팅전략을 수립하여 집행하는 국가별 접근방법(country-by-country approach)으로 글로벌마케팅활동을 전개하기 시작해야 한다(예증 15-4 참조).

(3) 그런 복수국내시장전략(multidomestic market strategy)을 구사하는 글로벌기업들은, ① 본사국시장과 4개 차원 해외시장국별로 별도의 마케팅 목표와 계획을 가지고, ② 각기 다른 마케팅 전략을 결정하여 집행함으로써, ③ 상호작용이 거의 없는 가운데에서 해외시장들에서 해외마케팅자회사들을 제각기 독립적으로 운영해야 한다.

3) 글로벌마케팅 오리엔테이션

(1) 대부분의 글로벌기업들의 경우와 같이 명실공히 글로벌마케팅 오리엔테이션(global marketing orientation)을 채택하고 운영하는 기업들은, 지구촌 전체를 하나의 통합된 시장(an integrated market)으로 간주하고 커버하려고 글로벌마케팅활동을 전개한다.

(2) 그런 글로벌마케팅전략(global marketing strategy)을 채택하고 있는 글로벌기업들은, ① 글로벌 연구개발-소싱-제조-마케팅 네트워크 강화를 통하여 ② 글로벌시장용 표준화된 제품들(standardized products)을 연구개발-소싱-제조-마케팅함으로써, ③ 글로벌차원에서 규모의 경제와 능률(economies and efficiencies of scale) 및 시너지효과를 최대한 실현하고 있다.

2. 글로벌마케팅 오리엔테이션 채택을 강력하게 고무하는 요소들

1) 시장, 기업, 경쟁의 글로벌화

시장과 시장경쟁의 글로벌화에 적응하고 대응하는 가장 효과적인 마케팅 오리엔테이션은, ① 지역 · FTA · 국가시장들을 뜻하는 지리적 시장들(geographic markets)에 전통적으로 초점을 맞추었던 것에서 벗어나, ② 글로벌시장 세분화(global market segmentation)를 통하여 글로벌 제품세분시장들(global product market segments)에 초점을 맞추는 글로벌마케팅 오리엔테이션이다. 그 이유는 다음과 같다.

2) 해외경험곡선효과에서 비롯되는 편익 활용

두 가지 측면의 해외경험곡선효과(overseas experience curve effects)에서 비롯되는 두 가지 측면의 편익을 획득하기 위해서도, 글로벌마케팅 컨셉트를 채택하고 행동화해야 한다.

(1) 편익의 측면 1은 규모의 경제에 따른 코스트삭감(cost reduction)과 능률증대(increased efficiency)이다.

특정 글로벌기업은 글로벌마케팅을 함으로써 연구개발–소싱–생산 등에서뿐만 아니라 제품 · 촉진 · 가격 · 유통 등을 혼합하는 마케팅전략에서도, 축적한 해외경험을 잘 활용하며 규모의 경제에 따른 코스트삭감과 능률증대 등의 편익을 영위할 수가 있기 때문이다.

(2) 편익의 측면 2는 축적한 해외경험과 노하우를 특정 글로벌기업이 경쟁업체들보다 잘 활용하는 데에서 비롯되는 운영효율성(operating effectiveness)의 증가이다.

특정 글로벌기업이 첫번째로 침투했던 국가시장에서 배우고 경험한 것을 보다 잘 활용하여 두 번째 국가시장으로 침투한다면, 첫번째 국가시장에서보다는 두 번째 국가시장에서의 운영효율이 더욱 향상될 것이기 때문이다.

3) 지구촌 소비자수요의 유사성 증가 경향

(1) 지구촌 소비자수요의 유사성/공통분모의 증가와 확산

① 지구촌 사람들의 니즈 · 욕구 · 구미 · 선호 사이에는 유사성(similarity)과 공통분모(commonality)가 급속히 증가하고 있다. 그에 따라 지구촌 소비자들은 글로벌기업들이 글로벌 안목을 가지고 표준화된 제품들(standardized products)을 선별적으로(selectively) 개발–소싱–생산–마케팅하는 것을 타당하게 할 만큼, 여러 제품 분야(예컨대 스포츠용품 · 패스트푸드 등)에서 대규모의 글로벌시장들(large scale global markets)이 조성되고 있다.

② 그와 같은 상황하에서 글로벌기업들은, 경험곡선효과를 최대한 활용하기 위해서도, 글로벌하게 표준화된 마케팅전략을 개발하여 집행하는 것이 필수적이다.

(2) 증가중인 지구촌 소비자수요 유사성/공통분모 활용 방법

① 4개 차원 해외시장들간에 수요의 유사성과 공통분모가 증가적으로 증가하는 상황하에서, ⓐ 글로벌 안목을 가지고 글로벌마케팅을 하는 글로벌기업들에게 중대한 것은, 지구촌에는 똑같은 제품들을 수요하는 구매자들이 얼마나 많은가보다는, 서로 다른 4개 차원 해외시장들에서 살고 있는 잠재적 고객들의 공유하는 니즈 · 욕구 · 구미 · 선호(shared needs, wants, tastes, preferences)를 기준으로 글로벌 세분시장들(global segmented markets)을 분석 · 파악하는 것이다.

ⓑ 왜냐하면, 만일에 글로벌하게 공유된 니즈(globally shared needs) 등이 충분히 존재하여 글로벌세분시장들이 충분히 존재한다면, 그런 글로벌하게 공유된 니즈 등에 어필할 수 있도록, 글로벌세분시장별로 비교적 글로벌하게 표준화된 마케팅전략을 개발 · 활용하는 것이 타당해지기 때문이다.

ⓒ 일반적으로 그런 글로벌 세분시장의 규모는, 단일국가시장의 세분시장 규모보다는 크다. 따라서 그런 글로벌 세분시장은, 소싱-생산-마케팅 등에 걸쳐 경험곡선효과를 더욱 많이 활용할 수 있는 기회를 제공하기 때문이다.

② 4개 해외시장별로 고객들의 니즈 · 욕구 · 구미 · 선호 등이 상이한 경우에도, 기업들은 수요가 상이한 4개 해외시장별 고객들을 만족시킬 수 있는 개별화된 전략들(individualized strategies)을 구사하면서, 경험곡선효과에서 비롯되는 편익을 획득할 수도 있기 때문이다(예증 15-5 참조).

예증 15-5 식품업계도 글로벌 경영
-'라면=도시락' 공식 만든 한국야쿠르트-

라면은 빠른 시간에 러시아 내에 안착한 우리나라의 음식 중 하나이다.

라면을 러시아에서 버젓한 한끼 음식의 대열에 올려놓는 데에는 한국야쿠르트의 도시락라면이 일등공신 역할을 했다. 2009년 러시아 현지공장에서 생산된 한국야쿠르트 도시락라면은 3억5,000만개. 하루 평균 100만개가량 팔리고 있다.

모스크바 남쪽 깔루쥐스카야에는 한국야쿠르트 러시아 법인 코야(Korea Yakult 약자)가 자리잡고 있다. 한국야쿠르트가 모스크바주 라멘스코시에 현지 생산공장을 착공한 것은 2002년. 2년 후인 2004년 공장이 완공되면서 전국에 영업망을 구축했다. 10년 전 도시락라면 1개 값이 22루블(약 1,200원)쯤 했는데, 지금도 그때 그 가격에 팔린다. 환율변화로 1개당 900~1,000원으로 오히려 판매 수익은 떨어진 셈.

그런데 2008년 러시아가 경기위기를 겪으면서 매출이 갑자기 두 배로 증가했다. 현지 공장에 1,000명을 고용하고, 판매직원 180명은 일주일에 수십 개 매장을 2번 이상 방문하며 진열위치, 방법, 재고 등을 수시로 체크하고 판매 실적을 평가한다.

현지 법인장은 "철저한 직원 관리를 하지 않으면 자칫 공급이 달리는 문제가 발생할 수 있다"며 "소비자에게 제 시간에 제품을 내놓기 위해서는 한 치의 오차도 용납할 수 없다"고 전했다.

한국야쿠르트가 러시아에서 라면을 정식으로 팔기 시작한 것은 1992년. 1990년 한러수교가 체결된 후 부산과 블라디보스토크를 오가는 러시아 보따리 상인들이 라면 맛에 매료돼, 몇 박스씩 사다 판매한 것이 발단이 된 것이다. 이후 주문 물량이 늘어나면서 한국야쿠르트가 직접 수출을 시작했다.

한국야쿠르트는 이 과정에서 철저한 현지화 전략을 택했다. 매운 것을 잘 못 먹는 러시아인들에게 도시락라면 맛을 주식인 닭고기부터 새우, 돼지, 쇠고기 등 7가지 맛을 개발해 판매했다. 반응은 폭발적이었다. 1997년 도시락이 러시아 시베리아 횡단열차를 타고 러시아 전역으로 공급이 확대됐고, 수도 모스크바까지 점령했다.

위기도 있었다. 한국이 갑자기 IMF사태가 터졌고, 이듬해(1998년) 러시아는 모라토리엄을 선언했다. 우리나라에서 함께 진출했던 경쟁사들은 물론 외국계 라면회사들이 모두 철수했다. 하지만 한국야쿠르트는 '러시아 위기가 시장을 선점할 수 있는 기회다' 는 결론을 짓고 사업을 확대해 나갔다.

그렇게 러시아 땅에서 라면을 판 지 20년, 지금은 2014년 동계올림픽이 열리는 흑해연안의 소치는 물론, 핀란드 인근의 무르만스크까지 모든 슈퍼마켓에서 도시락라면을 맛볼 수 있다.

현지 법인장은 "러시아 경기가 차츰 회복세를 보이자 경쟁사들이 대거 러시아 시장으로 몰려오고 있다"며 "하지만 이미 러시아인의 입맛, 소비 성향 등 오랜 시간 축적된 노하우가 있기 때문에 러시아 라면시장 1위를 넘어 종합식품상사 1위를 목표로 도전하고 있다"고 말했다.

자료: 한국일보

4) 마케팅 의사결정의 본사 집중화와 본사에 의한 글로벌마케팅 활동조정 촉진

(1) 글로벌기업들은 글로벌 차원의 주요 마케팅 의사결정을 본사에 집중(concentration)시키고, 주요 글로벌 마케팅활동 역시 본사가 조정(coordination)하도록 함으로써, 경험곡선효과의 편익을 누릴 수 있다.

(2) 글로벌기업들은, 4개 차원 해외시장별로 이질적인 문화적 환경 때문에 마케팅전략의 모든 구성요소들을(즉 4P's를) 완전히 글로벌 표준화하는 경우는 드물지만, 마케팅전략의 주요 구성요소(예컨대 제품 · 촉진)들에 대한 의사결정을 본사에 집중시킴으로써, 주요 글로벌 마케팅활동을 고도로 글로벌 표준화할 수 있는 데 따르는 편익을 누릴 수 있기 때문이다.

(3) 또한 본사가 주요 글로벌 마케팅활동을 조정하게 되면, 4개 차원 해외시장들에 존재하는 상이한 고객 니즈에 대한 정보를 공유하여 글로벌 마케팅활동에 유익하게 활용할 수 있는 데 따르는 편익을 누릴 수 있기 때문이다.

제3절 마케팅전략을 글로벌표준화하는 전략적 접근방법

1. 지구촌 소비자수요 유사성 증가에 따른 마케팅전략 글로벌표준화의 필요성 증대

(1) 코스트효율성이 있고 문화적으로 가능할 때에 한하여(whenever it is cost effective and culturally possible), 특정 글로벌기업은 글로벌제품 세분시장들 · 지역시장들 · FTA시장들 · 국가시장들에 존재하는 소비자/시장수요의 공통보편성(commonality)과 유사성(similarity)을 고려에 넣고 또 반영한 마케팅 전략을 개발하는 등 마케팅활동의 글로벌표준화(global standardization)를 통하여 투자회수를 최대화하도록 노력해야 한다.

(2) 그런 노력을 하는 글로벌기업들은, 서브하는 4개 차원 해외시장들 간에 존재하는 소비자/시장수요의 공통보편성과 유사성의 정도(the degree of commonality and similarity)를 가장 중요한 기준으로 삼고서, 마케팅 믹스(4P's)의 글로벌표준화 정도(extent of global standardization)를 결정해야만 한다.

(3) 그렇게 결정하여 집행했을 때에, 특정 글로벌기업의 마케팅전략 등은 ① 전적으로 표준화(totally standardized)될 수도 있고, ② 전적으로 개별화(totally individualized)될 수도 있고, ③ 양극단의 어느 중간이 될 수도 있다.

2. 글로벌마케팅 전략의 표준화 단계들

특정 글로벌기업이, 마케팅전략을 글로벌하게 표준화하게 되면, 경험곡선효과를 보다 최대화할 수 있다.

그림 15-2 마케팅전략 글로벌표준화의 단계들

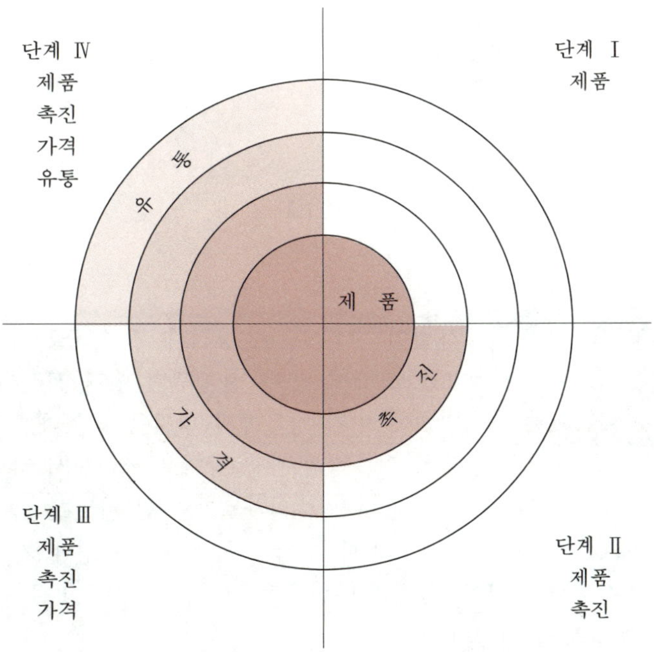

(1) 〈그림 15-2〉가 가리키는 대로, ① 대부분의 글로벌기업들은 제품의 표준화(단계 Ⅰ)로부터 시작하여 촉진(단계 Ⅱ), 가격(단계 Ⅲ), 유통(단계 Ⅳ)을 차례로 추가적으로 표준화함으로써, 마케팅전략의 글로벌 표준화를 진전시키는 접근방법을 따르고 있다.

② 서브하는 해외시장들이 어떤 것이냐에 따라서, 특정 글로벌기업은 어떤 단계에서든지 표준화를 정지(stop)시키기도 한다.

(2) 그렇기 때문에 거의 모든 글로벌하게 표준화된 마케팅전략들은, 특정 시점을 기준으로 〈그림 15-2〉에 제시된 4개 단계들 가운데 어느 단계에 배속시킬 수 있다.

① 단계 Ⅰ은 모든 해외시장들에서 근본적으로 글로벌하게 표준화된 제품을 마케팅하되, 해외시장별로 촉진 · 가격 · 유통전략을 달리하여 마케팅하는 것을 묘사하고 있다.

② 단계 Ⅱ는 모든 해외시장들에서 글로벌하게 표준화된 제품을 표준화된 촉진전략을 활용하여 마케팅하되, 해외시장별로 가격 · 유통전략을 달리하여 마케팅하는 것을 묘사하고 있다(예증 15-6 참조).

예증 15-6 럭셔리 브랜드 로고 이야기

이니셜이 곧 브랜드

최고의 브랜드는 자신의 이름으로 모든 것을 말한다. 대개 두 자에서 넉 자에 이르는 브랜드 이름의 머리글자를 로고로 쓴다.

샤넬 CHANEL

샤넬의 '더블C'는 창업자 가브리엘 샤넬의 애칭 '코코(Coco)'에서 왔다. 불행했던 어린 시절에 보았던, 보육원 달빛에 비친 창문에서 영감을 얻었다. 이 문양은 1955년 퀼팅 핸드백의 잠금 장치로 쓰이면서 샤넬을 상징하기 시작했다. 완벽주의자로 통했던 샤넬은 가장 완전한 도형인 원(우주)과 흰색 · 검은색(수녀복)에 천착했다. C자는 원형에 가까운 모습으로 변형했고 거울상으로 비친 두 개의 C는 서로 고리를 이루며 맞물리게 했다. 두 개의 C사이에는 우주를 상징한다는 타원이 숨어 있다.

샤넬은 도형(원), 숫자(생일인 19), 동물(별자리인 사자), 식물(동백꽃), 우주(혜성)에 이르는 다양한 행운 아이콘을 믿었다. 특히 동백꽃은 샤넬이 좋아하는 원에 가까운 꽃이자 애인인 '보이' 카펠에게서 처음 받은 선물이었다. 향기가 없다는 점에서 누구와도 결혼하지 않은 자신의 처지와도 유사하다고 여겼다.

까르띠에 Cartier

까르띠에의 '더블C'는 창업자 루이 프랑수아 카르띠에의 이름에서 유래했다. 1846년 고안된 초기 로고는 이니셜 L과 C 사이에 하트가 숨어 있는 형태였다. 더블C 로고는 1910년 뉴욕 지사에서 개발했다. 처음에는 샤넬처럼 좌우로 통통한 디자인이었다. 세로로 날렵해져 타원형 각인에 둘러싸이게 된 것은 1970년부터다. 샤넬이 보름달에 가까운 C라면, 까르띠에의 C는 초승달이나 그믐달에 가깝다. C자 위아래로 '꺾음'을 넣고, 가운데 곡선 부분에 돌기를 만들어 장식적인 효과를 냈다. '아르데코' 양식이다.

펜디 FENDI

펜디는 처음엔 모피 브랜드였다. 두 개의 F가 맞물려 직사각형을 이루는 로고는 1965년 독일 출신의 디자이너 칼 라거펠트가 디자인했다. 더블F는 펜디라는 가문의 성과 브랜드의 근원인 '모피(Fur)'를 의미한다. 크고 넓은 더블F는 '주카(Zucca)', 미니어처는 '주키노(Zucchino)'라고 부른다.

루이비통 LOUIS VUITTON

모조품이 양산된 루이비통의 '모노그램'은 아이러니컬하게도 모조품 생산을 막기 위해 만들어졌다. 1896년 창업주 루이 뷔통의 아들 조르주 뷔통이 아버지의 이니셜 LV와 당대 유행하던 일본풍에서 영향받은 네 잎의 꽃과 별을 넣어 고안했다. 오늘날에는 하이 주얼리 제품에서 'LV컷'을 적용하고 있다.

이브 생로랑 Yves Saint Laurent

디자이너 이브 생로랑은 1961년 그래픽 디자이너 아돌프 무롱이 도안한 이니셜 YSL을 내놓았다. 이를 고안한 무롱의 애칭을 따서 '카산드라' 라고 불린다. 가늘고 고급스러운 선으로 이루어져 오트쿠튀르 의상을 떠오르게 한다.

롤렉스 Rolex

1905년 탄생한 롤렉스는 황금 왕관을 로고로 쓴다. 왕관의 길쭉한 다섯 모가 장인의 손을 상징한다고 알려져 있지만 공인된 해석은 아니다.

자료: 한국일보

③ 단계 Ⅲ은 모든 해외시장들에서 글로벌하게 표준화된 제품을 글로벌하게 표준화된 촉진전략과 글로벌하게 표준화된 가격전략을 활용하여 마케팅하되, 해외시장별로 유통전략을 달리하여 마케팅하는 것을 묘사하고 있다(예증 15-7 참조).

예증 15-7 "선진국 중저가, 신흥국은 고가마케팅"

미국의 명품 핸드백 브랜드인 '코치' (COACH)는 2009년 평균 가격대를 20% 이상 낮춘 새 상품군을 출시했다. '매력적인 가격대의 고가품' (Affordable Luxury)이라는 개념을 내세운 이 제품군이 큰 인기를 끌면서, 코치의 실적(동일점포매출 기준)은 5분기 연속 감소 후 처음 상승세로 반전했다.

영국의 고가 브랜드인 '지미추' (Jimmy Choo)는 2009년 11월 중저가 유통점 H&M과 공동으로 40여개 품목으로 구성된 중저가 라인업을 구성, 판매했다. 400파운드짜리 액세서리를 15파운드에 판매하자 행사 당일 새벽부터 줄을 서는 사태가 벌어질 정도로 선풍적 반향이 일었다.

글로벌 금융위기 이후 소비와 기업 마케팅의 새로운 기준인 '뉴 노멀' (New Normal)이 주목받고 있다. 선진국 시장에선 품질이 우수할 뿐 아니라 가격도 저렴한 상품만 구매하는 '스마트 소비'가 확산되는 반면, 개도국에서는 오히려 구매력이 크게 늘며 고가품이 큰 인기를 누리고 있는 것.

호황기의 높은 안목과 불황기의 절약 습관이 타협점을 찾은 결과이자 금융위기 이후 달라진 판세가 반영되고 있다는 게 업계 분석이다.

KOTRA는 '2010년 세계 시장의 뉴 노멀 트렌드' 보고서를 통해 최근 해외 시장에서 크게 2가지 흐름이 나타나고 있다고 밝혔다. 먼저 선진국에서는 중저가 상품이 인기다. 실제로 소위 명품기업들도 중저가 제품을 새로 내놓거나 파격적인 가격 인하를 단행하고 있다.

쉐라톤, 웨스틴 등의 호텔 체인을 운영하고 있는 스타우드가 최근 합리적 가격대의 가맹점인 '알로프트'와 '엘리먼트'를 내놓고, 폴크스바겐 역시 미니밴 특가 판매 모델인 '팀'을 출시하며 가격을 2,600유로나 인하한 것이 대표적인 사례다.

반면 신흥시장에선 구매력과 눈높이가 높아진 소비자를 겨냥한 마케팅이 확산되고 있다. 특히 예전 신흥시장에선 생각하기 힘들었던 비싼 제품들도 서슴없이 구매하는 소비자가 늘어나고 있다. 베트남에서는 700달러가 넘는 고급 화장품이 한 달 만에 전량 소진됐고, 태국과 인도네시아에서도 일반 휴대폰에 비해 가격이 2배 이상 높은 블랙베리 등 스마트폰 판매가 폭증하고 있다. 최근 러시아에서는 개당 가격 4,000유로 이상의 초고가 휴대폰이 잘 팔리고 있다.

이처럼 위기 이후 새로운 흐름이 시장의 기준으로 자리잡으면서 글로벌기업들은 중국, 인도, 동남아 등을 주력시장으로 표방하며 이 시장에 맞는 제품 생산을 강화하고 있다.

자료: 한국일보

④ 단계 Ⅳ는 서브하는 모든 해외시장들에 대해 동일한/글로벌하게 표준화된 제품, 촉진, 가격, 유통의 믹스를 오퍼하는 것을 묘사하고 있다.

그렇지만 가격과 유통을 글로벌하게 표준화한다는 것은 대단히 어려운 과업인 관계로, 단계 Ⅳ 수준까지 마케팅전략을 글로벌하게 표준화하고 있는 글로벌기업들은 찾아보기 힘들다.

(3) 그와 같이 마케팅전략을 글로벌표준화하는 데는 한계가 있더라도, 글로벌기업들은 단계 Ⅰ로부터 단계 Ⅳ로 최대한 이행함으로써 ① 4개 차원 해외시장들에서 증가일로에 있는 소비자수요의 공통보편성과 유사성을 이익적으로 활용(profitably take advantage)하는 동시에 ② 경험곡선 효과 역

시 최대한 실현하도록 해야 한다.

3. 마케팅전략 글로벌표준화 여부 및 정도 결정요소들

(1) 4개 차원 해외시장들을 평가·분석하고 또한 해외시장들에 적용할 마케팅전략을 글로벌하게 표준화할 것인가 여부 및 정도를 결정할 때는, <그림 15-3>에 제시한 ① 시장, ② 회사외부환경, ③ 제품, ④ 재무적 요소, ⑤ 회사내부환경 등 몇 가지 요소들을 고려해야만 한다.

(2) 이들 요소들을 정밀 측정한다는 것은 대단히 어렵기 때문에, 이들에 대해서는 글로벌표준화를 지지(support)하는 요소들로부터 해외시장별 개별화/적응을 지지하는 요소들에 이르는 연속성을 가지고 설명할 수밖에 없다.

그림 15-3 마케팅전략 글로벌표준화 여부 및 정도 결정요소들

	개별화 ←	→ 표준화
시 장	非유사 시장	유사한 시장
	농 촌	도 시
환 경	정치에 의해 움직이는	경제에 의해 움직이는
	높은 법적 장벽	낮은 법적 장벽
	특유한 문화	유사한 문화
	변화저항적	변화수용적
	지리적 상이성	지리적 유사성
제 품	감정에 호소하는	합리에 호소하는
	제품수명주기 상이함	제품수명주기 같음
재무적 요소	낮은 연구개발비	높은 연구개발비
	가격의 낮은 중요성	가격의 높은 중요성
	소규모 자본요건	대규모 자본요건
기업내부환경	높은 유연성	낮은 유연성
	제한된 경험	광범위한 경험
	단기적 비전	장기적 비전

(3) 따라서 이들 요소들을 분석한 결과, ① 상대적으로 보다 많은 요소들이 마케팅전략 표준화를 지지하는 쪽이라면, 최대한 글로벌마케팅전략 표준화를 단행해야 한다.

② 만일에 모든/대부분의 요소들이 마케팅전략의 개별화/적응을 지지하는 쪽이라면, 해외시장별로 상당히 개별화된 마케팅전략을 결정하여 집행해야 한다.

CHAPTER 16

글로벌제조전략

제1절 글로벌제조전략의 초점 및 커버리지

1. 글로벌제조전략의 초점

(1) 글로벌제조전략(global manufacturing strategy)이란 특정 글로벌기업이 또는 그 하위사업단위(a global corporation or its business units)가, 경쟁업체들보다도 글로벌 고객들의 니즈를 더욱 잘 충족시키는 데 목적을 두고서, 글로벌시장용 신제품 개발에 참여하고, 새 제품모델을 제조하고 출시하는 데 활용하는 폭넓은 계획을 말한다.

(2) 그러므로 글로벌 경쟁력 강화전략을 강조하는 특정 글로벌기업과 그 사업단위는, 글로벌 연구개발 → 소싱 → 제조 → 마케팅 가치사슬/네트워크의 통합된 일부로서, 글로벌 제조관련 아래의 네 가지 경쟁우위를 최대화하는 데 전략적 초점을 맞추고서 글로벌제조전략을 결정 · 집행해야 한다.

① 글로벌 경쟁업체들보다도 높은 효율/코스트 우위(efficiency/cost advantage) 확보: 즉 보다 높은 제조효율을 통한 보다 낮은 제조코스트 확보 (예증 16-1 참조)

예증 16-1 현대 · 기아車 플랫폼 6개로 통합

글로벌 경쟁력 위해 6개 플랫폼만으로 40개 차종 생산키로…기아차와 플랫폼 공유 年 수조원대 비용 절감

현대 · 기아차는 2009년 기준 총 18개였던 플랫폼(platform)을 6개로 줄여 6개 플랫폼만으로 이후 40개 차종을 생산하는 계획을 발표했다.

현대 · 기아차는 이들 6개 플랫폼으로 2013년까지 연간 650만대를 생산할 계획이다. 현대차는 2009년 사상 처음 글로벌시장 점유율 5%를 넘어서며 자동차업계 강자가 됐다.

◆플랫폼 공유에 따른 비용절감효과 "연간 수조원대"

한 임원은 "현대차와 기아차는 플랫폼과 주요 부품을 공유하는 작업을 통해 연간 4조5000억원이 넘는 비용절감효과를 거뒀다"며 "플랫폼 공유화는 상품 경쟁력 향상으로 직결된다"고 말했다.

플랫폼이란 자동차의 기본이 되는 골격을 말한다. 차체 구조뿐 아니라 이 차체에 사용되는 엔진 · 변속기와 각종 주요 부품 전체를 의미한다. 자동차의 기본 성능을 결정하는 핵심요소이며, 같은 플랫폼 내에서는 90% 이상의 부품을 함께 사용할 수 있다. 그러면 대량 생산을 통해 부품단가가 낮춰지고 그만큼 가격경쟁력이 높아지게 된다.

예컨대 현대차 쏘나타(프로젝트명 YF)와 기아차 K5, 쏘렌토R은 모두 현대 · 기아차의 신(新)중형 플랫폼인 'Y4'로 만들어졌다. 이 플랫폼은 2010년 12월 출시된 신형 그렌저(HG)와 2011년 출시된 신형 싼타페(DM)에도 사용됐다.

◆개발기간 단축…중소형차에 집중

현대차는 2010년 현재 32개인 전체 모델의 수도 40개까지 늘린다. 중국 · 인도 등 신흥국 시장의 수요에 맞춰 경 · 소형차 라인업을 확대하고 공용 플랫폼을 활용한 소형 스포츠카 벨로스터(프로젝트명 FS)를 2010년 말 내놓는 등 파생모델도 추가한다. 33개월인 신차 개발기간도 2013년까지 평균 24개월로 줄인다.

플랫폼 공용화는 글로벌 경쟁에서 생존을 위한 필수 과제다.

자료: 조선경제

현대 · 기아차의 플랫폼 수 변동

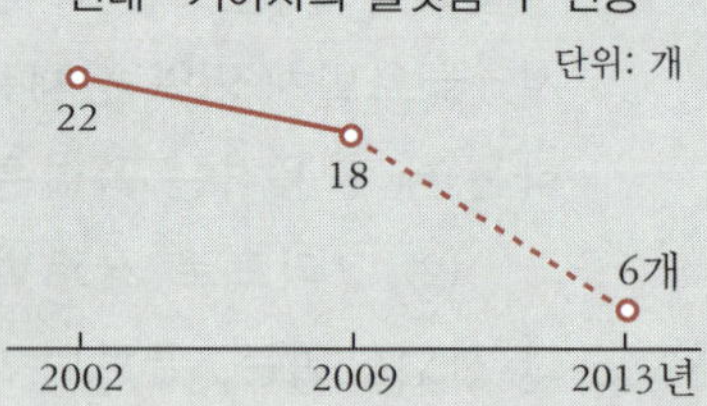

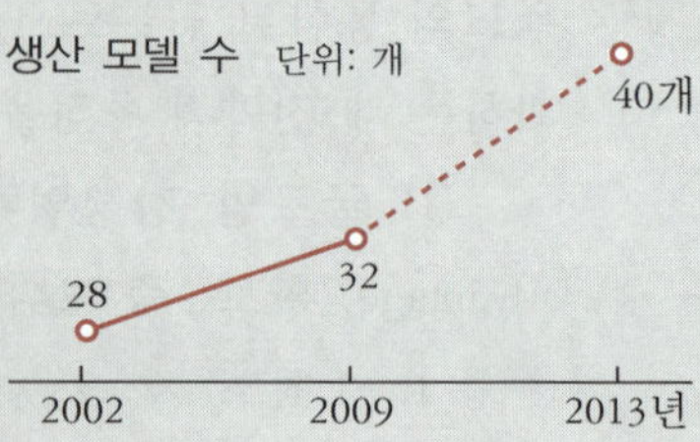

② 글로벌 경쟁업체들보다도 높은 신뢰성 우위(dependability advantage) 확보: 즉 제품품질, 배달, 가격 등에 대한 약속 · 계약의 성실한 준수를 통한 보다 높은 신뢰도 확보

③ 글로벌 경쟁업체들보다도 높은 품질우위(quality advantage) 확보: 즉 보다 높은 수준의 성능 확실성, 서비스 품질, 배달속도, 수선 · 유지 품질 확보

④ 글로벌 경쟁업체들보다도 유연성 우위(flexibility advantage) 확보: 즉 첨단기술을 활용하는 유연성제조시스템(flexible manufacturing system)운영으로 다양한 제품들을 소량 생산할 수 있는, 시장수요변화에 맞추어서 다양한 제품들의 생산량을 적응시킬 수 있는 등의 능력 확보

2. 글로벌제조전략의 커버리지

글로벌 안목을 가지고 결정 · 집행해야 하는 글로벌제조전략의 커버리지(coverage)에는, 최소한 아래의 항목들을 포함시켜야 한다.

(1) 지구촌을 커버하는 제조플랜트들의 수, 규모, 배열과 입지

그림 16-1 우리나라기업들이 동유럽복수국가들에 FDI로 세운 현지 생산공장의 일부

★ LG는 러시아에서 PDP와 LCD TV, 세탁기, 오디오 등을 생산중임.
자료: 중앙일보.

(2) 플랜트별 제조기술, 공정기술, 기기의 선택

(3) 복수플랜트 네트워크를 운영하는 경우(그림 16－1 참조), 생산하는 원자재 · 컴포넌트 · 플랫폼(platform) · 완성품을 플랜트들에 할당하는 것을 뜻하는 글로벌 제조시스템의 통제(예증 16－1 참조)

(4) 플랜트별 아웃소싱 정도와 제조의 수직적 통합 정도

(5) 제조지원 활동들에 관한 정책

(6) 라이슨싱 · 기술도입 등을 포함한 기술지원활동들에 관한 정책

(7) 연구개발－소싱－마케팅 등과 네트워크로 관련부서들과의 상호조정

제2절 글로벌 제조시스템 오퍼레이션스 강조 필요성

글로벌 경쟁력 강화전략을 강조하는 글로벌기업들과 그 사업단위일수록, 아래와 같은 이유로 글로벌제조전략의 맥락 속에서 글로벌 제조시스템 오퍼레이션스(global manufacturing system operations)를 강조해야 한다.

(1) 글로벌 제조시스템을 운영하게 되면, 아래를 통하여 글로벌 연구개발－소싱－제조－마케팅 가치사슬/네트워크의 부가가치 창출 최대화에 제조부문 나름대로 최대한 기여할 수 있기 때문이다.

① 국가별 소싱 및 제조상의 코스트 차이(cost differential)를 이익적으로 활용할 수 있고

② 글로벌 스케일로 플랫폼 및 컴포넌트와 완성제품의 표준화 및 품질을 균일화할 수 있고

③ 물류코스트, 관세 등의 삭감을 통한 완성제품의 글로벌 시장접근(global market access)을 확대할 수 있고

④ 글로벌 차원 제조관련 규모의 경제를 활용할 수 있다.

(2) 글로벌 제조시스템을 운영하면, ① 동일제품을 글로벌상품화하여 여러 해외시장들에 동시에 판매할 수 있고, ② 여러 해외시장들에 동시에 판매하는 관련제품들에 최대한 공통 부품 · 컴포넌트 · 플랫폼들을 사용할

수 있어서, ③ 매출액과 고객기반을 증대시키면서 제품단위당 연구개발–소싱–제조–마케팅 등의 코스트를 낮출 수 있기 때문이다.

(3) 글로벌 제조시스템을 운영하면, 본사국플랜트와 해외자회사들의 플랜트들이 함께 협력·조정하여 경쟁력을 가지고 글로벌고객들에게 제품과 서비스를 제공할 수 있기 때문이다.

(4) 단일플랜트를 운영하면, 플랜트가 입지한 국가의 통화 및 외환율의 대폭적 변동으로부터 피해를 볼 수 있다.

그렇지만 복수플랜트들을 갖춘 글로벌제조시스템을 운영하면, 외환율 변동에 대응하여 제품생산을 여러 국가들에 위치한 자회사 플랜트들로 전환(shift)시킬 수 있어서, 외환율의 대폭적 변동에서 비롯될 수 있는 피해를 방지할 수 있기 때문이다.

(5) 글로벌 제조시스템을 운영하면, 지적재산권·제조관련기술과 기법 등을 모든 플랜트들에 이전시켜서 최대한 효율적으로 활용할 수 있기 때문이다.

제3절 글로벌 제조 플랜트배열 전략

(1) 글로벌 제조시스템을 효율적으로 운영하려면, 제조플랜트들을 글로벌 차원에서 합리적으로 배열해야 한다.

(2) 특정 글로벌기업과 그 사업단위가 활용가능한 기본적 플랜트배열 전략들(basic plant configuration strategies)은 아래의 세 가지이다.

(3) 그러므로 그 세 가지 중에서 하나 또는 그 이상의 배합을 선택함으로써, 제조플랜트들을 글로벌하게 가장 합리적으로 배열시켜 운영해야 한다.

1. 복수국내제조전략

복수국내제조전략(multidomestic manufacturing strategy)은, ① 시장규모

가 비교적 큰 몇몇 복수의 주요 해외시장국들에 대해서만 현지시장니즈에 순응하는 데 목적을 두고, ② 해외시장국별 고유 제조플랜트들을 활용하여 고객들 가까이에서 제품들을 제조하는 전략을 말한다(그림 16-1 참조).

아래의 요건들을 충족시킬 때만, 글로벌기업은 복수국내제조전략을 선택해야 한다.

(1) 복수의 주요 해외시장국들에서 제품들을 제조하더라도, 제조코스트에 큰 부정적 파급효과를 미치지 않을 때(규모의 경제가 작용하지 않는 경공업제품의 경우, 또는 시장규모가 커서 규모의 경제를 실현할 수 있을 때 등)

(2) 복수의 주요 해외시장국들에 비교적 큰 규모의 시장수요가 존재하고 인접시장국들의 시장규모도 클 때

(3) 글로벌경영거래에 주로 활용되는 주요 통화들(major currencies)의 변덕스러운 환율변동이 기대될 때

(4) 제조코스트에서 차지하는 고정코스트의 비중이 낮고 단위당 제조코스트 역시 낮을 때

(5) 주요 원자재 · 부품 · 컴포넌트 등이 여타 해외시장국들에서는 가용하지 않거나, 가용하더라도 코스트가 높을 때

(6) 여타 해외시장국들보다 생산요소 코스트들이 전반적으로 저렴할 때

(7) 소비자 니즈와 선호의 해외시장국별 차이가 상당히 클 때

2. 지역적 제조전략

특히 NAFTA · EU · ASEAN 등 지역시장블럭들의 증가에 따라 중요성이 증가하고 있는 지역적 제조전략(regional manufacturing strategy)은, ① 지역시장별로 존재하는 상이한 소비자 니즈를 서브하는 데 목적을 두고, ② 지역시장별로 각기 고유한 제조플랜트들을 활용하여 제품들을 제조하는 전략을 말한다.

글로벌기업은 그런 지역적 제조전략을, 아래의 요건들을 충족시킬 때만 채택해야 한다.

(1) 여러 지역시장들에서 제품들을 제조하더라도, 단위당 제조코스트에 미치는 부정적 파급효과가 미미할 때

(2) 해당 지역시장별로 시장수요는 대규모이면서 소비자 니즈 · 선호에는 비교적 차이가 많을 때

(3) 주요 통화들의 변덕스러운 환율변동이 기대될 때

(4) 생산요소코스트가 비교적 저렴할 때

(5) 제조상호교환(manufacturing interchange)을 할 수 있을 때. 즉 네트워킹시킨 지역내 플랜트들이, ① 각기 전문화하여 제조하는 주요 부품 · 컴포넌트 · 플랫폼들을 상호교환하여, ② 완제품들을 경제적으로 조립하여 각기 담당 지역시장을 서브할 수 있을 때

(6) EU · NAFTA · ASEAN 등 이미 블럭화된, 그리고 기타 블럭화가 진행중인, 지역시장들을 서브할 때(그림 16-1 및 예증 16-2 참조)

예증 16-2 기아車, 인도에 완성차 공장 건설

기아자동차가 인도에 2012년 가동을 목표로 30만대 규모의 공장 건설을 추진 중이다.

기아차 관계자는 "인도 첸나이 부근에 공장부지 선정을 위한 타당성 조사를 진행 중"이라면서 "1998년 진출한 현대차 인도법인을 통해 현지 수요전망, 현대차 판매현황, 공장 설립에 소요되는 비용 · 기간 등을 면밀히 검토 중"이라고 말했다. 첸나이에는 현대차가 연산 60만대짜리 1 · 2공장을 운영 중이며, 2009년 56만대를 생산했다. 현대차는 이 가운데 29만대를 인도에 판매해 내수 점유율 20%대를 기록했다. 나머지는 인접국가에 수출했다.

기아차가 인도공장 설립을 추진하는 것은 주력시장인 유럽의 수요가 경기침체로 줄어들면서 전체 생산을 늘릴 대안을 찾아야 하기 때문이다. 인도의 2009년 승용차 판매는 140만대로, 같은 기간 110만대였던 한국을 이미 넘어섰다. 또 2015년엔 300만대로 성장, 중국 · 미국 · 일본에 이어 세계 4위권 시장이 될 전망이다.

기아차는 '2013년 현대 · 기아차 650만대 생산목표'를 달성하기 위해 전체 생산량을 2009년 150만대에서 2013년까지 278만대로 늘려야 하지만, 노조와 임금 문제 등으로 국내시설 확충이 어려운 상황이다. 목표 달성을 위해서는 2013년에 해외생산을 2009년 39만대에서 135만대로 대폭 늘려야 한다.

자료: 조선경제

3. 집중적 제조전략

집중적 제조전략(centralized manufacturing strategy)은, ① 어느 한 국가에 위치한 단 하나의 플랜트 또는 플랜트 컴플렉스(a single plant or plant complex)에 제조활동을 집중시키고, ② 선별된 표준화된 생활용품 내지 저가격제품들, ③ 또는 주문생산하는 예컨대 군사용 · 민간용 항공기 등 고가제품들을 복수의 해외시장들에 수출로 판매하는 전략을 말한다(예증 16-3 참조).

글로벌기업의 그런 집중적 제조전략은, 아래의 전제조건하에서만 활용해야 한다.

(1) ① 국가별로, 기술과 여타 생산요소 코스트에 차이가 많고, ② 존재하는 경제 · 정치 · 문화적 환경차이가 복수 국가들에서 제조활동을 수행하는 데 상당한 부정적 파급효과를 미칠 때

(2) 서브하는 국가/지역블럭시장들의 관세장벽과 비관세장벽이 낮을 때

(3) 주요 통화들의 환율이 안정적일 것으로 기대될 때

예증 16-3 피죤 생활용품 제조 中공장 준공

'13억 중국인들을 피죤의 포근함과 유연제로 푹 적셔드릴게요.'

종합생활용품 전문기업 피죤은 2010년 6월 9일 중국 톈진(天津) 빈하이신취(濱海 新區)에서 생활용품 제조공장 준공식을 갖고 본격적인 중국시장 공략에 나섰다.

이윤재 피죤 회장은 이날 기념사로 "피죤은 톈진 공장 준공으로 글로벌기업들의 생활기지가 밀집한 중국 화북지역에 실시간 공급체계를 갖추게 됐다"며 "이를 계기로 현지 트렌드에 맞는 제품 생산과 신속한 제품공급 등 중국고객에 대한 대응력을 획기적으로 제고할 것"이라고 강조했다.

기념식에는 이주연 피죤부회장과 류우익 주중한국대사를 비롯해 박수길 전 유엔대사와 이경식 전 한국은행총재, 왕푸캉(王富强) 톈진공항경제구 관리위원회 부주임 등 200여명의 국내외 인사들이 참석했다. 이번에 완공된 톈진 공장은 건평 3만1,865m² 규모에 5만952m²의 부지로, 연간 2만5,000여톤 생산이 가능하다.

자료: 한국일보

(4) 활용하는 제조기술의 ① 고정 코스트(fixed cost)가 높고, ② 최소한 일정 단위/量 이상의 스케일/규모로 생산해야만 생산능률이 실현될 수 있음을 뜻하는 최소 효율적 스케일(minimum efficient scale)이 크고, ③ 활용기술의 성격이 유연성 제조기술(flexible manufacturing technology)일 때

(5) 제품가치에 비한 제품중량의 비중을 뜻하는 가치－중량 비중(value－weight ratio)이 높을 때(즉, 제품의 가치는 높고 중량은 적을 때)

(6) 제조하는 제품들이 글로벌시장에서 글로벌공통니즈(global common needs)를 효과적으로 서브할 수 있을 때

제4절 글로벌 제조시스템을 지역/현지국별 이질적 환경에 적응시키는 과업

(1) 현지국 정부의 영향, 현지국의 시장수요와 공급조건, 현지국의 사회 · 문화적 요소, 현지국의 기술적 요소, 제품 디자인 등 환경요소들은, 특정 글로벌기업과 그 사업단위가 최적인 글로벌 제조시스템을 디자인하여 운영하는 데 상당한 제약을 가한다. (2) 그러므로 그런 글로벌기업들은, 활용하는 제조시스템을 아래와 같이 지역/현지국별 이질적인 환경에 적응(adjust, adapt)시키는 과업(tasks)을 수행해야 한다. (3) 그래야만, 비로소 지역시장별 · 현지국가시장별로 제조시스템을 성공적으로 운영할 수 있기 때문이다.

1. 조달업체 조달능력의 개발

(1) 제조업체(현지생산자회사)－조달업체 관계(manufacturer－supplier relationship)는 현지국들이 어디냐에 따라 상당히 다르다.

① 일반적으로 선진국들에서는 조달업체들이, ⓐ 원자재 · 부품 · 컴포넌트 등을 원활히 조달해 줄 뿐만 아니라, ⓑ 때로는 제조시스템 · 제품 등의 디자인을 포함한 기술적 노하우까지 제공해 줌으로써, ⓒ 외국인기업들

의 현지생산자회사들을 돕는다.

② 그와는 대조적으로 ⓐ 대부분의 개도국들에서는, 외국인기업 현지생산자회사들이 현지조달업체들의 공급능력을 개발하도록 도와야 하는 경우가 많다. ⓑ 우리나라와 같은 신흥공업국들까지지도 특허 · 기술 · 부품 · 가공원자재와 같은 소재산업의 발달이 미흡하여 공급능력(supply capability)이 불충분한 것이 현실이기 때문이다.

(2) 그런 상황하에서, 글로벌기업의 해외생산자회사들이 현지조달업체들로부터 충분하고 안정된 공급을 받을 수 있으려면, 아래의 방법들 중에서 어느 하나 또는 그 이상의 배합을 선택해야 한다.

① 현지조달업체들에게 자금 · 특허 · 기술 · 기계 등을 공급해 주면서 그들을 육성시키는 방법

② 부품 · 컴포넌트 · 플랫폼 등을 생산하는 본사국/제 3 국 협력업체들과 동반 진출하는 방법

③ 현지생산자회사 제조공정을 수직적으로 통합(vertically integrate)시켜 주요 부품 · 컴포넌트 · 플랫폼들만이라도 자체적으로 제조하여 조달하는 방법

④ 주요 부품 · 컴포넌트 · 플랫폼들을, 필요에 따라서는 여타 조달품들까지도, 본사/본사국과 제 3 국으로부터 수입소싱하는 방법

2. 제조시스템 · 제품 등의 디자인 문제 극복

(1) 지역시장별 · 현지국별로 제조환경은 이질적이기 때문에 특정 글로벌기업 및 그 사업단위가 해외플랜트들의 제조시스템을 디자인할 때는, 거의 모든 경우 조정 · 적응 · 절충(adjustment, adaptation, compromise)의 과정을 거쳐야 한다.

(2) 글로벌기업들은 외국인기업들로서, ① 우선 현지플랜트별 생산용량을 현지국가시장별 시장수요에 맞추어 결정해야 하기 때문이다. ② 특정 현지국을 운영기지로 삼고 다른 지역시장 · 시장국들에 수출까지 하겠다면, 그 특정 현지국의 국내시장수요와 수출수요를 고려하여 생산용량을 조정 · 적응 · 절충해야 하기 때문이다(예증 16-2 참조).

(3) 글로벌기업들은 외국인기업들로서, 선진국에서 현지제조를 하느냐 아니면 개도국에서 현지제조를 하느냐에 따라서도, 생산시설 · 생산공정 · 제품을 조정 · 적응 · 절충해야 한다.

① 예컨대, 개도국에서 현지국시장을 서브하기 위해 현지제조를 할 때는, 현지국의 제한된 시장수요 · 낮은 수준의 기술 · 불충분한 원자재 · 불충분한 부품과 컴포넌트 조달 능력 등에 맞추어 제조용량을 축소 · 조정하고, 제조공정을 단순화시키고, 제품 역시 품질 · 규격 · 가격 등을 현지수요에 맞게 하향 적응시키는 것이 바람직하기 때문이다.

② 글로벌기업들은 외국인기업들로서 위의 예와 같이 가급적 현지국의 제조환경에 맞추어 제조시스템 · 제품 등의 디자인을 적응시켜야만, 비로소 현지국의 자원부족에서 비롯되는 현지플랜트 운영문제를 최소화할 수 있다.

③ 글로벌기업들은 외국인기업들로서 선진국에서 현지제조할 때는, 위의 예와는 다른 양상의 조정 · 적응 · 절충을 해야만 한다.

3. 제조인력문제의 극복

(1) 특정 글로벌기업 및 그 사업단위는 해외현지 제조를 할 때 제조인력(manufacturing personnel)문제에도 봉착하는데, 이런 문제는 선진국들에서보다 개도국들에서 제조활동을 벌일 때 더욱 심각하다.

① 그 이유는 대부분의 개도국들에서는 현지생산공장의 제조계획 · 통제기능을 담당할 현지인 제조관리요원을 구하기가 힘들고, 작업자들에게 올바른 제조기법을 익혀 주고 건전한 작업태도를 심어 주기가 어렵기 때문이다.

② 그러나 현지생산공장의 여러 계층에 현지인을 가급적 많이 충원하는 것이 바람직한 이상, 글로벌기업들은 적절한 교육 · 훈련을 통하여 현지 제조인력문제를 원만히 극복하는 방법을 강구해야 한다.

③ 현지인 제조관리요원 · 기능공(작업자) 등만을 채용해서는 특정 현지생산공장을 경제적 · 능률적으로 운영하기 어렵다고 판단될 때는(작업의욕이 부족하고 작업능률도 전반적으로 낮은 일부 과거 공산국가 · 동남아 · 중남

미 · 아프리카 개도국들의 경우), 글로벌기업들은 본사국인이나 제 3 국인을 필요한 만큼 송출/채용하여 활용하는 것도 해결책의 하나이다.

(2) 글로벌기업들이 해외현지플랜트를 운영할 때에 당면하는 가장 까다롭고도 민감한 문제의 하나는 노사관계이다.

① 특정 글로벌기업 해외현지플랜트 최고경영층(사용자)의 국적과 현지생산노동자들의 국적이 다를 경우에는, 민족주의로 인하여 노사관계가 민족간 감정적 대립으로 발전할 가능성이 항상 존재하기 때문이다.

② 이런 문제는, 글로벌기업의 현지인 경영자가 노사관계뿐만 아니라 관리자급 이하의 종업원에 대한 인사관리까지 담당케 함으로써, 비교적 쉽게 해결할 수도 있고 문제발생을 사전방지할 수도 있다.

4. 제조관리문제의 극복

(1) 특정 글로벌기업 및 그 사업단위가 ① 선진국들에서 현지플랜트를 운영할 때는, 제조관리문제가 있다 하더라도 쉽사리 해결할 수 있다.

② 그러나 그런 글로벌기업이 기술인력이 보편적으로 부족하고 현대적 산업활동에 적합지 않은 특이한 사회 · 문화적 환경을 지니고 있는 개도국들에서 현지플랜트를 운영할 때는 ⓐ 제조스케줄링과 조정, ⓑ 품질관리, ⓒ 기계 · 시설의 수선유지 등의 제조관리 문제에 봉착하는 것이 일반적이다.

(2) 그런 문제는 글로벌기업의 해외현지제조활동에 심각한 부담이 될 수 있으므로, ① 현지 제조인력에 대한 작업훈련을 강화하고, ② 제조관련 기능공으로부터 관리요원들에 이르기까지 소집단토론, TQC 운동, 컴퓨터 교육 등을 통하여 제조계획 및 통제, 품질관리, 기계시설의 가동률 향상 등의 방법과 그 중요성을 강조해야 한다.

③ 현지제조인력이 교육훈련받은 사항들을 실천하고 상호협조하도록 사내분위기를 개선시키고 재정적 유인을 제공할 필요도 있다. ④ 더 나아가서, 외국인기업들은 선별된 현지 기술자 · 생산요원 등을 본사국 플랜트로 데려다가 훈련시키는 방법도 활용할 필요가 있다.

CHAPTER 17

글로벌재무관리전략

제1절 외환시장과 글로벌 금융시장의 변화패턴이 글로벌경영에 미치는 영향

제17장 제 1 절에서 설명하는 외환시장과 글로벌 금융시장의 변화패턴은 (1) 글로벌경영 전반에 영향을 미치는 동시에, 제 2, 3 절에서 설명하는 (2) 해외시장별 침투전략과 운영전략을 결정 · 집행하는 데, 그리고 (3) "글로벌재무관리전략"을 실제 상황하에서 글로벌경영자들이 합리적으로 결정 · 집행하는 데 도움을 줄 수 있는 일종의 사전환경적 브리핑(a foreground briefing)이다.

1. 국제통화제도

1) 금본위제도(The Gold Standard)

(1) 고전적 금본위제도(1870-1914)

금본위제도(The Gold Standard)하에서는 각국이 자국통화 한 단위의 가치를 금의 일정량으로 정하도록 함으로써 서로 다른 통화간의 교환비율은 각국 통화의 金平價(gold parity)에 의해 결정되었으며 平價切下는 원칙적으로 허용되지 않았다.

이러한 19세기 말의 금본위제도는 자유무역체제의 근간으로서 국제수지의 자동조정에 크게 기여하였으나, 20세기로 접어들면서 세계경제 및 무역의 확대에 비하여 금산출량이 절대적으로 부족하게 되었으며 또한 당시 각국간의 물가상승률이 서로 달랐다는 점 등으로 인해 금본위제도는 흔들리기 시작하였는데 마침내 1914년 제 1 차 세계 대전의 발발로 금의 자유로운 유출입 및 兌換이 어려워지자 전면적으로 붕괴하게 되었다.

(2) 금본위제도로의 복귀(1923-1928)

세계 각국은 제 1 차 세계대전이 끝나자 일시적으로 변동환율제도를 채택하지만 그 후 세계 각국은 다시 제 1 차 세계대전 이전과 같은 금평가의 금본위제도로 복귀를 시도하였다. 그러나 전쟁기간 이전에 비하여 각국의 물가수준이 서로 엄청나게 다르게 변화하였기 때문에 과거와 같은 수준의 환율은 유지될 수가 없는 상황이었다.

(3) 평가절하의 악순환과 3국의 협조(1930-1939)

마침내 세계 각국은 국제수지적자와 실업문제를 해결하기 위하여 자국통화 평가절하를 단행하게 되었는데 여러 나라들이 경쟁적으로 평가절하를 단행하였기 때문에 평가절하의 효과를 볼 수가 없었다.

그에 따라 미국, 영국, 프랑스 3국은 그들의 경제정책을 세우는 데 서로 협조하게 되었는데 이것이 이른바 3국통화협정(Tripartite Currency Agreement)의 체결이다. 이러한 협조체제도 얼마 가지 않아서 제 2 차 세계대전으로 인하여 붕괴하게 되었으며 제 2 차 세계대전 기간 중에는 각국이 외환통제를 강화하였다.

2) 브레튼우즈체제

(1) Bretton Woods 협정(1944년 7월)

① 국제통화기금(International Monetary Fund)의 창설

제 2 차 세계대전이 끝날 무렵 미국과 영국을 중심으로 전후 세계경제 질서의 회복을 위한 논의가 시작되었다. 그 결과 1944년 7월 미국 New Hampshire주 Bretton Woods에서 Bretton Woods협정이 체결되었으며

1946년 국제통화기금(IMF: International Monetary Fund)이 정식으로 발족됨으로써 브레튼우즈체제가 확립된 것이다.

② 금환본위제도(Gold Exchange Standard)

브레튼우즈체제를 金換本位制度(Gold Exchange Standard)라고 부르는데 그 이유는 미국 달러화의 가치는 금을 기준으로 정하고 기타 모든 다른 나라통화의 가치는 미국 달러화를 기준으로 정하였기 때문이다.

③ 조정가능 고정환율제도

브레튼우즈체제하에서는 각국 통화당국으로 하여금 자국통화의 환율을 平價의 상하 각 1%의 범위 내에서 유지하도록 하는 고정환율제도를 채택하였으나 가맹국의 국제수지가 근본적 불균형(fundamental disequilibrium)상태에 있을 경우에는 당초평가의 10% 범위 내에서 변경할 수 있도록 하였다.

④ 브레튼우즈체제의 문제점

브레튼우즈체제하에서는 금과 더불어 미국의 달러가 국제통화로 사용되었으며 국제유동성(international liquidity)에 대한 수요는 대부분 미국 달러의 공급에 의해서 충당되었다. 따라서 미국의 달러화가 基軸通貨(key currency)로 부상되어 금과 더불어 국제통화로 사용되었으며 미국은 소위 世界銀行國(world banker)으로서 그 통화가 국제통화로서의 국제적 가치를 유지할 수 있도록 충분한 금을 보유하도록 요구되었다.

그러나 국제통화인 미국 달러의 공급은 미국의 국제수지의 적자를 통해서 비로소 가능했으므로 국제통화의 원활한 공급과 가치안정이라는 문제는 상호 모순되게 되었다.

⑤ 특별인출권(SDR)의 창출

IMF는 1969년 10월에 이르러 특별인출권(Special Drawing Rights: SDR)을 창출하기로 의결하고 1970년 1월에 각 회원국의 IMF쿼터비율에 따라 SDR을 배분하여 추가적인 국제유동성으로 사용되도록 하였다. 이후 SDR은 중앙은행들 사이의 거래에 사용되기 시작하였으나, 금과 미달러화 등 기존의 국제유동성을 완전히 대체하기보다는 보완적 국제유동성에 머물렀다.

(2) 달러 부족기(1945-1958)

이러한 브레튼우즈체제는 당시 거대한 미국의 경제력을 배경으로 유지되었고 미국 달러의 국제통화로서의 신인도가 높았던 1950년대까지는 별다른 문제를 나타내지 않았다. 그러나 1958년 유럽 국가들 통화의 교환성(convertibility)이 회복되고 또한 유럽 국가들의 경제가 회복되어 대미의존에서 벗어나게 됨에 따라 유동성딜레마 현상이 나타나게 되었다.

(3) 달러의 국제적 가치에 대한 신인도 저하(1960년대)

1960년대에 들어서면서 유동성딜레마 현상이 표면화되었고 미국의 국제수지 적자 규모가 엄청나게 되자 미국 달러의 국제적 가치가 과연 유지될 수 있을 것인가에 대하여 많은 국가들이 의심을 하게 되면서 미국 달러의 신인도가 크게 저하되자 일부 국가들은 미국에 대하여 달러의 금태환을 요구하기 시작하였다.

(4) 스미소니언 협정(1971년 12월)

브레튼우즈체제는 국제경제의 급격한 변화가 야기된 1960년대부터 기축통화로서의 미국 달러위기, 국제유동성의 부족 등으로 인하여 동요되어 왔다.

1970년대에 들어와서도 미국의 국제수지 적자가 계속 악화되자 미국 달러의 신인도가 더욱 낮아져 미국 달러의 평가절하를 예측한 투기자들이 대규모의 자금을 미국으로부터 서독으로 이동시키게 되었고 이에 따라 세계의 주요 외환시장에서는 큰 혼란이 초래되었다. 그 결과 금환본위제를 근간으로 한 브레튼우즈체제는 사실상 붕괴되고 말았다.

1971년 12월 미국 워싱턴의 스미소니언 박물관에서 선진 10개국 회의가 개최되어 국제통화제도의 안정과 국제무역의 확대를 위한 소미소니언협정(Smithsonian Agreement)을 체결함으로써 스미소니언체제가 성립하였다.

스미소니언협정에서는 금 1온스의 가격이 35달러에서 38달러로 인상되는 미국 달러의 평가절하가 단행되었으며 반대로 일본의 엔화와 서독의 마르크화 등 국제수지 흑자국들의 통화는 평가절상이 이루어지는 등 다국간의 통화의 평가조정이 이루어졌다.

(5) 브레튼우즈(스미소니언)체제의 몰락

그 후 미국의 무역수지가 더욱 악화되고 투기자본이 엔화와 마르크화에 집중되어 미국 달러화는 더 이상 그 국제적 가치를 유지할 수 없다는 것이 분명해지자 미국은 자국의 국제수지를 개선하기 위하여 1973년 2월 다시 금 1온스당 38달러의 금공정가격을 42.22달러로 인상시키는 제 2 차 달러의 평가절하를 단행하였다.

그러나 제2차 달러 평가절하 직후에도 미국 달러 위기는 해소되지 않았으며 주로 마르크화의 매입을 위해 대규모의 투기적인 달러 투매현상이 계속되어 대부분의 외환시장이 폐쇄되었다. 1973년 3월 EC 국가들은 1972년 4월에 실시했던 공동변동환율제도(European System of Narrower Exchange Rate Margins: Snake System)를 더욱 강화하였고 이로써 1년 2개월 남짓 존재했던 스미소니언 체제도 종막을 고하게 되었다.

3) 킹스턴체제

1976년 1월 자마이카의 킹스턴에서 개최된 회의에서는 IMF 협정문을 개정함으로써 그 동안 약 3년 동안에 걸친 국제통화제도의 개혁작업은 종결되고 킹스턴체제라는 새로운 국제통화체제가 성립되었다.

킹스턴체제는 IMF회원국에게 독자적인 환율제도를 선택할 수 있는 재량권을 부여함으로써 이미 실시되고 있던 변동환율제도를 인정하였다. 또한 킹스턴체제는 금의 公定價値를 폐지함으로써 가치척도로서의 금의 역할이 완전히 사라지고 그 대신 SDR이 가치척도의 기능을 맡게 되었다. 그리고 국제통화로서 SDR의 기능을 높이기 위해 그 사용범위를 크게 확대하였다. 그러나 SDR의 사용이 주로 중앙은행 사이의 공적 거래에 국한되었고 SDR의 과도한 발행은 세계적 인플레이션을 낳을 수 있었으므로 SDR의 적극적인 사용에는 한계가 있었다고 할 수 있다.

4) 고정환율제도와 변동환율제도의 비교

(1) 고정환율제도의 특징

첫째, 고정환율제도하에서는 환율이 안정적이므로 환율의 변동에서 오는 환위험이 존재하지 않아 국제무역과 국제투자가 증진될 수 있다. 그러므로 일반적으로는 환차익을 노리는 환투기자들의 투기활동이 일어나지 않으므로 투기성 단기자본의 이동이 가져올 수 있는 국제수지의 불안을 방지할 수 있다.

둘째, 금본위제도하에서의 자동조정(automatic adjustment)에 따르면 금의 유출입에 따른 국내 물가수준의 변동에 의하여 국제수지의 균형이 유지

되므로 대내적인 경제불안이 불가피해지며 반대로 국내물가의 변동을 억제하기 위한 대내정책은 곧 국제수지의 균형을 저해하게 된다. 그러므로 국내물가의 안정 및 경제성장을 위한 대내정책의 시행(즉, 통화공급의 적정화)은 국제수지의 균형을 위하여 제약을 받기 마련이다.

(2) 변동환율제도의 특징

첫째, 변동환율제도하에서는 외환시장에서의 외환의 수요와 공급 상태에 따라 환율이 자유롭게 움직이기 때문에 환율의 변동을 통해 국제수지의 균형을 이룰 수 있게 된다.

둘째, 변동환율제도하에서는 환율이 수시로 변동하므로 환율이 안정적이지 못하며 또한 환율이 각국의 기본적인 경제력에 의해서보다 단기자금의 이동에 의해 크게 영향을 받을 수도 있으므로 단기간에도 대폭 변동할 가능성을 가지고 있다. 따라서 환투기자들의 활동을 촉진시켜 환율의 불안정이 더욱 악화될 수도 있다.

2. 환율과 외환시장이 글로벌경영에 미치는 영향

1) 환율의 표시방법

(1) 방화표시법과 외화표시법

외환시장에서의 가격 또는 환율이란 서로 다른 통화간의 상대적 가격을 의미한다. 즉, US $1.00가 Kwon 900의 가치가 있다고 하는 말은 Kwon 900을 가지면 US $1.00를 살 수 있다는 말도 되지만 동시에 Kwon 1은 US $0.0011의 가치가 있다는 것을 의미한다.

이와 같이 환율의 표시방법은 두 가지로 나눌 수 있다. ① 방화표시법(direct quotation)은 외국통화 1단위를 얻기 위하여 지급해야 하는 자국통화의 단위수로 표시하는 방법을 말한다. ② 외화표시법(indirect quotation)은 자국통화 1단위를 대가로 수취할 수 있는 외국통화의 단위수로 표시하는 방법을 말한다. 예를 들면, $1=₩900 또는 ₩900/$1으로 표시하는 것은 방화표시법이며, ₩1=$(1/900) 또는 $(1/900)/₩1로 표시하는 것은 외화표시법이다.

(2) European terms와 American terms

European terms는 환율을 미국 달러화 1단위에 대하여 다른 외국통화로 얼마인가를 표시하는 방법인데, 이 European terms가 미국 달러화의 다른 통화표시가격을 의미하므로 미국 이외의 지역에서는 방화표시환율이 되고 미국내에서는 외화표시환율이 된다.

American terms는 환율을 특정 통화 1단위에 대하여 미국 달러화로 얼마인가를 표시하는 방법인데 예컨대 영국(EU의 회원국이지만 Euro가 아닌 자국 화폐를 사용함)·오스트레일리아·뉴질랜드 등의 통화에 대하여 환율을 표시할 때 사용된다.

(3) 현물환율과 선물환율

현물환거래(現物換去來: spot exchange transaction)는 외환거래의 수도결제일(受渡決濟日: value date)이 계약일로부터 2영업일(2 business days) 이내인 외국환거래를 말하며 이때 적용되는 환율을 현물환율(spot exchange rate)이라 한다.

반면에 선물환거래(forward exchange transaction)는 장래에 이루어질 두 통화의 교환비율(환율)을 거래액과 함께 계약일에 미리 결정해 두고, 결제는 계약일로부터 일정기간이 지나서 이루어지는 외환거래를 말하며 이때 적용되는 환율을 선물환율(forward exchange rate)이라 한다.

(4) 매도율과 매입률

매도율(selling rate, asked rate)이란 특정 통화를 금융기관이 매도할 때 적용하는 환율을 의미하며, 이와는 반대로 특정 통화를 금융기관이 매입할 때 적용하는 환율은 매입률(buying rate, bid rate)이라고 부른다.

일반적으로 매입률이 매도율보다 먼저 호가되며, 이 매도율과 매입률의 차이로부터 금융기관은 이익을 취하는 것이므로 매도율은 매입률보다 높아야 한다.

(5) 은행간율과 대고객률

은행들간의 외환거래에 적용되는 환율을 은행간율(interbank rate)이라고 부르는데 이 은행간율은 시시각각으로 변동한다. 국제금융시장에 참여하는 대규모 은행들은 전자통신장비를 갖춘 trading center를 운영하면서 은행간 거래에 직접 참여하고 있다.

그러나 자체적으로 trading center를 갖추지 못한 개인이나 회사들은 은행을 통하여 외환거래를 해야 한다. 이때 적용되는 환율을 대고객률이라고 부르며 은행은 고객에게 이러한 외환거래의 서비스를 제공하는 대가로 이익을 취하기 위하여 은행간율과는 다른 매도율과 매입률을 적용한다.

2) 선물환거래

(1) forward outright 거래

선물환거래(forward exchange transaction)란 장래에 이루어질 두 통화의 교환비율(환율)을 거래액과 함께 계약일에 미리 결정해 두고, 결제는 계약일로부터 일정기간이 지나서 이루어지는 외환거래를 말한다. 그리고 이러한 선물환거래에 적용되는 환율을 선물환율(forward exchange rate)이라고 부르는데 일반적으로 선물환율은 현물환율(spot exchange rate)과 같지 않으며 선물환계약(forward exchange contract)의 만기(maturity)에 따라 각기 다른 선물환율이 존재한다.

선물환거래에서의 수도결제일을 value date라고 부르는데 선물환계약의 value date는 spot date로부터 1개월, 2개월, 3개월, 6개월 및 12개월째 되는 날이 일반적이다.

여기서 spot date란 외환매매계약의 계약일로부터 2영업일(two business days) 후가 되는 날을 말하는데, 우리가 보통 현물환거래(spot exchange transaction)라고 할 때는 계약일로부터 2영업일 후가 되는 spot date에 수도결제가 이루어짐을 뜻한다.

그러므로 선물환거래에서 예를 들어 3월 18일에 2개월 만기의 선물환계약을 체결하였다면 spot date는 3월 20일이 되고 수도결제일(value date)은 spot date로부터 2개월째 되는 날인 5월 20일이 되므로 선물환계약의 수도결제는 5월 20일에 이루어지게 된다.

(2) 스왑거래

지금까지 설명한 선물환거래는 forward outright 거래라고 하며 은행간의 선물환거래의 대부분을 차지하는 스왑거래(swap transaction)와는 구별된다.

스왑거래란 일정금액의 특정 통화를 동시에 사고 팔고 하는 것을 의미하는데, 이때 매입과 매도가 같은 은행을 상대로 행해지지만 각각의 수도 결제일은 서로 다르게 된다.

흔히 볼 수 있는 스왑거래의 예로서 'spot against forward'를 들 수 있는데, 가령 어떤 dealer가 특정 통화를 현물환시장(spot exchange market)에서 매입함과 동시에 같은 금액을 선물환시장(forward exchange market)에서 매도하는 경우가 그것이다. 이러한 경우 현물환율과 선물환율과의 차이는 계약일에 고정되므로 환위험(foreign exchange risk)에 노출되지 않게 된다.

좀더 발전한 스왑거래의 유형으로서 'forward-forward' 스왑을 들 수 있다. 예를 들어, 어떤 dealer가 ￡2,000,000를 매도하는($를 대가로 받고) 2개월 선물환계약을 $1.5870/￡의 환율로 체결하고 동시에 ￡2,000,000를 매입하는 3개월 선물환계약을 $1.5820/￡의 환율로 체결하는 경우가 그것이다.

즉, 이것은 $자금을 지금부터 2개월 후에 차입하고 3개월 후에 상환하는 데 있어서 1개월간의 차입기간 동안 ￡2,000,000를 담보로 잡히는 조건으로 하는 것이다.

(3) 선물환율의 표시방법

선물환율은 현물환율에 비하여 더 비싸냐 또는 싸냐에 따라 프리미엄(premium) 또는 디스카운트(discount)에 있다고 부른다. 그리고 만약 선물환율이 현물환율과 같은 수준에 있다면, 선물환율이 'flat' 하다고 표현한다.

선물환율을 표시하는 방법은 다음의 세 가지로 나눌 수 있다. 첫째 방법은 forward outright rate로서 선물환율을 그대로 표시하는 것을 말한다. 둘째 방법은 선물환율과 현물환율의 차이(forward differential)로 표현하는 것이다. 선물환율을 표시하는 세 번째 방법은 swap rate(forward differential)를 年率표시방법으로 표현하는 것을 말한다.

3. 글로벌금융시장이 글로벌경영에 미치는 영향

1) 글로벌금융시장의 구조

(1) 국내금융과 글로벌금융

국내거주자들 사이에 소요자금의 조달과 보유자금의 운용이 이루어지는 것을 국내금융(domestic finance)이라고 한다. 이와 같은 자금의 조달 및 운용이 비거주자를 상대로 국제적으로 이루어지는 경우를 글로벌금융(global finance)이라 한다.

글로벌금융시장이란 이러한 글로벌금융이 이루어지는 장소, 즉 거주지 또는 국적이 다른 경제주체 상호간에 직접 또는 간접적으로 장·단기 금융거래가 이루어지는 시장을 말한다. 따라서 글로벌금융시장이란 일반적으로 국경을 넘어선 자금의 貸借, 즉 국제간의 자본이동이 이루어지는 시장을 말한다.

(2) 외국시장과 역외시장

글로벌금융시장은 다시 외국시장(foreign market)과 역외시장(offshore market)으로 구분할 수 있다.

외국시장이란 특정 국가의 국내금융시장에 비거주자가 참여하여 이루어지는 금융시장을 말한다. 외국시장의 경우에는 금융시장이 위치하고 있는 나라의 금융기관이 활약하며, 거래되는 자금도 모두 그 나라의 통화로 표시된다. 예를 들면, 런던금융시장에서는 영국의 금융기관들을 중심으로 파운드화표시자금이 거래된다.

반면 역외시장(offshore market 또는 Euromarket)이란 특정국 통화표시의 금융자산이 그 통화발행국의 영토 밖에서 거래되는 국제금융시장을 말한다. 예를 들면, 달러화표시의 자금이 미국 이외의 지역에서 거래되는 시장을 말한다.

(3) 유로커런시시장과 유로채시장

글로벌금융시장도 국내금융시장과 마찬가지로 (1) 금융기관을 중개기관으로 하여 자금의 이동이 이루어지는 간접금융시장과 (2) 주식이나 채권 등의 매매를 통하여 자금이 직접 연결되는 직접금융시장으로 구분할 수 있다.

특히, 비거주자의 자금이 다른 비거주자에게 공급되는 역외시장의 경우 간접금융시장은 유로커런시시장(Eurocurrency market)이라 부르고, 직접금융시장은 유로채시장(Eurobond market)이라고 한다.

2) 유로커런시시장

(1) 유로커런시시장의 개요

글로벌금융시장의 핵심은 유로커런시시장이라고 할 수 있는데 유로커런시시장의 약 75%는 유로달러가 차지하고 있다.

유로달러란 미국 이외의 지역에 있는 은행에 예치되어 있는 미국 달러를 말한다. 이 은행들은 이 예금을 다른 은행에 다시 예치하거나 최종적인 차입자에게 대출하게 된다. 이 은행들은 미국은행의 해외지점이거나 또는 외국은행이 된다.

그러므로 접두사 'Euro'는 특정 통화가 그 통화의 발행국 이외의 지역에서 거래되는 경우 이를 지칭하기 위하여 사용된다고 할 수 있다. 예를 들면, 유로달러시장은 미국 이외의 지역에서 미국 달러화 예금을 받아들이고 미국 달러화 대출을 하기 위하여 서로 경쟁하는 금융기관들로 구성되어 있다고 할 수 있다.

(2) 유로커런시시장의 주요 용어

① 유로커런시시장

유로커런시시장(Eurocurrency market)은 은행의 예금 및 대출거래가 이루어지는 시장으로서 이종통화간의 지급수단이 거래되는 외환시장과는 구별된다. 유로시장은 자금이 특정 통화로 표시되어 있을 경우 그 통화의 발행국 이외의 지역에 위치하게 되므로 유로시장이라는 표현보다는 역외시장(external market 또는 offshore market)이라는 표현이 더 적절하다고 할 수 있다.

② 유 로 채

유로債(Eurobond)란 채권이 발행 · 매각되는 국가 이외의 국가의 통화로 표시된 채권을 말하는데 런던에서 매각되는 미국 달러화표시 채권 등이 이에 해당한다. 유로채시장(Eurobond market)은 장기자금시장으로서 단기자금시장인 유로커런시시장과는 구별된다. 유로커런시시장에서는 은행이 신용위험을 부담하는 중개역할을 하지만 유로채시장에서는 자금의 공여자가 직접 위험을 부담한다.

③ 유로은행

유로은행(Eurobank)이란 자기가 위치한 국가 이외의 국가의 통화로 표시된 자금의 예금 및 대출업무를 수행하는 은행을 말한다.

④ 콘소시움은행

콘소시움은행(consortium bank)이란 상이한 국적을 가진 두 개 이상의 은행들에 의하여 설립된 합작투자은행을 말한다. 이러한 콘소시움은행들이 설립되는 이유는 은행들이 중장기자금의 대출업무를 보다 적극적으로 수행하고자 하기 때문이라고 할 수 있다. 콘소시움은행은 글로벌은행이므로 각국 중앙은행들로부터의 규제를 피할 수 있다.

⑤ LIBOR

LIBOR란 London Interbank Offered Rate의 약자로서 London 유로달러시장에 있는 일류은행들이 고시하는 유로달러의 offered rate(은행자신이 예금을 예치하는 이자율 또는 대출금리)를 말한다. LIBOR는 국제금융시장에서의 대표적인 기준금리로서 자금차입자가 실제로 지급하는 금리는 LIBOR에 일정한 스프레드(spread)를 가산하여 결정된다. 일반적인 경우 자금차입자에게 적용되는 스프레드는 0.25% 내지 2%에 달한다. 특정 기업의 financial credit rating이 높을수록, LIBO rate는 낮아진다.

3) 유로대출시장

유로대출시장(Eurocredit market)은 중장기 유로커런시시장을 말하며 여러 은행으로 구성된 차관단이 차입자에게 대규모의 공동융자를 제공하는 신디케이트유로대출과, 개별은행이 차입자에게 개별융자를 제공하는 개별유로대출로 나눌 수 있다.

신디케이트대출(syndicated loan)에 참여하는 은행들은 많은 수의 대출에 작은 지분을 가지고 참여함으로써 채무불이행위험을 분산시킬 수 있게 된다. 신디케이트대출에 있어서 융자금액의 표시통화는 차입자 또는 대출자의 거주국 통화 이외의 통화로 지정하는 것이 가능하며, 거의 대부분의 유로대출은 변동금리부로 행해지는데 이것은 주로 고정금리부로 발행되는 유로채(Eurobond)경우와는 대조를 이룬다.

4) 국제채시장

(1) 외국채와 유로채

유로커런시시장이 단기자금을 조달하기 위한 간접금융시장인 데 비하여, 국제채시장은 장기자금을 조달하기 위한 직접금융시장이다.

여기서 국제채(international bond)란 차입자의 소재국 이외에서 판매되는 채권을 말하는 것으로서 외국채(foreign bond)와 유로채(Euro bond)로 나뉜다.

외국채란 차입자가 다른 나라의 국내자본시장에서 그 나라의 통화 표시로 발행한 채권을 말한다. 외국채는 채권이 발행되는 국가의 신디케이트에 의해 인수되고 그 나라의 거주자들에게 주로 판매된다.

이에 비하여 유로채란 채권에 표시된 통화의 발행국 이외의 지역에서 거래되는 채권을 말한다. 예를 들면 우리나라 기업이 달러표시채권을 발행하여 런던시장에서 매각한다면 이 채권은 유로채가 된다.

(2) 유로채의 특징

유로채는 주로 표시통화국 이외의 지역에서 모집되고 판매되기 때문에 원칙적으로 표시통화국의 규제를 받지 않고 자유롭게 발행할 수 있다. 예를 들어 외국채를 미국에서 발행하는 경우 증권거래위원회(SEC)에 등록하여야 하며, 또한 발행채권의 평가등급(credit rating)을 받아야 하나 유로채를 발행하는 경우에는 이와 같은 절차가 필요하지 않다.

유로채를 인수하고 판매하는 신디케이트의 구성은 국제적이다. 즉, 유로채는 외국채와 같이 단일국가의 금융기관에 의해 인수되고 판매되는 것이 아니라 수개국 금융기관의 참여에 의해 인수되고 판매된다.

(3) 고정금리채, 변동금리채 및 주식연계채

유로채는 대개 5년 내지 7년 이상의 중·장기채권으로 액면금액에 대한 고정이자율(coupon rate)로 발행되고 있으나 1970년 이후 변동금리채(FRN: floating rate note)가 발행되기 시작하여 최근에는 큰 비중을 차지하고 있다.

또한 최근에는 주식과 연계되는 유로채(equity-linked Eurobond)가 많이 발행되고 있는데 전환사채(CB: convertible bond) 및 신주인수권부사채(BW:

bond with warrants) 등이 그 예이다.

(4) 공모와 사모

국제채의 발행방법에는 公募(public offering)와 私募(private placement)가 있다. 공모는 일단의 국제적 인수업자를 통하여 일반대중에게 증권을 매각하는 방법이고, 사모는 소수의 기관투자가나 중앙은행과 같은 단일투자자에게 증권을 매각하는 방식이다.

공모는 증권거래소에 상장되는 데 반하여, 사모는 일반적으로 상장을 요구하지 않는다. 또한 공모는 일반적으로 규제당국에 등록하여야 하지만 사모는 등록을 요구하지 않는다.

제2절 글로벌경영에 수반하는 환위험의 측정과 관리

(1) 글로벌기업들이 글로벌경영활동을 수행하는 데 필요한 재무자원(financial resources)을 합리적으로 ① 환위험 · 정치적 위험 등으로부터 보호하는 것, ② 자본예산 편성에 의거하여 조달/소싱하고 운영/투자하는 것(그림 17-1 참조), ③ 건전한 글로벌 자본구조를 유지하는 것, ④ 글로벌 조세관리를 합리적으로 수행하는 것 등 글로벌 재무관리를 뛰어나게 수행하는 것은, 글로벌경쟁우위를 확보할 수 있는 중요한 원천들 중의 하나이다.

(2) 글로벌기업들의 글로벌 재무관리자들이 아무리 글로벌 재무관리를 합리적으로 수행하려 하더라도, 위와 같은 글로벌 재무관련 의사결정들은 어렵고 또한 빗나갈 가능성이 높다. 제 1 절에서 설명한 급변하는 외환시장과 글로벌 금융시장의 환경적 복잡성과 불안정성 때문이다.

(3) 그러므로 글로벌기업들의 글로벌 재무관리자들(global financial managers)은, 아래에서 설명하는 밀접하게 상호관련된 글로벌 재무관리전략(global financial management strategy)을 최대한 합리적으로 결정하고 집행해야 한다.

그림 17-1 지구촌의 금융허브(중심지)들

자료: 재정경제부

주: 금융허브는 세계 주식 · 채권 사고파는 중심지.

1. 환노출의 정의와 종류

(1) 외화표시 자산, 부채, 수익, 비용과 기업의 순이익이나 가치가 해당 외국통화의 예상치 않았던 환율변동으로 인하여 변할 수 있는 상태 또는 그 범위를 환노출(foreign exchange exposure)이라고 한다.

(2) 환노출은 크게 ① 거래노출(transaction exposure), ② 환산노출(translation exposure), ③ 경제적 노출(economic exposure)로 구분해 볼 수 있다.

1) 거래노출

① 거래노출이란 외화로 표시된 거래의 결제에서 환율변동으로 인한 이익이나 손실이 생길 가능성을 말한다.

② 환율변동 이전에 거래가 발생하였으나 환율변동 이후에 결제가 이루어지는 외화표시거래에 있어서 거래노출이 발생하며, 이러한 거래에는 외화표시의 외상매입 또는 매출, 외화대출 또는 차입 등이 포함된다.

2) 환산노출

환산노출이란 연결재무제표를 작성하는 과정에서 외화로 표시된 자산, 부채, 수익, 비용 등을 자국의 통화로 환산할 때 환율이 변동함으로써 기업의 재무상태 및 성과가 변동될 가능성을 말한다.

3) 경제적 노출

① 경제적 노출은 예상치 못한 환율의 변동으로 기업의 현금흐름이 변화할 수 있는 가능성을 말한다. ② 일반적으로 기업의 가치는 미래에 예상되는 현금흐름의 총현재가치라고 할 수 있으므로, 환율변동으로 인하여 기업의 미래현금흐름이 바뀐다면 기업의 가치도 바뀔 가능성이 있다.

2. 환산노출의 측정

1) 환산노출

(1) 특정 글로벌기업이 해외에 현지자회사(법인)를 소유하고 있을 경우, 매년 회계연도말에 그 특정 글로벌기업의 진정한 영업실태 및 재무상태를 알기 위해서는 본사의 재무제표와 해외자회사의 재무제표를 통합한 연결재무제표를 작성해야 하는데, 해외자회사의 재무제표는 당연히 외국통화로 표시되어 있으므로 자국의 통화로 환산(translation)을 하게 된다.

(2) 환산노출(translation exposure)이란, 특정 글로벌기업이 보유하고 있는 외화표시자산이나 부채를 자국통화로 환산할 때 각 항목들의 취득 또는 발생 시점과 환산시점간의 환율변동으로 인해 발생할 수 있는 환위험 노출상태를 말한다.

(3) 이러한 환산노출의 크기는 환율변동으로 인해 가치의 변동이 초래되는 외화로 표시된 자산과 부채의 차이를 가지고 측정하는데, 환산노출의 측정에 있어서 가장 중요한 문제는 환율이 변동하였을 때 대차대조표 및 손익계산서의 각 항목에 어떤 환율을 적용하느냐 하는 것이다.

① 만약 환산시 모든 항목에 대하여 그러한 항목이 발생한 시점의 역사적 환율(historical exchange rate)을 적용한다면 환산노출은 발생하지 않을

것이다. ② 그러나 반대로 모든 항목에 대하여 환산시점의 현행환율(current exchange rate)을 적용하여 평가한다면, 모든 항목이 환위험에 노출되게 된다. ③ 따라서 환산노출의 측정은 어떤 항목에 대해서 역사적 환율을 적용하고 어떤 항목에 대해서 현행환율을 적용하는가에 따라 서로 다른 결과가 나타나게 된다.

2) 환산방법

환산방법에는 크게 아래의 두 가지가 있다.

(1) 현행환율법

① 현행환율법(current rate method)이란, 대차대조표의 모든 자산과 부채항목을 환산일자의 현행환율을 적용하여 환산하고, 자본금은 역사적 환율로 환산하는 방법을 말한다.

② 이러한 현행환율법의 근거는 해외자회사를 본사와 완전히 독립된 기업체로 취급하는 데 있으며, 따라서 해외자회사의 경우 영업이 주로 현지국 화폐로 수행되므로 그 영업상태는 현지국 화폐단위로 표시된 재무제표에 의해서만 가장 잘 평가될 수 있다는 것이다.

(2) 화폐성/비화폐성법

① 화폐성/비화폐성법(monetary/nonmonetary method)은, 대차대조표상의 현금, 유가증권, 외상매출금 등의 화폐성 자산 및 유동부채, 장기차입금 등의 화폐성 부채에 대해서는 대차대조표 작성일의 현행환율을 적용하고 기타 모든 자산 및 부채는 역사적 환율을 적용하는 방법이다.

② 이 화폐성/비화폐성 방법은 환노출 대상이 되는 대차대조표의 항목을 금융적 또는 실물적 특성에 따라 구분하는 것으로, ⓐ 화폐적 항목이란 특정 통화로 표시된 일정액을 수취하거나 지급해야 할 계약상의 권리와 의무를 나타내고 있는 자산과 부채 등을 말하며, ⓑ 비화폐적 항목이란 재고나 고정자산과 같이 물가수준의 변화에 따라 특정 통화로 표시된 가치가 변화하는 자산과 부채를 말한다.

3. 환위험의 관리

1) 거래노출의 관리

거래노출에 대한 위험(환위험; exchange risk) 관리방법은 크게 대내적 환노출관리방법과 대외적 환노출관리방법으로 나눌 수 있다.

(1) 대내적 환노출관리방법

대내적 환노출관리방법이란 환노출을 본원적으로 감소 및 제거시키기 위해 기업내부적으로 사용하는 방법으로서 네팅(netting), 매칭(matching), 리딩(leading)과 래깅(lagging) 등을 말한다.

① 네팅이란 글로벌기업의 본사 및 해외자회사들간에 발생하는 채권과 채무의 차액만을 일정한 기간마다 결제하는 방법을 말한다. ② 매칭은 글로벌기업의 사내거래뿐만 아니라 제 3 자와 거래에도 이용할 수 있는 것으로서 통화별로 현금흐름의 수취금액 및 시기를 의도적으로 일치시키는 방법을 말한다. ③ 리딩과 래깅이란 각종 대금지급시기를 앞당기거나 지연시키는 것을 말한다.

(2) 대외적 환노출관리방법

대외적 환노출관리방법이란 외환시장 및 국제금융시장을 통한 거래를 행함으로써 환노출을 제거시키는 방법을 말하며 그 대표적인 예로서 선물환시장, 금융시장 또는 옵션시장을 통한 헤징방법 등이 있다.

① 선물환시장을 통한 헤징은 미리 정해진 환율로 한 통화를 다른 통화로 교환하기로 하는 선물환계약을 체결함으로써 환율변동으로 인한 위험을 제거하는 방법이다.

② 금융시장을 통한 헤징(hedging)은 예컨대 외국통화를 차입하여 자국통화로 바꾸어 자국의 금융자산에 투자를 함으로써 환율변동에 따르는 위험을 피하는 방법이다. 선물환시장을 통한 헤징이 금융시장을 통한 헤징과 다른 점은, 선물환시장을 통한 헤징의 비용은 forward premium 또는 discount에 의하여 결정되는 데 비해, 금융시장을 통한 헤징의 비용은 두 국가간의 이자율 차이에 의해서 결정된다는 점이다.

③ 옵션시장을 이용한 헤징은 미래 일정시점에서 일정환율로 외국통

화를 사거나 팔 수 있는 옵션을 매입함으로써 환율변동에 따르는 리스크를 제거하는 방법이다. 이 경우 헤징의 비용은 옵션가격에 의해 결정된다.

2) 환산노출의 관리

(1) 환산노출을 관리하는 데 주로 사용되는 기법은 대차대조표헤지(balance sheet hedge)라고 부른다. ① 대차대조표헤지란 특정 글로벌기업 전체의 연결재무제표상의 항목들 중 환위험/리스크에 노출된 특정 외국통화표시 자산항목들의 합계가 같은 통화표시 부채항목들의 합계와 일치하도록 하는 방법이다.

② 그렇게 되면 순환산노출액은 영이 되며 그 특정 외국통화의 가치가 변한다 할지라도 환손실이나 환이익이 발생하지 않게 된다.

(2) 환산노출은 특정 국가가 아니라 특정 통화에 대하여 측정이 되므로 대차대조표헤지는, 개별 현지자회사의 대차대조표가 아니라 특정 글로벌기업 전체의 연결재무제표상에서 노출자산의 합계와 노출부채의 합계가 같아지도록 하는 방법이다.

(3) 대차대조표헤지를 하게 되는 경우 대차대조표상의 항목들의 표시통화를 변경시키게 되는데, 사실상 이것은 그리 쉬운 일이 아니다. 대차대조표상의 항목들의 표시통화를 바꿈으로써 환산노출은 관리할 수 있게 되겠지만, 때로는 자금차입비용 또는 영업활동의 효율성 측면에서 부담이 수반될 수가 있다.

3) 경제적 노출의 관리

(1) 경제적 노출을 관리하는 목적은 예상치 못한 환율변동이 글로벌기업의 미래 현금흐름에 미치는 효과를 예측하여 이를 기업에 유리한 방향으로 작용하도록 조치를 취하고자 하는 것이다.

① 이러한 목적을 달성하기 위한 가장 효과적인 방법은 글로벌기업의 판매활동 · 자금조달원천 · 보유통화를 글로벌하게 다변화시키는 것이다.

② 판매활동의 글로벌 다변화는 판매, 생산시설의 위치, 원료공급원 등을 글로벌하게 분산시키는 것을 말하며, 자금조달원천의 글로벌 다변화는 여러 국가나 세계의 자본시장에서 여러 가지 통화로 자금조달을 하는

것을 말한다. 그리고 보유통화의 다변화는 미국 달러 · 일본 엔화 · 중국 위안화 · 유로화 등간에 적절한 균형을 맞추는 것을 말한다.

(2) 글로벌기업의 판매활동이 글로벌하게 다변화되어 있는 경우에는 시장의 상황변화에 효과적으로 대응할 수가 있게 된다.

① 예를 들어, 글로벌기업의 경영진은 여러 나라에 위치하고 있는 해외자회사들의 공장들 간에 상대적 비용에 변화가 발생한다든지 또는 특정 지역에서의 수익률이나 판매량이 다른 지역에 비하여 변화하는 등의 현상을 발견할 수가 있게 된다.

② 이러한 상황하에서 글로벌기업의 경영진은 원료 및 부품을 보다 저렴한 해외자회사공장으로부터 조달하도록 하고 생산비용이 상대적으로 낮아진 국가나 지역에서 생산을 증대시키며 가격경쟁력이 보다 강화된 수출시장에서 판매증대를 위한 마케팅 노력을 집중시키는 등의 전략을 수행하면 된다.

제3절 글로벌자본예산편성

1. 글로벌자본예산편성의 성격

(1) 기업들이 글로벌경영활동을 하는 데 있어서 해외직접투자와 이를 수반하는 활동들은 가장 핵심적인 그리고 동시에 막대한 자금의 조달과 투자까지 개입되는 전략수단이다. 그러므로 해외직접투자에 대한 의사결정은 반드시 글로벌자본예산(global capital budgeting)의 테두리 속에서 실시해야 한다.

(2) ① 자본예산편성이란 활용가능한 기업자원(특히 재무자원)의 제약 속에서 특정 글로벌기업이 그 가치를 최대화하는 데 목적을 두고 여러 대안의 장기투자안들(long-term investment plans)을 평가하고 최선의 투자안을 선택하는 과정을 말한다.

② 따라서 글로벌기업들에서 자본예산편성의 목적은 투자안별로 발생 가능한 편익(benefits) · 비용(costs) · 리스크(risk)를 계량화함으로써 최고경영자들이 객관성을 띠고 여러 투자 대안들 중에서 최선의 투자안을 선택할 수 있도록 돕는 데 있다.

2. 글로벌자본예산편성의 과정

글로벌기업은 해외투자대안들에 대한 투자수익률분석(rate of return on investment analysis)을 통해 글로벌 자본예산을 수립할 때 다음의 과정을 밟아야 한다.

1) 해외자회사 현금흐름의 추정

해당 글로벌기업이 특정 해외투자사업안을 실천에 옮겼을 때에 발생할 것으로 예상되는 해외현지자회사의 현금흐름을 추정할 때는 다음과 같은 요소를 고려에 넣어야 한다.

(1) 거래형태에 따라 적용하는 환율이나 관세가 달라질 수 있다는 사실을 고려에 넣어야 한다.

예컨대, 원자재를 수입할 때는 환율특혜(exchange rate concession)나 관세면제를 받을 수 있으나 완제품을 수입할 때는 그러한 특혜를 받기 어렵다. 그러므로 글로벌재무관리자는 거래형태별로 적용되는 환율과 관세 등을 예측해야 하며 이들이 특정 투자사업안의 현금흐름에 미치는 영향도 평가해야 한다.

(2) 특정 투자사업안을 실천에 옮길 때에 어떠한 대안의 자금조달원천들을 활용할 수 있는가도 고려에 넣어야 한다(그림 17-1 참조).

예컨대, 해당 글로벌기업의 특정 해외자회사가 현지국이 아닌 제 3 국에서 조달한 자본으로 시설장비를 수입하면 특별장려금을 제공하는 현지국들도 있기 때문이다. 이와 같은 요소는 특정 투자사업안의 현금흐름에 영향을 미치게 되므로 자금조달원천을 고려에 넣을 필요가 있는 것이다.

(3) 정치환경변화에서 비롯되는 정치적 리스크도 고려에 넣어야 한다. 예컨대, 투자대상국에서 외국인 자산에 대한 국유화나 강제수용의 가능성이 높

다면, 그것은 특정 투자사업안의 현금흐름을 나쁘게 바꿀 수도 있기 때문이다.

2) 본사 현금흐름의 추정

글로벌자본예산편성의 두 번째 단계에서는 해외투자를 한 해외자회사들로부터 본사로 오는 현금흐름을 추정해야 한다. 이 과정에서도 송금의 시기, 환율의 변동, 국제조세, 부수적 소득 등을 고려에 넣어야 한다.

(1) 송금의 시기를 고려해야 하는 이유는 많은 현지국들이 외국인투자에서 비롯되는 이익의 일정 비율을 초과하는 금액을 해외송금하는 것을 투자 후 일정 기간 내에는 허용하지 않을 수도 있기 때문이다. 실제로 현지국이 송금규제를 할 경우에 해외자회사에서 발생되는 현금흐름과 본사에 도달하는 현금흐름 사이에는 시간적 차이가 생기기 때문이다.

(2) 이익을 본사로 이전시킬 때에 지불해야 하는 원천과세(withholding tax) 등 세금도 고려에 넣어야 한다. 이러한 세금 때문에 해외자회사에서 발생되는 현금흐름과 본사로 도달하는 현금흐름은 금액면에서 차이가 있을 것이기 때문이다.

(3) 환율의 변동 역시 고려에 넣어야 한다. 해외자회사로부터 본사로 유입된 현금흐름은 본사국의 통화로 환산하여 평가해야 하기 때문이다.

(4) 고려하는 투자사업안을 실천에 옮겼을 때에 본사의 수출증가 · 라이슨싱 로얄티의 증가 · 기술제공 피이의 증가 · 경영관리 서비스 피이의 증가 · 새로이 축적된 기술 및 마케팅 노하우 등 해당 글로벌기업 전체시스템의 다른 부문에서 발생할 것으로 기대되는 부수적 소득 형태의 추가이익(additional profits)도 고려에 넣어야 한다.

3) 최선의 투자대안 선정

(1) 특정 글로벌기업이 해외직접투자결정을 하는 마지막 단계에서는 기대투자수익률을 결정기준(decision creteria)으로 삼고서 대안적 투자사업안들(alternative investment projects)에 대한 우선순위를 정하고, 최종적으로 하나 또는 그 이상을 최선의 대안적 투자사업안(the best alternative investment project or projects)으로 선정해야 한다.

(2) 정해진 우선순위에 따라 대안적 투자사업안들 중에서 실제로 몇 개

의 최선 투자사업안을 선정하여 시행할 것인가는 해당 글로벌기업이 자본예산기간 동안에 활용가능한 자본의 한도를 고려하여 결정해야 한다.

제4절 글로벌자본구조

1. 글로벌자본구조 관리

(1) ① 글로벌기업의 글로벌재무관리 목표에는 최적이고 균형 잡힌 글로벌자본(재무)구조(optimal or balanced global capital structure)를 달성하는 것도 포함시켜야 한다. ② 최적자본구조란, 부채와 자기자본 사이의 균형을 유지함으로써 글로벌기업이 장기적으로 글로벌경영을 하는 데 필요한 자금을 원활하게 조달하는 동시에 자본비용을 최소화시킬 수 있게 하는 것을 뜻한다.

(2) 글로벌기업이 균형잡힌 글로벌자본구조를 실현하려면 해외자회사들이 다른 유형의 자금조달방법보다는 현지부채금융(local debt financing)을 강조함으로써 현지화된 자본구조(localized capital structure)를 유지하도록 할 필요가 있다.

그렇게 유지하게 되면 ① 현지국 관련 외환 · 정치 등의 리스크에 대한 노출(exposure)을 감소시킬 수 있고, ② 자금코스트를 절감할 수도 있고, ③ 현지국의 외국인기업정책 · 재무관습 · 현금흐름패턴 · 기타 재무환경에 적응하기가 쉽기 때문이다.

2. 해외자회사 자본구조 관리

글로벌기업의 글로벌재무관리자가 해외자회사들의 자본(재무)구조를 관리할 때에는 다음 사항들을 고려에 넣어야 한다.

1) 부채비율

해외자회사들의 부채비율(debt-equity ratio)을 우선 고려해야 한다. 부채는 기업의 운영상태와 상관 없이 이자지급과 원금상환의 의무가 있으나 부채비용은 일반적으로 고정적이고 조세감면을 받기 때문에 유리한 측면도 있다. 그러나 부채비율이 증가할수록 현지국의 경영환경이 좋지 않을 경우에는 원리금상환의무의 고정성에 따른 리스크 때문에 자금제공자나 신규투자자가 높은 수익률을 요구하게 된다.

2) 연결재무제표에 미치는 영향

해외자회사들의 재무구조가 글로벌기업의 본사(모기업)와 해외자회사들을 합쳐서 작성하는 글로벌기업시스템 전체의 연결재무제표(consolidated financial statements)에 어떠한 영향을 미칠 것인가도 고려해야 한다.

왜냐하면, ① 해외자회사들의 높은 부채비율이 비록(예컨대 인플레율이 높은) 현지국들에서는 적정한 것으로 받아들여진다 해도 그런 높은 부채비율은 연결재무제표에 나타나는 글로벌기업시스템 전체의 부채비율을 본사국의 기준으로 볼 때에는 적정 이상으로 높게 만들 수 있기 때문이다. ② 그 결과로 글로벌기업 본사의 금융비용이 증가할 수 있기 때문이다.

제5절 글로벌조세관리

(1) 글로벌기업의 환리스크관리, 해외투자결정, 자본구조결정 등은 조세에 의해서도 상당한 영향을 받는다. 그러므로 본사의 글로벌재무관리자는 글로벌조세환경(global tax environment)이 해당 글로벌기업의 다양한 의사결정에 어떠한 영향을 미치는가를 파악하고 적절히 대처해야 한다.

(2) 글로벌기업의 조세관리(tax management)가 어려운 것은 본사국과 여러 현지국들의 이질적이고 다양한 조세제도하에서 복잡한 과정을 거쳐 절

세를 하고 또한 세금지출을 삭감 또는 회피해야 하기 때문이다. 글로벌기업이 관리해야 할 현지국과 본사국의 조세제도는 다음과 같다.

1. 글로벌기업의 해외운영과 현지국 조세제도

글로벌기업은 해외직접투자 등 글로벌경영활동과 관련된 의사결정을 하는 단계부터 해당 현지국의 조세제도(taxation system)를 고려해야 한다. 특히 해외자회사 · 지사 등의 입지의사결정(location decision-making)을 할 때에 고려해야 할 조세관련 사항은 다음과 같다.

1) 현지국의 조세정책

(1) 조세정책은 국가별로 다양하고 이질적이다. 따라서, 글로벌기업은 해외자회사별로 운영특성(operating characteristics)을 고려하여 입지에 관한 의사결정을 하는 것이 필요하다.

(2) 예컨대, 고정자산에 대해 가속상각법(accelerated depreciation)을 허용하는 국가에는 대규모의 고정시설을 갖춘 생산공장을 입지시키는 것이 유리하다.

2) 조세협정

(1) 글로벌기업이 창출하는 이익에 대해 이중과세(double taxation)를 하지 않도록 본사국과 조세협정(tax agreement)을 맺고 있는 국가에 해외자회사를 설립하게 되면 글로벌기업은 이중과세의 부담에서 벗어날 수 있다. 조세피난처(tax havens)에 자회사를 위치시키더라도 각종 세금을 회피할 수 있다(그림 17-2 참조). 그러나 조세피난처는 계속 줄어들고 있다.

(2) 호혜관세협정(reciprocal tariff agreement)을 맺고 있는 국가에 해외자회사를 입지시킬 경우에는 원자재 · 부품 · 완제품 등을 수출입할 때 관세부담을 덜 수 있다.

3) 현지국이 제공하는 조세유인

(1) 현지국정부들은 특정 산업이나 특정 지역에 외국인직접투자를 유

그림 17-2 세계 주요 조세피난처

조세피난처 어떻게 판정하나

① 세금이 없거나 명목적 수준의 세금만 유지
② 관련 법령 또는 행정규정의 투명성 부족
③ 정보접근이 제한되어 있어 다른 나라와 효과적 정보교환 없음

(※ 표시(●)지역은 경제협력개발기구(OECD)가 잠정적으로 발표한 35개 조세피난처)

치하기 위해 소득세액을 면제해 주거나 기타 기업활동에 따른 세금을 감면해 주는 등 조세유인(tax incentives)을 제공하는 경우가 많다.

⑵ 따라서, 뛰어난 조세유인을 제공하는 국가(중앙정부 · 주 · 시 · 대학 등 포함)에 침투할수록, 글로벌기업은 투자초기에 높은 투자회수를 신속히 실현할 수 있어서 해외직접투자에서 비롯될 수 있는 리스크를 감소시킬 수 있다.

2. 본사국의 해외세액공제제도

글로벌기업들이 해외직접투자를 확대하도록 촉진시키는 정책수단의 하나로서 많은 국가들(특히 선진국들)은 해외이익(overseas profits)에 대한 이중과세를 방지하는 데 목적을 둔 해외세액공제제도(foreign tax credit system)를 채택하고 있다. 해외세액공제제도에는 두 가지가 있다.

1) 직접해외세액공제

직접해외세액공제(direct foreign tax credit) 방법은 글로벌기업 본사에 송금된 이익 중에서 현지국 납부세액을 공제해 주는 제도인데, 이에는 현지국에서 납부한 모든 세액을 공제해 주는 완전세액공제(full tax credit) 방법과 본사국의 국내세법상 인정되는 부분만 공제해 주는 일반세액공제(ordinary tax credit) 방법이 있다.

2) 간접해외세액공제

글로벌기업의 본사가 해외자회사의 주식을 보유하고 있는 경우에 본사가 현지국 정부에 직접 납부하는 세액뿐만 아니라 해외자회사의 현지법인세 납부액 중에서 본사지분만큼의 세액까지도 공제해 주는 것이 간접해외세액공제(indirect foreign tax credit) 방법이다.

CHAPTER18

글로벌경영 **조직화** 및 인력관리 전략

글로벌기업들과 그 글로벌경영자들은 각기 (1) 소속 기업체의 최고경영층이 事前에 결정한 글로벌경영 철학 · 사명에 바탕을 둔 전략적 글로벌경영 계획(strategic global business plan)을 이행(implement, execute)하는 데 목적을 두고서 (2) 이미 내린 해외시장 침투 우선순위 결정에 따라서 선정된 글로벌 · 지역 · FTA · 국가 등 4개 차원의 표적 해외시장별로 최적 침투 믹스를 결정해야 한다. (3) 그런 다음에 또는 그런 믹스결정과 동시에, 4개 차원의 해외시장들 모두를 상호간 네트워킹(networking)시켜서 적용(apply)하는 또는 해외시장별로 적용하는 글로벌운영전략들(global operations strategies)을 또한 믹스/결정해야만 한다.

글로벌경영자들이 위와 같은 과업들(tasks)을 수행하는 데 필수적인 전제조건들은 본장에서 설명하는 글로벌경영 조직화 전략(global business organizing strategy)과 글로벌 인력자원관리 전략(global human resources management strategy)을 결정하여 집행하는 것이다.

제1절 글로벌경영 조직화 전략

1. 글로벌화 단계별로 글로벌경영 조직구조를 재편성해야

글로벌기업들은, 글로벌화의 단계에 맞추어서, 최고경영자의 책임 아래 글로벌 조직구조(global organization structure)를 재편성/리스트럭처링(reorganizing, restructuring)함으로써 항상 최적 조직 구조를 운영하도록 해야 한다.

여기서 글로벌조직구조란, 특정 글로벌기업이 그 글로벌조직네트워크(global organization network)를 관리하고 통제하는 데 필요한 ① 글로벌차원

그림 18-1 글로벌화 단계별 글로벌조직구조 변화

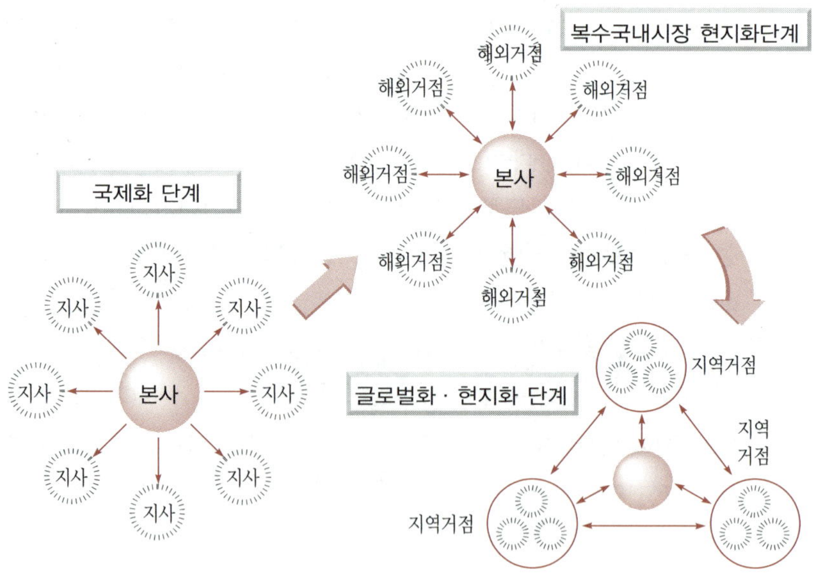

주: ① 해외거점은, 주요시장국들에서 운영하는 국가별 자회사들(national subsidiaries)을 말함.
② 지역거점은, 주요지역시장들 안에서 국가별 자회사들을 거느리고 운영하는 지역본부회사들(regional head-quarters companies, 지역본사들)을 말함.

의 본사/모기업 조직구조뿐만 아니라, ② 지역시장 차원의 지역본부회사들(regional headquarters companies)의 조직구조, ③ FTA/국가별 자회사들(national subsidiaries)의 조직구조를 포함하는 것을 말한다.

특정 글로벌기업이 글로벌화단계에 맞추어 글로벌조직구조를 재편성할 때는, 〈그림 18－1〉을 참고할 필요가 있다.

2. 글로벌조직구조 선정기준

특정 글로벌기업이 선택가능한 본사/모기업 차원의 글로벌조직구조에는, 뒤의 "3"에 제시한 대로 여러 대안들이 있다. 그러므로 특정 글로벌기업은, 아래 요소들을 선택기준으로 활용하여, 수행하는 글로벌경영관리를 가장 효율적으로 촉진시키고 지원할 수 있는 최적의 조직구조를 선택해야 한다.

(1) 기업체/최고경영층의 글로벌경영 철학 · 사명

(2) 소싱－제조－판매하는 제품라인(집단)의 수와 다양성, 활용하는 제조기술의 이질성 및 최종소비시장(end－use markets)의 다양성, 그에 따른 마케팅 특성

(3) 도달한 글로벌화의 단계, 매출액 · 이익 · 자산 · 종업원수 등을 기준으로 한 국내운영과 해외운영의 상대적 비중

(4) EU, NAFTA, ASEAN 등 주요 지역경제블럭/지역시장들이 각기 글로벌경영을 할 수 있도록 제공하는 기회와 제약조건(opportunities and con－straints)

(5) 지역본부회사 · FTA/국가별 자회사 등 자체소유해외기업들의 입지와 그들이 서브하는 지역시장별 및 FTA/국가시장별 경영환경의 동질성 또는 이질성의 정도

(6) 해당 글로벌기업에게 글로벌경영전략과 조직구조를 변혁하도록 몰아대는 변화강요 역학작용들(change drivers)과 그 연쇄적 파급효과(그림 18－2의 "주" 참조)

위의 선정기준들에 의거하여 특정한 조직구조를 선택할 때에 유의해야 할 것은, 뒤의 "3"에 제시한 기본조직구조들(basic organizaion structures)

그림 18-2 변혁 추진 세력들과 글로벌 전략 · 조직구조에 미치는 연쇄적 파급효과

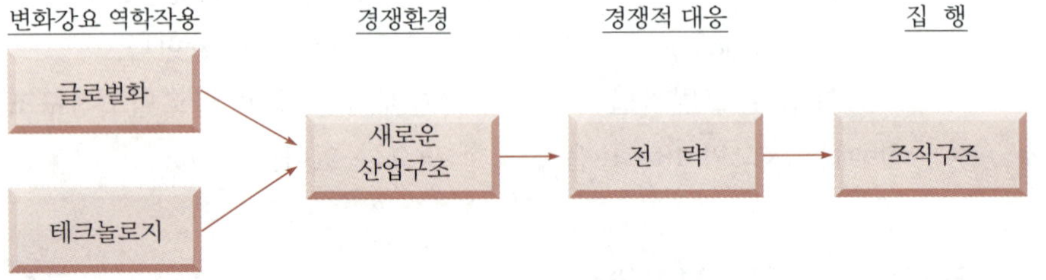

주: ① 글로벌화는, 시장 · 경쟁 · 연구개발 · 소싱 · 제조 · 마케팅 · 경영관리 등의 글로벌화를 뜻함.
② 테크놀로지는, 소싱 · 제조 · 물류 · 정보통신 등 분야의 급속한 기술발전을 뜻함.
③ 새로운 산업구조란, 경쟁력강화를 통한 퍼포먼스 향상에 목적을 두고, 새로운 테크놀로지를 적용하여 전반적 코스트 삭감, 모기업과 해외기구들간의 조정 · 통제 개선, 사무직 요원과 중간관리층 축소, 의사결정 · 집행의 실시간화 등에 초점을 맞춘 기업들의 대폭적 리스트럭처링 필요성 증대를 뜻함.
④ 전략은, 경쟁에 대응하는 글로벌전략 및 글로벌운영 전략을 수립 · 집행하는 것을 말함.
⑤ 조직구조는, 4개 해외시장 차원에서 경쟁력 · 능률 · 생산성 · 즉각 대응(instant response) · 현금흐름 · 이익성 등의 향상에 초점을 맞추고 피라미드형 수직적 조직구조(pyramid type vertical organization structure)를 수평적 조직구조(horizontal organization structure)로 바꾸어 팀제운영(team operations)을 중심으로 하는 수평적 경영관리(horizontal management)를 실천하는 것을 뜻함.

은 모두 순수모델들(pure models)이라는 점이다. 그러므로 특정 글로벌기업은 바라는 정도의 조직효율(organization efficiency)을 실현하는 데 어느 것이 최적인가를 기준으로 삼고, 대안적 순수모델들 중 어느 하나를 선택하여 그대로 활용할 수도 있고, 어느 한 기본 조직구조 모델을 선택하되 어느 정도 변형시켜서 혼합조직구조(hybrid organization structure)를 활용할 수도 있다.

3. 국제운영본부 구조와 국제운영본부회사 구조

글로벌기업들이 활용가능한 기본조직구조들은 ① 국제운영본부 구조, ② 기능조직 구조, ③ 제품사업부제 조직구조, ④ 지리적사업부제 조직구조 등이다.

1) 국제운영본부의 기본구조

글로벌경영에 상당히 몰입하고 있더라도 全社的으로는 아직도 국내시장 지향적인 특정 기업은, 본사의 라인운영본부들(line operating divisions)의

그림 18-3 국제지향적 기업체의 국제운영본부

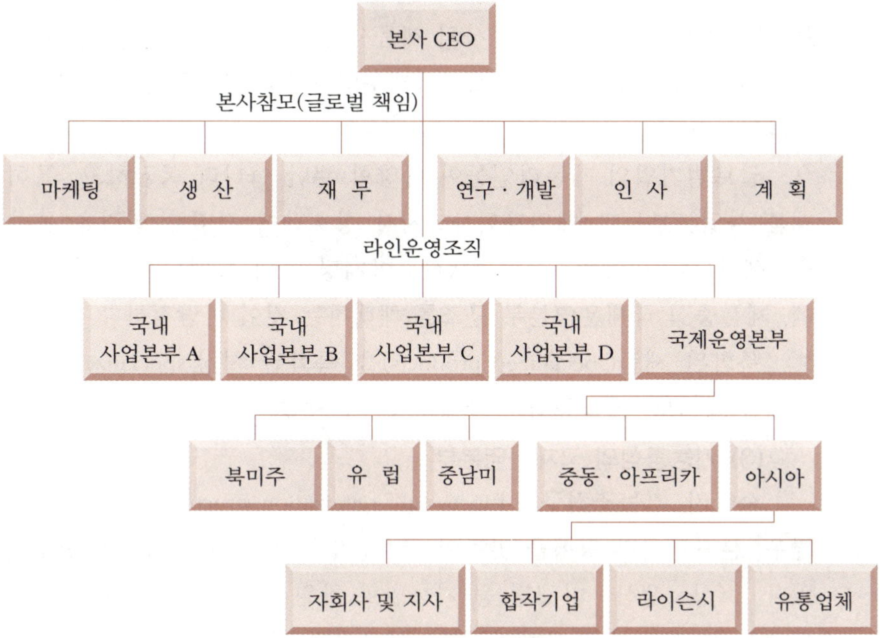

하나로서 국제운영본부 구조(international operating division structure)를 채택할 수 있다. 이 경우 본사스탭은 국내운영에 대한 책임만 진다.

국제지향적인 회사(internationally oriented company)로 전환하게 되면, 국제운영기능 · 인원 · 기구를 확대시키고 본부장의 직위를 격상시키고 본사참모들은 국내운영스탭 책임에 더하여 글로벌 스탭 책임까지 수행하는 똑같은 명칭의 국제운영본부 구조를 채택할 수 있다(그림 18-3 참조).

2) 국제운영본부의 대안

(1) 시장중심(지리적) 국제운영본부

전사조직구조가 시장중심/지리적 사업부제(geographic division structure)로 편성되어 있는 경우, 즉 제품라인들(product lines)은 비교적 협소하나 전 세계에 널리 분산되어 있는 지역시장들과 FTA/국가시장들을 서브하는 글로벌기업들에게 일반적으로 최적구조이다. 그 예가 〈그림 18-3〉이다.

(2) 제품중심 국제운영본부

전사조직구조가 제품사업부제(product division structure)로 편성되어 있는 글로벌기업의 경우는, 본사의 제품사업본부들(product division)과 일관성을 갖도록 제품라인들 중심으로 국제운영본부를 편성하는 것이 일반적으로 바람직하다.

글로벌기업의 제품라인들이 다양할 뿐만 아니라 복잡하고, 특히 본사 제품 사업본부들과 해외자회사 · 지사 상호간에 긴밀한 협력을 통하여 수출, 해외 현지마케팅, 글로벌생산－마케팅 등의 확대를 실현하고자 할 때에, 제품중심 국제운영본부 구조를 채택하는 것이 바람직하다.

특화된 제품(specialized products)을 특화된 시장(specialized markets)에 판매할 때에도, 제품중심의 국제운영본부 구조가 효과적이다.

(3) 기능중심의 국제운영본부

全社가 기능조직구조(functional organization structure)로 편성되어 있을 경우, 본사조직과 평행을 맞추어 국제운영본부를 기능 위주로 편성할 수도 있다. 소싱 · 생산 · 마케팅 등 기능별로 차원 높은 전문적 식견(expertise)을 필요로 하고 또한 활용해야 하는 글로벌기업들이 기능중심 국제운영본부 구조를 흔히 활용한다.

(4) 국제운영본부회사

특정 글로벌기업은 국제운영본부구조 대신 전소유국내자회사인 국제운영본부회사 구조(international headquarters company structure)를 설립 · 운영할 수도 있다(그림 18－4 참조). 이 구조를 채택하게 되면, 글로벌경영활동을 할 때 기능적 전문화의 장점을 최대한으로 활용할 수 있고, 글로벌기업으로서 각 지역시장 및 각 FTA/국가시장에 대해서 갖고 있는 전문적 식견을 최대한으로 활용할 수 있기 때문이다.

국제운영본부회사 구조를 채택하게 되면, 국제운영본부회사는, 본사 최고경영층으로부터 글로벌경영에 대한 책임과 권한을 대폭적으로 위임받아 거의 자율적인 운영을 해야 한다. 본사와 국제운영본부회사간의 업무조정은 양사 이사회 이사들의 상호겸직(interlocking directorship)을 통해 이룩해야 한다.

그림 18-4 국제운영본부회사의 조직구조

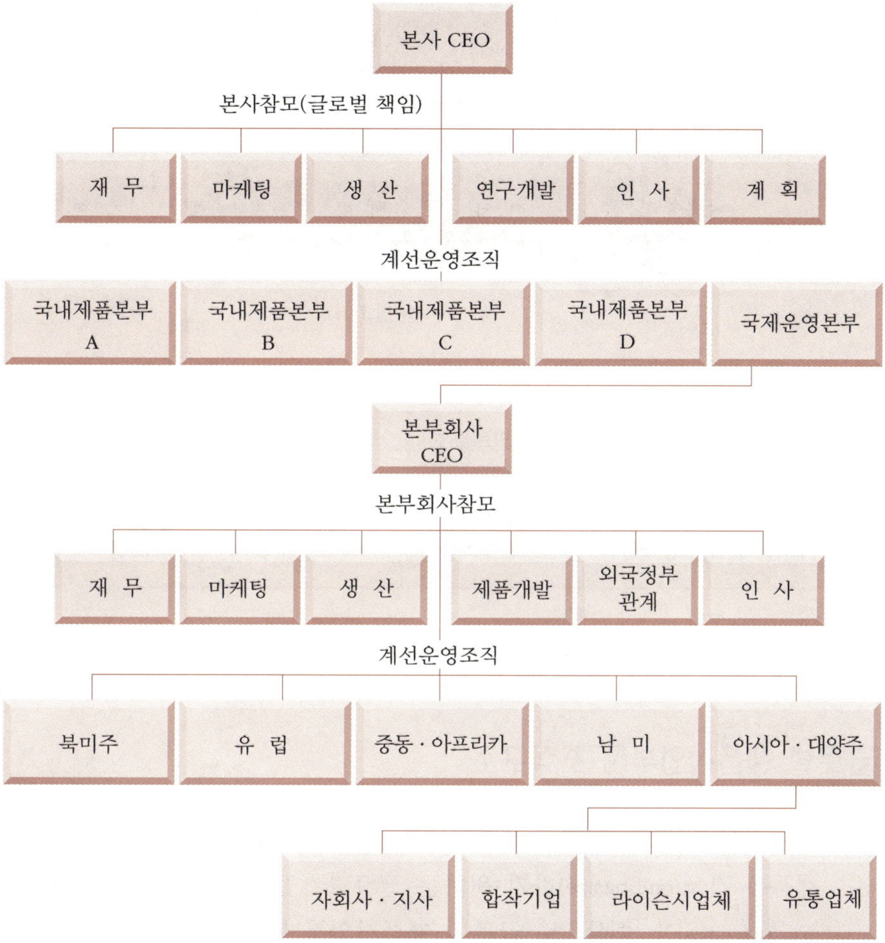

4. 글로벌 기능조직구조

글로벌 기능조직구조(global functional organization strucure)는, 특정 글로벌기업의 제품라인들이 협소하면서도 비교적 많이 표준화되어 있고, 또한 국내시장용과 해외시장용의 제품을 크게 차별화시킬 필요가 없어서, 오히려 기능부서간에 밀접한 비공식적 경영관리관계(close informal management relationship)를 유지하는 것이 글로벌 운영(global operations)을 성공으

그림 18-5 글로벌 기능조직구조

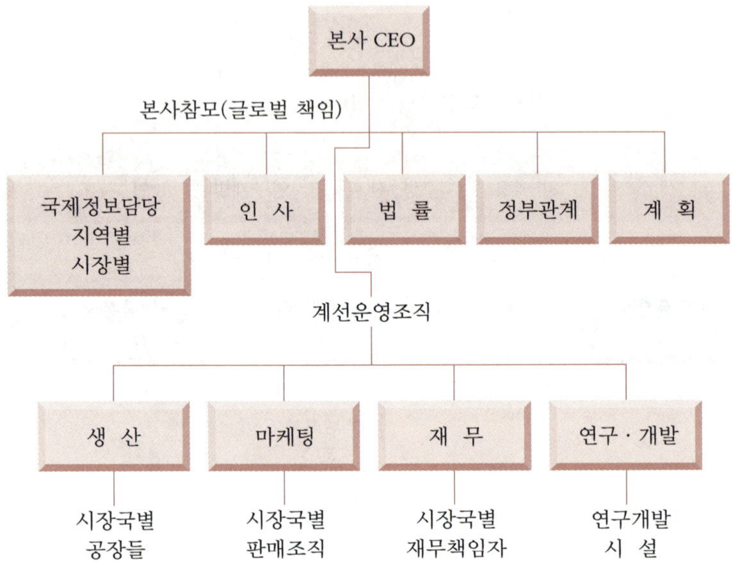

로 이끄는 중요한 필수조건일 때 가장 바람직하다(그림 18-5 참조).

5. 글로벌 제품사업부제 조직구조

서브하는 지리적(지역 · FTA · 국가) 시장보다는 소싱 · 생산 · 판매하는 제품을 강조(emphasize)하기 원하는 글로벌기업들은, 주요 제품라인들(major product lines)을 중심으로 글로벌 제품사업부제 조직구조(global product divisional organization structure)를 채택하는 것이 바람직하다(그림 18-6 참조).

이 구조를 채택하게 되면 제품사업본부들(product divisions)은 각기 담당하는 제품라인(또는 제품집단)에 한해 글로벌라인 책임과 권한(global line responsibility and authority)을 위임받고 운영을 한다. 즉, 각 제품사업본부장은 담당 제품라인에 관한 글로벌 계획 · 소싱 · 생산 · 마케팅 등을 포함한 경영 · 통제 등의 활동을 책임지고 집행하고 그 결과로 나타나는 경영실적(performance)에 대해서만 본사 CEO에게 직접 보고하고 책무(accountability)를 진다.

그림 18-6 글로벌 제품사업부제 조직구조

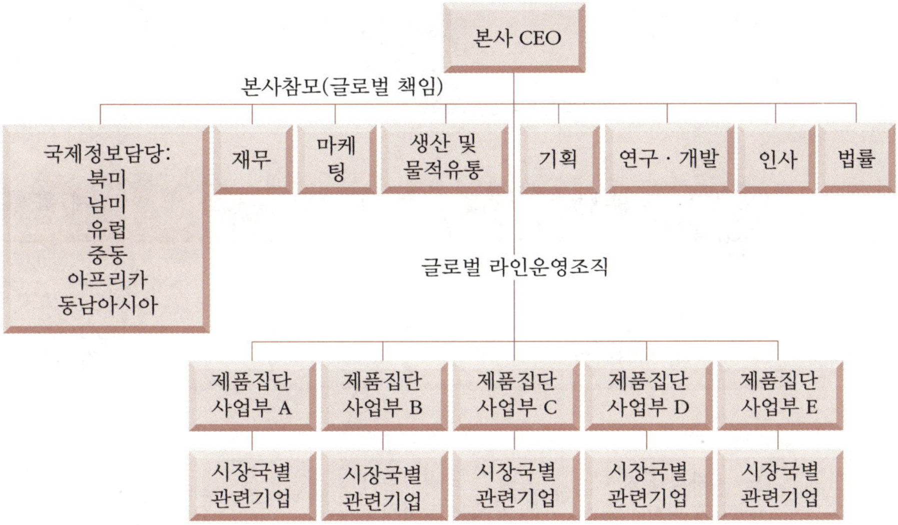

6. 글로벌 지리적 사업부제 조직구조

소싱 · 생산 · 판매하는 제품을 강조하기보다 서브하는 시장지역(market areas)을 강조하는 글로벌기업들은, 글로벌 지리적 사업부제 조직구조(global geographic divisional organization structure)를 채택하는 것이 바람직하다(그림 18－7 참조).

이런 지리적 패턴(geographic pattern)의 조직구조는, 서브하는 지역시장별 · FTA/국가시장별 경영환경이 이질적일수록 장점을 발휘할 수 있기 때문에, 본사국시장을 글로벌시장의 통합된 일부로 간주하고서 예컨대 아시아 및 대양주 · 북미 · 남미 · 유럽 · 중동 및 아프리카 등 주요지역 시장들(major regional markets)을 중심으로 지역(시장)사업본부들(regional divisions or geographic divisions)을 편성하는 것이 바람직하다.

이런 구조를 채택하게 되면, 각 지역(시장)사업본부는 자체적으로 소싱 · 생산 · 마케팅 등의 라인기능(line functions)을 수행하고 또한 자체의 사업본부스탭(division staff)을 두고 활용하도록 해야 한다.

그림 18-7 글로벌 지리적 사업부제 조직구조

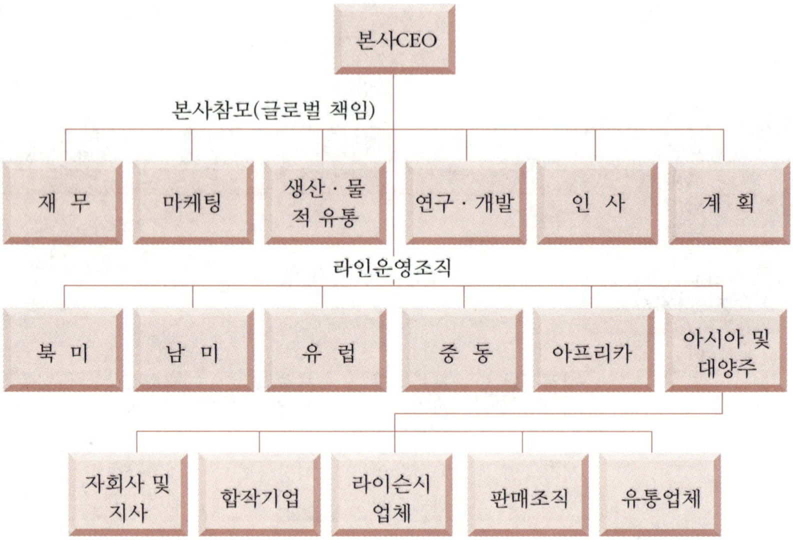

지역사업본부장들은, 본사 CEO로부터 직접 지시를 받고 그에게 직접 보고를 하되, 각기 담당 사업본부의 운영에 대해서는 라인책임과 권한(line responsibilities and autorities)을 대폭적으로 위임받아 집행하고 그 결과로 나타나는 경영실적에 대해서만 본사 CEO에게 책무를 지도록 해야 한다. 그렇지만 全社차원에서 전략적으로 중요한 문제들에 대해서는, 본사 CEO가 모든 사업본부들을 중앙집권적으로 조정 · 통제해야 한다.

제2절 글로벌경영 인력관리 전략

1. 기업의 국제화 → 다국적화 → 글로벌화와 글로벌경영 인력의 확보 · 활용의 관계

(1) 글로벌경쟁력 강화에 목적을 두고 글로벌화와 글로벌경영활동을 거듭 확대하는 기업들일수록, ① 유능한 글로벌경영자들(global managers)을 충분히 확보하는 데 ② 그리고 그들을 합리적으로 활용하는 데 다대한 관심 · 노력 · 자원을 투입해야 한다.

(2) 그런 글로벌기업들의 경우, ① 글로벌경영의 성공 여부는 가장 중요한 기업자원인 인적자원/자산/자본(human resource/asset/capital)인 글로벌경영자들의 충분한 확보와 합리적 활용 여부에 따라서 대체적으로 판가름되고, ② 당면하는 글로벌 인적자원 관리문제(global human resource management problems)는 점점 더 증폭되게 마련이기 때문이다.

(3) 그렇기 때문에, ① 어느 나라에 소속된 기업이든간에 오늘날 글로벌경영 및 글로벌기업을 논의할 때에 빼놓을 수 없는 과제 중 하나는, 자질을 갖춘 글로벌경영 인력을 충분하게 확보하고 관리하고 활용하는 문제이다.

② 그래서 "해외주재를 통한 충분한 글로벌경영경험이 없으면 임원으로의 승진은 논하지도 말라"는 언급이 CEO들을 포함한 우리나라 대기업들 사이에도 유행하고 있다. ③ 글로벌화의 열풍으로 글로벌감각을 갖춘 글로벌경영 인재를 확보하고 합리적으로 관리하는 것은, 글로벌기업의 사활을 좌우하는 관건이기 때문이다.

2. 글로벌기업이 필요로 하는 글로벌경영인력의 유형

글로벌기업들은, 필요로 하는 다음 네 가지 유형의 글로벌경영 인력을 충분히 확보하고 합리적으로 관리해야 한다.

1) 최고경영자들

(1) 최고경영자들(CEOs)도 글로벌경영활동에 직접 개입함으로, 그들 역시 글로벌경영요원이다.

(2) 오늘날은 대통령/수상들도 자국의 제품 · 서비스 · 프로젝트 등을 판매촉진하는 역할을 앞장서서 수행하는 시대이다.

그러니만큼 글로벌기업그룹들의 회장들과 글로벌기업들의 사장들이 규모가 큰 글로벌경영거래에 직접 관여하고 해외직접투자 결정을 최종적으로 하는 등 글로벌경영활동에 직접 참여하는 것은 당연하고도 자연스러운 것이다.

(3) 그러므로 글로벌경영을 강조하는 기업그룹/기업들의 임직원들은, 최고경영층에 승진하기 위해서도, 글로벌경영 경험과 전문성을 쌓아야 한다.

2) 글로벌경영활동에 직접 관여하는 본사요원들

(1) 둘째 유형은 글로벌경영활동에 직접 관여하는 본사의 글로벌경영요원들(home-office global business personnel)이다.

(2) 수출입을 담당하는 팀 · 과 · 부 · 본부에 소속된 요원들, 해외/국제운영본부에서 수출과 국제마케팅을 담당하는 요원들, 제품이나 시장지역을 중심으로 편성된 본사의 사업본부들에 소속된 수출 및 국제마케팅 요원들, 해외사업장 · 해외지사 · 해외자회사 · 지역본부회사들의 연구개발 · 소싱 · 마케팅 · 제조 · 자금조달과 운용 등을 계획 · 조정 · 통제하는 본사 부서들에 소속된 요원들이 그 예이다.

3) 글로벌경영 지원부서 요원들

해외시장에 수출되거나 글로벌하게 마케팅되는 제품의 연구개발, 광고, 물적유통 등의 기능을 담당하는 본사 및 해외자회사 · 지역본부회사들의 지원부서 요원들도 글로벌경영요원이다.

4) 해외주재 글로벌경영인력

글로벌경영요원에는 실제로 해외지사 · 해외자회사 · 지역본부회사(지역본사) 등에 주재하는 해외주재 임직원들/경영자들(overseas managers)도 포함시킬 수 있다.

3. 21세기 글로벌경영자가 갖추어야 하는 자질과 실력

위의 "2"에서 설명한 글로벌기업의 本社에서 글로벌경영을 담당하는 세 가지 유형의 글로벌경영인력들과 해외주재 글로벌경영요원들이 다 같이 공통적으로 갖추고 발휘해야 하는 자질과 실력은 아래와 같다.

1) 장기 글로벌 비전이 있는 강력한 리더십과 기업가 정신의 보유 · 활용

규모가 큰 글로벌기업일수록 21세기 전문경영자는, 특히 최고경영자(CEO)는, (1) 장기 글로벌 비전(long-term global vision)을 갖고 (2) 담당 기업을 초우량기업으로 발전시킬 수 있는 강력한/카리스마적 리더십(leadership)과 기업가정신(entrepreneurship)을 보유하고 또한 실제로 활용해야 한다.

(3) 동시에 지구촌 차원에서는, 공통적으로 적용되는 경영윤리를 준수하고, 투철한 공공책임 정신과 기업시민 정신(keen sense of public responsibility and corporate citizenship, corporate social responsibility)도 갖추고 발휘해야 한다.

2) 창의성과 혁신정신에 바탕한 뛰어난 국내외 경영전략 수립능력의 보유 · 활용

21세기 글로벌경영자는 (1) ⓐ 국내외 정보와 첩보의 수집 · 분석 · 활용 능력, ⓑ 창의성, ⓒ 혁신정신(innovation spirit), ⓓ 과감한 실시간 의사결정 능력을 보유하고 실제로 활용해야 한다.

(2) 그리고 위의 네 가지 능력을 활용하여 국내외 경영 환경변화에 적응하고 대응(adapt and counteracting)하면서 국내외 경쟁력을 강화하는 데 필수적인 전사차원 혁신(예컨대 사업/비즈니스 · 제품라인 · 재무 · 고용 · 지배구조 등의 구조조정, 다운사이징, 벤치마킹, 경영관리와 조직의 수평화 등)을 단행할 수 있는 전략적 능력(strategic capability) 및 사업부문별/기능 · 운영분야별 전략을 수립 · 집행하는 뛰어난 능력을 갖추고 실제로 활용해야 한다.

3) 국내외에서 뛰어난 정보기술 · eBusiness 등의 활용능력, 경쟁적 첩보망 운영능력, 커뮤니케이션 능력의 보유 · 활용

21세기 글로벌경영자는 국내외 기업경영에 걸쳐서 (1) 정보기술 · eBusiness 등 급발전하는 최신첨단기술의 산물(産物)을 사내에 이익적으로(profitably) 도입 · 활용하는 데 앞장서야 한다.

(2) 국내외 기업경영의 모든 측면에 걸친 정보화에 앞장서고, 데이터(자료)와 정보의 수집 · 분석 · 활용에 뛰어나고, 국내외 기존 · 잠재적 경쟁사들을 대상으로 하는 산업첩보(industrial espionage) 등을 위한 경쟁적 첩보망(competitive intelligence network)의 구축 · 활용에도 뛰어나야 한다.

(3) 글로벌경영자는 사내에서는 임직원들과 자주 대화를 하고, 회사 밖의 국내외 주요 주주 · 고객 · 공급업체 · 사회리더들 · 일반대중 등과도 효과적으로 커뮤니케이트하는 뛰어난 커뮤니케이션 능력(communication skills)을 보유하고 실제로 활용해야 한다(예증 18-1 참조).

예증 18-1 "나와 직접 대화합시다"—美 CEO 블로그 경영

"글로벌 CEO는 글로벌 블로그로 소비자와 대화한다."

미국 선마이크로시스템의 최고경영자(CEO)는 자신의 블로그(blogs.sun.com/jonathan)를 영어뿐 아니라 한국어 · 중국어 · 프랑스어 등 10개국 국어로 올리며 '글로벌 CEO블로그'로 떠올랐다고 AP통신이 보도했다.

그 블로그는, 매달 5만명이 방문하는 인기 블로그이며, 언론 · 애널리스트 · 주주 등 모든 계층과 대화할 수 있는 가장 효과적인 수단"이며, 새로운 소비자를 만들고 미래의 사원을 끌어모으는 효과도 있다.

자료: 조선일보

4) 뛰어난 국내외 인력자원의 개발과 관리능력의 보유 · 활용

21세기 글로벌경영자는 창의성 · 혁신성 등을 동원하여 (1) 국내외 종업원의 생산성을 획기적으로 향상시키는 데 필요한 작업시스템 혁신, (2) 국내외 경영에서 뛰어난 경영성과를 창출할 수 있도록 종업원의 교육 · 훈련과 개발, (3) 국내외 종업원의 복지 및 만족 증진 프로그램 개발 등에도 뛰어난 능력을 보유하고 실제로 활용해야 한다.

5) 뛰어난 국내외 프로세스 관리능력의 보유 · 활용

21세기 글로벌경영자는 창의성 · 혁신성 등을 동원하고 reengineering과 benchmarking을 통하여 국내외에서 (1) 브랜드가 부착된 제품과 서비스의 연구개발 · 소싱 · 생산 · 유통 · 물류 프로세스 관리, (2) 지원 프로세스의 관리, (3) 공급자 및 전략제휴 파트너와의 프로세스 관리 등에도 뛰어난 능력을 보유하고 실제로 활용해야 한다.

6) 궁극적으로 뛰어난 국내외 경영실적 창출 능력의 발휘

21세기 글로벌경영자는 무엇보다도 추구 목적들이면서 결과치들(end results)인 (1) 고객만족 실적, (2) 이익포함 재무실적, (3) 시장운영 실적, (4) 인적자원 개발 및 효율적 활용 실적, (5) 공급자 및 파트너와 관계 실적, (6) 기업이 중점을 두는 사업부문 실적 등을 기준으로 달성한 국내외시장에서의 실제 경영실적(actual business performance)에서 뛰어나야 한다.

21세기 글로벌경영자는 국내외에서 회사가 추구하는 목적들인 동시에 기대하는 결과치들을 실제로 창출(produce)하든지, 아니면 회사에서 사라져야(perish) 하기 때문이다.

글로벌화가 확대중인 21세기에 특히 글로벌기업들이 글로벌경영자들로부터 가장 바라는 자질은 위의 여섯 가지이다. 그럼에도 어느 나라에서나 그런 여섯 가지 자질과 실력을 골고루 갖춘 전문경영자들을 찾기가 대단히 어렵다.

아시아 출신 글로벌경영자들 중에서 그 여섯 가지 자질을 골고루 갖춘 전문경영자들을 찾기는 특히 어렵다고 한다.

그러므로 21세기 글로벌경영자로서 특히 우리나라 계통 및 외국계통 글로벌기업의 최고경영층까지 승진하고자 하는 오늘의 대학생들이나 독자들은, 위에 제시한 여섯 가지 자질과 실력을 갖추도록 지금부터 노력해야 한다(예증 18-2 참조).

예증 18-2 "사업기회 아시아에 더 많다. 청년들, 해외근무 도전하라"

"우리의 '안마당'인 아시아를 주목해야 합니다. 미국 · 유럽과는 달리 한국에 대한 인지도가 높아 한국 젊은이들이 주류로 진출하기 훨씬 용이해요. 서양 선진국보다 훨씬 유망한 사업이 많습니다."

권병하 헤니권코퍼레이션 회장은 20여 년 전부터 '아시아 시대'를 준비한 기업인이다. 그는 1983년 100여 만원을 들고 아무 연고 없는 말레이시아로 건너가 현재 연매출 1억5000만 달러에 달하는 중전기 기기 업체를 일궈냈다. 월드옥타(세계해외한인무역인협회) 수석부회장을 맡고 있는 그는 2007년 말레이시아 국왕에게 '다토(Dato, 백작에 해당)'라는 귀족 작위를 받기도 했다.

그가 처음부터 아시아를 염두에 둔 것은 아니었다. "처음에는 국내 대기업의 평범한 사원이었습니다." 그는 "특히 전기 · 기계 업체들이 부품 부족으로 고생할 때여서, 수입업이 유망하다는 생각이 들었다"고 했다.

결국 '79년 집을 담보로 2000만원을 빌린 그는 독립해서 수입상을 시작했다. 사업은 순조로웠지만, 자만심으로 비용 관리가 방만해진데다가 80년대 초반 사업 환경이 악화돼 결국 정리해야 했다. 그는 해외에서 새 출발을 해보기로 했다. "처음에 싱가포르로 갔습니다. 그랬더니 살기는 좋았지만 중간 무역기지여서 마진이 적더군요. 최종시장인 말레이시아 · 태국 · 인도네시아 중 영어가 통하는 말레이시아를 뚫어보기로 했습니다."

그의 작전은 적중했다. 쿠알라룸푸르 거리를 걷다가 한 기술자가 비싼 일본산 용접기를 쓰고 있는 것을 목격하고, 한국 용접기를 갖다가 팔았다. 그는 "1만3500달러어치 주문을 받았는데, 10%인 1350달러를 남겼다"고 말했다. 몇 번 주문을 소화하고 나니 돈이 금방 쌓였다. 이어서 들여온 한국산 자동펌프 등도 날개 돋친 듯 팔렸다. 이어서 중전기 제조업으로까지 사업을 확장, 큰 성공을 거뒀다. 실제로 권 회장의 현재 주 사업은 중전기 배전용품인 버스덕트(Busduct) 제조 · 판매업이다.

그는"영어가 충분치 않고 서양식 문화에 익숙하지 않은 한국인들이 미국이나 유럽에서 주류 사회에 뿌리내리기가 쉽지 않다"며 "한국 기술이나 제품을 인정해 주는 아시아에 좀 더 많은 한국인이 진출해야 한다"고 말했다.

이를 위해 그는 한국 젊은이들이 해외 근무에 보다 적극적으로 도전하는 자세가 필요하다고 강조했다. 동남아시아 지역에 최근 많은 한국 중소기업들이 진출하고 있는데, 이들 기업에서 근무하면 처우가 대기업만 못하기는 하지만 인사 · 재무 · 영업 · 마케팅 등 다양한 업무를 혼자서 경험해볼 수 있다는 것. 그는 "현지 시장을 배우는 데에는 대기업보다는 오히려 다양한 업무를 배울 수 있는 중소기업이 적합한 경우가 많다"고 말했다.

자료: 조선일보

4. 해외현지인 글로벌경영인력

1) 필요로 하는 해외현지인 글로벌경영인력

(1) ① 단순수출만을 하는 기업들은, 해외현지요원(overseas local personnel)을 반드시 채용할 필요는 없다. ② 그러나 스스로 설립한 해외지사들로 하여금 해외거래선들과의 거래를 알선케 하거나, ③ 스스로 설립한 해외마케팅자회사들을 통하여 현지국 및 제3국 마케팅을 전개할 때에는, ④ 최소 인력만을 본사에서 파견하고, 적정수의 현지인/외국인 판매인력(foreign sales force)을 채용 · 활용해야 한다.

(2) 특정 글로벌기업이 다수의 해외생산자회사들과 지역본부회사들까지도 운영할 경우에는, ① 최소 인력만을 본사에서 파견하고, ② 그런 해외기구들의 최고경영자들과 중간관리자들로부터 공장의 생산기능공 · 업무용 차량의 운전사 등에 이르는 거의 모든 직책들(positions)에 해외현지요원을 충원해야 하는 것이 바람직할 뿐만 아니라 필수적일 수도 있다.

2) 해외현지인 글로벌경영자의 채용증가 경향

(1) 우선, 본사 소속 또는 본사국인 글로벌경영자들과 그 가족들을 해외에 주재시키는 데는 엄청나게 큰 비용이 든다. 특히 해외생활수당(overseas living allowances) 등 각종 수당과 부가급부(fringe benefits)를 제공하는 데 많은 비용이 들기 때문이다.

(2) 또한 해외현지국의 법률 또는 정부는, 외국계 글로벌기업 현지자회사들이 경영층의 일정비율을 현지인으로 충원하도록 규정하는 경우도 있기 때문이다.

(3) 대부분의 개도국과 일부 선진국에서는, 외국계 글로벌기업 현지자회사 경영자들을 현지화(localization)하도록 민족주의적 압력을 가하고 있기

그림 18-8 국가별 기업문화와 입사 전략

• 미국계 글로벌기업은 적극성, 유럽계는 전문성
• 일본계 글로벌기업은 충성심, 중국계는 신중함

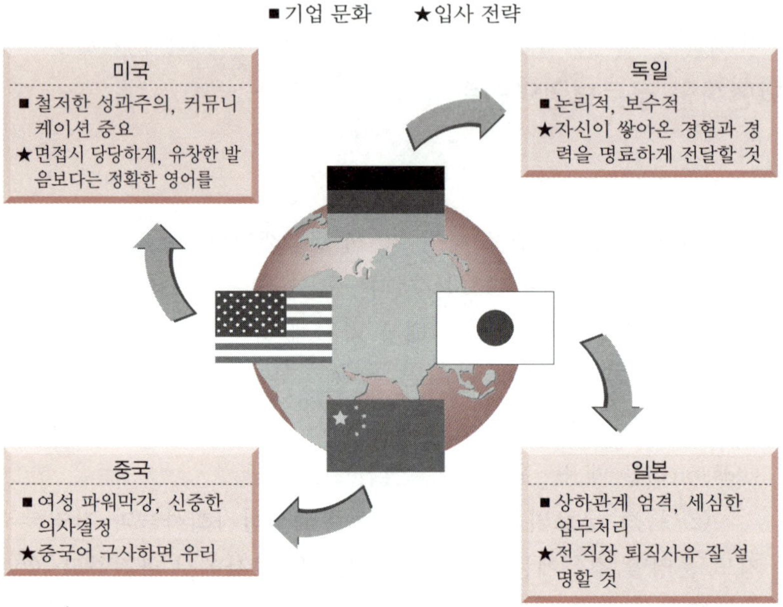

외국계 글로벌기업에 입사하려면

1. 정보가 힘이다
   –수시 소수 채용인 만큼 수시로 채용 동향을 파악해야
2. 인맥이 좌우한다
   – 외국계 글로벌기업에 다니는 직원을 통해 사내 추천제도를 노려본다.
3. 경력을 쌓아라
   –외국계 글로벌기업은 대학원 2년보다 1년의 실무 경력을 높이 평가한다.
4. 전문자격증 활용을
   –일반 사무직은 컴퓨터 활용능력 자격증이 좋다.
   –경리 및 회계직은 미국공인회계사협회의 공인관리회계사(CMA)자격증이 유리하다.
   –생산관리직은 생산재고관리자(CPIM)나 미국공인물류 및 구매관리자(CPM) 자격증이 도움된다.
5. 영어 커뮤니케이션 능력을 키워라
   –토익점수가 능사 아니다.

자료: 인크루트.

때문이다.

(4) 저개발국에 위치한 해외자회사의 경영자직을 맡으려는 본사요원 내지 본사국인을 구하기 어려운 경우도 있기 때문이다.

(5) 해외현지인 출신 글로벌경영자의 채용경향이 증가하는 가장 중요한 이유는 ① 현지국의 언어를 구사하고 상관습과 사회관습에 밝고, ② 영어 등의 비즈니스 특수용어(business jargon)도 능숙하게 활용하고, ③ 현지의 특유한 시장과 경영관리에 대한 전문성이 뛰어나고, ④ 현지인 종업원 · 고객 · 일반대중 등과 원만한 관계를 유지할 수 있는 현지인 글로벌경영자들의 능력 때문이다. 그런 이유들 때문에, 예컨대 우리나라에 진출한 외국계 글로벌기업들의 국내 지사 · 자회사들도 한국인 임직원을 채용하는 경향이 급증하고 있다(그림 18-8 참조).

5. 해외주재 글로벌경영자의 자질요건

1) 본사 · 본사국 · 제 3 국 출신 해외주재 글로벌경영자의 자질요건

해외에 주재하는 글로벌경영자들은, 아래의 자질요건들(qualification requirements)을 갖추어야 한다.

그러므로 글로벌기업들은, 글로벌경영자들을 선발할 때에, 아래의 자질요건들을 선발기준(selection criteria)으로 활용하고 있다.

외국계 글로벌기업들도 한국에서 우리나라 출신 글로벌경영자를 채용할 때도 다음의 자질요건을 기준으로 채용한다(예증 18-3 참조).

예증 18-3 "한국 인재 모시러 왔습니다" 해외기업 인사담당자 북적

'2010년 글로벌 채용박람회'가 열린 2010년 3월 30일 서울 양재동 교육문화회관 2층 가야금홀. 외국기업 인사담당자들과 국내 구직자간의 1 대 1 면접이 진행되고 있었다. 가야금홀 외부 로비에는 임시로 마련된 2개의 부스에서 인터넷 화상면접이 이뤄지고 있었다. 폴란드 컨설팅 · 인력파견업체 '율리시즈'의 아담 만데라(35) 관리담당은 "최근 폴란드에서 한국기업과 거래하는 기업이 많아졌지만, 한국어를 잘하면서 기술도 뛰어난 인력을 찾기가 쉽지 않다"며 "한국 엔지니어 1~2명을 뽑아 거래 기업에 공급할 계획"이라고 말했다.

해외기업의 인사담당자들이 대거 방한해 한국 인력 채용에 나섰다. 세계 시장에서 활동하는 한국 기업이 늘고 한국 기업의 위상도 높아지면서 한국인을 필요로 하는 인력수요가 많아졌기 때문이다. 2010년 처음 열린 '글로벌 채용박람회'는 KOTRA가 주최한 행사다. 해외 무역관을 통해 현지기업의 한국인력 수요를 파악하고 한국산업인력공단의 인력 데이터베이스(DB)를 활용해 국내 구직자와 현지기업을 연결했다.

이날 글로벌 채용박람회에는 미국 · 중국 · 베트남 · 폴란드 등 17개국에서 51개 업체가 참여해 해외 취업을 희망하는 334명과 채용 면접을 했다. 해외에 진출한 한국 현지법인 32개사, 외국기업 19개사다. 이날 행사를 통해 채용되는 인력은 총 130여 명. 외국기업은 주로 기술인력을, 해외진출 국내 기업은 주로 관리인력을 뽑았다. 독일의 인력공급업체 볼프스부르크AG는 이번에 정보기술(IT) · 기계 분야에서 10명을 채용해 현지기업에 공급하기로 했다. 우수성이 검증되면 채용 인원을 더 늘릴 계획이다.

이날 면접에 참가한 334명은 총 지원자 2317명 가운데 서류심사를 통과한 구직자들이다. 독일 기업과 면접한 자동차 차체 설계전문가 이승민(33) 씨는 "선진 외국기업에서 일하면서 더 많이 배울 수 있을 것으로 본다"며 "엔지니어에 대한 대우도 외국이 더 앞서 있어 기대가 된다"고 말했다. 일본업체와 면접한 한수정(27) 씨는 "일본어를 활용할 수 있는 무역회사에서 일하고 싶지만 취직이 쉽지 않아 해외 취업을 생각하게 됐다"고 말했다. KOTRA 사장은 "우리 젊은이의 해외진출을 돕기 위해 2011년에도 행사를 열 계획"이라고 말했다.

자료: 중앙경제

(1) 해외임무 맡겠다는 의사 여부

① 해외주재 글로벌경영자 후보자는, 우선 해외임무(overseas assignment)를 맡겠다는 의사(willingness)가 있어야 한다.

② 우리나라 경영자들의 해외직책(overseas positions) 수용태세는, 다른 아시아 국가 경영자들에 비해 크게 뒤지는 것으로 조사됐다.

(2) 해외직무 퍼포먼스 실력

글로벌경영자 후보자는 아래의 해외직무 퍼포먼스 실력(overseas job performance competence)을 갖추어야 한다.

① 대학 · 대학원에서의 공식교육 및 사내외의 산업훈련을 통해 글로벌경영자 후보자는 해외직무와 관련된 글로벌경영 분야의 이론 · 개념 · 기법 등을 어느 정도 보유해야 한다.

후보자가 대학 및 대학원에서 글로벌경영을 전공하거나 그 분야 과목들을 여럿 이수하였다면, 글로벌경영에 대한 기본적 지식/전문성은 갖추었다는 하나의 지표(an indicator)이다.

② 입사 후 3년 정도 이상 본사와 해외자회사 · 지역본부회사 등에서 글로벌경영 관련 직무를 담당한 경험이 있고, 과거실적(past accomplishment)은 수준급이어야 한다.

③ 글로벌 안목(global perspective), 혁신마인드(innovation-mind), 경영자적 리더십(managerial leadership), 조직화능력(organizing ability), eBusiness 능력을 갖추어야 한다.

④ 국제협상능력 및 인간관계능력 등 무형적 기법(intangible skills)을 갖추어야 한다.

⑤ 본사(모기업)의 글로벌경영 목적 · 사명 · 전략적 계획 · 제품라인 등에 대해 잘 인식하고 본사에 이득(gains)이 되는 의사결정 · 집행을 할 수 있어야 한다.

⑥ 인간적 · 문화적 · 언어적 장벽을 깨고 해외자회사 등을 해외현지시장에서 효율적으로 운영하는 데 필요한 현지감각을 보유하고 있어야 한다.

⑦ 글로벌경영 공용어인 영어를 유창하게 구사하는 것은 기본이고, 현지국 언어 및 기타 인접국 언어들을 어느 정도 유창하게 구사할 수 있어야 한다(예증 18-4 참조).

⑧ 주재하는 현지국의 비즈니스/상업관습(business/commercial customs) · 생활관습 · 전통 등을 잘 알고 활용해야 한다.

예증 18-4 "글로벌시대…새로운 글로벌인재 관리 트렌드"

SK텔레콤 스티븐 프롤리 HR(Human Relations) 그룹장이 말하는 글로벌기업에서 인정받는 핵심인재가 되는 방법은 아래와 같다.

"일단 배움에 기민해져야 한다. 빠른 변화의 속도에 적응하기 위해서는 빠르게 읽고 배우는 학습자가 돼야 한다. 또한 다양한 변화가 개인과 조직에 어떤 영향을 미칠지 이해하고 기민하게 대처할 수 있어야 한다"고 프롤리 그룹장은 말문을 열었다.

그는 다양한 부서 직원들 간에 이뤄지는 협업의 중요성을 강조했다.

"예전에는 한 분야, 한 부서 사람들과 일하면 됐다. 예를 들어, HR 부서 직원들은 HR 직원들만 상대하면 됐던 것이다. 지금은 마케팅, 영업부서 직원들과도 협업해야 하는 시대"라고 프롤리 박사는 설명했다.

부서 간 협업을 효과적으로 이끌 수 있는 방법은 무엇일까. 일단 자기 부서 이외에 다른 부서에서 발생하는 업무도 파악하고 있어야 한다. 다른 부서업무도 이해하면서 자신의 기술이 다른 부서에서 어떤 도움을 줄 수 있는지도 파악해야 한다. 이 과정에서 부서 이기주의를 버리고 집단으로 회사의 공동목적을 성취하는데 초점을 맞춰야 한다.

한국인 직원들이 향상시켜야 할 영어 영역을 묻자, 그는 "스피킹에 초점을 맞춰야 한다. 한국인들은 완벽해야 한다는 강박관념 탓에 입을 잘 열지 않는다. 영어는 사용(use)하지 않으면 잃는(lose) 것이다. 따라서 완벽해지겠다는 생각을 버리고 일단 입을 열어서 시도하고 실험하다보면 스피킹 능력을 향상시킬 수 있을 것이다. 완벽하지 않더라도 시도해보고 실수를 통해서 배워야 한다"고 조언했다.

자료: Focus

(3) 개인적 특성

인간성(인성)이 수용할 만하다는 전제하에, 해외주재 글로벌경영자 후보자는 아래와 같은 개인적 특성을 충분히 갖추어야 한다.

① 정신적 성숙도

해외주재 글로벌경영자 후보는 국가별로 이질적인 해외경영환경하에서 독립적으로 의사결정을 하고 행동할 수 있을 만큼, 정신적으로 성숙하고 육체적으로 건강해야 하기 때문이다.

② 정서적 안정성

해외주재 글로벌경영자 후보는 이질적인 해외환경 속에서 직무수행과 생활을 해야 하고, 때로는 감시의 대상이 되고, 본사의 현지국대표 역할 등도 담당해야 한다.

그러므로 그는 현지국 정부 · 공급업체 · 경쟁업체 · 종업원 · 소비대중 ·

노동조합 · 일반대중 등의 이질적인 행동에 민감(sensitive)하면서도, 직무의식 · 주관 · 이성을 잃지 않을 정도로 정서가 안정적이어야 하기 때문이다.

③ 넓은 시야와 행동반경

안목 · 시야 · 행동반경은 글로벌하게 넓을수록 좋다.

그래야만 해외주재 글로벌경영자로서 현재와 미래의 글로벌 · 지역 · FTA · 현지국 경영 환경변화에 슬기롭게 적응하고 대응하면서 해외자회사 등을 성공적으로 운영할 수 있기 때문이다.

(4) 개인적 오리엔테이션

① 윤리 · 도덕심, 모험심, 도전 대처능력, 건전한 직무태도

해외주재 글로벌경영자로서 성공할 수 있으려면, 우선 인간으로서 법을 지킬 뿐만 아니라 윤리 · 도덕적이어야 하고, 해외활동에 대한 모험심이 있어야 하고, 해외에서 당면하는 도전에 능동적으로 대응할 수 있고, 또한 도전을 즐길 수 있어야 한다. 더 나아가서, 후보자는 해외직무에 대해 건전한 태도를 갖고 있어야 한다.

② 현지적응력, 올바른 태도와 노력

모든 해외주재 글로벌경영자는, 고도의 현지적응력이 있어야 한다. 또한, 현지환경에 제대로 적응 · 대응하고 맡은 바 직무를 성공적으로 수행할 수 있으려면, 올바른 직무태도와 최선을 다하여 해외경영실적을 최대화하려는 태도 역시 필수조건이다.

③ 응모하는 동기

후보자가 어떤 동기/이유로 해외주재 글로벌경영자직에 응모하고 수락하려 하는지도 평가하고서, 글로벌경영자직을 프로페셔널 본직(professional career)으로 삼으려는지 여부도 확인해야 한다.

그리고서 긍정적 동기(positive motives)로 해외주재 글로벌경영자직에 응모하고 수락하는 후보자만을 선발해야 한다.

④ 이익지향성

해외주재 글로벌경영자 후보들은 이익지향성(profit oriented)이 있어야 한다. 글로벌기업들의 궁극적 목적은, 글로벌 이익 최대화(global profit maximization)이기 때문이다.

(5) 문화적 감정이입

① 수많은 해외시장들에 존재하는 문화들은 나은 것도 나쁜 것도 없고, 다만 다를 뿐이다(Cultures are no better or worse, but simply different). 그렇기 때문에 해외주재 글로벌경영자 후보자들의 문화적 감정이입/민감성(cultural empathy/sensitivity)을 해외주재 경영자 선발기준의 하나로 삼아야 한다.

② 해외주재 글로벌경영자들은, 해외현지국 문화적 환경에 대해 반발적(antagonistic)인 태도와 행동을 취해서는 안 되고, 해외자회사 등을, 위치하고 있는 현지국의 언어 · 종교 · 법률 · 관습 · 윤리 등을 존중(respect)하면서, 운영해야 하기 때문이다.

(6) 외교적 수완과 국제경영 협상력

① 외교적 수완(diplomatic skills) 역시, 해외주재 글로벌경영자 자질요건의 하나이다.

② 해외자회사 등을 운영하는 해외주재 글로벌경영자들은, 중앙정부 및 지방자치단체를 대상으로 원만한 현지정부관계(host government relations)를 조성하고 유지할 수 있는 외교적 수완도 발휘해야 하기 때문이다.

(7) 글로벌 통용예절 및 현지국 예절

① 글로벌하게 통용되는 예절과 주재하는 현지국 예절을 익히고 실행하는 것도, 해외주재 글로벌경영자들에게는 필수적 요건의 하나이다.

② 예절은 크게 글로벌사회에서 통용되는 구두언어 · 몸짓언어 · 인사 · 의상 · 식탁 · 몸가짐 등과 관련된 매너와 에티켓(manner and etiquette) 그리고 위와 같은 것들과 관련된 국가별로 독특한 예절풍습으로 나눌 수 있는데, 해외주재 글로벌경영자들은 그 두 가지 모두를 이해하고 존중하고 따라야만 하기 때문이다(예증 18-5 참조).

예증 18-5 글로벌경영에 맞는 의상 매너

국내외 경영을 위한 다양한 만남과 모임에서 적절한 옷을 입는 것은 경영의 내용만큼이나 중요하다. 자신의 개성을 드러내는 것도 좋지만 상대방 회사의 분위기와 국가의 위상 · 사회관습에 맞춰서 옷을 입는 것은 일종의 예의이기 때문이다. 또한 경영 거래의 성사 여부에도 영향을 미칠 수 있기 때문이다.

어디서든간에 금기시되는 부적절한 복장에 대해 몇 가지 짚어보자. 어깨나 허리 등 일정 부분이 너무 과장되어 보이게 하는 복장은 삼가는 것이 좋다. 천이 얇아서 속옷이 훤히 다 들여다보이는 복장도 좋지 않다. 남성이 양복에 흰색 양말이나 짧은 길이의 양말을 신는 것은 금기사항이다. 더운 여름이라 하더라도 여성이 스타킹을 신지 않고 맨다리를 보이는 것은 업무를 위한 준비가 안 된 모습으로 간주된다. 일반적으로 보수적인 회사의 경우 상사를 만나러 갈 경우에는 재킷을 입는 것이 좋다. 고객 · 공급업체 등의 임직원을 만나러 갈 때에도 마찬가지이다.

상황별 패션 매너도 알아두는 것이 좋다. 격식을 갖추어야 하는 저녁행사일 경우 검은 양복에 흰색 셔츠를 입고 타이를 매는 것이 보통이다. 검은 양말에 검은 정장 신발을 신는다. 여성의 경우 패션을 남성에 비해 훨씬 다양하게 보여줄 수 있지만, 행사마다 미리 지정된 드레스코드를 지켜야 한다.

남녀 모두 식사자리일 경우 향수 사용에도 주의를 기울일 필요가 있다. 되도록이면 향수사용을 자제하고 부득이 사용할 경우에는 음식의 향에 방해가 될 정도로 향수가 튀어서는 안 된다. 회의나 타사방문의 경우 정장을 갖추는 것이 좋다.

자료: 조선일보

(8) 가 족

① 해외주재 글로벌경영자 후보자 자신뿐만 아니라 그 가족(부인 또는 남편, 자녀 등)의 해외현지국환경에 대한 민감성 및 적응능력 역시, 필수적 요건의 하나이다.

② 후보자가 해외자회사 등의 경영자로서 직무를 어느 정도 효과적으로 수행할 수 있는가는, 그의 가족인 처(또는 남편)와 자녀들이 어느 정도 행복한/잘 견디는 해외현지생활을 할 수 있는가에 따라서도 크게 영향받기 때문이다.

③ 본사국과 비교할 때에 해외현지국환경은 언어 · 인종 · 습관 · 기후 · 음식 · 교육 및 보건의 수준 등 모든 측면이 다르고 이질적이다. 본사국에서는 보통 무시해 버리는 동물, 벌레, 풍토병 등도 심각한 문제를 일으키는 원인이 될 수 있다. 하찮은 것 같지만 이 모든 것이 가족에게 문제를 일으킬 수 있고, 결과적으로 해외주재 글로벌경영자인 남편(처)에게도 문제

를 안겨 줄 수 있기 때문이다.

6. 해외현지인 글로벌비즈니스 경영자의 자질요건

(1) 한국계/외국계 글로벌기업들이 해외지사 · 해외자회사 · 지역본부회사 등이 위치한 국가나 지역의 현지인(local personnel)을 현지경영자로 선발할 때는, 일반적으로 아래를 주요 선발기준으로 사용하는 경향이 있다.

① 직무퍼포먼스실력

② 유창한 영어

③ 인간성, 윤리성, 개인적 특성, 팀워크 능력

④ 개인적 지향과 충성심(애사심)

⑤ 외교적 수완과 비즈니스–사회적 커넥션

⑥ 글로벌 태도와 안목(global attitude and perspective) 및 글로벌시장과 지역시장에 대한 지식

⑦ 해당 글로벌기업의 경영철학, 목적 등에 대한 이해와 그 실현을 위해 최선을 다하고자 하는 마음 자세 등

(2) 글로벌기업들이 끝의 두 가지 기준을 각별히 강조하는 이유는, ① 해외자회사 등의 현지인 경영자가 글로벌 태도 및 안목을 갖고 있고 또한 본사(모기업)의 글로벌경영 철학 · 목적 · 전략 등을 이해할 뿐만 아니라 그 실현에 최대한 기여하려는 마음 자세가 되어 있어야만, 본사 최고경영층이 바라는 대로 그는 글로벌팀(global team)의 일원이 되어 활동할 것이기 때문이다.

② 또한 그가 종사하고 있는 해외자회사 등의 운영을 본사 및 여타해외자회사들의 운영과 조정(coordinate)하고 통합(integrate)시킬 수 있기 때문이다.

7. 해외주재 글로벌경영자의 훈련프로그램

1) 해외주재 글로벌경영자를 위한 파견전 훈련프로그램의 목적

특정 글로벌기업은 본사요원 · 본사국인 · 제 3 국인들을 해외주재 글로

벌경영자들로 선발한 다음에는, 아래 목적으로, 공식화된 파견전 훈련프로그램(predeparture training program)을 본사국내 및 해외현지에서 실시해야 한다.

(1) 본사국과 비교하여 경제 · 정치 · 문화 등 경영환경이 생소한 현지국에 파견되었을 때에, 파견요원들이 받을 수 있는 문화적 쇼크(cultural shock)를 최소화시키기 위한 목적.

(2) 파견요원들이 파견될 현지국의 경영환경조건에 대한 지식을 갖추도록 하기 위한 목적.

(3) 파견요원들이 곧 종사하게 될 해외의 지사 · 자회사 · 지역본부회사의 현지 정책 및 전략 · 제품 · 시장 · 마케팅프로그램 등을 익히고 더 나아가서는 정통하도록 하기 위한 목적.

(4) 장기투자의 관점에서 글로컬리제이션 연수(glocalization training) 등을 통하여 특정한 FTA/국가시장 · 지역시장 등에 대한 전문가들을 가급적 많이 양성하여 글로벌비즈니스활동에 활용하기 위한 목적(예증 18-4 참조).

2) 해외주재 글로벌 경영자의 파견전 훈련프로그램의 단계

특정 글로벌기업은 1단계에 해외파견요원들과 그 가족들을 포함시키고, 2단계에는 파견요원들만을 대상으로 하는 등, 최소한 두 단계의 파견전 훈련프로그램을 실시하는 것이 바람직하다.

(1) 1단계 훈련의 내용

① 현지국의 관습 · 문화 · 사회구조 · 지리 · 기후 · 정치 · 정부 · 외국인에 대한 태도 등에 대한 오리엔테이션(orientation)

② 현지국의 대부분 사람들이 사용하는 단일 또는 복수 언어의 교육

(2) 2단계 훈련의 내용

① 글로벌경영, 글로벌마케팅, 글로벌기업재무, 글로벌회계, 글로벌경영관리 등에 관한 학문적 교육을 우선 실시한 다음에, 현지국의 경제/경쟁상태 · 기업경영실무 · 정치적-법률적 환경 · 상관습 · 협상기법에 대한 기본지식

② 해외파견 글로벌경영자들이 근무할 해외지사 · 자회사 · 지역본부회사의 경영계획, 그리고 그 경영계획과 본사(모기업) 글로벌전략계획과의 연

계성(linkage)에 관한 지식

③ 해외파견 글로벌경영자들이 근무할 특정 해외지사 · 해외자회사 · 지역본부회사의 운영이, 같은 현지국 내 또는 인접국가나 지역블럭 내에 위치한 같은 계열에 속하는 다른 지사 · 자회사 · 지역본부회사의 운영과, 어떻게 네트워킹(networking)되고 결합(interlock)되어 있는가에 대한 지식

④ 현지국이 추구하는 경제 · 사회개발목표 및 그 달성을 위해 현지국이 외국계 현지투자기업들에게 거는 기대(취업기회 · 수출 · 현지자원개발 · 기술발전 등의 증대)에 대한 이해

⑤ 현지국의 특징적인 경영관리실무 · 마케팅실무 등에 대한 지식

⑥ 대인관계능력, 타문화에 대한 이해력, 적응능력, 기술적 능력, 감수성 능력, 정치적 감각, 언어실력, 사명감 고취, 본사국 문화의 이해력 등을 개선 내지 증대시키기 위한 훈련

색 인

ㄱ

간접수출전략(indirect exporting strategy) 260
强小國 58
강제철수(forced divestment or withdrawal) 341
거래노출(transaction exposure) 435
거래노출의 관리 438
경영통제권의 정도(extent of managerial control) 347
경영환경의 이질성 34
경쟁라운드(Competition Round) 89
경쟁적 리스크 231
경제거리 31
경제동반자협정(EPA) 106
경제발전의 단계들 137
경제의 글로벌화 76
경제적 노출의 관리 439
경제환경을 형성하는 공통적 키요소들 130
계획적 철수(planned divestment) 343
고성장개발국들(RDE) 124
고정환율제도 425
공개매수(tender offer) 364
공동경영통제권(joint/shared managerial control) 301
공동시장 95
공정무역(fair trade) 84
과반수소유권 353
과점적경쟁이론(Oligopolistic Reaction Theory) 299
관세동맹(customs union) 95
관세장벽(tariff barriers) 256
국가브랜드(national brand) 189
국가세분시장들 113
국가시장별 경쟁환경 및 경쟁력 분석 143
국가시장별 교육수준 190
국가시장별 교육이 글로벌경영에 미치는 영향 190
국가시장별 국민경제환경 분석 129
국가시장별 국민의 상업 · 기업활동에 대한 태도와 가치관 201
국가시장별 기업시스템과 기업구조 분석 142
국가시장별 시장의 규모와 잠재성 분석 132
국가시장별 언어가 글로벌경영에 미치는 영향 173
국가시장별 잠재적 법률문제 분석 161
국가시장별 정치적 안정성 분석 · 평가 기준 153
국가시장별 종교가 글로벌경영에 미치는 영향 192
국가시장별로 독특한 법체제 분석 164
국내경영거래 28
국민의 물질적 부에 대한 태도와 가치관 202

국제경영계약 전략(international management contract strategy) 294
국제기술제공 전략(international technical assistance strategy) 291
국제기술제공 전략의 활용방법 292
국제기업 M&A전략 360
국제기업합병(international corporate merger) 362
국제단기자본이동 300
국제라이슨싱 전략(international licensing strategy) 287
국제라이슨싱 전략을 활용하는 이유 289
국제비자본합작투자(international non-equity joint investment) 351
국제상사분규 발생시의 관할권 165
국제상사분규 해결을 위한 법적수단 167
국제자본이동(international capital movement) 300
국제장기자본이동 300
국제통화제도 421
국제프랜차이징전략(international franchising strategy) 288
국제합작투자 소유권형태 352
국제합작투자의 단점 355
국제합작투자의 컨셉트 350
국제합작투자의 특성 350
국제합작투자의 편익 354
국제합작투자전략 345
국제합작투자파트너의 대상 352
국제협력전략의 성공을 판가름하는 요소들 284
국제협력전략의 장점/우위 284
국제협력전략의 컨셉트 283
국제협력파트너 286
규모의 경제(economies of scale) 298
규모의 우위들(advantages of scale) 46
그린라운드(Green Round) 86
글로벌 경쟁우위들(global competitive advantages) 55
글로벌 기능조직구조(global functional organization strucure) 455
글로벌 시장포지션 382
글로벌 여론 63
글로벌 제품사업부제 조직구조 456
글로벌 제휴전략 281
글로벌 조직구조(global organization structure) 50
글로벌 지리적 사업부제 조직구조 457
글로벌경영 기회(global business opportunities) 14
글로벌경영 네트워킹전략 375
글로벌경영 철학의 역할 214
글로벌경영 환경변화 282
글로벌경영관리(global management) 9
글로벌경영목적들(global business objectives) 10
글로벌경영의 범주 11
글로벌경영의 본질(the nature of global business) 3
글로벌경영의 주역 43
글로벌경영의 컨셉트(concept of global business) 3
글로벌경영인력의 유형 459
글로벌경영자(global enterpriser or manager) 9
글로벌경영자가 갖추어야 하는 자질 461
글로벌경영자의 현지언어 불통 극복방법 182
글로벌경영전략(global business strategy) 24, 215
글로벌경영학(Global Business) 5

글로벌경영환경(global business environment) 13
글로벌경쟁규칙의 강화 79
글로벌금융(global financing) 59
글로벌기업 8, 43
글로벌기업들에 대한 책임성 요구 64
글로벌기업 M&A 361
글로벌기업으로 성장하는 네 가지 주력 전략 62
글로벌기업의 타고난 글로벌 경쟁우위 48, 51
글로벌기업화의 단계들 220
글로벌마케팅(global marketing) 390
글로벌마케팅인력 278
글로벌비교우위들 44
글로벌事業(global business(es)) 9
글로벌서비스거래 12
글로벌소싱전략 385
글로벌소싱전략의 유형 386
글로벌시너지효과 49
글로벌정보탐지능력 47
글로벌정치(global politics) 74
글로벌제조전략(global manufacturing strategy) 409
글로벌제품전략(global product strategy) 384
글로벌표준 브랜드 네임 188
글로벌화 단계들 219
글로벌화 정도 58
금본위제도(The Gold Standard) 421
기술 추구투자(technology-seeking FDI) 320
기술라운드(Technology Round) 88
기술의 국제적 이전 제한 29
기술제공계약(technical assistance contract) 291
기업이 글로벌화하는 이유 16
기업이 수입을 하는 동기 254
기업이 수출을 하는 동기 252
기업자원들의 공동풀 49
기회코스트(opportunity cost) 227

ㄴ

NAFTA 92, 93
남미공동시장(MERCOSUR) 92
남아프리카관세동맹(SACU) 92, 102
내부화이론(Internalization Theory) 299
냉전의 종식 73
노동력 추구 투자(labor-seeking FDI) 320

ㄷ

다각적 합병(versatile merger) 363
다자간무역협정(multilateral trade agreement) 104
다자간협상(multilateral negotiation) 72
단독경영통제권(sole managerial control) 301
단독해외직접투자 357
단순수출전략(simple exporting strategy) 249
단일지구촌시장(a single global market) 74
대규모/초대규모 제조글로벌기업들 55
대응구매(Counterpurchase) 267
대중화경제권(Greater Chinese Economic Zone) 96
독점적우위이론(Theory of Monopolistic Advantage) 298
동남아시아국가연합(ASEAN) 92, 96

ㄹ

LIBOR 432
리스크에 대한 태도 203
리얼 타임 경영관리(real-time management) 47

ㅁ

마케팅-연구개발 글로벌네트워크 381
마케팅전략 글로벌표준화 406
매입인수(acquisition) 361
MERCOSUR 93, 100
몸짓언어(body languages) 180, 181
무관세수출가공지대(Duty-free export processing zones) 268
무역제한 조치들(trade restrictions) 317
문화적 분단의 심각성 155
미학이 글로벌경영에 미치는 영향 184

ㅂ

바터무역(Barter Trade) 267
반기업정서(anti-business sentiment) 312
방화표시법(direct quotation) 426
변동환율제도 426
변화에 대한 태도(attitude toward change) 203
보상무역거래(Compensation Deal) 267
복수국내제조전략(multidomestic manufacturing strategy) 413
본사국 원가우위(home country cost advantage) 318
브랜드 네임(brand name) 187
브레튼우즈 체제의 몰락 424
BRICs 101
블루라운드(Blue Round) 87
비교우위이론(Theory of Comparative Advantage) 238
非구술언어(non-verbal languages) 180
비즈니스 리스크(business risk) 157
비즈니스 인력의 국제적 이동 제한 28

ㅅ

4개 차원 지리적 시장들 7, 30
사적 국제법률적 분규의 재판지 166
사회간접시설 가용성 330
산업화의 단계 137
삼각무역(Triangular/Switching/Swap Trade) 267
상품의 수송성 248
상호주의 원칙(principle of reciprocity) 94
생산요소 추구 해외직접투자(production factors-seeking FDI) 319
석유수출국기구(OPEC) 126
선구매(Advance Purchase) 267
선물환거래(forward exchange transaction) 427, 428
세계무역기구 72
세계의 주요경제블럭 92
세계직접투자(world direct investment) 297, 301
세계화지수 7
소유권의 정도(extent of ownership) 348
소유권전략(ownership strategy) 346
소프트파워(soft power) 75
수입소싱기업이 갖추어야 하는 요건 265
수입소싱전략 263
수직적 통합(vertical integration) 60, 319

수직적 합병(vertical merger) 363
수출경쟁력결정요소들 245
수출금융(export financing) 262
수출생산성 정도 247
수출전략(export strategy) 245, 259, 260
수평적 합병(horizontal merger) 363
스왑거래(swap transaction) 428
시장세분화기준들 113
시장확장 해외직접투자(market-expansion FDI) 313
신설합병(consolidation merger) 363
신흥시장들(emerging markets) 73
신흥시장의 확대 73
실제구매력 135
실패코스트(failure cost) 227

ㅇ

아시아 · 태평양 경제협력체(Asia Pacific Economic Cooperation) 96
IBSAC 102
IMF 81
암시장경제(black market economy) 118
M&A 전략의 성공요인 371
연구개발-제조 글로벌네트워크 382
오염자 부담원칙(Polluter Pay Principle) 86
외국인기업들에게 투자유인(investment incentives or inducement) 334
외국인직접투자의 비용-편익 307
외화표시법(indirect quotation) 426
요소부존이론(Hecksher-Ohlin Theory) 239
우루과이 라운드 협상 83
원자재 추구 투자(raw material-seeking FDI) 320
유럽 강소국의 5개 경쟁력 비결 53
유럽연합(EU) 92, 93
유럽요새(European fortress) 94
유로은행(Eurobank) 431
유로債(Eurobond) 431
유로채시장(Eurobond market) 430
유로커런시시장(Eurocurrency market) 430, 431
이문화간 경영협상의 특성 205
이퀴티투자회수(expected return on equity investment) 231
1인당 소득(GNI) 117

ㅈ

자본의 국제적 이동 제한 29
자본의 논리(logic of capital) 375
자본 추구 해외직접투자(capital-seeking FDI) 320
자산매입인수(asset acquisition) 364
자원개발 필요성 304
자원富-기술富국들 122
자원貧-기술富국들 122
자원빈-기술빈국 126, 127
자원추구해외직접투자(resource-seeking FDI) 319
재정적 리스크 231
전략적 경제보완협정(SECA) 106
전략적 글로벌경영 계획의 컨셉트 215
전소유자회사(wholly owned subsidiary) 348
절대우위이론(Theory of Absolute Advantage) 238
정권교체의 빈도 154
정치적 리스크(political risk) 231, 327
제조-마케팅 글로벌네트워크 383
제조상호교환(manufacturing interchange) 415

제품 재구매거래(Product Buy-back Deal) 267
제품과 서비스의 국제적 이동 제한 29
제품수명주기이론(Product Life Cycle Model) 240
조세협정 445
종교가 소비자행동과 소비패턴에 미치는 영향 194
종교가 해외현지 경영활동에 미치는 영향 193
종교간 갈등 156
주식매입인수(stock acquisition) 364
주식합병(stock merger) 363
준 FTA 106
지역세분시장들 113
지역시장블럭 92
지역시장블럭의 추구목적 93
지역적 제조전략 414
지역주의(regionalism) 77, 91
지적재산권 보호의 강화 88
지하경제(underground economy) 118
지하국제무역규모 121
직접수출전략(direct exporting strategy) 260
집중적 제조전략(centralized manufacturing strategy) 416

ㅊ

최저원가 생산입지(the least-cost production location) 318
축소철수(contraction divestment) 342

ㅋ

컨트리리스크(country risk) 156, 327
컨트리리스크 분석의 대상 327
콘소시움은행(consortium bank) 432
킹스턴 체제 425

ㅌ

토탈제안패키지(total package of proposals) 209
통제불능한 해외마케팅 환경요소들 393
투자동기들(investment motives) 313
투자유인들(investment incentives) 330

ㅍ

포괄적 경제동반자협정(CEPA) 1017
표음언어(spoken languages) 180
표적국가시장 진입-침투 순위결정시 고려요소들 228
표적시장별 진입-침투전략 결정지침 218
프랜차이즈(franchise) 288

ㅎ

합리화철수(rationalization divestment) 342
합병(merger) 361
합병과 매수(merger & acquisition) 48
해외간접투자 300
해외경험곡선효과 397
해외마케팅자회사의 운영규모 277
해외시장 진입-침투 우선순위 결정지침 217
해외시장 진입-침투 전략들 232
해외주재 글로벌경영자의 자질요건 467
해외직접투자 환경분석 325
해외직접투자(foreign direct investment) 300

해외직접투자를 실시하는 기본동기들 311
해외직접투자의 비용－편익 306
해외직접투자의 정의(definition) 301
해외직접투자이론 298
해외직접투자전략 311
해외투자철수전략 340
해외판매자회사 268
해외판매자회사의 설립 방법 276
해외판매자회사의 역할과 장점 272
해외현지금융(overseas local financing) 59
해외현지인 글로벌경영인력 465
행정적우대 338
현금합병(cash merger) 363
현물환거래(spot exchange transaction) 427
현지 사회－문화환경(local socio－cultural environment) 172
현지국의 조세정책 445
현지언어의 장벽을 줄이는 방법 184
현지지원시설의 가용성 329
현행환율법 437
협력파트너 285
협상 플래닝 208
협상행위 204
화상경제권(Chinese based economy) 98
환경오염(environmental pollutions) 21
환경오염 규제의 강화에 대응하려는 이유 21
환산노출(translation exposure) 436
환산노출의 관리 439
흡수합병(acquisition merger) 363

공저자 소개

반병길(潘柄吉)

약 력

College of Business Administration, University of Washington에서 경영학학사(B.A.) 받음.
Graduate School, University of Washington에서 경영학 석사(M.B.A.) 받음.
Graduate School, The Pennsylvania State University에서 경영학박사(Ph.D. in Business Administration) 받음.
한국생산성본부 훈련위원 및 컨설턴트
한양대학교 경상대학 부교수 겸 경영학과 과장
서강대학교 교수 겸 경영학과 과장
The Pennsylvania State University, College of Business Administration, Business Logistics and International Business 교수
Asian Productivity Organization(亞細亞生産性機構-東京) 상임고문
서강대학교 경상대학장 1975~1981, 경영대학원장 1985~1987, 대학원장 1992~1994, 2000년 9월~명예교수, 2001~2009년 삼육대학교 강사

저 서

『교통산업론』(1969), 박영사
『다국적기업론』(1974; 전정판 1985), 박영사
『Export Processing Zones in Asia』(1976), 아세아생산성기구(동경)
『국제마케팅』(1976; 전정판 1980; 제 2 전정판 1987; 제 4 판 1994; 제 5 판(공저) 2001), 박영사
『국제경영』(1981; 전정판 1986; 제 3 판 1992; 제 4 판 1998; 제 5 판(공저) 2001; 제 6 판(공저) 2007), 박영사
『마케팅관리』(1988; 제 2 판 1995; 제 3 판(공저) 1999), 박영사
『다국적기업관리』(1993), 박영사
『한국기업의 세계화전략 사례연구』 공저(1996), 신원문화사
『다국적기업 전략과 관리』 공저(2000; 제 2 판 2005), 박영사
『경영학원론: 현대기업의 이해』(1980; 전정판 1984; 제 2 전정판 1990; 제 4 판 1996; 제 5 판 1999; 제 6 판(공저) 2002; 제 7 판(공저) 2004), 박영사
『글로벌마케팅』 공저(2008), 박영사
『현대경영학원론』 공저(2009), 박영사
『글로벌경영』 공저(2011), 박영사

강호상(姜鎬相)

약 력

西江大 이공대학 졸업
美 Columbia大 국제경영학 박사
美 Texas大-Dallas 경영대학 교수
「신경제 5개년계획 외환자유화 작업반」 위원
「외환제도개혁 소위원회」 위원
「금융산업발전심의위원회」 위원
「기업세계화지원 기획단」 위원
「화학제품공업발전 민간협의회」 위원
「생활용품공업발전 민간협의회」 위원
「西江 *Harvard Business*」 편집위원장
현, 서강대학교 경영학부 교수(경영학 연구원장, 교무처장, 기획처장 역임)

저 서

『국제금융시장론』(1990), 법문사
『글로벌시대의 국제경영학』(1994), 영지문화사
『국제기업재무론』(1995), 법문사
『최신무역개론』(1996), 경문사
『외환론』(1997), 법문사
『글로벌금융시장』(2000), 법문사
『글로벌재무관리』(2000), 법문사
『국제경영』 제 5 판(공저)(2001); 제 6 판(공저)(2007), 박영사
『글로벌경영』 공저(2011), 박영사

최순권(崔淳權)
약 력
서강대학교 경영학과 졸업
스웨덴 Uppsala University 경영학박사(국제경영)
현대경제연구원 경영전략실 연구위원
부경대학교 경영대학원 부원장
부경대학교 항만물류경영연구소 소장
현, 부경대학교 경영대학 국제통상학부 교수(부학장)
저 서
『경영학원론』 공저(2007), 사이텍미디어
『무역학개론』 공저(2009), 두남
『글로벌경영』 공저(2011), 박영사

김정포(金正泡)
약 력
부산외국어대학교 경영학과 졸업
서강대학교 대학원 경영학박사(국제경영)
서울시정개발연구원 전략클러스터 연구원
서울산업통상진흥원 컨설팅솔루션위원회 위원
중소기업자간경쟁제도실무운영위원회 심의위원
한국조달연구원 연구실장
(사)이순신리더십연구회 연구위원
현, 부산외국어대학교 상경대학 경영학부 교수(학부장)
저 서
『해외시장조사론』 공저(2011), 두남
『글로벌경영』 공저(2011), 박영사

글로벌경영
2011년 2월 28일 초판 인쇄
2011년 3월 5일 초판 발행
공저자 반병길 · 강호상 · 최순권 · 김정포
발행인 안 종 만
발행처 (株) 博 英 社
서울특별시 종로구 평동 13-31번지
전화 (733)6771 FAX (736)4818
등록 1959. 3. 11. 제300-1959-1호(倫)
www.pakyoungsa.co.kr e-mail: pys@pakyoungsa.co.kr

정 가 29,000원 ISBN 978-89-6454-128-9